# TRAITÉ

# DES IMPOTS

### CONSIDÉRÉS SOUS LE RAPPORT

## HISTORIQUE, ÉCONOMIQUE ET POLITIQUE

#### EN FRANCE ET A L'ÉTRANGER

PAR

## M. ESQUIROU DE PARIEU

Vice-Président du Conseil d'État, Membre de l'Institut impérial de France,
de la Société statistique de Londres, etc.

Longum iter est per præcepta
Breve et efficax per exempla.
SENÈQUE.

### TOME TROISIÈME

## PARIS.

### LIBRAIRIE DE GUILLAUMIN ET Cᴵᴱ

Éditeurs du Journal des Économistes, de la Collection des principaux Économistes
du Dictionnaire de l'Économie politique, du Dictionnaire universel du Commerce et de la Navigation, etc.

RUE RICHELIEU, 14

### 1863

# TRAITÉ
# DES IMPOTS

SAINT-DENIS. — TYPOGRAPHIE DE A. MOULIN.

# TRAITÉ

# DES IMPOTS

CONSIDÉRÉS SOUS LE RAPPORT

HISTORIQUE, ÉCONOMIQUE ET POLITIQUE

EN FRANCE ET A L'ÉTRANGER

PAR

## M. ESQUIROU DE PARIEU

Vice-Président du Conseil d'État, Membre de l'Institut impérial de France,
de la Société statistique de Londres, etc.

Longum iter est per præcepta
Breve et efficax per exempla.
SENÈQUE.

TOME TROISIÈME

## PARIS

### LIBRAIRIE DE GUILLAUMIN ET Cⁱᵉ

Éditeurs du Journal des Économistes, de la Collection des principaux Économistes
du Dictionnaire de l'Économie politique, du Dictionnaire universel du Commerce et de la Navigation, etc.

RUE RICHELIEU, 14

1863

# TRAITÉ
# DES IMPOTS

## LIVRE V.

**Des impôts sur les consommations.**

(SUITE).

### CHAPITRE I.

#### DES TAXES DE CONSOMMATION A L'INTÉRIEUR DES ÉTATS (SUITE).

#### SECTION II.
#### DES IMPOTS SUR LES BOISSONS (SUITE).

##### ARTICLE 2.
##### IMPOT SUR LES BIÈRES ET SUR LES VINAIGRES [1].

L'art de préparer des boissons au moyen de grains fari-
neux et nutritifs, soumis préalablement au travail de la
germination, paraît avoir été connu dès les âges les plus
reculés, notamment chez les peuples qui vivent dans des
contrées impropres à la culture de la vigne [2].

---

[1] De même que j'ai réuni par voie d'accession l'impôt sur l'hydromel aux impôts
sur les vins, cidres et poirés; par analogie de ce qui a lieu dans les cadres de la
fiscalité française, j'ai cru pouvoir grouper l'impôt sur les vinaigres avec la taxe
sur les bières, à cause du rapprochement déjà opéré à cet égard par certaines
législations. Je reconnais du reste qu'il serait également possible de faire de
l'impôt sur les vinaigres un article, *à part* dans la *section* des impôts sur les boissons ou même dans la *section* des impôts sur les comestibles, en considérant dans
ce dernier cas le vinaigre surtout comme un moyen d'assaisonnement.

[2] Voir l'ouvrage tout à fait technique de l'anglais Frederick Accum : *Treatise*

Cet art est regardé comme une invention des Égyptiens,
qui eux-mêmes l'attribuaient, les uns à Isis, femme d'Osiris,
les autres, ce qui semble plus singulier, à un Bacchus. Ils
le transmirent aux nations occidentales formées par des
colonies venues de l'Orient. La ville de Péluse, située sur
une des bouches du Nil, était particulièrement renommée
pour sa fabrication et son commerce de bière.

Si des Égyptiens nous passons aux Grecs, nous ne voyons
pas, malgré ce qu'on a pu dire à propos d'un passage de
l'Iliade [1], que cette boisson ait été connue d'Homère. Mais
Hérodote, le plus ancien historien grec, la désigne [2] par la
périphrase, très-significative, de « vin d'orge. » Plusieurs
des noms qui lui ont été donnés postérieurement en grec,
*brytos*, *zéa* [3], semblent, par leur étymologie, rappeler une
idée de « fermentation. »

Chez les Romains, Virgile [4] mentionne une liqueur fermentée qui imitait le vin. Ovide [5] parle d'une boisson préparée avec des grains torréfiés. Galien, qui professait la
médecine à Rome sous le règne d'Antonin le Pieux, et Dios-
coride, le favori de Marc Antoine, connaissaient l'un et
l'autre l'usage de la bière. Pline l'Ancien la mentionne à
l'endroit de son ouvrage [6] où il traite des boissons faites au
moyen de céréales. C'est là qu'il nous apprend qu'elle se
nommait *zythum* en Égypte, *cervisia* [7] en Gaule, *celia*

on the art of brewing, etc., London. Voir aussi l'ouvrage allemand de Busch :
*Versuch eines handbuchs der Erfindungen.*

[1] *Iliade*, ch. XI, vs. 640.

[2] Livre II, ch. LXXVII; et Larcher (vol. II, p. 318) donne la note que voici :
« Cette boisson se faisait avec de l'orge. Le houblon étant inconnu en ce pays,
les Égyptiens y ajoutaient du chervi et du lupin, qui lui donnaient de l'amertume.»

[3] *Bryo*, « jaillir avec abondance; » *zeö*, « bouillonner. »

[4] *Georg.* III, 379, 380 : « *Pocula læti fermento... imitantur vitea.* »

[5] *Métamorphoses*, ch. XIV, vs. 273. « *Misceri tosti jubet hordea grani.* » C'est
Busch qui cite ce vers.

[6] *Hist. natur.*, liv. XXII, ch. LXXXII.

[7] Ce mot *cerrisia* ayant été latinisé, quelques-uns ont voulu y voir, une abré-

et *cerea* en Espagne. Dans cette dernière contrée, un petit roi, au rapport de Polybe [1], « avait au milieu de sa maison des coupes d'or et d'argent, remplies *de vin d'orge.* »

Les Germains, Tacite nous l'apprend [2], « avaient pour boisson une liqueur faite d'orge ou de blé fermenté, dont ils composaient une sorte de vin. »

Enfin, les descendants de ces Germains, à savoir les Anglo-Saxons et les Danois, faisaient de la bière leur breuvage favori. Avant leur conversion au christianisme, ils croyaient que la jouissance large et fréquente de cette liqueur fermentée constituait l'une des principales félicités dont leurs héros étaient gratifiés, une fois admis dans le palais d'Odin.

Après l'introduction de l'agriculture en Angleterre, les liqueurs fabriquées avec la drèche, ou orge préparée pour la brasserie, furent substituées à l'hydromel et devinrent le breuvage usuel des anciens Bretons. L'ale et la bière sont mentionnées dans les lois d'Ina, roi de Wessex. Parmi les différentes sortes de boissons préparées pour un banquet royal à la table d'Édouard le Confesseur, l'ale est particulièrement désignée. Dans l'Écosse et le pays de Galles, il y avait deux sortes d'ales, l'une appelée *commune* et l'autre aromatique; l'une et l'autre étaient considérées comme des articles de grand luxe parmi les Gallois. Le vin était alors inconnu, à ce qu'il semble, aux rois de Galles. Buchon, dans son histoire d'Écosse, mentionne l'usage d'une boisson préparée avec la drèche à une date très-ancienne et il l'appelle *vinum ex frugibus concerptis.*

---

viation de *Cereris vitis;* mais cette étymologie semble forcée. Plusieurs pensent que *cervisia* était un vieux mot gaulois.

[1] Fragments qui restent du livre XXXIV, numéro v.

[2] *Mœurs des Germains*, chap. XXIII.

Une ordonnance municipale d'Augsbourg, à la date de 1433, prescrit l'emploi de l'avoine dans la fabrication de la bière, emploi qui fut interdit ensuite en 1550.

Les Américains du Nord font de la bière avec le maïs ; ils ont porté chez eux cet art de l'Europe. Mais on l'a retrouvé chez les peuplades les plus reculées de l'ancien continent. *Mungo Park* trouva l'art de brasser parmi les nègres de l'intérieur de l'Afrique. L'héroïque et malheureux voyageur rapporte que leur bière était, suivant son goût, égale aux plus fortes boissons de ce genre qu'il avait pu goûter dans son pays natal. Ils la préparaient avec la semence du sorgho (*holcus spicatus*).

Cependant toutes les anciennes bières paraissent avoir été fabriquées exclusivement avec de l'orge ou d'autres graines farineuses et n'étaient par conséquent pas appropriées à cette longue conservation qui résulte en grande partie, sinon en totalité, du principe amer que le houblon renferme. L'emploi de cette dernière plante dans la brasserie est de date récente. Certains écrivains anglais en marquent la date à l'année 1525. L'absinthe avait été antérieurement souvent employée dans le même but avec plus ou moins de succès [1].

Voilà un ensemble de faits qui ne nous permettront pas de nous étonner si les législateurs financiers ont demandé à la bière, au moins dans certains pays, des ressources fiscales d'une certaine valeur, soit que cette boisson constitue la consommation usuelle d'un pays, soit que, subordonnée à d'autres, elle reçoive de cette circonstance un caractère analogue à celui des consommations de fantaisie ou de luxe. Les taxes sur le malt ou drèche ou sur la bière elle-même représentent, dans les pays froids de l'Europe, un revenu

---

[1] *Tablet of memory*, p. 90 et 104.

analogue à celui des impôts prélevés en France sur les spiritueux produits par la vigne.

C'est en Angleterre que ces taxes atteignent le plus haut degré d'importance financière. Nos voisins d'outre-Manche taxent séparément la drèche et le houblon qui sont les deux principes générateurs de la bière. Ils ont en outre assez longtemps perçu un impôt sur la bière elle-même.

Ces taxes ont quelquefois excité dans la Grande-Bretagne des émotions populaires rappelant par leur vivacité celles que les taxes sur le vin ont soulevées parfois sur certains points de la France.

En 1761 notamment, l'accroissement de l'impôt sur la bière forte occasionna des signes très-vifs de mécontentement dans les rues et dans les théâtres de Londres.

D'après Sinclair [1], la taxe sur la drèche, dont l'origine date de 1697 (8° et 9° statuts de Guillaume III), parut d'abord devoir être temporaire et, par le traité de l'Union, l'Écosse fut dispensée de la payer. Cet impôt devait expirer en Angleterre même le 4 juin 1707, mais il devint perpétuel. Les Écossais s'en croyaient dispensés à tout jamais par l'Union; aussi lorsqu'on l'exigea d'eux en 1725, cela devint-il l'occasion d'émeutes nombreuses et très-graves. La taxe n'a été introduite en Irlande qu'en 1785.

Le taux de cet impôt était à l'origine de 6 d. par boisseau. Le droit sur la drèche fut élevé en Angleterre, en 1804, à 4 sch. 5 d. 3/4 par *bushel* (36 litres 34) ou 35 sch. 10 d. par *quarter* (290 litres 72); l'impôt distinctement établi sur la bière était en même temps élevé à 10 schellings par *barrel*; et comme un *quarter* de drèche produisait à peu près trois *barrels* de bière, il s'ensuit que l'impôt sur la drèche employée dans les brasseries montait en réalité à 65 sch.

---

[1] *History of the public revenue*, t. II, p. 355.

10 d. par *quarter*, ou 28 centimes par litre de drèche.

En 1816, l'impôt sur la drèche fut réduit à 2 schellings 5 d. par *bushel*; en 1823, il a été porté à 2 sch. 7 d. par *bushel* impérial ou 20 sch. 8 d. par *quarter*. Le droit sur la bière ayant été aboli en 1830 [1], la taxe sur la drèche et la taxe sur les houblons ont été les seuls impôts dont la bière soit restée affectée depuis lors dans la Grande-Bretagne.

Malgré les variations dans le taux du droit sur la drèche et les mouvements de la population, le produit fiscal qui, au XVIIe siècle, était seulement d'environ 750,000 l. st., ne paraît pas avoir très-considérablement varié dans les quarante à cinquante premières années de notre siècle, ainsi qu'il résulte des chiffres donnés par M. Mac Culloch pour le produit de l'impôt dans les trois royaumes unis [2].

| | Angleterre. | Écosse. | Irlande. | Total. |
|---|---|---|---|---|
| 1793. . . . | 1,604,717 | 179,266 | 359,809 | 2,143,792 l. st. |
| 1803. . . . | 3,555,906 | 137,878 | 283,584 | 3,977,368 » |
| 1813. . . . | 4,849,419 | 123,705 | 428,830 | 5,401,954 » |
| 1823. . . . | 3,203,502 | 198,696 | 217,302 | 3,619,500 » |
| 1833. . . . | 4,364,413 | 530,358 | 245,987 | 5,140,758 » |
| 1843. . . . | 4,149,941 | 333,806 | 175,891 | 4,659,638 » |

Les comptes des finances du Royaume-Uni nous donnent en outre le résultat ultérieur suivant.

En 1849 (année finissant au 5 janvier 1850), le produit net, dans la Grande-Bretagne, de la taxe sur la drèche a été de 4,761,248 l., et en Irlande de 202,817 l. Total 4,963,065.

Il était donc permis de dire que de 1803 à 1849, c'est-à-dire pendant une période de quarante-cinq ans, le produit

---

[1] Ce droit n'affectait que la liqueur vendue par les brasseurs et non celle qui était fabriquée par les particuliers pour leur usage. Il tombait donc spécialement sur les familles peu aisées. Ce droit a été aboli sous l'administration du duc de Wellington, en même temps que la taxe du cidre. L'acte qui a supprimé ces taxes a laissé cependant subsister les taxes locales perçues sur la bière dans diverses villes d'Écosse.

[2] Voyez la 1re édition de son livre sur l'impôt, p. 234, 235, 494.

de l'impôt n'avait pas fort sensiblement augmenté et Mac Culloch a été très-frappé de ce résultat qu'il semble avoir un peu exagéré en le faisant remonter à une époque plus ancienne que celle qui résulte des rapprochements présentés ci-dessus. Ce fait lui a semblé devoir être attribué soit à l'élévation variable suivant les temps des droits sur la drèche, soit au changement des goûts d'une population accrue considérablement en nombre, mais appelée par compensation à trouver dans le thé, le café et dans divers spiritueux de qualité inférieure des boissons dont l'usage réduisait la consommation de la bière [1].

Au reste, le caractère en quelque sorte stationnaire du produit de la taxe sur la drèche paraît avoir enfin cédé en Angleterre à l'accroissement de la population ou de l'aisance, puisque nous trouvons dans les comptes financiers de l'année expirée au 31 mars 1857, un produit net de 5,690,949 liv. st. supérieur à tous ceux que nous avons rappelés plus haut.

Disons maintenant quelques mots de la taxe prélevée en Angleterre sur le houblon.

On sait que si l'orge et les autres céréales donnent à la bière sa puissance alcoolique et nutritive, c'est le houblon, mal remplacé quelquefois par le *buis* ou le *menyanthes trifolia*, qui donne à la bière son amertume.

Le houblon fut importé de Flandre en Angleterre en 1524, mais ce n'est que vers 1693 que sa culture fut généralisée.

---

[1] Le caractère stationnaire du produit de l'impôt sur la bière en Prusse a été aussi signalé par M. Hoffmann à l'époque où il écrivait son livre. Il y a eu des observations analogues à faire sur les produits de l'impôt en Autriche. Mais dans le grand-duché de Bade l'impôt s'est élevé, suivant M. Rau, de 9 florins par tête de 1831 à 1835, jusqu'à 17 florins de 1842 à 1846. La progression paraît avoir continué depuis, d'après les chiffres qu'a publiés M. Regenauer, ministre des finances du grand-duché, dans son ouvrage récemment édité à Carlsruhe (p. 466). En Bavière, une augmentation de 1,500,000 florins pour le premier trimestre de 1861 par rapport à l'année 1860 était signalée par le *Moniteur universel* du 3 février 1862.

À présent, on compte plus de 55,000 acres de terre consacrées à la culture du houblon.

Deux sortes d'impôts frappent la récolte du houblon, le nouveau et l'ancien, formant ensemble un total de 18 sch. par quintal. Ces impôts ne sont pas sans importance pour les revenus publics de l'Angleterre.

En 1855, ils ont monté à 800,000 l. st.; en 1856, ils ont donné le chiffre moindre, mais cependant fort respectable, de 550,000 l. st.; en 1857, celui de 460,000 l. st.

On aura quelque idée de l'importance prise par la culture du houblon dans les comtés de Kent et d'Essex, quand on saura qu'outre ce qui est transporté dans la capitale de Brighton par le *South Coast Railway* et autres lignes, la *South Eastern Company* fait partir quotidiennement, durant certaine saisons, trois trains spéciaux composés chacun de 50 wagons chargés de houblon [1].

L'impôt sur le houblon est mentionné par les écrivains qui ont examiné dans le dernier siècle les finances anglaises.

Un d'eux rapporte qu'on le percevait dès lors sur les producteurs de cette plante [2].

La taxe sur le houblon a été en Angleterre l'objet de vives critiques : « Cette taxe, a-t-on dit récemment [3], est perçue si maladroitement et si injustement que les plaintes proviennent des producteurs qui devraient n'en être pas atteints et remplir seulement l'office de percepteurs avançant l'impôt et le recouvrant ensuite des consommateurs. Les choses sont arrangées de manière à ce que la moitié des producteurs s'en trouve ruinée. La taxe est levée au poids, soit que le houblon soit cher ou à bon marché, mauvais ou bon. Par conséquent lorsque les houblons sont avilis par

---

[1] *South-Eastern Gazette*, citée dans le *Journal de Francfort* du 21 octobre 1858.
[2] *Situation des finances de l'Angleterre*, Mayence, 1768, p. 23.
[3] *Quarterly review*, january 1861, p. 226.

l'abondance de la récolte ou par leur mauvaise qualité, les cultivateurs sont ruinés. Pour rendre la taxe plus oppressive, l'excise n'autorise pas d'obligations pour le paiement (*bonding*). Quel que soit l'état du marché, le droit doit être payé à un jour donné. Par conséquent à l'approche du jour, les prix sont déprimés artificiellement; les vendeurs doivent se défaire de leur marchandise à tout prix afin de payer la taxe et sont ainsi réduits à perdre 50 pour 100 sur la valeur de leur denrée. La détresse qui en résulte est si étendue, il y a un tel besoin d'argent à un moment donné que lorsque le jour du paiement de l'excise arrive dans les contrées à houblon, non-seulement le houblon, mais encore le blé et le bétail sont dépréciés de 10 à 15 pour 100 au-dessous de leur valeur naturelle. Cette taxe rend en moyenne seulement 400,000 l. Elle serait avantageusement remplacée par un accroissement des licences qui porterait en définitive sur les mêmes consommateurs et qui produirait un revenu fixe au lieu d'un produit variable. »

Au mois de mars 1861 la question de l'impôt du houblon a été portée à la chambre des communes. Voici ce que nous a appris à cet égard un journal anglais, le *Morning-Chronicle*, cité par le *Moniteur universel*, du 8 mars.

« M. Dodson a proposé une résolution portant que le maintien de droits quelconques sur les houblons est impolitique, et qu'il sera fait une loi pour la suppression de ces droits. L'honorable membre a signalé les fluctuations qui ont lieu, d'année en année, dans les produits des houblons, et soutient qu'un produit aussi incertain n'est pas une matière imposable.

Le chancelier de l'Échiquier a fait observer que la question qu'il s'agit maintenant de décider ne roule ni sur l'importance du droit sur les houblons, ni sur l'utilité qu'il y aurait à continuer l'exploitation de cette branche de revenu.

En tant qu'impôt, on peut lui reprocher à juste titre bien des inconvénients particuliers. Il est inégal, incertain, précaire et tend à peser lourdement sur le contribuable pendant les mauvaises saisons. On pourrait aussi le considérer comme un impôt sur les matières premières. D'un autre côté, c'est une taxe très-facilement perçue et différente du droit sur le papier ou sur les spiritueux. La perception n'en gêne aucun procédé de fabrication. L'abolition du droit n'empêcherait pas les producteurs d'être exposés aux pertes et aux désastres qu'ils ont soufferts par des causes naturelles, et quoique le produit, au point de vue du revenu, soit également exposé à des fluctuations, le lord chancelier déclare qu'il lui est impossible d'adhérer à la conclusion, qu'il faudrait, dans les circonstances actuelles, y renoncer. La motion lie la chambre à une résolution trop absolue, et c'est un engagement, que par bien des considérations, il serait extrêmement impolitique de remplir.

M. E. Bull et lord H. Vane ont appuyé la motion.

Après une courte réplique de M. Dodson, la chambre a procédé au vote par division : pour la motion il y a eu 110 voix, contre, 202. Majorité, 92. »

M. Gladstone a cependant proposé, le 3 avril 1862, de remplacer l'excise sur les houblons par l'augmentation des licences des brasseurs et par l'établissement de licences spéciales à la charge des brasseries privées établies dans des maisons ou des fermes au-dessus d'un certain loyer [1].

Quoique payé entièrement par les consommateurs, l'impôt sur la drèche est considéré en Angleterre comme très-défavorable à l'agriculture. L'orge est une céréale très-appropriée aux terrains légers, et qui peut prendre place dans divers assolements. L'impôt qui l'atteint, lorsqu'elle est con-

---

[1] Voyez le *Moniteur* du 6 avril 1862.

vertie en drèche, détourne les fermiers de sa culture. Mais quelle est, dit Mac Culloch, la taxe rapportant 5 à 6 millions de livres sterling par an, qui ne donne lieu à aucune grave objection ?

Sir H. Parnell reprochait aussi à l'impôt sur la drèche d'être établi d'une manière vexatoire et fâcheuse pour l'agriculture, pour les fabricants et pour les consommateurs.

Les formalités pour l'assiette de l'impôt sur la drèche ont été aussi accusées de complications et de rigueurs exagérées, par d'autres écrivains. M. Sayer, écrivant en 1831, faisait ressortir ce vice de la législation, et attestait que les amendes qui entouraient les prescriptions de la fabrication embrassaient 106 cas et s'élevaient à 13,500 l. st. [1].

Mac Culloch regarde ces défauts de la législation anglaise comme fort atténués, mais comme subsistant encore dans un certain degré [2]. M. Molroguier a fait remarquer aussi dans son *Histoire critique de l'Impôt des boissons* que la concentration de la préparation de la drèche chez les Maltsters a beaucoup facilité l'assiette de la taxe anglaise.

J'ai entendu un financier anglais distingué, évaluer à 20 pour 100 la proportion du poids de l'impôt par rapport à la valeur de la bière produite en Angleterre. Mais je n'ai pas les éléments de prix nécessaires pour contrôler cette assertion.

Dans les États de l'Europe septentrionale, l'impôt sur la bière joue un rôle analogue à celui qu'il remplit dans les finances britanniques, mais dans des proportions moins considérables.

En Suède, il n'a même qu'une très-médiocre importance. L'impôt sur l'opération de la brasserie avec l'impôt sur la

---

[1] *Appendix*, p. 60.
[2] *Taxation*, p. 247.

boulangerie et l'impôt sur l'abattage, rentrent dans ce qu'on appelle les *salu accisen* ou excise des ventes. Cet impôt urbain a été beaucoup en diminuant, et plusieurs localités s'en étant successivement affranchies, il ne rapportait plus, en 1816, que 22,946 risdales, et en 1830, le produit en est même descendu à 3,247 l. 36 sk [1].

En Allemagne, les droits sur la bière existent depuis fort longtemps. Un journal mentionnait même naguère l'existence d'un droit d'octroi et d'accise sur la bière à Cologne, en 1320 [2], et les annales prussiennes écrites par le philosophe couronné de Sans-Souci, nous apprennent que les États de Brandebourg les firent percevoir en 1472, pour payer les dettes de leur Électeur, Albert l'Achille [3].

La variété des systèmes suivis pour la taxation de la bière en Allemagne est très-considérable. Elle renferme l'abrégé des diverses formes suivies pour l'imposition de cette boisson, qu'il est possible de taxer suivant des modes très-différents, et qui présentent sous divers rapports tels ou tels avantages inconciliables entre eux.

Pour comprendre les difficultés entre lesquelles le législateur s'est trouvé placé pour déterminer l'assiette de l'impôt sur la bière, il faut rappeler que la fabrication de la bière se décompose en diverses opérations, pendant lesquelles la matière imposable peut être successivement mesurée.

Nous avons vu, à propos des sucres, les législateurs hésiter entre le jus saccharifère, le produit entièrement fabriqué ou même la matière première de la betterave pour le choix de l'objet spécialement imposable. Le problème à résoudre était

---

[1] Rapport à Sa Majesté suédoise contenant une comparaison entre les recettes et les dépenses publiques depuis 1809 jusqu'à la fin de 1830, par M. Rahtsman, p. 50. (Texte suédois publié à Stockholm en 1855.)

[2] *Moniteur* du 3 août 1862.

[3] *OEuvres du philosophe de Sans-Souci*, t. II, p. 131.

analogue dans la fabrication de la bière. Cette fabrication commence par trois actes principaux qui sont : 1° La préparation de certaines matières farineuses destinées à être brassées ; 2° le brassage ou macération de ces grains, qui a lieu par diverses infusions d'eau chaude dans une cuve matière ; 3° la cuisson du moût obtenu par le brassage dans des chaudières.

Les phases ultérieures de la fabrication de la bière, c'est-à-dire le refroidissement et la fermentation du moût, ainsi que l'apprêt des bières sont des opérations consécutives qui ne modifient le volume de la bière que si elles sont compliquées d'addition de liquides étrangers.

C'est donc naturellement sur les trois premiers actes de la fabrication que le législateur a dû surtout fixer son attention, soit qu'il ait voulu se rapprocher davantage de la mesure de la matière première ou de celle du *fabricat*.

Nous avons vu le législateur anglais atteindre la matière première solide dont la bière est habituellement extraite. Ce système serait en défaut si d'autres matières farineuses étaient employées à la fabrication de la bière. Aussi ce système a-t-il pour corollaire l'interdiction absolue d'employer toute autre substance que du *malt* d'orge dans l'opération de la brasserie anglaise.

Il paraît cependant que l'emploi du sucre, matière taxée d'autre part, a été autorisé aussi dans les brasseries à une époque récente ; et l'Échiquier en a retiré 54,000 livres dans l'année 1860-1861, suivant l'exposé de M. Gladstone à la date du 16 avril 1861.

La bière est taxée en Bavière et dans le Wurtemberg à peu près de même que dans la Grande-Bretagne ; l'impôt est perçu au moment de l'égrugement de l'orge, et ce mode de perception est d'une surveillance très-aisée, lorsque la brasserie est séparée du moulin à égruger, parce qu'il est dans ce cas facile de surveiller les transports de l'un à l'autre. Le brasseur est intéressé par ce procédé, à tirer d'une quantité donnée de *malt* la plus grande quantité de bière possible [1].

Sous ce régime, la bière de Bavière est arrivée à un haut degré de perfection, malgré un produit assez considérable prélevé par le fisc. Car dans les provinces transrhénanes de la Bavière, le produit de l'impôt sur la bière a été en moyenne de 5 millions 1/2 de florins de 1849 à 1855. Les frais de perception se sont élevés à 5 pour 100 du produit.

Le système de taxation suivi dans la Prusse et dans la Saxe, presque identique avec le précédent, se rapporte à un moment un peu plus avancé des opérations de la brasserie. C'est toujours le *malt* qui est taxé, mais seulement dans la cuve matière et avant d'avoir été arrosé d'eau chaude. L'infusion a lieu en présence d'un employé du fisc, après que le brasseur a déclaré combien de drèche il emploie dans l'opération et combien de bière il compte fabriquer.

Le produit de l'impôt en Prusse a été, en 1850, de 1,044,700 thalers. Il avait été en 1847 de 1,257,268 thalers : ce produit indique un taux d'impôt très-léger.

L'impôt est relativement plus considérable dans la Saxe royale, où, d'après M. Engel, il a donné en 1851, 254,273 thalers.

Le même statisticien évalue l'incidence de l'impôt, par rapport à la valeur vénale suivant les proportions de 11,8 pour 100, quant à la bière simple et de 6,17 pour 100, quant à la bière double ; l'auteur est loin d'approuver cette différence dans le poids de l'impôt au détriment de la bière qui est consommée par les classes les moins aisées, mais il pense qu'elle tient à une plus grande utilisation de la drèche

[1] Voyez pour tout ce qui concerne la taxation de la bière en Allemagne l'ouvrage de Rau sur la *Science des finances*, § 436 et 437.

lorsqu'elle est employée à la fabrication de la forte bière. Cette différence ne serait ainsi qu'un résultat indirect du mode de taxation adoptée.

Dans les Pays-Bas et la Belgique, l'impôt est aussi perçu avant l'infusion de la drèche, mais il est déterminé d'après la contenance de la cuve [1].

Il y a là un troisième système en réalité.

Enfin, le quatrième système est celui d'après lequel l'impôt est assis sur la contenance des chaudières, moyennant une surveillance exacte de la fabrication. Il est ou a été pratiqué dans le grand-duché de Bade, dans les deux Hesses et en Autriche. M. Engel lui donne le nom de *Würzebesteuerung*, c'est-à-dire taxation du moût de bière.

En Autriche, outre la taxe de la fabrication, il y a une taxe à l'entrée des villes fermées; et, par suite, un taux d'impôt plus élevé est établi sur la bière fabriquée dans l'enceinte de ces villes.

Il résulte aussi de ce système, qu'une restitution est opérée par le Trésor autrichien au profit des fabricants qui exportent hors des villes fermées la bière qu'ils y ont confectionnée. Ce drawback est nécessaire pour leur permettre de soutenir la concurrence des autres brasseurs de leur pays.

L'impôt de la bière a produit en 1856, en Autriche, 7,588,639 florins, c'est-à-dire moins que l'impôt sur les liqueurs distillées, mais plus que l'impôt sur les vins [2].

En 1851, l'impôt sur la bière avait produit 8,033,036 fl.

C'est la seule branche de l'impôt de consommation dont

---

[1] D'après la loi du 22 août 1822, l'accise sur les bières indigènes dans les Pays-Bas et la Belgique, soit qu'on destine ces bières à la consommation, soit qu'on se propose de les convertir en vinaigre, est fixée à 1 fr. 48 c. par hectolitre et se perçoit chaque fois qu'on emploie les cuves matières ou autres bacs ou vaisseaux dans lesquels on prépare la mouture ou farine servant au brassin.

[2] *Tafeln fur statistik des steuærwesens*, etc., p. 293 et 301.

on ait pu signaler dans ces dernières années, en Autriche, la marche rétrograde et il pourrait se faire qu'un changement de législation n'y fut pas étranger [1].

Il paraît qu'il y a dans le Hanovre un mode de taxer la bière qui est encore différent de tous ceux que nous avons jusqu'à présent constatés, et qui a été introduit dans ce petit État depuis 1835.

L'impôt y repose sur la quantité du produit complétement fabriqué.

M. Rau, à qui nous empruntons ces renseignements, pense que ce dernier mode de taxation permet beaucoup de fraudes à l'impôt à défaut d'une surveillance suffisante des opérations préliminaires de la brasserie.

M. Rau a calculé la pesanteur du droit sur la bière dans divers pays de l'Allemagne, par rapport à une mesure donnée, celle du pays de Bade. Il est arrivé aux résultats suivants :

| | | |
|---|---|---|
| Hesse-Électorale . . . . . | 0,23 kreutzers par mesure badoise [2]. |
| Hesse-Darmstadt . . . . . | 0,34 | » | » |
| Prusse . . . . . . . | 0,45 | » | » |
| Bavière . . . . . . | 0,49 | » | » |
| Bade . . . . . . . | 0,78 | » | » |
| Autriche. . . . . . | 0,91 [3] | » | » |

Ces chiffres s'échelonnent entre les quotités de 1/2 centime et de 2 centimes par litre.

Examinons maintenant l'histoire du droit sur la bière en France.

Sous le régime des *aides*, la bière était soumise à un droit de 37 sols 7 deniers par muid à Paris, et de 30 sols par

---

[1] M. Rau rapporte en effet que depuis 1855, la bière est taxée en Autriche d'après la quantité de sucre qu'elle renferme, § 437, note *a*.

[2] La mesure d'Heidelberg vaut 2 l. 3. d'après l'*Almanach des longitudes*.

[3] § 437, note *a*.

muid partout ailleurs dans les pays dits pays d'*aides*. Cette taxe était due pour toutes sortes de bières, soit qu'elles eussent été fabriquées par des brasseurs pour être vendues, ou par des particuliers même nobles et ecclésiastiques, ou par des hôpitaux pour leur consommation [1].

On s'explique cette sévérité fiscale à l'égard des bières fabriquées par les particuliers pour leur consommation. En général, les immunités des aides n'étaient accordées que pour des boissons du crû ; les boissons qui exigent une préparation telle que la bière et l'eau-de-vie, ne pouvaient pas pas être rangées dans la même classe, bien qu'elles fussent fabriquées avec des produits du crû, ces produits étant dénaturés complétement par une industrie qui ne méritait d'échapper à l'impôt par aucun privilége spécial.

Indépendamment des droits dus à la fabrication de la bière, droits qu'on nommait *droits d'essayeurs, visiteurs et contrôleurs*, il en était encore dû suivant les provinces où cette boisson était importée et suivant les circonstances diverses de sa vente.

La bière devait le droit de gros dans les lieux où il était perceptible, à raison de 8 sols par muid, mesure de Paris [2].

Le droit de jauge-courtage à l'entrée des villes et autres localités assujetties était de 9 sols.

Lorsque la bière était vendue en détail, elle devait les droits de huitième et ceux de quatrième suivant les pays où ces droits étaient établis.

Mais à Paris, la bière qui avait acquitté les droits chez les brasseurs était exempte de tous autres droits additionnels, parce que les droits d'entrée étaient perçus en même temps. Toutefois, lorsque la bière était portée en pays de gros, ce droit était exigible.

---

[1] *Encyclopédie méthodique* (finances, mot *Bière*).
[2] *Ibidem.*

III.

2

Ces taxes diverses dont le produit revint au trésor royal à partir de 1698, formaient dans certains cas un total assez considérable par muid.

Supprimées par le décret du 2 mars 1791, les taxes sur la bière reparurent avec les droits réunis, et les bières furent assujetties à un droit de fabrication de 40 centimes par hectolitre d'après l'article 63 de la loi du 5 ventôse an XII.

La loi du 24 avril 1806 établit des droits divers de vente en gros et en détail sur la bière comme sur les autres boissons avec un droit spécial de 2 fr. par hectolitre sur les bières fabriquées dans Paris.

En vertu de la loi du 25 novembre 1808, la bière fut assujettie à un simple droit de 2 fr. à la *fabrication*.

Parmi les mesures financières prises dans les circonstances désastreuses de l'année 1813, le décret du 5 janvier éleva ce droit à 3 fr. l'hectolitre, sans distinction de forte ou de petite bière. Mais ce droit fut abaissé, par la loi du 8 décembre 1814, à 1 fr. 50 c. sur la forte bière et à 75 c. sur la petite [1].

Le décret du 8 avril 1815 convertit le droit de fabrication sur les bières en un *contingent* communal à répartir entre les débitants et entre les brasseurs, d'après la base des produits de 1812 et sous la déduction d'un dixième pour frais de régie. En même temps pour compléter le remplacement des droits supprimés et pour mieux assurer la répartition des contingents communaux, le législateur soumit les brasseurs et les débitants à un droit qui existait dans les anciennes aides sous le nom d'*annuel*, et qu'on désigna du nom de *licence*. La loi du 28 avril 1816 rétablit le droit à la fabrication de la bière forte à 2 fr., et mit le droit sur la fabrication de la petite bière à 50 c. dans certains cas, et à 75 c. dans d'autres (art. 107).

---

[1] La petite bière est le produit de la dernière infusion quand la bière a été faite plusieurs fois avec la même drèche, en tonneaux de même dimension ou successivement plus petits.

La loi du 1er mai 1822 fixa à 3 fr. les droits sur 'la forte bière, et à 75 c. ceux de toutes les petites bières.

La loi du 12 décembre 1830 réduisit les droits sur la forte bière à 2 fr. 40 c., et à 60 c. les droits sur la petite.

On peut remarquer ici que les taxes sur la bière, sur le vin et sur le cidre ont presque toujours monté ou baissé en même temps, dans une assez exacte proportion. Il est, en effet, aussi équitable que nécessaire de soumettre les boissons usuelles des diverses provinces à des charges équivalentes. Mais la bière étant imposée à la fabrication, sans formalités à l'extérieur des brasseries, les consommateurs s'aperçoivent moins de l'existence du droit, parce que rien ne leur rappelle qu'ils le paient avec le prix. L'impôt sur le vin ne saurait, au contraire, avec quelque habileté qu'on le combine, être aussi bien dissimulé, à cause des difficultés de toute sorte que sa perception présente. C'est là une des raisons qui expliquent pourquoi les réclamations des départements vinicoles ne se répètent point aussi fortement dans les départements du nord, bien que ces derniers eussent cependant, quant à la charge de l'impôt, quelques plaintes analogues à faire valoir.

Depuis la loi du 12 décembre 1830, celle du 23 avril 1836, qui a réglé de nouveau le mode de surveillance de fabrication de la bière, et celle du 17 mars 1852 (art. 23) qui a réglé un détail relatif à la perception, la taxe sur cette boisson n'a éprouvé jusqu'à ce moment, dans son tarif et sa perception, aucune autre modification que l'addition récente d'un nouveau décime additionnel à la taxe principale.

Voici, du reste, le produit des droits sur la bière de 1847 à 1860. On peut y remarquer l'influence accidentelle de la cherté des vins comme du bas prix de l'orge et du houblon, la consommation pouvant d'ailleurs être un peu excitée généralement, suivant la remarque d'un savant allemand [1], par l'extension de l'usage du tabac à fumer.

| ANNÉES. | QUANTITÉS. | AUGMEN- TATION. | DIMINUTION | PRODUITS. | AUGMEN- TATION. | DIMINUTION |
|---|---|---|---|---|---|---|
| | hectol. | hectol. | hectol. | fr. | fr. | fr. |
| 1847.. | (2) 4,105,882 | » | » | 8,910,201 | » | » |
| 1848.. | (3) 3,617,190 | » | (3) 488,692 | (3) 7,972,509 | » | (3) 937,692 |
| 1849.. | 3,778,168 | (4) 160,978 | » | 8,224,846 | (4) 252,337 | » |
| 1850.. | 4,047,971 | (5) 269,803 | » | 8,833,053 | (5) 608,207 | » |
| 1851.. | 4,448,880 | (6) 400,908 | » | 9,633,050 | (6) 799,996 | » |
| 1852.. | 4,523,315 | (7) 74,435 | » | 9,834,228 | (7) 191,177 | » |
| 1853.. | 5,047,885 | (8) 524,569 | » | 10,846,993 | (8) 1,012,765 | » |
| 1854.. | 4,959,346 | » | (10) 88,539 | 10,647,420 | » | (10) 199,573 |
| 1855.. | 5,871,067 | (9) 911,720 | » | 12,995,252 | (9) 2,347,832 | » |
| 1856.. | 6,448,692 | 577,624 | » | 15,054,200 | (12) 2,058,948 | » |
| 1857.. | 7,088,121 | 639,429 | » | 16,511,122 | 1,456,921 | » |
| 1858.. | 6,806,672 | » | 281,449 | (11) 15,908,600 | » | 602,522 |
| 1859.. | 6,696,760 | » | 109,911 | 15,678,127 | » | 230,474 |
| 1860.. | 6,570,786 | » | 124,975 | 15,240,703 | » | 437,424 |

N. B. Quelques-uns des totaux présentent, avec ceux des Comptes définitifs des recettes de légères différences dans les chiffres des unités ; elles sont dues à ce que l'on a été obligé de négliger dans le calcul quelques fractions de francs et d'hectolitres.

Le *Moniteur universel* du 14 novembre 1860, a extrait d'un article sur la consommation de la bière, par M. Marchand, des renseignements intéressants qui éclairent le tableau que nous venons de reproduire, surtout quant aux détails de statistique locale qu'il ne pouvait renfermer.

[1] Regenauer, p. 466.

[2] Diminution de 901,072 hectolitres et de 2,002,256 francs sur les quantités et produits de 1846, provenant de la cherté des céréales.

[3] Ralentissement de fabrication.

[4] Accroissement de consommation dans les départements du nord.

[5] Accroissement de consommation par suite de la hausse des vins.

[6] Accroissement de consommation par suite de la hausse du prix des vins et des cidres.

[7] Accroissement de consommation par suite de la hausse des vins.

[8] Accroissement de consommation provenant de la hausse des vins.

[9] Dans le chiffre de 2,347,832 francs figure le produit du 2ᵉ décime pour 439,000 francs. Cette déduction faite, le droit de fabrication des bières présente sur 1854 une augmentation de 1,908,000 francs qui atténue presque en totalité la diminution des produits des autres boissons. L'élévation du prix des vins, cidres et spiritueux explique l'accroissement de la consommation des bières.

[10] Ralentissement de la fabrication occasionné par le haut prix de l'orge.

[11] Le Nord et le Pas-de-Calais donnent à eux seuls près de 7 millions. Du reste, l'abondance du vin a diminué le produit de la bière.

[12] Application du second décime et accroissement de consommation.

« Les départements qui se placent au premier rang pour l'usage de la bière, dit M. Marchand, sont ceux du Pas-de-Calais, du Nord, de la Moselle, du Bas-Rhin et des Ardennes, avec une population totale d'environ 3,064,029 habitants. On évalue à 9,185,067 le chiffre de la population dans les départements qui se livrent à la fabrication et à la consommation du cidre. Quant aux régions qui produisent et consomment du vin, leur importance est beaucoup plus considérable, et leur population ne peut être fixée à moins de 23,151,930 habitants. Depuis 1830, l'importation et l'exportation de la bière ont pris chez nous un très-grand accroissement. En 1847, on importait 910,817 litres de bière et on en réexportait 970,350. »

« A Paris notamment, la fabrication de la bière a pris un développement considérable, et on peut dire qu'elle s'est accrue de 66 pour 100 depuis quarante ans. L'usage de la bière tend évidemment à se généraliser en France, surtout parmi les classes ouvrières. De 1853 à 1857, la consommation de Paris s'est élevée de 150,470 à 346,979 hectolitres. Les comptes-rendus publiés par l'administration des contributions indirectes, ne laissent, du reste, aucun doute à cet égard : on y voit que les quantités de bière pour lesquelles les droits ont été acquittés atteignaient, en 1849, le chiffre de 3,788,268 hectolitres ; en 1854, 4,957,347 hectolitres ; et enfin, en 1857, 7,088,121 hectolitres. D'après M. Husson, on consomme annuellement à Paris 14,000,000 litres de bière, soit environ 13 litres et un tiers par tête. C'est peu de chose comparativement au vin, dont on consomme à Paris 113 litres un quart par tête et par an, auxquels il convient d'ajouter 12 litres d'alcool. »

« Le tableau suivant présente, en regard, le chiffre de la population et celui de la consommation de bière dans les principales villes de France en 1857 :

|            | Population. | Bière. |             |
|------------|------------|--------|-------------|
| Paris . . . . . . . . | 1,174,346 | 346,979 | hectolitres. |
| Lyon. . . . . . . . | 292,711 | 54,343 | — |
| Marseille . . . . . . | 233,817 | 20,991 | — |
| Bordeaux . . . . . . | 149,928 | 14,264 | — |
| Nantes . . . . . . . | 108,530 | 6,118 | — |
| Rouen . . . . . . . | 103,223 | 22,714 | — |
| Toulouse . . . . . . | 103,144 | 12,155 | — |
| Lille . . . . . . . . | 78,641 | 147,307 | — |
| Havre . . . . . . . | 64,137 | 24,472 | — |
| Strasbourg. . . . . . | 77,656 | 85,899 | — |
| Metz. . . . . . . . | 64,727 | 30,908 | — |

« C'est à Bordeaux, Nantes et Toulouse que la consommation de la bière a la moindre importance, tandis qu'à Lille, à Strasbourg et à Metz, elle se maintient à un chiffre très-élevé. Ces différences portent, d'ailleurs, avec elles leur explication, et il nous suffira de les constater. »

La loi du 5 ventôse an XII autorisait, dans son article 65, chaque particulier à brasser en franchise pour sa consommation personnelle.

On constatait à la fin de l'an XIII que cette faculté avait été la cause de nombreux abus, et que dans le département de la Dyle, par exemple, un seul particulier avait brassé pour sa consommation prétendue, en une seule année, 1,400 hectolitres de bière. La classe malheureuse payait les droits pour s'approvisionner dans les brasseries marchandes, et la classe riche se dérobait à l'impôt en fabriquant elle-même [1].

Ce fut seulement par la loi du 28 avril 1816 (art. 28) que fut posé le principe de l'égalité des taxes entre les brasseurs et les particuliers, sauf le droit de licence exigé des premiers.

Cependant, aux termes de cette même disposition, les hôpitaux ne sont assujettis qu'à un droit réglé par experts et proportionnel à la qualité réelle de la bière qu'ils font fabriquer pour leur consommation intérieure.

[1] Rapport déposé aux archives du conseil d'État et faisant partie d'une suite de rapports présentés à l'Empereur Napoléon Ier au retour de la Grande-Armée.

Le *Courrier du Pas-de-Calais*, du 29 janvier 1860, rappe-
lait, au sujet du programme impérial sur la liberté du commerce, une réclamation dont, suivant cette feuille, les habitants du nord de la France auraient successivement saisi
tous les gouvernements, afin d'obtenir l'autorisation pour
chaque producteur, de fabriquer, avec les grains de sa récolte, la bière nécessaire à sa consommation et, par suite
le retour à la législation de l'an XII au moins en partie.

La bière a été taxée si fortement dans les octrois de certaines villes plus favorables à la consommation du vin,
qu'on a pu émettre avec quelques apparences plausibles
l'idée d'établir pour maximum aux droits d'octroi sur les
bières, les taxes de 2 fr. 10 et 0,60 par hectolitre, qui
sont perçues au profit du Trésor pour la bière forte et la petite bière [1].

En France, l'impôt est assis sur la fabrication d'après la
contenance des chaudières et le nombre des brassins qui
peuvent être fabriqués avec la même drèche.

Les brasseurs sont tenus de faire à cet égard des déclarations d'avance [2]. La quantité de bière passible du droit est
évaluée, quelles qu'en soient l'espèce et la qualité, en comptant pour chaque brassin la contenance de la chaudière, lors
même que celle-ci ne serait pas entièrement pleine. Il est
déduit sur cette contenance 20 pour 100 pour tenir lieu de
tous déchets de fabrication, d'ouillage, de coulage et d'autres accidents [3]. Les bières destinées à être converties en
vinaigre sont passibles du droit (loi de 1816). Le droit est
rendu quant aux bières exportées pour l'étranger ou les
colonies françaises.

Le système français se rapproche, sous le rapport de l'as-

---

[1] *Enquête sur les boissons*, p. 455 du t. I. Proposition de M. Molroguier.
[2] Art. 120 de la loi du 28 avril 1816.
[3] Art. 110 (*Ibid.*).

siette du droit, de celui du grand-duché de Bade et des deux
Hesses que nous avons indiqué ci-dessus.

Nous avons dit plus haut sur quelle base la bière est taxée
en Hollande. Nous trouvons dans une des lettres de M.de
Hogendorp, écrites en 1830, que l'accise sur la bière est,
dans ce pays, d'un sixième environ de la valeur, et que la
consommation de cette denrée décroît par suite de l'extension de celle du genièvre et de l'eau chaude légèrement
mêlée de thé ou de café.

Dans l'état des recettes de l'année 1849, le produit de
l'impôt sur la bière et sur le vinaigre est compté seulement
pour un chiffre de 290,372 florins [1]. Le vin produit 693,955
florins, et les liqueurs distillées plus de 2,500,000 florins
dans les recettes de la même année.

Vers le milieu du xviiie siècle, l'impôt sur la bière four-
nissait à la province de Hollande seule la somme considérable de 978,601 florins [2]. On voit donc que l'impôt est aujourd'hui très-léger dans les Pays-Bas et l'on ne s'étonne
pas que l'administration de ce petit État se soit préoccupée
récemment d'en accroître le produit.

Les bières et les vinaigres ont été évalués dans le budget
belge pour 1860 à un produit de 6,937,500, d'après l'*Indépendance belge* du 13 octobre 1860.

L'impôt sur le vinaigre associé souvent à l'impôt sur l'hydromel (Meede), est mentionné fréquemment dans les annales des anciennes Provinces-Unies, surtout pour la Hollande proprement dite, la Frise et Groningue [3]. D'après

---

[1] Engels donne des chiffres un peu supérieurs pour d'autres années, et le ministre
des finances des Pays-Bas, dans l'exposé des réformes financières discutées au
commencement de 1863, a cité le chiffre de 500,000 fl. Le même ministre demande
l'abolition de l'impôt sur le vinaigre et la modification de l'assiette de l'impôt sur
la bière, pour rendre cette denrée de meilleure fabrication et pour ne pas intéresser le brasseur à produire de mauvaises qualités.

[2] V. l'état des revenus de cette province, annexé au mémoire de Davenant,
inséré dans le t. II de Forbonnais, p. 285, etc.

[3] *Over de Belastingen*, etc., p. 141, 168, 173.

M. de Hogendorp, la circonstance que les brasseurs font le vinaigre a conduit à imposer ce dernier produit, afin de ne pas ouvrir une large porte à la fraude. Autrement, cet écrivain croit qu'on n'aurait pas imposé un objet de première nécessité pour le pauvre et qui ne rapportait au fisc hollandais, suivant lui, que 139,000 florins. Le vinaigre de bière étant frappé de l'accise, on a soumis à celle-ci, ajoutait-il, le vinaigre préparé avec des raisins secs, apparemment pour observer la justice [1].

Les *Wirthschafts abgaben* qui atteignaient, il y a quelques années en Wurtemberg, le vin, la bière, l'eau-de-vie et le vinaigre, ont été critiquées, quant à leur incidence sur ce dernier objet, par M. Herdegen [2]. Cet auteur considère cet impôt comme d'un recouvrement difficile, et d'ailleurs peu plausible en ce qu'il frappe sur un objet qui entre beaucoup dans la consommation des pauvres.

Les droits espagnols de *Consumos* atteignent la bière et le vinaigre entre autres objets [3].

Il en est de même de la *Verzehrungsteuer* autrichienne dans 22 villes. Dans la capitale elle-même, le produit du vinaigre pour 1836, n'a été, au reste, que de 4,154 florins.

En 1845, l'accise sur le vinaigre, qui existait en Angleterre dès le siècle dernier, rendait dans la Grande-Bretagne, d'après Mac Culloch, 47,559 l. st.

Si nous passons à l'Italie, nous voyons que la taxe de consommation (*Dazio Consumo*), dont M. Pépoli a décrit l'or-

---

[1] *Lettres sur la prospérité publique*, t. II, p. 92.

[2] P. 363.

[3] Conte, t. II, p. 166. D'après le *Guide du voyageur en Espagne*, de Bory-Saint-Vincent (p. 44), il n'y avait, il y a quelques années, de brasseries en Espagne qu'à Santander, mais elles se sont répandues et multipliées considérablement depuis lors dans ce pays. La taxation du vinaigre est ancienne en Espagne, puisqu'elle se rattachait à l'impôt des 24 millions de Castille, dont parle Forbonnais dans ses *Considérations sur les finances d'Espagne*, p. 31.

ganisation dans l'*Émilie*, renferme la bière et le vinaigre parmi les denrées soumises à son action. On peut consulter dans l'un des tableaux annexés au Rapport de M. Pépoli, les tarifs appliqués à ces deux genres de boissons dans les villes murées de Modène, Reggio, Parme, Plaisance, Bologne, Ferrare, Forli, Cesena, Rimini, Ravenne, Faenza et Imola.

Les droits sur les liquides et ceux qui sont perçus sur les vins dans les mêmes villes sont souvent uniformes. On y voit que la bière y supporte une taxe qui varie de 90 c. à 2 fr. l'hectolitre, tandis que les droits sur le vinaigre presque parallèles s'échelonnent de 90 c. à 1 fr. 75 c. par hectolitre.

Si l'impôt sur le vinaigre peut être aisément négligé par les législateurs financiers, il n'en est pas de même de l'impôt sur la bière, impôt qui est un élément naturel de tout système de taxe sur les boissons, et qui ne saurait guère disparaître qu'avec les taxes sur les vins, par exemple.

La question la plus délicate au sujet de l'assiette de cet impôt est celle qui divise les législateurs des divers pays, et qui touche au moment de la fabrication à saisir.

M. Engel s'est exprimé dans les termes suivants au sujet des deux modes principaux qui divisent sous ce rapport les législateurs allemands.

« Le mode de taxation de la bière, dit-il [1] exerce une influence essentielle sur l'activité, le développement et le progrès de la brasserie.

» Pour rendre son contrôle plus léger et plus efficace, la taxe n'atteint pas la bière toute fabriquée, mais presque partout la taxation s'opère avant la production, c'est-à-dire dans la brasserie même.

» On peut asseoir la taxe, ou sur la drèche comme cela a lieu en Angleterre, en Prusse, en Saxe et en Würtemberg,

---

[1] P. 372 des *Annales statistiques et agricoles pour le royaume de Saxe*.

ou bien sur le *moût* ou *liquide assaisonné (Würze)*, comme en Autriche et dans plusieurs petits États de l'Allemagne. Si l'impôt était assis sur la quantité des ingrédients qui donnent à la bière son prix et sa vertu et qui se trouve dans le moût, ce mode d'assiette serait plus rationnel que la taxation de la drèche. Mais comme on atteint seulement le volume du liquide assaisonné (de même qu'on taxe les jus dans les distilleries), il est évident que les bières légères sont ainsi imposées plus fortement que les bières fortes. En outre, la taxe sur le liquide assaisonné comporte plus de surveillance et plus de gêne pour la fabrication que la taxe sur la drèche. Celle-ci, non-seulement permet au brasseur de faire porter sa déclaration sur la quantité de matière qui lui plaît, mais encore lui laisse à l'égard de chaque brassin sa liberté entière. Il peut se comporter, pour l'élaboration d'une matière déjà taxée, d'après les principes que l'expérience et l'intelligence de son industrie lui font juger les meilleurs sans s'assujettir à aucune méthode déterminée. Le mauvais côté de la taxation établie sur la drèche et qui consiste en ce qu'on considère cette matière comme l'élément exclusif de la brasserie, n'entraîne point une restriction très-sérieuse, puisque l'emploi du blé naturel et de la pomme de terre n'a pas reçu encore d'application considérable dans la fabrication de la bière. D'un autre côté, la méthode qui impose la drèche excite le brasseur à tirer de sa matière première le plus utile parti possible. »

A cette discussion savante de divers modes usités pour la taxation de la bière, nous pouvons ajouter les observations d'un savant belge.

M. La Cambre, dans son traité complet *de la fabrication des bières*, a analysé les législations anglaise, bavaroise, badoise, française, néerlandaise et belge au sujet de la taxation des bières; il a divisé ces législations conformément à plusieurs

des faits que nous avons exposés plus haut, en trois principaux groupes ; le premier comprenant les législations anglaise
et bavaroise qui taxent la matière solide de la bière ou le *malt*,
le second groupe, réunissant les législations française et badoise qui recherchent le volume de la chaudière ; le troisième
et dernier enfin, comprenant les législations néerlandaise et
belge qui taxent en proportion de la capacité des cuves-
matières.

M. La Cambre a ensuite étudié l'influence de ces trois systèmes de législations sur la qualité des bières et sur les progrès de l'industrie [1].

D'après lui, les législations anglaise et bavaroise ne sont
pas les plus libérales, puisqu'elles ne permettent pas l'emploi d'autres grains que l'orge *germée*, mais, d'autre part,
ce sont celles qui sont le moins en opposition avec les vrais
principes d'une bonne fabrication ; car, d'après ces législations, les brasseurs peuvent opérer dans leurs appareils
comme bon leur semble ; ils n'ont aucun intérêt à hâter
leur travail outre mesure, ni à surcharger leur cuve-matière au point de rendre la macération trop lente et trop
difficile, comme il arrive généralement en Belgique, suivant
l'auteur.

De même que les deux précédentes législations, celles de
France et du grand-duché de Bade, qui établissent l'impôt
sur la capacité des chaudières, permettent aux brasseurs de
travailler comme ils le veulent, du moins dans la cuve-matière où se fait l'opération la plus essentielle.

En Belgique, l'impôt étant mesuré sur la capacité des cu-
ves-matières, les brasseurs pour réduire les droits autant que
possible, sont fatalement amenés à remplir la cuve-matière
le plus qu'ils peuvent. Ils fabriquent ainsi une bière qui se

---

[1] T. I, p. 462 et suiv.

gâte trop souvent, pendant ou après la macération. Récemment en effet le ministre des finances des Pays-Bas a reproduit cette critique contre la législation de son pays.

Tout en préférant théoriquement la législation anglaise ou celle de Bavière à toute autre, M. La Cambre pense que ces législations ne pourraient être introduites en France ni en Belgique, et il voudrait que la bière fût taxée après sa production d'après une prise en charge opérée sur les bacs refroidisseurs ou dans les cuves guilloires. Il est vrai que ce procédé mettrait au même niveau, sous le rapport de la taxe, les bières de forces différentes, mais l'auteur accepte ce résultat, et le trouve analogue à celui de l'impôt établi sur les vins sans distinction particulière de leur bonté, et il pense qu'il en résulterait pour l'industrie un encouragement à produire des bières de bonne qualité.

Peut-être, dans la recherche si délicate du mode le meilleur pour la taxation de la bière, faut-il tenir quelque compte de certaines habitudes locales.

Ainsi, l'un des motifs qui ont porté les Anglais à faire porter la taxe sur la drèche, résulte de ce qu'un grand nombre de particuliers se sont livrés en Angleterre à la fabrication domestique de la bière. « Au moyen de l'impôt sur la drèche, dit un écrivain financier du dernier siècle, il n'est pas possible en Angleterre de boire de la liqueur faite avec de l'orge qui n'ait pas payé l'impôt [1]. »

Il a existé à la même époque du siècle dernier une taxe sur la bière brassée avec du froment, et qui porte chez nos voisins le nom de *Mum* [2].

Un ingénieur, directeur général d'une grande brasserie parisienne, M. Vollier, a publié, en 1860, un Mémoire dans

---

[1] *Situation des finances de l'Angleterre en* 1768, p. 90.

[2] D'après un auteur anglais, cette sorte de bière aurait été inventée à Brunswick en 1489. (*Tablet of memory*, p. 92.)

lequel il a examiné la loi du 28 avril 1816, sur les brasseries.
D'après une opinion, qu'il dit avoir été acceptée presque à
l'unanimité par les brasseurs de France, il voudrait voir l'impôt sur la bière remplacé par un impôt sur le houblon ; impôt
qui permettrait de supprimer l'exercice, et ne laisserait de
concurrence possible que pour la qualité des produits. Il
pense que l'inventaire du houblon aurait moins d'inconvénients chez le planteur que l'exercice chez le brasseur.

Il est à craindre que cette proposition ne soit influencée
par une préoccupation inégale de diverses situations, et que
les brasseurs ne soient un peu exclusivement inspirés par
leur intérêt personnel, lorsqu'ils veulent rejeter l'impôt sur
l'agriculture productive du houblon.

La condamnation qui semble portée en Angleterre contre
l'impôt sur le houblon, paraît d'ailleurs peu favorable à son
introduction en France, et au milieu des considérations diverses que nous avons analysées, il serait difficile de proposer une modification sérieuse du mode d'assiette de l'impôt
des bières dans notre pays, mode qui, chez nous comme dans
le grand-duché de Bade où il est pratiqué, paraît comporter
à la fois le perfectionnement de la fabrication [1] et l'augmentation progressive du produit fiscal.

---

[1] V. à cet égard, pour le grand-duché de Bade, l'ouvrage de M. Regenauer,
que nous avons déjà cité, et que ce ministre a publié récemment sous le titre de
*Der Staatshaushalt der Grassherzogthumes Baden*, p. 466.

## ARTICLE 3.

### IMPOT SUR L'ALCOOL.

L'alcool est une liqueur spiritueuse combustible extraite par distillation, soit du vin, soit de divers fruits, graines, tubercules, ou substances farineuses.

« L'inventeur de l'alcool, suivant l'érudit allemand Busch (dans son *Essai sur les découvertes* publié à Vienne en 1801), le temps et le lieu de sa découverte ne sont point déterminés avec certitude; cependant il est vraisemblable que l'invention, venue de l'Orient, a été apportée en Europe par les Arabes. On sait que ceux-ci le tiraient du vin, d'où lui vint le nom de *vin brûlé*. Ce furent aussi les Arabes qui se servirent de l'eau-de-vie pour la préparation des médicaments et des essences. Quelques-uns donnent Raymond Lulle, né en 1235 dans l'île de Majorque et décédé en 1315, comme l'inventeur de cette substance; mais la chose n'est pas susceptible de démonstration; il est seulement certain qu'il fut un des premiers Européens qui connurent l'eau-de-vie et la mentionnèrent dans leurs écrits. Il avait été trois fois en Afrique pour visiter les Arabes et il avait pu apprendre d'eux la préparation de l'alcool, lors même qu'il n'aurait pu s'instruire par leurs livres. D'autres citent Arnaud de Villeneuve, mort en 1310 ou 1313, comme l'inventeur de l'eau-de-vie; mais cela n'est pas plus susceptible d'être prouvé. Suivant quelques autres il a été le premier Européen qui ait expliqué et enseigné la préparation de ce liquide. Il est certain qu'il le connaissait et qu'il pouvait en être redevable soit à la lecture des livres arabes, dont il possédait la langue, soit à ses voyages en Espagne et à des relations directes avec les Arabes.

« Vers l'année 1333, la préparation de l'eau-de-vie était encore comptée parmi les mystères ·de la chimie. Au dire d'Alexandre Tassoni, les Modenais furent les premiers Européens qui, à l'époque d'une récolte de vin extraordinaire, firent et vendirent de l'alcool; les mineurs allemands contractèrent l'habitude d'en consommer; le débit en fut grand et bientôt les Vénitiens en firent aussi un objet de commerce. Le plus ancien écrit allemand sur l'eau-de-vie est intitulé *Verzeichniss der ausgebrannten Wasser*, par Michel Schrick, docteur en science médicale : il a été publié à Augsbourg chez Antoine Sorg en 1483, in-folio. En 1493 aussi, un poëme allemand sur l'utilité et l'inconvénient de l'eau-de-vie fut imprimé à Bamberg, chez Marx Ayrer et Hans Pernecker, écrit qui, suivant la conjecture de plusieurs, doit être beaucoup plus ancien que l'année de son impression ne le montre. On voit par là que l'eau-de-vie était, vers la fin du xv° siècle, déjà très-connue en Allemagne, et dans les premières années du xvi° siècle apparaissent plusieurs ordonnances et prohibitions des princes allemands, touchant l'eau-de-vie. Le feld-maréchal comte de Seckendorff a entrepris le premier en Allemagne de fabriquer de l'eau-de-vie de prunes à Meiselwitz, comme cela a lieu en Sclavonie. »

Un écrivain plus moderne, M. Hœfer, dans son *Histoire de la chimie*, a cité un passage d'Aristote qui paraît avoir quelque rapport à la distillation. Il en a retrouvé des traces plus marquées dans les écrits du philosophe alchimiste Geber, qui vivait vers la fin du viii° ou au commencement du ix° siècle, suivant Abulféda, et de son contemporain Rhasès. Il confirme les assertions de Busch sur le rôle purement médical de l'eau-de-vie dans le xv° siècle et expose les progrès de la distillation des grains, déjà considérable en Allemagne au commencement du XVII° siècle [1].

L'art de la distillerie a aujourd'hui répandu ses produits dans les deux mondes et jusque dans les contrées les plus sauvages. Le Kalmouk distille le lait de ses troupeaux et le Kamtschadale les plantes propres à sa région glacée [2].

Les matières propres à la fabrication de l'alcool en général se divisent en trois classes :

1° Les matières qui renferment de l'alcool tout formé et donnent immédiatement, par une simple distillation, tout l'alcool qu'elles contiennent ; ce sont les boissons et les liquides alcooliques, comme les bières, les vins, cidres, hydromels, etc.;

2° Les matières sucrées et autres, qui, par une fermentation convenable, donnent directement des produits alcooliques propres à la distillation ; ce sont celles qui, par une simple fermentation alcoolique, peuvent produire de l'esprit de vin, comme les sucres, les sirops, les fruits, les racines, etc.;

3° Les substances féculentes, qui, pour fournir de l'alcool, demandent deux opérations chimiques préalables, qui les transforment en glucose, puis en alcool ; ce sont les céréales, le riz, les pommes de terre, les fèves, les haricots, etc. [3].

L'*alambic*, instrument de la distillation, a, suivant ce que l'on croit et que son nom semble indiquer, été inventé par les Arabes ; mais l'on ne sait s'ils l'utilisaient pour séparer seulement l'huile essentielle des plantes aromatiques, ou aussi pour la séparation de l'alcool des boissons fermentées.

---

[1] *Histoire de la chimie*, t. I, p. 91, 317, 324, et t. II, p. 112, 219.

[2] Tooke, *View of the Russian Empire*, t. III, p. 480 à 482.

[3] La Cambre, *Traité complet de la fabrication des bières et de la distillation*, t. II, p. 10.

III.                                                           3

La *distillation* est une opération physique par laquelle on
sépare d'une substance des principes volatils ; plus spécialement, une opération par laquelle, au moyen de la chaleur,
on dégage l'alcool des liquides et autres matières qui en renferment. Seules les matières qui ont subi la fermentation
vineuse en contiennent, et la fermentation alcoolique ne
peut être produite que par les matières qui renferment du
sucre ; celles qui n'en renferment pas doivent être préalablement transformées en matières sucrées ; cette transformation des matières féculentes en matières sucrées s'appelle
*macération* ou *saccharification*.

L'ensemble de ces opérations physiques et chimiques
constitue la distillation des grains, des pommes de terre et
autres matières féculentes.

Les produits bruts de la première distillation, lorsqu'ils
n'ont qu'un faible degré de spirituosité, s'appellent *flegmes* ;
ceux qui ont le degré de concentration voulu pour la consommation de la bouche s'appellent *eau-de-vie* ou *genièvre*,
suivant qu'ils proviennent de la distillation de fruits, de matières féculentes ou de certaines graines.

Les premiers produits de la distillation sont mélangés de
plus ou moins d'eau et d'huiles essentielles, et on distille
une deuxième et souvent une troisième fois ; ces opérations
se nomment *rectification* et *cohobation*. Les alcools rectifiés
à un degré très-élevé sont souvent mélangés avec de l'eau,
pour être livrés à la consommation ; c'est le *coupage* ou
*mouillage*.

Les spiritueux se partagent en deux classes : les *eaux-de-
vie*, les *esprits* ; les premières sont des spiritueux qui, en raison de leur force primitive, ou de celle à laquelle on les a
réduits, peuvent être employés comme boissons ; les esprits
sont des spiritueux dont la force est telle qu'ils ne peuvent
être consommés en nature. L'eau-de-vie, qui contient plus

de vingt degrés d'alcool, ne peut être consommée en nature et prend le nom d'*esprit*.

« L'eau-de-vie est, d'après M. Rau, dont nous adoptons entièrement l'opinion sous ce rapport, une excellente matière imposable, parce que son usage devient aisément excessif, se change promptement en habitude, et devient si dangereux pour l'esprit et le corps que le législateur doit désirer de restreindre sa consommation par l'élévation de son prix [1]. »

Le goût des monopoles et la facilité de dissimuler à l'impôt un produit peu volumineux, ont conduit certains États à s'attribuer exclusivement la fabrication de l'alcool.

Tel était, sous l'ancien régime, d'après l'adresse de l'assemblée nationale aux Français, en date du 24 juin 1791, l'état des choses dans certaines provinces de l'ancienne France. Cet état se continue dans un grand empire européen, la Russie [2].

L'impôt sur l'eau-de-vie peut être assis suivant des bases différentes. On a d'abord le choix entre la fabrication, la circulation et la consommation. La consommation exige une surveillance si minutieuse que l'impôt établi sur cette base serait très-coûteux à l'État et très-gênant pour le contribuable. L'impôt sur la circulation subit en partie les mêmes reproches. Il est moins compréhensif que l'impôt sur la fabrication qui paraît préférable. Mais sous ce rapport encore il y a différentes méthodes pour l'établissement de la contribution.

On peut taxer : 1° La matière première à l'état sec;

2° La trempe (que les Allemands nomment *Maische*), ou le volume des vaisseaux qui la contiennent;

---

[1] *Finanzwissenschaft*, § 338.

[2] Nous lisons dans des journaux récents l'annonce du monopole des liqueurs fortes établi dans la république de San-Salvador. (*Moniteur* du 29 août 1860.)

3° Le produit achevé relativement à la quantité d'alcool qu'il contient ;

4° L'instrument de la distillation ou alambic relativement au temps pendant lequel il est possédé ou mis en activité.

Chacun de ces modes d'assiette de l'impôt est rationnel, mais il présente ses avantages et ses inconvénients.

L'impôt sur le produit achevé comporte assez de fraudes, à moins que tout le cours de la fabrication ne soit surveillé, et il ne renferme, dit-on, aucun stimulant pour le perfectionnement de la fabrication. Cette manière d'asseoir l'impôt, inconnue aujourd'hui en Allemagne [1], est adoptée en Angleterre et y a fait introduire des prescriptions particulières pour la surveillance des distilleries qui n'ont pu être établies que dans des localités populeuses. Dans les Pays-Bas où ce principe de taxation est appliqué, il a pour correctif la prise en charge d'après la contenance et l'emploi des alambics [2]. Nous avons en France quelques garanties analogues [3] et dans ces conditions ce mode de perception de l'impôt paraît à M. La Cambre le moins défavorable à certains égards [4].

L'impôt sur la matière première est difficilement praticable. Il faudrait combiner l'appréciation de la *qualité* avec celle de la quantité des matières. Il faudrait surveiller toute

---

[1] *Die Branntweinbrennerei in ihren Beziehungen zur Landwirthschoft, zur Steuer und zum öffentlichen Wohl,* von Dr Ernst Engel. Dresden, 1853; p. 46.

[2] La loi hollandaise du 26 août 1822 porte dans son art 1er :

« Cette accise sera perçue sur lesdites eaux-de-vie à leur livraison hors des distilleries, à raison de 12 florins par baril d'eau-de-vie à 10°... La prise en charge du minimum des quantités d'eaux-de-vie fabriquées dont le distillateur devra répondre aura lieu d'après les quantités de matières macérées qu'il aura employées à sa fabrication, évaluées d'après la contenance et l'emploi déclaré et vérifié des alambics. »

Les droits ont été augmentés. Mais la loi est pour le surplus en vigueur. (La Cambre, t. II, p. 424.)

[3] V. *infrà.*

[4] T. II, p. 456.

introduction dans la distillerie de substances alimentaires, telles que le blé et les pommes de terre, pouvant donner lieu à frauder la taxe. Cette manière d'asseoir l'impôt ne paraît pas avoir été pratiquée d'une manière durable et M. Rau n'en tient même pas compte [1].

L'impôt sur les alambics, qui a été essayé en Prusse sous le nom de *blasenzins*, a occasionné de grands efforts industriels pour l'emploi le plus utile et le plus rapide des instruments taxés. Il a favorisé les grandes distilleries et eût, d'après M. Hoffmann, amené la chute des fabriques moins importantes, si le gouvernement prussien n'eût modifié son système. Ce mode d'assiette de l'impôt est incompatible avec l'intérêt agricole qui recommande la protection des distilleries rurales [2]. Il a existé aussi dans le grand-duché de Bade et paraît subsister, d'après M. Rau, dans la Hesse électorale [3].

On a été conduit dans les États du Zollverein à taxer l'espace qu'occupe la masse des matières distillées pendant la fermentation, c'est ce qu'on appelle en Allemagne *Maischraum-Steuer* ou *Maischsteuer*. L'impôt, établi sur cette base pour la distillation des substances farineuses, est assis sur la quantité des matières soumises à la distillation, quand il s'agit de substances non farineuses, comme les marcs de vigne et de fruits [4].

Ce procédé à l'avantage de rendre difficiles les fraudes sur la matière en fermentation. Son résultat industriel a été de faire réduire autant que possible la quantité d'eau nécessaire pour la fermentation des matières distillées, ce à quoi l'on est parvenu notamment par l'emploi d'appareils à vapeur [5]. Les grands établissements ont retrouvé sous ce rapport encore

[1] *Ibid.*, p. 47.

[2] *Ibid.*, p. 47.

[3] Rau, § 439, note *a*; Regenauer, *Der Staatshaushalt*, etc., p. 467 à 470.

[4] *Ibid.*, p. 49.

[5] M. Engel établit que le volume de la trempe nécessaire, pour fabriquer un eimer

un grand avantage sur les distilleries rurales. On a été conduit
par là, dans divers États allemands et notamment dans la
Saxe royale, à accorder des réductions de taxe aux distilleries rurales, en ne permettant pas toutefois, pour concentrer
la surveillance, que la fabrication descendît au-dessous de
certains minimums, et, par exemple, en Saxe il ne peut être,
aux termes de la loi du 4 décembre 1833, fait de déclaration
pour une trempe au-dessous de 360 pots (*Kannen*) [1]. En retour, la distillerie rurale, ne peut faire de trempes supérieures à 1,110 pots [2].

Il y a des drawbacks (*Rückvergütungen*) en faveur des
eaux-de-vie exportées de Saxe dans les parties de l'Allemagne autres que la Prusse et la Thuringe et de celles qui sont
employées à des usages industriels, tels que deux fabriques
de sucre de Saturne, en Saxe [3].

Les divers États de l'Union thuringienne, la Belgique et
l'Autriche ont adopté le même procédé pour l'assiette de
l'impôt sur l'eau-de-vie que le Zollverein [4].

L'eau-de-vie et généralement les liqueurs spiritueuses
distillées sont en effet taxées à la production dans tout l'empire autrichien, à l'exception de deux petits districts de la
Bohême et de la Gallicie, dans lesquels la taxe est assise sur
la vente en détail, mode d'assiette usité avant 1857 dans
d'autres parties de l'empire.

---

d'eau-de-vie, est descendu de 1,470 pots en 1833 à 472, et même à moins dans les
distilleries urbaines en 1853 (p. 51 et 52).

Le législateur saxon a suivi *de loin* les progrès de l'industrie par la modification de ses tarifs. Aussi ce produit de l'impôt a-t-il diminué de 15 p. 100 de 1840
à 1851 (p. 56).

[1] *Ibid.*, p. 48. L'allégement d'impôt pour les distilleries rurales était du neuvième
de la taxe en Saxe royale, d'après la loi du 4 décembre 1833. — Il a été élevé au
sixième en 1845. *Ibid.*, p. 49 et 51.

[2] *Ibid.*, p. 58.

[3] *Ibid.*, p. 63.

[4] Rau, 438, note *i*.

D'après les tableaux statistiques de l'impôt publiés à Vienne en 1858 par les soins du ministère des finances, l'impôt est assis suivant la nature des matières distillées, soit sur la capacité des cuves de fermentation (*Gaehrungsgefaesse*), soit d'après la quantité et le degré des liqueurs fabriquées.

Le produit de l'impôt, qui était de 4,323,687, en 1851, s'est élevé, en 1856, à 9,393,336 florins [1].

En France, les droits sur l'eau-de-vie remontent au moins au xviie siècle. Les arrêts du conseil des 28 mars et 6 novembre 1659 imposèrent des droits de quatrième et de huitième sur l'eau-de-vie vendue en détail. Cette boisson fut ensuite assujettie aux droits de gros et d'augmentation par un autre arrêt du 25 décembre 1665, enfin au droit de subvention à l'entrée des villes par l'ordonnance de 1680 [2].

Tous ces droits furent supprimés, le 2 mars 1791. Mais les principes qui avaient fait abroger toutes les taxes de consommation ne restèrent, on le sait, que peu d'années en vigueur, et lorsque le droit d'inventaire était rétabli sur les vins, il y eût eu une inconséquence profonde à ne pas taxer de nouveau l'eau-de-vie.

L'assiette de l'impôt sur les distilleries de grains et de matières farineuses fut alors soumise en France à de nombreux tâtonnements. La loi du 5 ventôse an XII (25 février 1804), assujettissait les distillateurs à un droit de 40 centimes par hectolitre de substance mise en distillation. Il n'y avait pas de droit spécial sur les eaux-de-vie de vin, cette dernière boisson étant déjà atteinte par la taxe à l'inventaire [3]. La loi de 1806 établit des droits de vente en gros et en détail

[1] P. 292 et 300 des Tableaux pour la statistique de l'Autriche.

[2] *Encyclopédie méthodique* (finances, eaux-de-vie).

[3] Suivant le compte de l'administration des finances pour l'an XIII, le produit de l'impôt sur les distillations était pour cet exercice de 972,907 fr. Les licences des distillateurs produisaient 434,566 fr. Total, 1,407,463 fr.

sur les eaux-de-vie de toute nature. On trouva le mode d'assiette de la taxe sur les matières distillées spécialement nuisible aux petites distilleries, dans lesquelles on recherchait
moins les matières produisant une plus grande quantité
d'esprit que celles dont les résidus pour la nourriture du bétail étaient plus abondants.

En 1808, la loi du 25 novembre établit un droit de 20 fr.
par mois par hectolitre de la contenance des chaudières, auquel s'ajoutaient des droits d'entrée, de mouvement et de
vente en détail sur les eaux-de-vie fabriquées et mises dans
la circulation.

La commission des finances du corps législatif, en examinant le projet de loi, avait pensé « que cette loi laisserait
sans doute apercevoir de nouvelles imperfections et deviendrait l'objet d'un nouveau travail. »

Et, en effet, le gouvernement proposa, en 1810, la modification de cette législation.

Voici comment le rapporteur de la loi du 20 avril 1810,
M. Fremin de Beaumont, président de la commission des
finances au corps législatif, appréciait la législation de 1808 [1] :
« Pour déterminer, disait-il, le gouvernement à la modifier,
il suffit qu'elle n'ait point remédié aux inconvénients de la loi
du 5 ventôse an XII, que le nombre des petites distilleries
soit considérablement diminué dans plusieurs départements
du nord, et que la classe intéressante des petits distillateurs
se plaignent de la disposition qui les astreint à travailler pendant le tiers du mois, ou du moins de payer le droit comme
s'ils distillaient pendant dix jours, quoiqu'ils en emploient
souvent beaucoup moins pour se procurer la drèche nécessaire à leurs bestiaux. »

En conséquence, le droit fixé par l'article 37 de la loi du

---

[1] *Moniteur* de 1810, p. 445.

25 novembre 1808, pour la fabrication des eaux-de-vie de grains, pommes de terre et autres substances farineuses, fut remplacé, à compter du 1er juillet 1810, par un droit de 1 fr. 50 c. par hectolitre d'eau-de-vie fabriquée à 17 degrés et au-dessous, de 2 fr. par hectolitre au-dessus de 17 degrés jusqu'à 21, et de 3 fr. par hectolitre au delà de 21 degrés [1].

La commission du corps législatif reconnaissait que la nouvelle forme de perception serait plus exposée aux surprises de la fraude. Mais elle voyait des contre-poids suffisants à ce danger dans le droit accordé aux préposés de la régie, d'assister même, pendant la nuit, à toutes les opérations de la distillation, dans la défense faite aux distillateurs de changer la contenance de leurs ustensiles sans une déclaration préalable, enfin dans les pénalités contre la fraude, dispositions diverses consacrées par les articles 11, 12 et 14 de la loi de 1810.

En 1816, les droits qui suivaient les eaux-de-vie à l'entrée des villes et dans le commerce, furent remaniés parallèlement aux droits analogues sur les vins, cidres et poirés [2]. Mais en 1824, l'impôt sur les eaux-de-vie fut l'objet d'une grave innovation.

Les droits que supportait cette boisson (autres que les droits d'entrée) furent convertis en un droit unique de consommation sur la base de 50 fr. par hectolitre d'alcool pur, taux réduit à 34 fr. après 1830, rétabli en 1855, et porté en 1860 jusqu'à 75 fr. et 91 fr. à Paris (loi du 26 juillet).

L'exposé des motifs de la loi du 24 juin 1824 démontrait le vice de l'assiette des droits préexistants gradués suivant trois divisions pour les spiritueux au-dessous de 22 degrés, pour les spiritueux de 22 à 28 degrés, et pour les spiritueux

[1] Article 10 de la loi du 20 avril 1810.
[2] V. art. 87 à 91 et 138 à 142 de la loi du 28 avril 1816. Suivant cette même loi, les liquides spiritueux sont exportés en franchise.

de 28 degrés et au-dessus. Il expliquait la possibilité de graduer rigoureusement les droits sur l'alcool pur contenu dans une liqueur soumise à la taxe et appréciée d'après l'aréomètre construit suivant les recherches de Gay Lussac [1].

La loi portant fixation du budget des recettes de 1838 a établi quelques dispositions concernant les obligations des bouilleurs de distillateurs. D'après son article 9, le rendement en alcool des grains et substances farineuses distillées ne peut être au-dessous de 2 1/2 litres d'alcool par hectolitre de matière macérée.

Depuis 1824, l'alcool est ainsi assujetti à une législation fiscale moins compliquée que celle des vins, cidres, poirés et hydromels, mais plus compliquée que celle des bières.

En France, l'eau-de-vie est en effet assujettie à un droit de consommation et, en outre, à un droit d'entrée dans les villes qui comptent au moins 4,000 âmes de population agglomérée. Les liquides alcooliques acquittent l'impôt en raison de la quantité d'alcool pur qu'ils renferment et qui est constaté au moyen de l'alcoolimètre. Les liqueurs, dont on ne peut constater le degré alcoolique, paient comme l'alcool pur.

En 1848, le décret du 31 mars fit aux liqueurs une situation plus favorable. D'après l'article 3 de ce décret, les liqueurs en cercles, en bouteilles, durent être imposées comme alcool pur, à raison de 35 pour 100 de leur volume. Mais la loi du 22 juin 1848, en abrogeant le décret du 31 mars, rétablit l'ancienne règle contre laquelle les distillateurs de la banlieue parisienne ont protesté, en 1861, par une pétition au ministère du commerce.

Pour assurer la perception du droit, diverses mesures sont prises.

[1] V. le *Moniteur* du 9 avril 1824. Compte-rendu de la séance des députés du 6 avril.

Les bouilleurs de cru, c'est-à-dire ceux qui distillent le vin et le cidre provenant de leurs récoltes, sont affranchis, quand ils ne résident pas dans les villes sujettes au droit d'entrée, de tout exercice ou de toute vérification à domicile. Le droit de consommation est perçu au mouvement ou à l'expédition. Il est dès lors immédiatement soldé si l'expédition est faite à un simple consommateur. Le droit est *garanti* si l'expédition est faite à un marchand en gros ou en détail, lesquels jouissent de la faculté d'entrepôt aussi bien eu égard au droit d'entrée qu'au droit de consommation. On voit que le droit de consommation n'est pas perçu sur la consommation de la maison du bouilleur de cru, ni sur les quantités qu'il peut faire disparaître ou détruire ; car ces quantités n'ont point été constatées. Les bouilleurs de cru sont aussi exemptés de toute licence par une exception qui a été quelquefois critiquée [1].

Les bouilleurs de cru résidant dans les villes sujettes sont soumis à l'exercice. Les quantités fabriquées par eux sont constatées, par l'examen des alambics, la surveillance des opérations et des résultats obtenus.

Ils doivent le droit d'entrée sur les quantités constatées. Mais ils ne doivent le droit de consommation qu'au mouvement. Conséquemment, si des quantités sont consommées dans la maison du bouilleur de cru ou disparaissent d'une manière quelconque, le droit de consommation n'est point payé sur ces quantités [2]. Ces bouilleurs sont sous ce rapport dans la même situation que les bouilleurs non soumis au droit d'entrée.

Les distillateurs de vins et de cidres achetés, de fruits, de mélasses de jus, de betteraves, sont exercés, Ils doivent déclarer d'abord les quantités de matières qu'ils mettront en

[1] Conquet, p. 259.
[2] Loi du 25 juin 1841.

distillation pendant une période qui est déterminée à leur
gré, et en outre la quantité approximative d'alcool qu'ils ob-
tiendront. Si cette appréciation n'est pas admise par la régie, celle-ci vérifie la richesse alcoolique des matières soumises à la distillation. Cette richesse établie sert de base à la
perception du droit.

Les distillateurs de grains, pommes de terre et autres
substances farineuses sont aussi exercés. Ils sont tenus de
déclarer le nombre de leurs cuves de fermentation ou macération, la capacité de ces cuves et le chargement de ces
cuves chaque fois qu'il a lieu.

La quantité du chargement est réputée *au minimum* équivalente aux 6/7 de la capacité brute des cuves.

La matière mise dans les cuves est taxée comme devant
rendre au moins 2 litres 1/2 d'alcool pur par hectolitre. L'excédant, s'il en est produit, est constaté par l'exercice et doit
acquitter à la fois le droit d'entrée et le droit de consommation.

On voit que le système français se résume tout à la fois en
un impôt de circulation seulement pour les bouilleurs de
cru, et un impôt de fabrication pour les autres distillateurs.

Les droits d'entrée sur l'alcool, qui s'étendaient d'abord
aux agglomérations de 1,500 âmes, ont été restreints par la
loi du 12 décembre 1830 à celles de 4,000 âmes, et gradués
de la manière suivante :

Population des villes de :

| | |
|---|---|
| 4,000 à 6,000 âmes . . . . . . . . . . . | 4 fr. |
| 6,000 à 10,000 âmes . . . . . . . . . | 6 |
| 10,000 à 15,000 âmes . . . . . . . . . | 8 |
| 15,000 à 20,000 âmes . . . . . . . . . | 10 |
| 20,000 à 30,000 âmes . . . . . . . . . | 12 |
| 30,000 à 50,000 âmes . . . . . . . . . | 14 |
| 50,000 et au-dessus . . . . . . . . . . | 16 |

En 1808, les droits d'entrée avaient varié de 90 c. à 7 fr.

50 c., et en 1816 de 1 fr. 40 c. à 11 fr. 80 c. Mais l'objet n'était pas le même, puisque les droits de 1808 et de 1816 concernaient seulement les eaux-de-vie au-dessous de 22 degrés et s'augmentaient pour les eaux-de-vie d'un degré supérieur.

Les préparations alcooliques destinées aux emplois industriels, dites *alcool dénaturé*, sont frappées d'un droit de dénaturation qui a produit seulement, en 1860, 73,677 fr., et qui a été fixé par une ordonnance du 19 août 1845; cette ordonnance faisait suite à la loi de 1843 qui affranchissait ces préparations de tous autres droits. Le tableau suivant présente le tarif des droits sur l'alcool dénaturé.

| QUANTITÉ D'E SENCE contenue dans les préparations dites alcool dénaturé. | Taxe par hectolitre dans les communes. non assujetties au droit d'entrée. | TAXE PAR HECTOLITRE DANS LES COMMUNES assujetties au droit d'entrée et ayant | | | | Dans la ville de Paris. Taxe par hectolitre. |
|---|---|---|---|---|---|---|
| | | De 4,000 à 10,000 âmes. | De 10,000 à 20,000 âmes. | De 20,000 à 50,000 âmes. | De 59,000 âmes et au-dessus. | |
| | fr. c. | fr. c. | fr. c. | fr. c. | fr. c. | fr. c. |
| De 2 à 3 dixièmes. | 14 40 | 16 32 | 18 24 | 20 16 | 22 08 | 22 08 |
| De 3 à 4 dixièmes. | 12 60 | 14 28 | 15 96 | 17 64 | 19,32 | 19 32 |
| De 4 à 5 dixièmes. | 10 80 | 12 24 | 13 68 | 15 12 | 16 56 | 16 56 |
| Au-dessus de 5/10ᵉˢ | 9 00 | 10,20 | 11 40 | 12 60 | 13 80 | 13 80 |

Les alcools employés au *vinage*, c'est-à-dire versés sur certains vins naturels, opération nécessaire pour en assurer la conservation en cas d'exportation ou de transports lointains à l'intérieur, sont affranchis des droits, dans les départements des Pyrénées orientales de l'Aude, du Tarn, de l'Hérault, du Gard, des Bouches-du-Rhône et du Var, à la condition que la quantité employée ne dépasse pas 5 litres d'alcool par hectolitre de vin, et qu'après la mixtion faite en présence des préposés de la régie, les vins ne contiennent pas plus de 18 centièmes d'alcool. (Décret du 17 mars 1852).

Avant ce décret, la franchise du vinage s'étendait dans

toute la France et donnait lieu à des abus que le décret a eu
pour but de supprimer.

Dans les quatre années qui ont précédé 1848, le prix de
l'alcool a été d'environ 100 fr. l'hectolitre, et la consommation n'a pas beaucoup dépassé 600,000 hectolitres dans les
quatre années qui ont suivi, bien que les prix fussent des-
cendus à environ 55 fr.; la consommation a diminué à cause
de la situation générale des affaires et du pays. En 1852,
1853 et 1854, les prix se sont élevés à 97 fr., 149 fr., et jusqu'à 205 fr. La consommation a monté à 648,000 hectolitres
en 1852, et en 1854 elle n'a pas été inférieure à 600,000
hectolitres. En 1855 et 1856, les prix restant à 175 fr. et
l'impôt ayant été élevé de 37 fr. 40 c. à 60 fr. (dixièmes
compris), la consommation a atteint successivement 714,000
hectolitres, et 768,000 hectolitres, faisant à peu près une
moyenne de deux litres par habitant. Ces faits établissent
que pour l'alcool, certaine augmentation de prix résultant
de l'élévation de l'impôt, ne serait pas de nature à diminuer la consommation [1].

Aussi le gouvernement, dans l'exposé des motifs du projet de loi portant fixation du budget de 1861, voyant le peu

[1] Voici le tableau qui nous est transmis par l'obligeance de M. Barbier, directeur
général des contributions indirectes et qui montre bien le caractère stationnaire
de la consommation de l'alcool, malgré certaines variations de taxe :

| ANNÉES. | POPULATION. | QUANTITÉS atteintes par l'impôt. | QUANTITÉS exportées avec drawbacks. | QUANTITÉS représentant la consommat. | QUOTITÉ par tête. |
|---|---|---|---|---|---|
| | | Hect. | Alcool. | (Pur). Hect. | lit. c. |
| 1856 | 36,039,364 | 768,394 | » | 768,394 | 2.13 |
| 1857 | » | 825,381 | » | 825,381 | 2.29 |
| 1858 | » | 842,680 | » | 842,680 | 2.33 |
| 1859 | » | 823,030 | » | 823,930 | 2.28 |
| 1860 | » | 852,624 | » | 852,624 | 2.36 |
| 1861 | 37,382,225 | 832,846 | » | 832,946 | 2.22 |

d'influence qu'exercent sur la consommation, soit l'élévation des prix, soit les circonstances naturelles, a-t-il proposé d'augmenter le droit sur l'alcool de 25 fr. (30 fr. avec les 2 décimes), convaincu que cette surtaxe, appliquée à 800,000 hectolitres, donnerait à l'État un supplément de ressources de 24,000,000 fr., sans accroissement de frais de perception. La proposition du gouvernement a été adoptée par le corps législatif et a passé dans la loi de finances [1]. On aurait tort cependant de croire que cette carrière est illimitée. L'histoire des finances d'Angleterre montre que nos voisins se sont bien trouvés de baisser, à certaine époque, la taxe sur l'alcool qui avait été élevée au point de comprimer la consommation [2].

Examinons maintenant l'impôt sur l'alcool en détail dans diverses parties de l'Europe, en nous aidant souvent des recherches faites, en 1851, par la commission de l'assemblée législative chargée de l'enquête sur l'impôt des boissons.

Le gouvernement russe exerce le monopole de la vente en gros et en détail des boissons spiritueuses dans certaines provinces et ce monopole fait l'objet d'une amodiation; dans d'autres provinces, le droit est constaté à la fabrication, et exigé au fur et à mesure de l'enlèvement des ateliers.

Dans les premières provinces, la ferme comprend un district, une ville avec un rayon de quelques lieues, une commune, une colonie ou un arrondissement militaire. Elle

---

[1] Sous l'influence de cette augmentation opérant déjà sur les derniers mois de 1860, les droits sur les alcools et liqueurs ont produit en 1860, chez les débitants, 17,004,692 fr., à quoi il faut ajouter :

| | |
|---|---|
| Consommation . . . . . . . . . . | 25,332,144 fr. |
| Entrées de Paris . . . . . . . . | 8,136,273 |
| Autres entrées . . . . . . . . . | 2,512,729 |

sans compter les doubles décimes et forts centimes sur ces droits divers.

[2] Rau, § 438 (d). En 1827 l'impôt fut abaissé de 11 sch. 9 d. 1/4 à 7 sch. 1/2.

est adjugée aux enchères pour quatre ans, sous la surveillance des ministres de la justice et des finances.

Le fermier est tenu de fournir un cautionnement égal à la
moitié environ d'une année de fermage.

Il a le droit exclusif de vente en gros et en détail des spiritueux provenant de la distillation des matières farineuses;
mais il est tenu de livrer les produits aux prix fixés par le
cahier des charges.

Il perçoit sur les eaux-de-vie provenant de la distillation
des raisins, fruits, vins, lies, etc., une taxe dont le maximum est limité par le cahier des charges.

La perception en est assurée par des exercices très-rigou-
reux et de nombreuses formalités à la circulation.

Les lieux de vente sont, en outre, frappés directement au
profit du fermier de droits de patente très-élevés.

Le fermier peut fabriquer lui-même, moyennant certains
avantages, mais il n'est pas privilégié. La couronne, la no-
blesse, les marchands des trois guildes, les bourgeois et les
habitants des arrondissements militaires ont la même faculté.

Le fermier achète de la couronne les produits fabriqués
par les particuliers, d'après des bases établies à l'avance
pour la durée d'une adjudication. Il est toutefois tenu de
s'approvisionner de spiritueux dans les magasins de la couronne jusqu'à concurrence d'une quantité déterminée.

L'État exerce une surveillance très-sévère sur tous les fabricants de spiritueux et sur les fermiers. Ceux-ci peuvent
être frappés d'une interdiction momentanée et même de
destitution. Dans l'un et l'autre cas, la chambre des finances
de la province et le gouverneur du district pourvoient à la
gestion provisoire.

Les fermiers doivent verser tous les quinze jours un vingt-
quatrième du prix d'amodiation.

Ils paient annuellement une somme qui se décompose

ainsi : valeur des eaux-de-vie fournies par la couronne, 184,088,114 fr.; prix des fermages, 16,000,000 fr. [1]

Dans les gouvernements non placés sous le régime du monopole, et réputés privilégiés, le droit de fabriquer appartient soit aux habitants des villes et circonscriptions limitées par un rayon de deux verstes, soit aux bourgeois appauvris et aux orphelins des marchands de première et deuxième guilde tombés dans la misère, soit aux propriétaires fonciers ; sur les terres de la couronne, il est réservé aux locataires de ces terres, et dans les colonies, aux habitants civils ou militaires spécialement autorisés.

Quant à la faculté de vendre des boissons, elle y est générale ; mais, sauf dans les gouvernements baltiques, la vente des spiritueux ne peut avoir lieu par des détaillants au-dessous des prix que le gouvernement fixe une ou deux fois chaque année, suivant les circonstances.

L'*impôt* dit *des boissons* d'abord établi d'une manière irrégulière dans les gouvernements réputés privilégiés y a été constitué récemment avec uniformité. A partir du 1er janvier 1850, et en vertu d'un décret du 5 décembre 1849, tous les pays dits *privilégiés*, à l'exception seulement de quelques provinces, sont placés sous un système de perception uniforme, qui comprend des droits de fabrication exigibles au moment où les boissons sont livrées au commerce et des patentes à la charge de tous les détaillants.

La perception de ces droits et patentes est mise en adjudication. Une même personne ne peut être à la fois adjudicataire des deux sortes de droits.

Les fermiers sont assujettis aux mêmes obligations que ceux des États soumis au monopole.

Les fabricants sont soumis à un grand nombre de forma-

---

[1] Exposé sommaire des systèmes de perception adoptés dans les pays étrangers (annexé au rapport de M. Bocher), p. 39.

lités. Des préposés commissionnés par le gouvernement sur-
veillent activement leurs travaux. Ils prennent en charge
toutes les quantités obtenues, et celles-ci sont soumises au
droit au fur et à mesure de l'enlèvement des magasins [1].

Le revenu de l'impôt sur l'eau-de-vie, en Russie, dont
nous avons donné plus haut le produit, pour les pays soumis au monopole d'après M. Bocher, a été évalué par
M. Tanski en 1812, à 93 millions de roubles, par M. Tourgueneff en 1847, à cent trente millions de roubles assignats,
par la *Revue de Westminster* en 1856, à 78,800,000 roubles
d'argent, par M. Rau (§ 438 *a*) à 110 millions de roubles
et par le journal le *Nord* du 12 février 1862 à 123,022,580 r.

En Prusse, les marchands d'eau-de-vie, en gros ou en
détail, et les distillateurs ne sont pas soumis à une licence.
Ils ne paient que la patente ou *Gewerbsteuer*, laquelle est
proportionnée à l'importance de leur commerce dans les
limites de 7 fr. 50 c. à 360 fr.

La loi établit une distinction entre les distillateurs de crû
et de profession, qui tous doivent préalablement déclarer le
nombre et la capacité de leurs vaisseaux. Ils ne peuvent faire
une déclaration de travail pour une période inférieure ou
supérieure à un mois. Il leur est interdit de travailler de nuit.
Leurs déclarations doivent énoncer l'heure à laquelle auront
lieu les macérations et la mise de feu, ainsi que les quantités
et espèces de matières qui seront distillées. Ils sont soumis,
en tout temps, aux visites et vérifications des employés.
Ceux-ci assistent, autant que possible, au chargement des
cuves et alambics.

Le droit est basé sur les quantités de matières employées [2].
Il est payé à la fin de chaque mois.

---

[1] Exposé sommaire des systèmes de perception adoptés dans les pays étrangers
(annexé au rapport de M. Bocher), p. 45.

[2] Entendez cette énonciation du travail de M. Bocher conformément aux détails
ci-dessus, p. 37.

Les distillateurs de profession paient des droits plus élevés que les distillateurs de crû. Ceux-ci ne peuvent macérer que des substances farineuses et seulement, d'ailleurs, du 1er novembre au 15 mai ; ils ne peuvent employer plus de 10 hectolitres 20 litres de matières par jour.

Les spiritueux circulent et se vendent librement.

La fabrication des liqueurs n'entraîne aucune formalité.

Dans le grand duché de Bade, les marchands en gros, suivant M. Bocher, sont les seuls commerçants qui, en sus de la patente, paient une licence. Cette licence est proportionnée à l'importance de leurs opérations et à l'étendue de leurs magasins. Le taux en varie de 137 fr. 87 c. à 818 fr. 65 c.

Nulle distinction entre les distillateurs de crû et de profession, qui doivent déclarer préalablement le nombre et la capacité de leurs alambics.

Toute fabrication doit être précédée d'une déclaration spéciale énonçant les alambics dont il sera fait emploi. Chaque fabrication doit être au moins d'un mois. Il n'en peut être fait de nuit. Le droit est mensuellement acquitté ; il est de 1 fr. 43 c. par hectolitre de contenance des alambics employés et par mois. Les mêmes obligations sont imposées aux fabricants de liqueurs par distillation, qui paient le droit précité, bien que les eaux-de-vie ou esprits employés l'aient déjà acquitté.

La circulation et la vente des eaux-de-vie et liqueurs ne sont assujetties à aucune formalité.

Le produit de l'impôt sur l'alcool s'est beaucoup accru depuis une dernière loi de 1852 modificative des bases de la taxe dans un sens rapproché du système français et adpotée dans le grand duché de Bade. De 17,770 florins en 1851, ce produit s'est élevé à 81,440 florins en 1858 [1].

---

[1] P. 470 de l'ouvrage de M. Regenauer ( *Der staatshaushalt des Grossherzogthumes*).

En Belgique, le droit est basé sur la capacité brute, sans déduction aucune, des vaisseaux employés pour la trempe, la macération ou la fermentation des matières premières [1].

Le droit, d'abord de 22 c. par hectolitre de contenance des cuves employées et par jour de travail, a été porté jusqu'à 1 fr. 50 c. pour les grains et 2 fr. 36 c. pour les matières sucrées; on entend par jour de travail, les jours effectifs de midi à midi, pendant lesquels il est effectué des trempes, des bouillées ou des rectifications.

Il est accordé décharge aux distillateurs du droit, sur les quantités exportées, à raison de 9 fr. par hectolitre d'alcool. La production belge, dans les 5 dernières années, a été d'environ 5,000,000 d'hectolitres par an, dont les 5/6 environ produits dans les distilleries industrielles et le surplus dans les distilleries agricoles. M. La Cambre accuse la loi belge d'intéresser les distillateurs à perdre une partie du rendement en alcool pour réduire le droit d'accise par la rapidité des opérations.

En Espagne, le mode de perception est le même pour les diverses espèces de boissons, mais il varie suivant les localités. L'impôt change même de nom, suivant qu'il est perçu dans les chefs-lieux ou dans les autres localités. La quotité en est aussi plus ou moins élevée, selon l'importance des communes.

---

[1] La loi belge du 27 juin 1842, porte ce qui suit : Art. 1er. Sont soumis à l'accise sur la fabrication des eaux-de-vie tous les vaisseaux employés pour la trempe, la macération et la fermentation des matières premières propres à la distillation, y compris les cuves de réunion, les cuves à levain, les cuves de vitesse, les condensateurs et tous autres vaisseaux, quelle que soit leur forme, qui contiennent des matières macérées en fermentation ou fermentées. § 2. Sont exceptés de l'accise les alambics et les colonnes distillatoires servant soit à la distillation, soit à la rectification.. § 3. Toutefois, l'exemption en faveur des alambics et des colonnes distillatoires ne s'accorde que sous condition qu'il existe dans les vaisseaux déclarés à l'impôt un vide au moins égal aux 9 p. 100 de la capacité brute de chacun des alambics ou des colonnes distillatoires contenant des matières à distiller.

Dans les villes chefs-lieux, il est établi des bureaux aux principales entrées ; nul ne peut franchir ces bureaux, sans payer pour les boissons qu'il transporte un droit dit *d'octroi*. La perception est opérée directement par l'État. Le service est organisé de la même manière qu'aux barrières de Paris ; comme à Paris aussi, les boissons, une fois introduites dans les villes, sont affranchies de toute entrave, de toute surveillance.

Dans les villes autres que les chefs-lieux et dans les bourgs de plus de 2,000 feux, le système est analogue à celui qui est appliqué en France relativement au droit d'entrée dans les villes où il n'y a qu'un seul bureau. L'impôt prend le nom de droit *de consommation* ; il n'est dû que sur les quantités destinées à la vente, c'est-à-dire introduites chez les marchands de boissons ou liquides. Il n'existe pas de bureaux aux entrées. La circulation et la vente sont entièrement libres. Mais nul commerçant ne peut recevoir de boissons à domicile, sans avoir acquitté la taxe de consommation. Une surveillance très-active est dirigée dans le but d'empêcher toute infraction à cette disposition. C'est la municipalité qu est chargée du recouvrement du droit, et elle ne doit verser au Trésor qu'une partie des produits. L'autre partie est affectée aux dépenses communales.

Dans les bourgs et villages de moins de 2,000 feux, la vente en détail fait l'objet d'un monopole. A des époques déterminées, il est procédé dans chaque commune, à l'amodiation, au plus offrant, du droit exclusif de vendre en détail les boissons et autres objets tarifés. Il est fait une adjudication spéciale par nature de denrées. La mise à prix et les bases de la vente en détail sont fixées par la municipalité. L'administration reste étrangère à la surveillance qu'il peut être nécessaire d'exercer pour prévenir la fraude. C'est l'adjudicataire qui est autorisé à constater ou à faire constater toute infraction aux stipulations du traité. Les récoltants peuvent exceptionnellement se livrer à la vente en détail de leurs produits; mais alors ils doivent payer au fermier sur toutes les quantités débitées le droit porté au tarif. Est considéré comme vente en détail tout envoi en quantité inférieure à 96 litres. Les propriétaires doivent déclarer chaque année l'importance de leur récolte. Le fermier peut s'assurer de l'exactitude de ces déclarations. Il doit toutefois se faire assister d'un alcade.

Le droit sur les eaux-de-vie varie, par hectolitre, suivant la population et le nombre des degrés; jusqu'à 20 degrés, il est de 8 fr. 10 c. à 17 fr. 82 c., suivant la population; de 20 à 27 degrés, il est de 9 fr. 72 c. à 19 fr. 44 c.; de 28 à 34 degrés, il varie de 12 fr. 96 c. à 22 fr. 68 c.; pour les eaux-de-vie de 35 degrés et au-dessus, il est de 16 fr. 20 c. à 32 fr. 40 c.

Pour les liqueurs le droit varie, suivant le chiffre de la population, de 17 fr. 82 c. à 35 fr. 64 c.

L'eau-de-vie paraît être la seule matière de consommation soumise à un impôt intérieur dans les États du Danemark. Le produit moyen de 1841 à 1850 a été évalué à 962,000 rixdales.

Il en est à peu près de même en Suède, où toutefois il subsiste encore quelques traces d'impôts levés sur la consommation des villes, impôts qui ont été supprimés en Danemark, mais qui donnent encore en Suède, sous le nom de *salu accisen* ou accises sur les ventes, des produits peu importants et toujours décroissants.

Quant à ce qui concerne la fabrication de l'eau-de-vie en Suède, elle a été réglée par des ordonnances successives de 1851 et de 1855. Voici les renseignements que nous fournit à cet égard la *Revue suédoise* du 3ᵉ trimestre de 1859. Ce recueil est publié en français à Stockholm depuis 1858.

D'après l'ordonnance de 1851, le droit de fabriquer l'eau-de-vie était lié à la terre, dont l'évaluation au cadastre déter-

minait le volume maximum de la cucurbite que le fabricant
avait le droit d'employer. Pour conférer le droit de fabriquer
l'eau-de-vie, la valeur au cadastre devait être d'au moins 450
rixdales, évaluées par la *Revue suédoise*, à 1 fr. 39 c. par
rixdale, et dans ce cas le volume toléré pouvait s'élever à
20 kannas ou pots (de 2 l. 617 le pot). Il était permis aux
propriétaires d'une même paroisse de s'associer sous certaines conditions et de fabriquer avec une cucurbite commune. Une valeur au cadastre de 21,000 rixdales donnait le
droit d'employer une cucurbite de 90 pots.

La fabrication de l'eau-de-vie était permise pendant les
mois de janvier, février, mars, avril, novembre et décembre.

Les appareils autorisés étaient répartis en cinq classes suivant l'importance et la perfection de leurs accessoires, tels
que chauffe-moût, condenseur, etc. Le droit imposé sur la
fabrication se payait en même temps que les autres impôts
de l'État et seulement l'année suivante. Il était réglé sur le
volume de la cucurbite et déterminé par un tarif renfermant
tous les volumes entre 10 et 90 pots dans les cinq classes,
séparément pour *chauffage à feu nu* et séparément pour l'*emploi de la vapeur* d'eau ; dans chaque cas le temps de la fabrication était de six mois. Le tarif fixait le droit minimum à 4
rixdales 70 öre (ou centimes de rixdale) correspondant à une
cucurbite de 10 pots, tandis que le droit le plus fort s'élevait
à 6,480 rixdales et correspondait à une cucurbite de 90 pots
dans un appareil composé avec vapeur. Si le temps déclaré
pour la fabrication était de moins de six mois, le droit
déterminé par le tarif décroissait à proportion.

L'ordonnance de 1855 a opéré une révolution considérable dans le régime que nous venons d'exposer. Le droit de
distiller l'eau-de-vie a été conféré à toute personne capable
d'exercer d'autres fabrications, ou qui possède une ferme
ou une terre taxée séparément. Sont exceptés cependant, les

officiers publics qui pourraient, en vertu de leur charge,
prendre part à des résolutions sur la fabrication de l'eau-de-
vie ou sur le contrôle de cette fabrication. Mais en même
temps que le droit de distiller l'eau-de-vie a été étendu à un
plus grand nombre de personnes, le temps pendant lequel
la fabrication est permise, a été réduit à deux mois, du 15
octobre au 15 décembre, et partagé en deux termes, de telle
sorte que le minimum toléré est un mois. La fabrication s'opère ou *en grande distillerie avec appareil de quelque
grandeur et de quelque espèce que ce soit*, ou *en petite distillerie avec alambic ordinaire à feu nu et cucurbite d'un volume
limité avec ou sans chauffe-moût*. La différence essentielle entre
ces deux espèces de distilleries est que, dans les grandes,
l'impôt de fabrication est réglé *sur la quantité fabriquée*, mesurée en présence d'un témoin par un contrôleur spécial, qui
exerce sur la distillation une surveillance incessante. Au contraire, l'imposition des petites distilleries, qui sont permises
seulement aux propriétaires de terres, se règle *sur la faculté
distillatoire de l'alambic*, fondée *sur le volume de la cucurbite*.
Cette faculté est évaluée à deux fois par jour le volume de la
cucurbite pour l'appareil sans chauffe-moût, et deux fois et
deux tiers le même volume pour appareil avec chauffe-moût.
L'impôt, porté en 1855 à 50 öre par pot d'eau-de-vie, a été
plus tard élevé à 60 öre.

Les résultats de l'ordonnance de 1855 ont été : 1° Une diminution notable dans le produit et le nombre des distilleries, parce que l'élévation de la taxe et la réduction du temps
de fabrication ont agi beaucoup plus puissamment que l'extension de la faculté de fabriquer. Le nombre des grandes
distilleries est resté à peu près stationnaire ; mais les petites
distilleries, qui étaient en 1855 au nombre de 4,091, étaient
réduites en 1858 à celui de 2,477. Quant aux quantités fabriquées, la *Revue suédoise* estime qu'elles sont descendues

d'environ 43,000,000 pots à environ 13,242,500 seulement
pour la moyenne de 1855 à 1857.

2° Une augmentation des revenus de l'État dans une proportion dont il y a peu d'exemples, à la suite d'une modification brusque d'aucun impôt indirect en aucun pays : La
moyenne du produit de 1850 à 1854 avait été de 681,899
rixdales et 7 öre, brut, et de 650,000 rixdales environ, net.
De 1855 à 1857 la moyenne du produit s'est élevée à
5,278,625 rixdales : elle a été octuplée. En 1858 l'impôt
ayant été élevé de 50 à 60 öre, le produit a monté, d'après
le *Posttidningar* du 21 décembre 1859, à 6,766,500 rixdales.
Il a été question alors d'élever la taxe à 75 öre, de manière à
obtenir 8,000,000 rixdales de produit. Mais nous ne savons
point quel a été le résultat de cette préoccupation.

La *Revue suédoise* a pensé que cet accroissement considérable d'impôt et cette réduction de consommation qui porte-
terait, pour 2,825,000 habitants, la quantité consommée par
tête à 4,68 pots par habitant (ou 12,25 litres), et pour
3,500,000 habitants, suivant d'autres statistiques, à environ
10 litres seulement, aboutissent à une augmentation de
la sobriété publique. « Quoique ce résultat, dit-elle, produit
en partie par la nouvelle loi relative au débit des spiritueux, ne
se laisse pas pour le présent arithmétiquement exprimer,
l'opinion générale a d'une seule voix proclamé qu'il a été
obtenu ; et bientôt, sans doute, il sera suivi de près par une
amélioration notable dans l'état économique aussi bien que
dans l'état physique et moral des classes ouvrières; or,
c'était justement le but capital auquel visaient le roi et les
États du royaume par la sanction et la mise en vigueur de la
législation nouvelle. »

Du reste, la *Revue suédoise*, tout en se félicitant de
certains résultats rattachés à la législation nouvelle, se
plaignait à la fois de la limitation du temps de fabrication,

comme augmentant les frais et ne permettant pas à l'industrie de la distillation une marche régulière et de la
division des distilleries en deux classes distinctes avec taxes
différentes. Elle constatait, en effet, pour la Suède, ce qui a
été remarqué aussi en Prusse et en Angleterre, que toute
présomption fondée sur la capacité distillatoire d'un instrument peut être dépassée par des procédés nouveaux de fabrication, et elle réclamait l'assiette générale de la taxe sur
les quantités effectivement produites.

On trouve quelques observations sur les distilleries en
Norwége dans un travail de M. Skogman. (Rapport du 8 avril
1853, *Annexe*, p. 125, n° 12).

D'après ce rapport, les lois du 17 août 1848 et du 14 août
1851 déclarent la production des eaux-de-vie libre.

Il est permis aux bourgeois dans les villes, et à tout propriétaire d'un immeuble imposé dans les campagnes de
fabriquer et de transformer (*omdistillera*) des eaux-de-vie.

La fabrication et la tranformation des eaux-de-vie sont
défendues pendant cinq mois, depuis le 1er mai jusqu'au
30 septembre.

On ne doit employer pour la fabrication de chaudières d'une
capacité au-dessous de 100 pots (environ 37 *kannes* de Suède).

Les distilleries sont assujetties à un contrôle permanent.

Toute distillerie est réputée être en activité à partir du
moment de la mise en mouvement de la machine jusqu'à sa
mise sous scellés. L'impôt d'une distillerie mise en activité
est dû pour au moins quinze jours, en comptant 1,500 pots
par jour (soit d'environ 8,300 *kannes* de Suède au total).

Les contraventions sont réprimées par de fortes amendes.

En 1848 l'impôt fut fixé à 4 skillings *species* (argent) par
pot, à raison d'une force de 50 pour 100 d'alcool.

Depuis le 1er juillet 1851 jusqu'au 1er juillet 1854 il a été porté à 6 skillings *species* par pot (soit 16 skillings *banco* par 1 *kanne* de Suède).

L'accroissement de l'impôt et la défense d'employer des chaudières d'une capacité moindre de 100 pots ont eu pour résultat une diminution considérable tant dans le nombre des distilleries que dans la quantité de la production.

En 1833 il y avait en Norwége 5,677 chaudières. On estimait, avant l'augmentation de l'impôt, que la production annuelle s'élevait à 14,000,000 *pots*. Dans les années 1851 et 1852 on trouve dans tout le royaume de Norwége 33 distilleries seulement en activité et la production a été :

Depuis le 1er juillet 1850 jusqu'au 1er juillet 1851. . 10,102,785 *pots*.
Depuis le 1er juillet 1851 jusqu'au 1er juillet 1852. . 6,363,473 »

Le montant de l'impôt des eaux-de-vie a été évalué dans les États du royaume :

|  |  | Dalers argent. (Speciedaler.) |
|---|---|---|
| Pour les années 1845-1848 à. . . . . . . . | 160,000 par an. |
| » » 1848-1851 à. . . . . . . | 275,000 » |
| » » 1851-1854 à. . . , . . . | 375,000 » |

Le produit réel de cet impôt a été :

| En 1846. . . . . . . . . . . . . . . . | 123,000 dalers. |
|---|---|
| En 1847. . . . . . . . . . . . . . ., . . | 100,000 |
| Du 1er juillet 1849 au 1er juillet 1850. . . . . . | 257,000 |
| » 1850 » 1851. . . . . | 336,700 |
| » 1851 » 1852. . . . . | 318,200 |

Dans les Pays-Bas les produits de la distillation intérieure ont figuré pour 2,462,173 florins, dans l'état des recettes de 1849, et les produits de la distillation venant de l'extérieur ont été dans la même année, pour le Trésor, de 169,253 florins.

D'après M. de Hogendorp l'impôt sur le genièvre se montait aux deux tiers de la valeur de la matière taxée [1]. Le

---

[1] Page 101, t. II. Lettres sur la prospérité publique (1830).

même auteur apprécie ainsi qu'il suit le système d'assiette de l'impôt.

Suivant lui, on a résolu en 1816 de lever l'impôt à la source de la production. « On a trouvé cette source dans la cuve de macération, et le fisc s'est établi au sein de la fabrique. Toutes les opérations ont été non seulement surveillées, mais déterminées par la loi. Celle-ci entre dans les détails les plus minutieux de la fabrication. Dès lors plus de secrets, plus de perfectionnements. L'industrie est enchaînée, paralysée. »

« Nous ne sommes pas au bout des effets de notre législation. L'impôt se règle sur la capacité de la cuve. Le distillateur fait aussitôt des efforts pour tirer de sa cuve le meilleur parti possible. Il l'encombre d'une quantité excessive de drèche pour en extraire un liquide plus fort et pour distiller de celle-ci une plus grande quantité de boisson. Cette boisson est mauvaise, parce que la proportion n'est pas gardée. L'effet de cette détérioration de la qualité est surtout sensible dans l'exportation... Il faut rendre la liberté à la fabrication. Il faut imposer le fabricant au moment où il entre dans la consommation [1]. » M. La Cambre regarde la loi hollandaise comme *fiscale, complexe, rigoureuse et anti libérale*, mais comme plus favorable encore que la loi belge tant à l'industrie qu'au trésor et au pays [2] :

L'exposé des réformes financières projetées pour le budget de 1863 nous apprend que le ministre des finances des Pays-Bas a proposé l'élévation de 22 à 35 florins de l'impôt sur les produits de la distillation par tonneau hollandais. Le ministre annonçait comme conséquence de sa proposition une plus-value de 3,000,000 de florins sur le produit de l'impôt, malgré certaine réduction à prévoir dans la consommation.

[1] Page 81 à 84, t. II.
[2] Page 454, t. II.

D'après M. Molroguier, l'Angleterre percevait sur les eaux-de-vie indigènes une centaine de millions de notre monnaie, en exerçant seulement une dizaine de distilleries, dans lesquelles la fabrication est concentrée. Depuis la publication de son ouvrage, le produit de l'impôt sur les esprits s'est élevé en ce pays jusqu'à 8,807,455 livres sterling pour l'année terminée au 31 mars 1857:

L'impôt sur les spiritueux est réglé d'après la quantité du *malt* ou macération employée, et perçu par voie d'exercice chez les fabricants.

Il est constaté à la fabrication, qui se trouve concentrée dans un très-petit nombre d'établissements. Il était, depuis 1827, par hectolitre d'eau-de-vie à 56 degrés, assis sur le pied de 253 fr., c'est-à-dire de 7 1/2 schellings par gallon. En 1855, l'impôt a été porté à 8 schellings par gallon, outre le droit de 9 fr. environ par hectolitre sur le malt employé ; il n'est pas exigé sur les eaux-de-vie destinées pour l'exportation.

Les cuves, chaudières, alambics, etc., servant à la distillation, doivent être exactement déclarés. Les employés vont aussitôt les marquer.

Est considéré comme distillateur quiconque possède un alambic et des matières préparées pour la distillation.

Les distillateurs ne peuvent commencer à charger les alambics ou à mettre le feu sous les fourneaux qu'après avoir, 6, 8 et 12 heures à l'avance, averti le commis.

Les employés peuvent entrer seuls, de jour et de nuit, dans les distilleries et y demeurer aussi longtemps qu'ils le jugent convenable.

Le distillateur doit déclarer chaque semaine, au bureau de l'excise, les quantités qu'il a employées, et acquitter en

---

1 Comptes financiers du Royaume-Uni.

même temps l'impôt. Il doit aussi déclarer, de **24** à **48** heures à l'avance suivant les localités, les quantités de matière fermentée qu'il recevra du dehors ; le droit est dû sur les manquants de matière fermentée que les employés reconnaissent lors de leurs visites.

Tout distillateur qui obtient de **371** litres de liquide fermenté plus de **70** litres d'eau-de-vie à un degré déterminé, encourt une amende de **6 fr.** par chaque gallon d'excédant.

Les distilleries ne peuvent être établies que dans l'intérieur ou à un quart de mille d'une ville de marché composée d'au moins **500** maisons d'habitation.

On ne peut distiller en même temps pour la consommation de l'intérieur et pour l'exportation. Dans le cas de distillation pour l'exportation, les eaux-de-vie restent sous la clef des commis de l'excise et ne peuvent être transportées que sous l'obligation souscrite par l'expéditeur, et garantie par une caution, de justifier de leur arrivée chez l'acheteur ou à la sortie du royaume.

Les distillateurs ne peuvent se livrer à la vente en détail, ni couper leurs produits et rectifier les eaux-de-vie, ni fabriquer des liqueurs. Ces préparations, rectifications et fabrications constituent une industrie spéciale.

Bien que leurs opérations ne soient passibles d'aucun droit, les rectificateurs sont soumis à de nombreuses déclarations et aux visites et vérifications des employés; ils ne peuvent recevoir des eaux-de-vie ou esprits qu'en vertu de permis ou laissez-passer.

Au surplus, les eaux-de-vie et liqueurs ne peuvent jamais circuler en quantité supérieure à **4** litres **50** centilitres (un gallon), que suivant une expédition délivrée par les préposés de l'excise.

Les distillateurs, rectificateurs, marchands en gros, débitants de spiritueux, fabricants de liqueurs, débitants de liqueurs ou d'hydromel, sont soumis au paiement d'une licence.

Il n'est délivré de licence pour le débit des eaux-de-vie ou liqueurs qu'aux taverniers, aubergistes, traiteurs, cabaretiers, cafetiers et débitants de bière ; en d'autres termes, nul ne peut se livrer exclusivement à la vente en détail des spiritueux.

Les marchands ou détaillants d'eaux-de-vie ou de liqueurs doivent déclarer en détail tous les magasins, boutiques, celliers, caves, etc., où ils placent leurs eaux-de-vie, ainsi que les quantités qui y sont renfermées.

Ils doivent, comme les distillateurs, indiquer leur profession par une enseigne.

Les employés tiennent un compte des eaux-de-vie et liqueurs introduites; ils établissent au moins une fois par mois la situation des magasins. Les excédants sont saisis.

Les débitants ne peuvent opérer aucun coupage sous peine d'amende (48 fr. par gallon mixtionné).

Il est alloué aux liquoristes 50 pour 100 d'accroissement sur les quantités d'eaux-de-vie qu'ils manipulent.

Le colportage de l'eau-de-vie est interdit. Toute personne a le droit d'opérer l'arrestation des contrevenants.

L'alcool dénaturé par le mélange de 10 pour 100 d'esprit de bois (*Methylalcool*, suivant le nom employé par un écrivain allemand) pour les usages industriels, est exempt de taxe.

Nous terminerons ce tableau imparfait des impôts sur l'eau-de-vie dans divers États de l'Europe par quelques considérations sur le caractère particulier de cette taxe, douée d'une assez grande puissance de développement dans nos budgets modernes.

L'impôt sur l'eau-de-vie présente un de ces exemples assez rares, dans lesquels l'établissement des taxes peut-être éclairé et dirigé par une pensée morale autre celle que la justice dans la répartition de la charge. L'élévation de l'impôt

peut concilier souvent l'accroissement du revenu public avec
la restriction hygiéniquement et moralement utile de la consommation [1], ou avec l'obstacle apporté à son accroissement.
Il est évident toutefois que le résultat moral est ici très-
indirectement et très-faiblement poursuivi. Il ne peut guère
en être autrement ; car il est difficile de marquer le prix auquel l'eau-de-vie deviendrait assez chère pour qu'on n'en
abusât presque jamais, et si ce prix était assez élevé pour
que l'impôt destiné à le réaliser opérât une diminution de la
consommation trop considérable, quel est le législateur
financier qui pousserait le courage dans une pensée puri-
taine jusqu'à restreindre beaucoup d'usages innocents,
pour empêcher quelques abus, et surtout jusqu'à diminuer
trop fortement les revenus du Trésor?

Sous ce rapport, les considérations morales qui se rattachent à la taxation de l'alcool sans être dépourvues de fondement sont cependant un peu plus théoriques que pratiques.

On pourrait aussi exagérer parfois la valeur des liens qui
rattachent cette taxation à l'intérêt de l'agriculture.

On a remarqué que diverses substances qui procuraient à
l'état naturel une certaine utilité pour la nourriture de
l'homme et des animaux, comme les céréales, les pommes
de terre, les betteraves, pouvaient, en étant distillées, fournir une quantité précieuse d'alcool, en conservant encore ou

---

[1] V. Genreau, *Étude comparative de la moralité entre sept départements limitrophes*, Chartres, 1862, p. 135. Cet honorable magistrat, qui a recherché dans le cercle d'une statistique locale l'influence de l'ivresse sur la criminalité, a cons-taté que dans cinq années signalées par le bas prix des alcools la proportion des crimes d'incendie, d'outrage public à la pudeur, d'attentats sur des enfants et de coups divers aurait été accrue sensiblement. Il est vrai que dans les mêmes années il y aurait eu une certaine diminution sur le nombre des viols, des vols, des outrages envers les fonctionnaires et des cas de mendicité ; mais le nombre total des accusés et prévenus aurait été en définitive plus accru que diminué.

plutôt en laissant sous une forme nouvelle une grande partie de leur valeur nutritive pour les animaux.

Il suffira pour expliquer cette situation, relativement à la betterave, d'énoncer que 100 kilogrammes de betteraves distillées laissent 70 kilogrammes de pulpe nutritive, outre 4 p. 100 d'alcool produit par la distillation.

Pour d'autres substances la valeur réciproque des alcools et des résidus est très-différente : mais le résultat est analogue.

Aussi la distillation des grains en Angleterre et des pommes de terre en Allemagne est-elle devenue depuis longtemps un fait agricole très-considérable, comme celle de la betterave tient aussi une grande place dans notre agriculture française.

M. Payen a constamment préconisé la distillerie, et en particulier celle qui opère sur la betterave, comme l'annexe la plus utile de toute grande exploitation agricole.

Dès l'année 1834, Mathieu de Dombasle avait signalé les avantages de l'application de cette racine saccharifère à la fabrication de l'alcool ; il croyait pouvoir en conclure que la préférence donnée sous ce rapport à la pomme de terre lui serait ultérieurement dévolue. A différentes époques, la même pensée fut reprise et réalisée sans succès durable.

Ce ne fut toutefois qu'à dater du moment où l'on éprouva un déficit considérable dans les produits de nos vignes, que la préparation de l'alcool de betterave prit un véritable essor. Depuis 1854, cette industrie rurale s'est rapidement propagée dans les campagnes, et elle continue sa marche progressive. On compte aujourd'hui par centaines les distilleries établies dans nos fermes, et qui emploient une consommation annuelle de 800 millions de kilogrammes de betteraves. Après avoir donné 320,000 hectolitres d'alcool pur, ces 800 millions de kilogrammes de betteraves laissent d'énormes quan-

tités de résidus qui fournissent au bétail, et à peu de frais,
une excellente nourriture. Les distilleries de pommes de
terre, de marcs de raisin, et surtout celles de betteraves, qui
sont les plus productives de toutes, ont pris rang définitivement parmi les industries inséparables des fermes, le mieux
appropriées à résoudre les grands problèmes de l'agriculture, c'est-à-dire à accroître la production de la viande et
du blé, tout en augmentant par degrés la puissance du sol.
Ces industries manufacturières ont d'ailleurs un autre avantage : elles exercent les gens de campagne à la direction des
machines, des opérations chimiques et des appareils distillatoires, et contribuent ainsi à répandre les notions des
sciences appliquées, à élever le niveau des connaissances
positives [1].

La monographie de M. Engel, sur la statistique de la Saxe
royale et particulièrement sur la distillation de l'eau-de-vie
dans cet État, qui représente, quant à sa population, environ la dix-neuvième partie de la France, nous apprend qu'il
n'y avait pas en Saxe, dès 1840, moins de 904 distilleries de
pommes de terre et de 265 distilleries de grains, outre
15 distilleries élaborant d'autres matières, telles que des lies
de vin, des bières et levures altérées, des marcs de raisin,
mélasses, etc.

En 1851, le nombre total de ces distilleries était réduit à
722. Mais la quantité de matières distillées n'avait pas varié
par suite de cette diminution du nombre des distilleries. De
704,143 boisseaux de grains et pommes de terre employés
en 1840, le total était seulement descendu à 686,353 en
1851, et il avait été de 904,980 en 1850.

Une taxation qui comprimerait la production de l'eau-de-

---

[1] Ch. Friès, *Moniteur* du 31 janvier 1862, *Sur le Traité complet de la distillation des principales substances qui peuvent fournir de l'alcool*, par M. Paney,
membre de l'Institut.

vie pourrait donc réagir sur l'agriculture d'une manière très-fâcheuse, et l'on a été jusqu'à dire [1] que tout impôt qui touche aux distilleries frappe indirectement les prix de la viande et du pain.

Mais la taxation ne paraissant influer sur les quantités consommées, que si elle subit des modifications très-importantes, les considérations qui précèdent sont plus propres à marquer des précautions à prendre qu'à constater des conséquences réalisées.

L'élévation de l'impôt sur l'eau-de-vie et les habitudes nationales sont les deux éléments qui déterminent le produit total de cette taxe de consommation. Il semble que dans les pays où les vins sont abondants, la taxe sur les alcools ne pourra jamais atteindre les chiffres considérables qu'elle a réalisés en Angleterre.

M. Rau a constaté que l'impôt sur l'eau-de-vie rapporte en Angleterre près de 4 florins par tête, 0,66 en Belgique, 0,64 en Prusse et ainsi en décroissant dans le Hanovre, l'Autriche, la France, le Wurtemberg et le grand duché de Bade. Mais cet écrivain ne pouvait encore apprécier les résultats des lois récentes qui, en divers pays et spécialement en France [2], ont augmenté la taxe de l'alcool et qui ouvriront à cet égard, si leur tendance est suivie, des questions dont l'expérience seule donnera la solution positive [3].

---

[1] *Examen critique du projet de loi sur l'abolition des octrois communaux*, Bruxelles, 1860, p. 45.

[2] Voyez les lois dse 14 juillet 1855 et 26 juillet 1860.

[3] V. Rau, § 439, note *e*.

## SECTION III.

## DES IMPOTS SUR LES CONSOMMATIONS AUTRES QUE LES COMESTIBLES ET BOISSONS.

### PRÉLIMINAIRES.

Les comestibles et les boissons qui forment les deux catégories principales des objets soumis à des impôts de consommation perçus dans l'intérieur des États, ne sont pas cependant les seuls objets qui aient été compris dans les prévisions des législateurs financiers.

D'autres matières servant à l'usage et aux divers besoins ou plaisirs de la vie ont été aussi pareillement taxées dans les temps modernes principalement. Au premier rang de ces objets, nous devons compter le tabac qui est devenu depuis une époque assez récente la consommation nouvelle d'un des sens jusque-là oisifs de l'organisation humaine au moins dans notre Europe.

Nous examinerons ensuite quelques objets servant indirectement à l'entretien de la vie, comme les combustibles, les matériaux de construction, le savon, ou à des usages industriels ou intellectuels comme le cuir et le papier.

Nous rejetterons à la fin, sous une rubrique unique, divers objets dont la taxation a eu peu de généralité ou d'importance.

## ARTICLE 1.

### IMPOT SUR LE TABAC.

Cette solanée dont les Indiens faisaient usage à l'époque où les Européens découvrirent l'Amérique et qui a été connue aussi en Europe sous son nom indien de *Pétun* et en France sous les noms de *Nicotiane* ou d'*Herbe* de M. *le Prieur*, ou d'*Herbe à la Reine* à cause des diverses personnes qui l'avaient mise à la mode à la fin du XVIᵉ siècle, a été longtemps dans divers pays une consommation prohibée par des motifs soit religieux, soit hygiéniques. Divers·écrivains, tels que M. Mourgues dans son *Traité de la culture du Tabac*, ont recueilli sous ce rapport des particularités curieuses dans les prescriptions des papes, des sultans et de divers souverains européens. On peut consulter notamment sous ce rapport un opuscule italien assez récent du marquis Pallavicino sur l'*Abolition des douanes et des octrois*. Mais nous n'avons pas l'intention d'imiter le savant allemand Tiedemann, qui, au dire de M. Flourens, son panégyriste, compulsa six cents volumes pour écrire l'histoire de cette plante fameuse [1].

La douane sur le tabac fut introduite en France sous le cardinal de Richelieu, et cette matière fut, dès 1629, soumise à un droit d'entrée de 30 sols par livre [2]. En 1674, le gouvernement de Louis XIV s'en attribua la fabrication et la vente qui furent affermées avec les droits sur l'étain. Le produit

[1] Séance publique de l'Institut, du 23 décembre 1861.
[2] Forbonnais, *Recherches*, t. I, p. 213.

du privilége sur le tabac a été succesivement, dit-on, de 500,000 livres dans l'origine, de 8,000,000 en 1730, de 22 millions en 1778 et de 30 millions en 1790 [1].

Aujourd'hui cette taxe figure dans les budgets de plusieurs États européens, et M. Rau évalue à 44 pour 100 la partie de la population d'Europe qui est assujettie à la régale du tabac, sans compter d'autres formes de l'impôt en général moins productives [2].

La manière de taxer le tabac est extrêmement variée.

Dans certains États comme la Pologne, nous savons qu'il a été imposé, sans avoir obtenu de renseignements sur le mode d'assiette de la taxe. M. Golenski nous apprend seulement que l'impôt introduit en Lithuanie, en 1661, le fut en Pologne en 1677, puis fut supprimé en 1678, puis enfin rétabli en 1775.

En Angleterre, le tabac est imposé uniquement par la voie de la douane [3].

[1] V. Forbonnais, *Recherches*, t. I, p. 537. Le même auteur évalue la consommation du tabac à 20 millions de livres pesant, p. 539. Il cite ailleurs (t. II, p. 139) un produit de 1,500 mille livres pour la ferme du tabac. Dans l'exposé des motifs de la loi de 1862, relative à la prorogation du monopole du tabac, les commissaires du gouvernement ont énoncé un produit de 32 millions pour la ferme du tabac avant 1789. V. aussi le *Mémoire* de M. Tuhr, p. 3 à 8.

[2] § 204 (a). L'impôt paraît inconnu à la Hollande qui a, du reste, et a eu surtout un système de taxes si complet. Il est à remarquer qu'elle imposait les pipes dans les XVIIe et XVIIIe siècles (Engels, *De Geschiedenis der Belastingen*, p. 138).

[3] V. le *Dictionnaire d'économie politique*, TABAC, et Mac Culloch, p. 232 et 233. — Voici ce que dit le *Moniteur* d'un remaniement proposé dans l'assiette de l'impôt anglais. « Presque tout le produit de cet impôt, à l'exception de 5 millions sterlings, provient de la taxe sur le tabac non manufacturé, taxe qu'on peut considérer comme une protection accordée aux producteurs anglais de tabac brut et en feuilles. M. Gladstone propose de réduire les droits sur le tabac étranger manufacturé, de façon à mettre les manufacturiers anglais en face de la concurrence et à rayer des lois fiscales le dernier vestige du système prohibitif. Actuellement, les cigares étrangers payent 9 schellings à l'importation, ce qui empêche d'entrer les espèces à bon marché du Brésil et de l'Amérique du Sud. C'est cet état de choses que M. Gladstone veut modifier dans l'intérêt du consommateur et du fisc à la fois. » (Numéro du 19 février 1863.)

De 1643 à 1652 le tabac y était frappé d'un impôt intérieur, parce que la culture en était autorisée. Mais on trouva
plus aisé d'assurer le recouvrement en interdisant la culture,
et ce système qui repose en définitive sur un principe aussi
coërcitif que le monopole pratiqué dans notre pays, a été
successivement établi en Écosse et en Irlande ; aujourd'hui
le revenu est produit par le droit de douane et par les licences accordées aux fabricants et détaillants.

Toutefois si le tabac du dehors est seul taxé en Angleterre, la perception de l'impôt a passé, en 1788, des mains de
l'administration des douanes dans celles de l'administration
de l'excise.

L'historien Belsham [1] remarque qu'on vit à cette époque
s'accomplir presque sans opposition une mesure que Walpole, au commencement du siècle et au sommet de sa puissance, n'avait pu réaliser.

On assure au reste que le tabac grevé d'un droit de
900 pour 100 de sa valeur donne lieu en Angleterre à une
affreuse contrebande [2].

En dehors de la perception des droits sur le tabac à la
frontière, on a essayé diverses méthodes d'imposition sur la
production ou la consommation intérieure. Ces méthodes
diverses s'adressent à la culture, à la récolte, à la fabrication,
à la vente du tabac.

Enfin un dernier système est celui qui place en quelque
sorte dans les mains ou du moins sous la surveillance de
l'État, ces diverses opérations par une concentration exclusive résumée sous le nom de *monopole*, et qui constitue le
mode de taxation le plus productif [3], comme aussi le plus

[1] T. VIII, p. 252.
[2] Rau, § 440, note *d*, et Parnell, p. 29. Cet auteur pense que la contrebande, de
1815 à 1828, a enlevé par an plus de 2,000,000 l. st. à l'échiquier britannique.
[3] Rau, § 440.

répandu, puis qu'il est adopté en France, en Autriche, en
Espagne et en Italie.

Un pays qui, dans le siècle dernier, tirait du tabac des ressources relativement importantes [1], la Prusse n'a qu'un
léger impôt aujourd'hui sur le sol cultivé en tabac.

Cet impôt est de 3, 4, 5 ou 6 thalers par arpent cultivé.
Quiconque cultive six perches carrées en tabac doit en faire
la déclaration. Le paiement s'effectue dans l'année qui suit
la récolte et avant la fin du mois de juillet. Il y a une remise
en cas de mauvaise récolte. Le produit de cet impôt ne
dépassait pas, en 1850, 130,600 thal. ou environ 500,000 fr.
Ce mode d'assiette de l'impôt est facile, il supporte toutes
les objections qui s'adressent aux taxes assises sur la matière
première.

Si le cultivateur est mal payé par l'industriel qui achète
sa récolte, il est d'ailleurs embarrassé lui-même pour l'acquittement de sa part de taxe.

Dans le pays de Bade, on a autrefois assis l'impôt en vertu
d'une ordonnance de 1812 au moment de la vente de la récolte. Le pesage avait lieu dans une balance publique.
L'impôt, qui était de 30 kreutzers ou demi-florin par quintal, était restitué en cas d'exportation.

Cet impôt fut abrogé en 1818.

Ce mode diffère peu sous le rapport des inconvénients de
celui qui a été précédemment indiqué. Il exige l'établissement d'un assez grand nombre de balances publiques.

On a quelquefois essayé d'exercer la fabrique, et de surveiller l'achat des feuilles comme la sortie du tabac fabriqué. Mais la fraude ne peut-être évitée sans un contrôle très-
dispendieux. C'est toutefois sur ce plan que l'impôt du tabac,
dont l'assemblée constituante avait conservé en France le

---

[1] Un million d'écus sous Frédéric II, *OEuvres de Frédéric II*, t. IX, p. 183.

principe au milieu de la réprobation des autres taxes de consommation, et qui subsista sous forme d'un droit de douane, réglé par diverses lois de 1791 et de l'an VI, fut organisé en l'an VII et en l'an X. mais on ne parvint pas à en tirer d'abord un produit sérieux [1].

La loi du 5 ventôse an XII introduisit des moyens de surveillance plus sévères et établit la taxe sur le pied de 40 cent. par kilog. de toute nature des tabacs fabriqués, en même temps que d'un droit de 1 fr. ou 8 d. par kilog. à l'importation par navire français ou étranger des tabacs étrangers en feuilles [2].

Un rapport fait à l'Empereur en l'an XIII constatait que les perceptions de l'impôt sur le tabac à l'intérieur s'élevaient à 8,200,000 fr. et que 9,000,000 étaient en outre perçus par les douanes à l'entrée des feuilles étrangères.

Total 17,200,000 fr. [3], plus 824,000 fr. pour les licences des fabricants et 1,771,000 fr. pour les licences de débitants.

On y constatait que le monopole, tel qu'il avait existé avant la Révolution, pourrait rapporter plus de 48 millions à raison d'un produit de 1 fr. 50 cent. par tête de population assujettie. Mais on s'arrêtait devant l'incompatibilité entre le monopole et la libre culture. Ces scrupules s'effacèrent à la longue, et le décret impérial du 29 décembre 1810 rendu par l'Empereur sans le concours du Corps Législatif, attribua exclusivement à la régie des droits réunis l'achat des tabacs en feuilles, la fabrication et la vente tant en gros qu'en détail des tabacs fabriqués.

[1] D'après le Mémoire sur les progrès de l'impôt du tabac par M. Tuhr, p. 10 à 28, le droit à l'entrée avant l'an XII n'avait pas atteint 5 millions de produit.

[2] Rau, *Finanzwissenschaft*, § 440. Voyez aussi les art. 17 et 18 de la loi du 5 ventôse an XII.

[3] Voyez aux archives du conseil d'État, le *Recueil des rapports et projets présentés à Sa Majesté à son retour de la Grande-Armée.* M. Tuhr prétend (p. 21), que le produit de l'impôt était redescendu à partir de l'an XIV jusqu'à 14 millions seulement en 1809.

Le décret était précédé d'un Exposé remarquable bien qu'un peu diffus, dans lequel l'Empereur parlait de la science des finances comme ayant été *l'objet constant de ses méditations*, proscrivait le système des Emprunts presque aussi radicalement qu'aurait pu le faire le démocrate Jefferson [1], déclarait les tabacs de toutes les matières *la plus susceptible d'imposition*, reprochait au système de taxe suivi à leur égard d'avoir beaucoup enrichi les fabricants et très-peu le Trésor, malgré des prix de vente élevés pour le tabac fabriqué, et proclamait enfin l'espoir de créer un revenu de près de 80 millions sans augmenter les charges des peuples [2].

Les fabricants de tabac ne reçurent lors de l'établissement du monopole aucune indemnité. Leur matériel fut seulement racheté à prix débattu et certain d'entre eux prirent de l'emploi dans la régie de l'État.

Cependant le monopole du tabac, prorogé de cinq ans en cinq ans depuis 1816, fut mis en question sous le gouvernement parlementaire. Le 16 février 1835, la chambre des députés prit la résolution de nommer une commission d'enquête composée de 9 membres et présidée par M. Dupin, pour recueillir tous les faits et documents concernant la culture, la fabrication et la vente du tabac, dans leurs rapports avec les intérêts du Trésor, de l'agriculture et du commerce.

Il résulta des résolutions [3] de cette commission, qui a procédé lentement dans ses recherches afin de s'éclairer complétement [4] :

---

[1] Voir l'*Étude sur Jefferson*, par M. Cornélis de Witt, dans la *Revue des Deux-Mondes* de 1857, t. 8, II° période, p. 583 et suiv.

[2] *Collection Duvergier*, t. XVII, p. 255.

[3] Voyez l'*Enquête sur les tabacs*, p. ix et suiv.

[4] Voyez à ce sujet le rapport de M. Vivien, déposé à la Chambre au nom de la commission, le 4 juin 1836.

Dans ce rapport, la commission se félicite par la voix de son rapporteur, du

Que l'impôt des tabacs était assis sur une matière essentiellement imposable;

Que le régime du monopole sur les tabacs, constitué comme il l'était, devait être considéré comme le meilleur au point de vue de la culture, de la fabrication et de la vente, si on le considérait par rapport aux intérêts du Trésor, de l'agriculture et du commerce, en y apportant toutefois des modifications nécessaires;

Que la liberté de la culture nuirait beaucoup au Trésor sans profiter beaucoup à l'agriculture, et que le commerce même aurait peu d'intérêt à cette culture sans entraves; puisque les produits français ne paraissaient pas à même de lutter sur le marché étranger avec ceux de l'Amérique et des autres pays de l'Europe;

Que la liberté de la fabrication ne profiterait qu'à quelques industriels. En effet, la liberté de la fabrication du tabac pourrait donner lieu à un grand nombre d'entreprises; mais elle ne tarderait pas à se concentrer entre quelques mains. Ce serait la conséquence directe de l'action des grands capitaux qui se jetteraient sur cette industrie, de l'emploi des machines et de la formation de grands établissements nécessaires à une fabrication peu coûteuse. On verrait s'élever des maisons colossales qui s'empresseraient d'occuper les fabriques que le gouvernement délaisserait, la concurrence cesserait d'être sérieuse, et, à l'exploitation exclusive de l'État, succéderait celle de quelques industriels qui exerceraient, dans toute l'acception du mot, le monopole de la fabrication;

nombre de documents qu'elle a déjà obtenus sur la question du tabac; mais elle en réclame de nouveaux à l'administration des contributions indirectes notamment, ainsi que des renseignements sur la fraude à laquelle le régime actuel donne lieu.

C'est au nom de l'intérêt de l'agriculture, du commerce et de l'industrie, qu'elle réclame un ajournement pour pouvoir donner, en parfaite connaissance de cause, ses résolutions sur la question de liberté qui les concerne.

Que les frais de fabrication étaient susceptibles de diminution, bien qu'il fût impossible à l'industrie privée de prétendre à ce que sa fabrication lui revînt à 37 centimes [1] par kilogramme, comme la fabrication de la régie y est parvenue ;

Qu'il serait à craindre que l'industrie privée ne se livrât à des fabrications frauduleuses, dans lesquelles seraient mêlées des substances étrangères, d'où résulteraient une perte pour le Trésor, frustré d'une partie de l'impôt, et un préjudice pour les consommateurs exposés à user de produits falsifiés ;

Qu'il n'était pas à propos de combattre la fraude de l'impôt en réduisant le prix, parce qu'un abaissement considérable compromettrait les intérêts du Trésor sans offrir des chances de consommation suffisantes pour en compenser l'effet, et qu'un abaissement peu considérable n'exercerait aucune influence sur la consommation.

En 1840, lors de la discussion de la loi sur les tabacs, renouvelant la concession du monopole [2], on a rappelé devant la chambre des députés et la chambre des pairs, plusieurs systèmes qui avaient été proposés, en 1835, lors de l'Enquête pour remplacer l'état des choses existant.

Le premier système consistait à supprimer la culture indigène pour rendre la liberté à la fabrication et à la vente, moyennant un droit d'entrée sur la matière brute ou fabriquée, ainsi que cela a lieu en Angleterre. Il a été rejeté, comme rendant plus difficile la perception de l'impôt et la répression de la fraude. Puis on pensa que c'était sacrifier

[1] Voir p. x et suiv. *Enquête sur les tabacs.*
[2] L'art. 1er de cette loi est ainsi conçu :
« La loi du 12 février 1835, portant prorogation du titre V de la loi du 28 avril 1816, qui attribue exclusivement à l'État l'achat, la fabrication et la vente du tabac dans toute l'étendue du royaume, continuera d'avoir son effet jusqu'au 1er janvier 1852. »

l'agriculture au profit du commerce, et, de plus, faire tourner l'impôt au profit du commerce étranger et s'exposer à une suspension complète d'approvisionnement en cas de guerre.

Trois autres projets avaient été examinés et repoussés par la commission d'enquête :

1° La liberté de fabrication et de vente, combinée avec la culture, au moyen d'un droit sur les produits indigènes perçu à leur entrée dans les fabriques, et d'un autre droit sur les produits étrangers perçu à leur entrée sur les magasins de douanes ;

2° La liberté de fabrication et de vente, combinée au moyen d'un droit proportionnel à l'étendue du sol cultivé, acquitté, non par le cultivateur, mais par le fabricant, sur le prix de vente et au moment de la livraison, et d'un autre droit sur les produits étrangers prélevé à leur sortie des entrepôts ;

3° La continuation de l'existence du privilége de fabrication et de vente, combinée avec l'extension de la culture indigène et l'élévation des prix d'achats de ses produits.

Les deux premiers systèmes, disait M. de Schœnburg dans son rapport à la chambre des députés, lors de la discussion de la loi de 1840, feraient disparaître le privilége, mais le remplaceraient inévitablement par des moyens de perception de l'impôt qui, sans en assurer le recouvrement, prendraient le caractère le plus vexatoire et ne feraient que déplacer la répression qui les a fait imaginer : quant aux résultats financiers, ils seraient désavantageux, et ces combinaisons seraient une plus grande source de fraudes. Le troisième système ne ferait que donner à l'agriculture, aux dépens des résultats financiers du privilége, une plus large part des bénéfices qu'elle ne réclame pas, et il entraînerait une extension imprudente de la culture.

M. de Montozon avait proposé de réduire la prorogation du
monopole à cinq ans, afin de ne pas le prolonger d'une manière indéfinie [1]. Son amendement fut rejeté, et M. le ministre des finances assura que cinq années d'existence ne
suffiraient pas pour laisser à l'administration la liberté
d'action dont elle a besoin dans ses opérations fructueuses.
Depuis lors, la prorogation a eu lieu, en effet, par périodes
décennales.

La loi du 30 avril 1840 fut adoptée, à la majorité de
249 voix contre 23, par la chambre des députés.

Le monopole des tabacs a été, en outre, prorogé par un
décret du 11 décembre 1851 et par la loi du 3 juillet 1852,
qui a porté dans un article unique [2] prorogation du monopole des tabacs jusqu'au 1er janvier 1863. Enfin, la loi
du 28 juin 1862 a porté prorogation, jusqu'au 1er janvier 1873, de la loi du 3 juillet 1852.

Le produit de l'impôt du tabac a justifié et dépassé les
prévisions de l'empereur Napoléon Ier. Il est estimé, dans
le budget de 1864, à un chiffre brut de 220,376,000 fr. Les
crédits relatifs à l'administration des tabacs sont dans la
même année de 66,095,800 fr.

L'impôt comporte une réduction pour la zone dans laquelle son introduction en fraude serait plus facile. Le
tabac y est vendu à un prix moindre que dans le reste de
la France pour décourager et désintéresser la fraude qui
pourrait tenter de s'y établir.

Les monopoles concédés au pouvoir exécutif par la législature, ne peuvent échapper aux règles tutélaires d'une li-

---

[1] V. Duvergier à propos de la loi sur les tabacs de 1840.
[2] « Le décret du 11 décembre 1851, portant prorogation des lois des 23 avril
1840, 12 janvier 1835, et du titre 5 de la loi du 28 avril 1816 qui attribue exclusivement à l'État l'achat, la fabrication et la vente du tabac dans toute l'étendue
du territoire, continuera d'avoir son effet jusqu'au 1er janvier 1863. »

mite de prix qui défende le contribuable contre des perceptions excessives. Aussi la loi du 28 avril 1816, la plus considérable de nos lois de finances modernes, et dont les dispositions fondamentales ont résisté à des renouvellements successifs de l'impôt monopolisé du tabac par la législature française, a-t-elle établi des *maximums* pour le prix de vente des tabacs. On lit dans cette loi les articles suivants : ·

174. Les prix des tabacs fabriqués que la régie vendra aux consommateurs ne pourra excéder la fixation ci-après, savoir :

Par kilogramme de première qualité de toute espèce, 11 fr. 20 c. Par kilogramme de seconde qualité de toute espèce, 7 fr. 20 c. par cigare 5 c.

175. Il sera fabriqué une espèce de tabac dit de *cantine*, dont le prix ne pourra excéder 4 fr. le kilogramme.

176. Les prix fixés par les art. 174 et 175 pourront être réduits en vertu d'ordonnances du roi, et il pourra de plus être établi des qualités intermédiaires de tabac dont les prix seront proportionnés à ceux fixés par ces articles.

177. La régie est autorisée à vendre aux consommateurs des tabacs étrangers de toute espèce ; le prix en sera déterminé par des ordonnances du roi.

178. La régie est également autorisée à vendre aux pharmaciens, aux propriétaires de bestiaux et aux artistes vétérinaires des feuilles indigènes, aux prix du tabac de cantine.

179. La régie pourra vendre des tabacs en feuilles exotiques et les caboches et les côtes des feuilles indigènes à la charge de les exporter. Elle pourra vendre également des tabacs fabriqués à la même condition et à des prix inférieurs à ceux qui sont déterminés ci-dessus.

Dans l'un et l'autre cas les prix seront fixés par le ministre des finances.

Il a été fait usage, en 1860, de la faculté qu'a le gouverne-

ment français de modifier le prix du tabac dans les limites
fixées par la loi de 1816.

Un décret du 19 octobre 1860 a porté en effet de 8 à 10 fr.
le prix du kilogramme de tabac à priser et à fumer, et a procuré ainsi au Trésor de grandes ressources.

Cette mesure qui avait surpris d'abord quelques personnes
habituées à considérer l'action du gouvernement comme
absolument enchaînée par des tarifs fixes relativement à
l'ensemble des taxes de consommation, a été justifiée
ainsi qu'il suit dans l'Exposé de la situation de l'Empire
en 1861.

« Les art. 174 et 176 de la loi du 28 avril 1816, donnaient au gouvernement la faculté de déterminer, dans une
certaine mesure, le prix des tabacs suivant leur qualité.

« Une ordonnance royale du 7 octobre 1816, avait ramené à
une qualité unique le tabac de grande consommation et fixé
au prix de 8 francs. Ce prix, inférieur au maximum de
11 fr. 20 cent. établi par la loi, n'avait pas été modifié depuis 1816, et avait cessé d'être en rapport avec les divisions
nouvelles des poids et mesures.

« Le prix de 10 fr. offrait l'avantage d'établir une parfaite
concordance avec les subdivisions des poids et celles de
monnaies; les ventes au détail à 5, 10 et 15 centimes se
trouvaient correspondre rigoureusement à des pesées de
5, 10 et 15 grammes. Il est impossible de méconnaître
d'ailleurs, que, depuis 1816, la régie a été obligée d'élever
le taux des salaires payés aux ouvriers, et le prix des tabacs
indigènes payés aux planteurs; enfin, si l'on tient compte
des changements survenus dans la valeur du numéraire et le
prix des denrées et de la main-d'œuvre, on peut dire que le
prix nouveau correspond à peine à la valeur que le prix de
8 fr. représentait en 1816. »

« En Angleterre, où le monopole n'existe pas, la taxe de

douane appliquée aux tabacs en feuilles s'élève à 8 fr. 27 c.
le kilogramme. Cette taxe fait peser sur le consommateur
anglais une charge assurément bien plus considérable que
le prix de 10 fr. par kilogramme, qui, en France, comprend,
outre l'impôt dû à l'État, le prix de la matière première,
les frais de transport et de fabrication et le bénéfice du débitant.

« La ressource nouvelle que l'augmentation du prix des tabacs doit procurer au Trésor, dépassera *trente millions*; non-
seulement cette somme paraît devoir suffire pour couvrir les
diminutions de recettes que, pour les causes indiquées ci-
dessus, subira le budget de 1861, mais elle place ce budget
dans des conditions d'équilibre plus satisfaisantes que celles
qui avaient été primitivement adoptées. »

D'après M. Block, cité par le *Moniteur* du 12 novembre 1860, la consommation du tabac aurait subi en France
deux mouvements successifs et contraires assez curieux à
observer :

« De 1811 à 1820, est-il dit, la consommation moyenne
par habitant a été de 400 grammes. De 1821 à 1825, elle descend à 300 grammes; elle tombe ensuite successivement à
350 grammes (1826-1830), et à 351 grammes (1831-1835),
pour se relever, dans la période, 1836-1840, à 470 grammes.

Depuis lors, la consommation du tabac a suivi une progression constante; 500 grammes, 525, 600, enfin, 750 gr.
et tout paraît indiquer qu'elle ne s'arrêtera même pas à ce
chiffre. »

Le tableau suivant, extrait des comptes publiés par notre
administration, ne confirme pas les résultats donnés par
l'auteur auquel le *Moniteur* a semblé se référer, mais il
donne les recettes en argent, sans s'occuper des *quantités*
consommées.

| ANNÉES. | TOTAL GÉNÉRAL de la recette. | TOTAL GÉNÉRAL de la dépense. | DIFFÉRENCE entre les recettes et les dépenses. | CHANGEMENTS survenus dans le capital de la Régie. Augmentat. | CHANGEMENTS Diminution. | RECTIFICATION par suite des redressements opérés dans les comptes. En plus. | RECTIFICATION En moins. | BÉNÉFICE réel. | SOMMES acquises au Trésor. (Excédant des recouvrements sur les payem. effectués). |
|---|---|---|---|---|---|---|---|---|---|
| | fr. | fr. | fr. | fr. | fr. | fr. | fr. | fr. | fr. |
| De 1811 à 1814.. | 252,870,386 | 193,405,482 | 59,464,904 | 33,890,938 | » | » | » | 93,355,842 | 165,041,654 |
| 1815.. | 53,872,857 | 13,427,014 | 40,445,843 | » | 8,322,540 | » | » | 32,123,303 | 40,445,843 |
| 1816.. | 55,301,062 | 24,358,421 | 30,942,641 | 4,651,692 | » | 760,988 | » | 53,355,321 | 34,321,872 |
| 1817.. | 62,251,178 | 30,234,548 | 32,016,130 | 5,982,113 | » | 4,184,472 | » | 39,182,994 | 32,806,736 |
| 1818.. | 63,749,869 | 25,530,387 | 40,219,482 | 4,347,907 | » | 438,472 | » | 44,705,861 | 40,348,589 |
| 1819.. | 64,045,338 | 23,264,653 | 40,780,685 | 567,842 | » | 64,396 | » | 41,412,893 | 40,819,797 |
| 1820.. | 64,171,840 | 25,485,538 | 38,986,272 | 3,149,928 | » | 413,404 | » | 42,219,604 | 39,366,923 |
| 1821.. | 64,944,482 | 22,952,869 | 41,988,613 | 284,969 | » | 5,422 | » | 42,279,004 | 42,024,313 |
| 1822.. | 65,038,049 | 24,018,626 | 41,019,423 | 225,386 | » | 3,188 | » | 41,950,997 | 41,106,505 |
| 1823.. | 63,998,049 | 23,867,576 | 40,130,473 | 4,453,742 | » | 274 | » | 41,584,489 | 40,000,694 |
| 1824.. | 66,064,065 | 23,425,544 | 42,638,524 | 393,230 | » | 97,969 | » | 43,129,733 | 43,063,785 |
| 1825.. | 67,332,718 | 22,306,810 | 45,025,908 | » | 1,316,232 | 320,777 | » | 44,030,438 | 44,926,774 |
| 1826.. | 67,038,013 | 24,093,868 | 42,944,145 | 2,050,725 | » | » | 1,843 | 44,993,057 | 43,032,824 |
| 1827.. | 66,740,348 | 23,501,653 | 43,238,695 | 2,491,430 | » | » | 1,142 | 45,728,983 | 43,293,640 |
| 1828.. | 67,991,678 | 25,551,099 | 42,440,579 | 3,945,830 | » | » | 776 | 46,385,633 | 42,976,268 |
| 1829.. | 66,605,470 | 23,143,259 | 43,462,211 | 2,172,470 | » | » | 2,191 | 45,632,490 | 43,345,904 |
| 1830.. | 67,290,695 | 22,548,888 | 44,741,807 | 2,040,600 | » | 1 | » | 46,782,408 | 44,392,619 |
| 1831.. | 66,094,752 | 22,339,650 | 43,755,102 | 2,166,000 | » | » | 472 | 45,920,930 | 43,807,118 |
| 1832.. | 67,488,182 | 22,467,480 | 45,021,002 | 2,738,000 | » | » | 7,405 | 47,751,597 | 45,842,662 |
| 1833.. | 69,648,808 | 21,471,237 | 48,177,571 | 4,049,700 | » | 3,009 | » | 34,220,280 | 47,414,749 |
| 1834.. | 72,648,176 | 21,542,879 | 50,805,297 | 38,530 | » | » | 443 | 50,843,714 | 50,620,472 |
| 1835.. | 74,433,720 | 22,003,524 | 52,430,196 | » | 730,015 | » | » | 51,700,181 | 52,328,843 |
| 1836.. | 78,283,979 | 20,958,910 | 57,325,069 | » | 1,701,742 | 6,213 | » | 55,629,340 | 57,007,585 |
| 1837.. | 81,473,145 | 21,770,192 | 59,702,953 | » | 674,041 | » | » | 59,028,912 | 60,163,843 |
| 1838.. | 85,452,629 | 22,169,529 | 63,283,100 | » | 1,594,756 | » | 5,919 | 61,682,425 | 62,028,017 |
| 1839.. | 90,573,056 | 25,596,848 | 64,976,208 | 1,025,633 | » | » | » | 66,001,841 | 64,553,573 |
| 1840.. | 93,188,229 | 30,957,474 | 64,230,768 | 5,880,399 | » | » | » | 70,111,157 | 62,732,830 |
| 1841.. | 97,948,353 | 34,807,031 | 66,141,322 | 5,847,773 | » | » | » | 71,989,095 | 70,492,694 |
| 1842.. | 100,715,235 | 29,475,001 | 71,240,234 | 2,563,908 | » | » | » | 73,804,142 | 69,751,485 |
| 1843.. | 104,367,746 | 32,587,026 | 74,840,720 | 5,558,015 | » | » | » | 77,368,735 | 72,721,319 |
| 1844.. | 107,436,028 | 30,262,493 | 77,173,535 | 2,325,844 | » | » | » | 79,499,379 | 76,382,390 |
| 1845.. | 111,899,920 | 32,096,811 | 79,803,109 | 2,731,385 | » | » | » | 82,534,494 | 80,090,922 |
| 1846.. | 116,057,787 | 37,385,729 | 78,672,058 | 7,289,022 | » | » | » | 85,961,080 | 79,171,305 |
| 1847.. | 117,699,935 | 34,902,397 | 82,797,538 | 3,593,660 | » | » | » | 86,391,198 | 82,338,924 |
| 1848.. | 116,257,914 | 31,325,053 | 84,932,861 | 338,216 | » | » | 24 | 85,271,053 | 84,617,452 |
| 1849.. | 117,133,105 | 28,492,699 | 88,640,406 | » | 3,504,300 | » | » | 85,136,106 | 88,441,057 |
| 1850.. | 122,113,791 | 26,488,724 | 95,625,067 | » | 6,710,066 | » | » | 88,915,001 | 94,995,766 |
| 1851.. | 126,597,071 | 31,492,983 | 95,104,088 | » | 414,257 | » | 18 | 94,689,813 | 95,454,371 |
| 1852.. | 131,239,335 | 33,754,330 | 97,485,005 | 1,261,814 | » | » | 500 | 96,746,319 | 97,776,631 |
| 1853.. | 139,290,557 | 27,899,037 | 111,391,520 | » | 6,218,225 | » | 4,867 | 105,168,428 | 110,768,238 |
| 1854.. | 145,702,805 | 45,274,883 | 100,427,922 | 9,892,864 | » | » | 5,496 | 110,315,287 | 99,767,279 |
| 1855.. | 153,197,415 | 53,746,326 | 99,451,089 | 14,363,494 | » | » | 312 | 113,816,271 | 99,247,999 |
| 1856.. | 164,218,910 | 35,268,869 | 128,950,441 | » | 4,974,301 | » | » | 129,075,140 | 128,895,514 |
| 1857.. | 174,256,740 | 47,126,836 | 127,129,874 | » | 1,133,397 | » | » | 125,996,477 | 126,778,492 |
| 1858.. | 178,074,504 | 59,226,933 | 118,847,571 | 10,272,233 | » | » | » | 129,119,804 | 120,800,545 |
| 1859.. | 179,748,002 | 65,632,099 | 114,115,903 | 15,544,445 | » | » | » | 129,660,348 | 113,643,976 |
| 1860.. | 195,325,476 | 58,207,020 | 137,118,456 | 6,644,337 | » | » | » | 143,762,793 | 136,158,743 |
| TOTAUX généraux. | 4,761,867,742 | 1,577,815,932 | 3,184,051,810 | 163,449,041 | 37,293,872 | 2,698,364 | 30,748 | 3,312,574,593 | 3,293,881,255 |

Reste en augmentation du capital...................... 126,155,169

Différence en plus par suite des redressements.......... 2,667,616

*Quotité de la dépense de la Régie relativement à sa recette [1].*

| | | | | | |
|---|---|---|---|---|---|
| 1815. . . | 40,3 p. % | 1831. . . | 30,5 p. % | 1847. . . | 26,6 p. % |
| 1816. . . | 41,06 | 1832. . . | .29,2 | 1848. . . | 26,6 |
| 1817. . . | 38,9 | 1833. . . | 29,4 | 1849. . . | 26,4 |
| 1818. . . | 33,7 | 1834. . . | 30,9 | 1850. . . | 27,1 |
| 1819. . . | 35,4 | 1835. . . | 30,5 | 1851. . . | 25,2 |
| 1820. . . | 34,3 | 1836. . . | 28,9 | ►1852. . . | 23,9 |
| 1821. . . | 34,9 | 1837. . . | 27,5 | 1853. . . | 24,4 |
| 1822. . . | 35,5 | 1838. . . | 27,8 | 1854. . . | 24,2 |
| 1823. . . | 35 | 1839. . . | 27,1 | 1855. . . | 25,7 |
| 1824. . . | 34 | 1840. . . | 26,3 | 1856. . . | 26,3 |
| 1825. . . | 35 | 1841. . . | 26,5 | 1857. . . | 27,6 |
| 1826. . . | 32,8 | 1842. . . | 26,7 | 1858. . . | 27,5 |
| 1827. . . | 31,4 | 1843. . . | 25,8 | 1859. . . | 27,8 |
| 1828. . . | 31,8 | 1844. . . | 26 | 1860. . . | 26,3 |
| 1829. . . | 31,4 | 1845. . . | 26,2 | 1861. . . | 21,8 [2] |
| 1830. . . | 30,4 | 1846. . . | 25,9 | | |

Il est publié pour chaque année un résumé du compte du produit de la fabrication et de la vente exclusives du tabac en France. Voici un extrait du compte relatif à 1858, qui donne une idée complète des principaux éléments de la recette de ce grand service.

La régie a vendu dans ses divers établissements, pendant le cours de l'année, savoir :

kil.  gr.

[3] 418,949 550 tabacs fabriqués et en feuilles et résidus de fabrication destinés à l'exportation, à la marine et aux droguistes, pour la somme totale de  . . 473,184 31

Les résidus de fabrication figurent ici pour 231,482 kil., ayant produit 19,097 fr. 30 c., soit au prix moyen de 0 fr. 08 c. 25.

fr.  c.

418,949 550                    A. reporter. . .    473,184 31

---

[1] On a ajouté à la dépense les sommes empruntées au capital; on a réduit la dépense des sommes données en accroissement du capital.

[2] On ne connaît pas encore le changement du capital qui apportera une modification à ce chiffre.

[3] Y compris 47,204 kil. de débris et résidus vendus en Algérie, dont le produit figure dans les recettes diverses en Algérie.

418,949 550  Report.                          Report . .    473,184 31
        Le prix moyen des autres tabacs est de 3 fr.
23 c., et le taux moyen général de 1 fr. 27 c.
le kilog.

5,008 606  tabacs perdus ou avariés en totalité, en cours de
      transport, pour une somme totale de.  .  .  .    11,221 16
        Prix moyen de remboursement, 2 fr. 24 c.
le kilog.

        Les tabacs fabriqués vendus aux débitants,
aux consommateurs, et les manquants dans les
entrepôts sont, savoir :

kil.   gr.                                    fr.   c.
16,987,552 700 tabac ordinaire. . . 123,168,395 99
     Prix moy. pʳ k. 7 f. 25
7,324,158 715 tabac à prix réduit.  16,938,341 44

27,879,216 115 {     Prix moyen. . 2 f. 31     } 176,807,520 26
1,052,165 300 tabac de troupe . .  1,373,756 14
     Prix moyen. . 1 f. 30
2,515,339 400 tabac étr. et de luxe  35,327,026 69

y compris les cigares de la Havane et de Manille, qui
entrent dans ce dernier résultat en quantité, au poids
vénal, pour 122,269 kil. 440 gr., et en produit pour
6,331,656 fr. 24 c., au prix moyen de 51 fr. 78 c. le
kilogramme de 250 cigares.

        Le prix moyen des tabacs dits *étrangers* est de
14 fr. 04 c.

        Le prix moyen général des ventes, en ce qui con-
cerne les tabacs fabriqués en France, a été de 6 fr.
12 c. 73 par kil., ou 612 fr. 73 c. par 100 kilog.

        La valeur moyenne dans les entrepôts ressort à
163 fr. 86 c.

28,303,174 271 de tabacs vendus ont donc produit. . . . . 177,291,925 73

La régie a fait, en outre, quelques recettes extraordinaires,
savoir :

Pour manquants à la charge des planteurs  .  .    14,613 71
Pour droits sur tabacs importés  .  .  .  .  .    671,202 75
Pour droits de pesée, etc., des tabacs cultivés
pour l'exportation. .  .  .  .  .  .  .  .  .  .    16,073 01    782,578 77
Pour prix de colis et recettes extraordinaires .    73,447 31
Pour recettes diverses en Algérie .  .  .  .  .     7,241 99

Le produit total a donc été de. .  .  .  .  .  .  .  .  . . 178,074,504 50
La dépense s'étant élevée à. .  .  .  .  .  .  .  .  .  .   59,226,932 89

La différence entre le produit et la dépense est de  .  .  .  . 118,847,571 61

Et avec l'augmentation sur le capital de 10,272,233 fr. 48 c.,
le bénéfice net est de .  .  .  .  .  .  .  .  .  .  .  .  .  . 129,119,805 09

La différence entre le prix des tabacs fabriqués constitue la véritable part de l'impôt dans l'exercice du monopole par l'État. Le tableau suivant dont je dois la communication à M. Rolland, directeur général des tabacs, instruit complétement à cet égard.

| ESPÈCES DE TABACS. | PRIX PAR KILOG. | | DIFFÉRENCE ou bénéfice. | QUANTITÉS vendues, en 1861. | BÉNÉFICE provenant de ces quantités. |
|---|---|---|---|---|---|
| | de revient. | de vente. | | | |
| **TABACS ORDINAIRES.** | fr. c. | fr. c. | fr. c. | kil. | fr. |
| Rapé à priser.......... | 1.40 | 9  » | 7.60 | 6,500,000 | 49,400,000 |
| Scafertati ............ | 1.70 | 9  » | 7.30 | 9,250,000 | 67,525,000 |
| Gros rôles............. | 2.10 | 9  » | 6.90 | 300,000 | 2,070,000 |
| Carottes.............. | 2.05 | 9  » | 6.95 | 440,000 | 3,058,000 |
| TOTAUX........ | » | » | » | 16,490,000 | 122,053,000 |
| **CIGARES.** | | | | | |
| Cigares Londres........ | 42  » | 56  » | 14  » | 122,000 | 1,708,000 |
| — de France...... | 9.10 | 22  » | 12.90 | 103,000 | 1,328,700 |
| — — | 4.80 | 11  » | 6.20 | 2,800,000 | 17,360,000 |
| TOTAUX........ | » | » | » | 3,025,000 | 20,396,700 |
| **TABACS A PRIX RÉDUITS.** | | | | | |
| Rapé à priser.......... | 0.80 | 3.85 | 3.05 | 710,000 | 2,165,500 |
| Scafertati............. | 1  » | 2.85 | 1.85 | 6,032,000 | 11,159,200 |
| Tabac de Scafertati..... | 1  » | 1.30 | » 30 | 1,260,000 | 378,000 |
| troupe. Rôles......... | 1.50 | 1.80 | » 30 | 22,000 | 6,600 |
| TOTAUX........ | » | » | » | 8,024,000 | 13,709,300 |
| **TABACS SUPÉRIEURS...** | | | | | |
| Rapé étranger.......... | 2.40 | 11.10 | 3.70 | 5,500 | 47,850 |
| Scafertati étranger..... | 2.60 | 11.10 | 8.50 | 48,000 | 408,000 |
| Rôles menus filés...... | 3.80 | 9.80 | 6  » | 100,000 | 600,000 |
| TOTAUX........ | » | » | » | 153,500 | 1,055,850 |

L'Autriche a, comme la France, le monopole du tabac. Suivant les prévisions du budget officiel de 1855, les produits bruts du monopole étaient évalués à 41,621,236 fl., et les dépenses à 19,873,450 fl., d'où résultait un excédant de recettes nettes, s'élevant à 21,747,786 florins.

D'après la statistique de l'empire d'Autriche publiée à Vienne en 1860, par M. Schmitt, les produits des *tabaks gefaelle* se sont élevés approximativement, en 1855, à 26,400,000 fl., et en 1858 à environ 27,700,000 fl.

En Espagne le monopole du tabac figurait dans le tableau

de revenu public de 1854 [1] pour 200 millions de réaux.

L'impôt semble remonter dans ce pays à l'époque de l'administration du cardinal Albéroni, d'après l'un des historiens de ce ministre [2].

L'impôt sur le tabac est ancien en Italie. Au dernier siècle, le revenu de cette branche d'impôt dans certaines parties de la péninsule était évalué à 440,000 liv., monnaie de France [3].

Dans la Sardaigne et l'État pontifical, le monopole du tabac est administré directement par l'État, tandis qu'en Toscane, et dans les Deux-Siciles, d'après le marquis Pallavicino, le monopole était en 1860 l'objet d'un fermage.

Suivant le même écrivain, comme suivant M. Scialoja [4], le produit du monopole du tabac était prévu au budget sarde de 1857 pour 17,000,000 liv., c'est-à-dire le double de la somme alors prévue dans le royaume de Naples, relativement à la population.

Dans le nouveau royaume d'Italie, par le progrès de la population et le développement de la consommation, l'impôt a atteint un produit élevé.

En 1861 le tabac a donné un produit brut de liv. 60,178,616 50 c., savoir :

| | | | |
|---|---|---|---|
| Tabac en poudre. . . . . . | kil. 2,698,335 | l. 13,746,394 47 | |
| — en feuilles (trianciati) . . | 3,127,202 | 13,559,259 04 | |
| — en cigares. . . . . . | 3,814,678 | 32,872,962 98 | |
| Total. . . . . | kil. 9,640,215 | l. 60,178,616 49 | [5] |

Un autre mode d'assiette pour l'impôt du tabac a été l'impôt au débit. Il y a en Belgique un droit sur le débit du

[1] *Cuadro general*, inséré dans le tome II de l'ouvrage de M. Conte.
[2] Ouvrage publié à La Haye, 1719, p. 196.
[3] *Encyclopédie méthodique* (FINANCES, v° Naples).
[4] *Journal des Économistes*, de 1858, t. I, p. 284.
[5] *Annuaire du ministère des finances* (en italien), 1862, v. p. 595.

tabac exigible par trimestre, qui ne paraît pas différer du droit
de patente sur d'autres industries. La culture du tabac est si
morcelée dans la totalité de ce pays qu'on a reculé devant
l'impopularité d'y constituer un monopole comme en France.

M. Rau dit que sous cette forme l'impôt doit être léger et
combiné avec un droit de douane sur le tabac introduit de
l'étranger [1].

On peut assurer la perception de l'impôt sous ce mode en
obligeant le débitant à déclarer ses achats et à faire timbrer
tous les paquets déposés chez lui.

Dans le Wurtemberg, il a existé, de 1812 à 1828, un impôt de 40,000 fl. réparti sur les fabricants et les débitants
de tabac, d'après leurs déclarations relatives aux quantités
dont ils étaient détenteurs.

En Russie, le monopole du tabac fut autrefois concédé à
une société de marchands anglais qui payèrent ce droit par
une redevance de 15,000 liv. sterl. Auparavant l'Église russe
regardait comme un péché l'usage du tabac en poudre.

Le tabac se vend maintenant sous des enveloppes timbrées. Le comte Cancrin, qui a introduit ce procédé par
analogie de ce qui a lieu pour la vente des cartes à jouer,
en a fait l'éloge dans son ouvrage sur l'Économie sociale [2].
L'impôt du tabac ne figure pas dans le tableau des recettes
russes que donne le livre de M. Tanski, pour l'année
1812 [3]. Mais l'ouvrage de M. de Réden sur les forces de la
Russie, analysé par la *Gazette d'Augsbourg* de 1855 [4], porte
le produit de l'impôt du tabac en Russie à 3,250,000 roubles.

M. Tégoborski, dans son article de la *Revue des Deux-
Mondes*, publié au début de notre dernière guerre avec la
Russie, reste un peu au-dessous de ce chiffre : « On con-

---

[1] § 440.
[2] *Ibid.*, note, et Sinclair, *Analysis of the sources of public revenue.*
[3] *Tableau statistique*, etc. Paris, 1833, p. 21.
[4] 250.

somme en Russie, dit-il, environ 50 millions de kilog. de tabac et l'imposition de cet article ne rapporte pas 3 millions
de roubles, compris le droit d'entrée prélevé sur des tabacs
étrangers, ce qui ne donne pas 6 kopecks ou 64 cent. par
habitant [1]. »

L'accise sur les banderoles du tabac préparé à l'intérieur
est remboursée à l'exportation [2].

D'après le marquis Pallavicino, il y a en Russie, outre
l'accise sur les banderoles de tabac un impôt foncier spécial
sur les champs cultivés en tabac et une patente sur les
manufactures de tabac.

Suivant les renseignements du Dictionnaire d'Économie
politique publié en 1853, l'impôt du tabac donne en Angleterre 4 fr. 40 c. par tête, en France, 2 fr. 50 c., et ainsi de
suite en descendant jusqu'à 17 c. en Belgique.

Ces chiffres nous semblent aujourd'hui dépassés sur certains points par la réalité.

Le tabac est une des matières qui réunit le plus les qualités qu'on doit rechercher dans l'application des taxes de
consommation.

C'est un objet de luxe et d'agrément qui, par l'attrait qu'il
présente, obtient une faveur utile au produit de l'impôt dont
il est affecté, de sorte que, facultativement payé par les contribuables, il enrichit le trésor sans aggraver d'une manière
sérieuse la charge de l'existence au moins pour les familles
laborieuses et appliquées à améliorer leur sort par l'industrie et le travail. On peut même regarder l'impôt sur le tabac comme d'une certaine utilité hygiénique.

L'augmentation de l'impôt sur le tabac qui a été réalisée
en 1860 en France, n'a pas été seulement légale, elle a dû
être considérée avec faveur, le tabac étant regardé par quel-

---

[1] *Revue des Deux-Mondes*, 1854, p. 800.
[2] *Moniteur* du 5 août 1818.

ques-uns comme presque aussi nuisible que l'alcool à la santé publique [1].

D'après M. Thiers [2] « Les gouvernements ne s'astreignant à aucune gêne envers une consommation qui est un vice, ont cherché le moyen le plus sûr de prélever l'impôt, et ils ont imaginé de fabriquer eux-mêmes le tabac. »

Cette remarque nous paraît plus spirituelle qu'exacte, très-rigoureusement parlant.

Plusieurs gouvernements ont imposé le tabac par une autre voie que celle du monopole, et pour ceux qui ont choisi ce mode, je pense que la difficulté de surveiller la fabrication d'un objet si facile à produire et à transporter en petite quantité que le tabac, a été la cause véritable de leur option plutôt qu'un mépris particulier pour cette consommation fondée sur un goût si répandu. Ne sera-t-il jamais donné à la science financière de fonder un excellent impôt sur un mode de perception plus respectueux des principes sur la liberté humaine? Je regarde la question comme toujours ouverte aux méditations des hommes pratiques, bien que la difficulté, à cause de la ténuité des produits fabriqués et de la grande généralité possible dans la production de la matière première, soit très-considérable.

[1] Il s'est fondé dans le Royaume-Uni, sous le nom de *Bristish anti-tobacco Society,* une association qui, comme son nom l'indique, se propose pour objet de combattre et de faire disparaître l'usage du tabac. Dans une assemblée qui a eu lieu à Édimbourg au commencement de décembre dernier, plusieurs motions ont été adoptées à l'unanimité, entre autres la suivante du professeur Miller : « Que les principes constituants que renferme le tabac étant fortement vénéneux, l'habitude de fumer et celle de priser tendent, par des voies diverses, à altérer la constitution physique et les facultés intellectuelles. »—Et cette autre de M. Thom. Knox : « Que l'usage du tabac ayant pour effet d'exciter à boire, non-seulemen en faisant naître une sensation de soif morbide, mais encore en raison de l'épuisement que détermine cette substance par ses propriétés particulières, ce qui conduit à prendre des boissons que l'on suppose à tort propres à réparer les forces, il y a lieu de regarder le tabac comme poussant au crime et à la dissipation dans les masses. » (*Journ. de Murat,* du 23 mai 1861.)

[2] *De la propriété,* p. 377 (Paris, 1848).

#### IMPOT SUR L'OPIUM.

L'opium, comme substance narcotique, tout à la fois d'un usage agréable et d'une destination pharmaceutique accidentelle, a quelques rapports avec le tabac.

Le monopole de sa production a été l'une des sources de revenu les plus importantes de la compagnie anglaise des Indes.

Dans l'année expirant au 30 avril 1856, le revenu de l'opium récolté dans les présidences du Bengale et de Bombay, avait été pour cette compagnie l'objet le plus considérable après l'impôt foncier.

Il s'était élevé à 121,139,475 fr. Plus récemment il a donné 5,498,000 sterl [1].

L'opium vendu par l'Inde aux Chinois pour une valeur annuelle d'environ 7 millions sterl., dit-on, sert à solder les dettes de l'Angleterre envers la Chine pour l'achat de la soie et du thé.

Cette valeur, jointe aux dettes annuelles de l'Inde envers l'Angleterre pour le solde des frais de son administration, couvre les 13 millions sterl. auxquels on évalue les importations de la Chine en Angleterre.

M. Mac Culloch observe qu'il n'y a aucune matière dont la taxation soit plus convenable que l'opium. « Quoique la compagnie des Indes orientales, dit-il, n'ait pas le devoir de s'occuper d'autre chose que des intérêts de ses sujets, on ne peut douter qu'en élevant le prix de l'opium de manière

---

[1] *Moniteur* du 13 septembre 1857 et *Moniteur* du 14 mars 1861.

à en retirer le maximum de revenu, la compagnie ne pour-
voie au bien-être des Chinois autant qu'aux besoins du trésor indien [1]. »

Même en admettant que les officiers fiscaux de l'Angleterre aient jamais pensé au bien-être des Chinois, il faut reconnaître qu'ils sont peu parvenus à préserver leurs malheureux tributaires de la passion pour cette substance enivrante
et délétère, dont la consommation a fait en Chine des progrès si rapides et si désastreux [2].

En parlant de l'opium parmi les objets susceptibles d'être
taxés à *l'intérieur des États*, nous ne pouvons nous dissimuler que, dans l'Inde, l'impôt sur cette substance paraît
surtout agir, *en fait*, comme agirait une taxe à l'exportation
perçue à la frontière.

---

[1] P. 206 de son ouvrage sur la taxation.

[2] 4,172 caisses importées en Chine en 1798 et 70,180 caisses en 1859. (*Les
fumeurs d'opium en Chine*, par M. Libermann, Paris, 1862.)

## ARTICLE 3.

### IMPOT SUR LE SAVON.

L'impôt sur le savon fut établi dans la Grande-Bretagne sous la reine Anne. Il était dans l'origine fort lourd, et soit par lui-même, soit par l'adjonction de diverses taxes sur les matières servant à la fabrication du savon, comme le suif, la térébenthine, la résine, il a été regardé par M. Mac Culloch comme s'élevant à 110 ou 120 pour 100 de la valeur intrinsèque du savon lui-même. Une pareille charge sur une matière indispensable dans diverses industries et si nécessaire pour le confort et la propreté, présentait de sérieux inconvénients. Elle donnait lieu à beaucoup de fraudes et à une contrebande active exercée surtout par l'intermédiaire de l'Irlande, qui n'était point soumise à l'impôt. On prit donc en 1833 le parti de réduire l'impôt sur le savon dur de 3 à 1 1/2 d. par livre et l'impôt sur le savon doux de 1 3/4 à 1 d.

Des dégrèvements proportionnels furent consentis sur les matières premières qui entraient dans la composition du savon. La fraude fut diminuée et la consommation pareillement accrue, de telle sorte que sur une réduction d'environ 50 pour 100 sur la quotité de l'impôt, la réduction du revenu ne fut que de 25 pour 100 d'abord et devint plus tard insensible par le rehaussement du produit total à son taux antérieur.

M. Mac Culloch avait émis l'opinion que la taxe sur le savon dur, celui qui est le plus employé dans la consommation, devait être réduite de 1 d. 1/2 à 1 d. et étendue à l'Irlande, dont le produit compenserait la perte résultant de la réduction du taux de l'impôt. Il avait émis aussi le vœu de la révision des règlements relatifs aux remises (allowances) dont jouissent les imprimeurs de calicots et d'autres manufacturiers [1]. Ses vœux ont été dépassés, car l'impôt a été supprimé à partir du mois de juillet 1853, par un acte de la seizième et dix-septième année du règne de Victoria, chapitre xxix.

Le produit de l'impôt sur le savon dans la Grande-Bretagne s'était élevé, en 1850, à 1,066,472 liv. sterl. [2].

C'est un produit qui est relativement à la population à peu près correspondant à celui de l'impôt sur le savon en Hollande. L'impôt dans ce dernier pays rapportait, en 1849, 803,285 fl.

M. de Hogendorp dans ses lettres sur la prospérité publique, écrites en 1830, en parlait comme venant d'être supprimé, mais on le voit rapporter encore aujourd'hui 1,200,000 fl. [3].

Le savon est atteint par l'impôt général de consommation établi en Espagne depuis 1845.

En Autriche, le savon n'est imposé qu'à l'entrée de quelques villes.

Hoffmann a dit que le savon serait difficilement taxé en Prusse, à cause de l'usage où sont plusieurs familles d'en fabriquer pour leur consommation domestique [4].

L'entrée du savon dans la ville de Vienne a donné, en 1856, 4,025 fl.; à Linz, 382; à Prague, 1,286; à Brünn, 1,466; à Lemberg, 334; à Gratz, 735.

Il paraît que le savon est, en Portugal, comme le tabac, l'objet d'un monopole [5].

---

[1] P. 252 de l'ouvrage sur les *Principes de la Taxation*.

[2] *Ibid.*, p. 494.

[3] T. I, p. 120. L'impôt sur le savon fut en effet aboli en Hollande, de 1822 à 1833, comme l'a exposé le ministre des finances de ce pays à propos des réformes agitées au commencement de 1833 et en en demandant de nouveau la suppression.

[4] Page 339.

[5] Rau, § 204, note c.

En France, il a été taxé dans un des éléments qui servent à sa fabrication, à savoir le sel employé dans l'industrie, objet qui a été imposé en même temps que le sel employé à la consommation de l'homme était allégé, mais qui a été récemment dégrevé de nouveau.

#### IMPOT SUR LES MATÉRIAUX DE CONSTRUCTION.

Les briques et le verre qu'on peut, jusqu'à certain point, ranger parmi les matériaux de construction, ont été l'objet d'impôts de quelque importance dans la Grande-Bretagne.

L'impôt sur les briques a été établi par un acte de la vingt-quatrième année du règne de Georges III (ch. xxiv). Il a été fixé, dans l'origine, au taux de 2 sch. 6 d. par millier de briques ordinaires, et fixé ensuite, par divers accroissements successifs, opérés de 1794 à 1806, au taux de 5 sch. 10 d., taxe qui a subsisté jusqu'à l'abolition totale, en 1850.

Les briques plus grandes et plus belles que celles de qualité commune acquittaient des droits plus élevés.

Un impôt sur les tuiles, qui avait accompagné l'établissement de l'impôt sur les briques, fut supprimé en 1833.

L'impôt était très-inégal dans ses résultats, à cause des ressources diverses que présentent les divers pays sous le rapport des matériaux de construction. L'Écosse, par exemple, en était peu affectée parce qu'elle emploie beaucoup de pierres dans ses bâtisses.

Cette circonstance a contribué à provoquer la suppression de l'impôt, ainsi que l'observation du grand accroissement dans l'emploi des tuiles pour le drainage, après l'abolition du droit sur ce dernier objet.

Sir Henry Parnell, dans sa *Réforme financière*, reprochait aussi à l'impôt sur les briques et sur les tuiles de peser lourdement sur l'industrie en raison du nombre et de l'importance des constructions nécessaires pour les manufactures et magasins. Il considérait cet impôt comme contribuant à diminuer l'emploi du capital et du travail.

L'impôt sur les briques rapportait, en 1849, 456,452 l.[1].

Il a existé, à Grenade, en Espagne, un impôt sur les bri-ques (*ladrillos*), la chaux et le plâtre, qui portait le nom d'*abuela*.[2], et il paraît que les taxes sur les matériaux de construction ne sont pas étrangères aux budgets munici-paux de l'Espagne, puisqu'on a mentionné récemment des émotions qui auraient été la suite d'une aggravation de ces charges à Barcelone [3].

En Toscane et en Sicile, au dernier siècle, les impositions sur la chaux donnaient 15,757 l., valeur de France [4].

Hoffmann a fait remarquer que l'impôt sur les tuiles et sur les briques offrait de grandes facilités d'application à cause de la longue cuisson que leur fabrication comporte. Mais il en repoussait l'introduction en Prusse, à cause de la nécessité d'y multiplier les constructions durables.

L'impôt sur le verre avait été établi une première fois en Angleterre par un acte de la sixième et septième année du règne de Guillaume et Marie (ch. xviii). Il fut aboli au bout de quatre ans, à cause de son influence fâcheuse sur le pro-duit du droit des charbons et sur l'industrie manufacturière du royaume. Il fut toutefois rétabli en 1745, d'abord d'une manière modérée et ensuite sur un taux fort élevé, qui en faisait, au dire de Mac Culloch, l'impôt le *plus contestable* des diverses branches de l'excise, qualification que le même au-teur attribue, il est vrai aussi jusqu'à un certain point, aux taxes sur le sel et le cuir [5].

[1] V. sur tout ce qui précède Mac Culloch, p. 271 et 494.
[2] V. Conte, *Examen de la Hacienda publica d'Espana*, t. II, p. 146.
[3] *Moniteur* du 8 mai 1862.
[4] *Encyclopédie méthodique*, FINANCES, v° Naples.
[5] P. 268.

III.                                        7

Parnell a montré, dans sa Réforme financière, combien l'élévation de l'excise sur le verre avait diminué la consommation des *flint-glass*, des verres à bouteilles et des verres grossiers, tandis que la consommation du *crown-glass* avait seule subi quelque augmentation dans l'intervalle des années 1793 et 1825 comparées.

M. Molroguier, dans son *Examen de la question des sucres* [1], a cité un discours énergique de M. Poulet Thompson, qui attribuait à l'impôt sur le verre une influence pernicieuse pour l'industrie anglaise. « Il est heureux pour la France, ajoutait M. Molroguier, que, dans les temps de détresse, on ne lui ait pas inventé de funestes ressources financières sur verre et sur les autres manufactures les plus vitales. »

L'impôt sur le verre a été supprimé en 1845, juste après un siècle entier de durée. Son produit qui, depuis 1813, avait été à son taux *minimum* de 461,849 l. en 1817 et à son *maximum* de 752,097 l. en 1828, était au moment de l'abolition de 660,000 l. sterl.

On s'est beaucoup félicité en Angleterre de la suppression de l'impôt sur le verre. L'on a attribué à cette mesure l'usage croissant du verre dans les fenêtres, la construction des serres et la fabrication des miroirs [2].

Les verres à vitres et les bouteilles figurent dans les tarifs d'octroi de certaines villes de France.

Les ardoises (*slates*) paraissent avoir été soumises dans la Grande-Bretagne à une taxe de circulation analogue à celle qui grevait les houilles, lorsqu'elles étaient transportées *coastwise or by inland carriage* [3] jusqu'en 1831.

Les matériaux de construction ne figurent point dans les tarifs de la *verzehrungsteuer* d'Autriche, pour la plupart des

---

[1] P. 201 à 203.

[2] Mac Culloch, p. 267 et 506.

[3] V. *Coals* dans le dictionnaire des mots légaux annexé au *Cabinet Lawyer*.

villes fermées des provinces allemandes, slaves et hon-
groises.

A Vienne, au contraire, les tuiles, ardoises, pierres,
sables, chaux, plâtres ont produit, en 1856, 77,022 fl.

Certains matériaux de construction étaient aussi taxés
dans les seize villes de la Lombardo-Vénétie.

## ARTICLE 5.

### IMPOTS SUR LES COMBUSTIBLES.

Le charbon de terre importé par mer (*sea born*) a été imposé dès le milieu du XVII° siècle en Écosse, où il rapportait, d'après Sinclair, 2,216 l. en 1659. Depuis le règne de Guillaume III jusqu'en 1831, il a été aussi imposé en Angleterre et dans une circonférence de 20 milles autour du *General-Post office* de cette ville. La taxe est de 1 sch. 6 d. par tonne. Le produit, en 1852, a été d'environ 180,000 l. st., et, en 1858, de 236,118 l., dont 173,200 appartenaient à la corporation de Londres et le reste au trésor public. La plus grande partie du revenu est consacrée à des travaux d'utilité publique spécifiés par le Parlement [1]. Telle a été la source des revenus employés à la reconstruction de Saint-Paul, de Londres, et la houille est encore taxée dans cette grande ville. Ce serait en 1831, d'après le Dictionnaire annexé au *Cabinet Lawyer*, que l'impôt sur la houille transportée *coastwise or by inland carriage* aurait été supprimé ailleurs qu'à Londres.

En Hollande, l'impôt sur la houille a fourni au Trésor, en 1849, un produit de 628,050 florins, inférieur à celui que donnait, à la même époque, l'impôt établi sur la tourbe, qui s'élevait jusqu'à 1,072,591 l. st., et qui a d'anciennes racines dans les habitudes des populations néerlandaises [2]. Ces objets produisaient autrefois déjà des sommes considérables,

[1] Lettre de M. Hendicks et Mac Culloch, p. 280 et 281. *Des halles et marchés à Londres et à Paris*, rapport adressé au ministre de l'agriculture et du commerce, par M. Robert de Massy en 1860, t. I, p. 232.

[2] V. l'opuscule *Over de Belastingen*, etc., p. 134 et 163 notamment.

puisque l'impôt sur la tourbe et sur le charbon donnait à la province de Hollande, vers 1750, 1,461,224 florins [1].

Supprimé en 1822, l'impôt sur les combustibles a été rétabli dans les Pays-Bas en 1833. Dans la session de 1859, un projet de loi, portant abolition de l'accise des combustibles, a été soumis à l'examen des États. Il n'a pas été discuté, et le gouvernement néerlandais ne l'a pas représenté à la session de 1860. Toutefois, dès 1856, les exemptions accordées aux fabriques ont subi une extension considérable, et l'ajournement du projet de 1859 ne paraît tenir qu'aux grands besoins du Trésor néerlandais, pour l'achèvement du réseau des chemins de fer [2].

Nous avons même appris naguère que la question de la suppression de cette accise était posée de nouveau dans le budget de 1863, malgré la perte de 3 millions de florins qui doit en résulter pour le Trésor. Le ministre des finances a proposé d'augmenter, en compensation, l'impôt sur les foyers, considéré comme impôt direct sur l'usage des combustibles.

Les combustibles sont compris dans la classe des objets soumis aux droits municipaux d'octroi dans diverses villes de France, aux droits de *puertas* perçus au profit de l'État dans plusieurs villes et ports de l'Espagne [3], et aux droits de consommation dans vingt-deux villes de l'empire autrichien.

Dans les recettes opérées par des taxes au profit de l'État ou des communes, en diverses parties du nouveau royaume d'Italie, on a compté le bois et le charbon pour un total de 1,782,164 l. perçues dans les anciennes provinces piémontaises, dans la Lombardie et la Toscane [4].

[1] V. l'état à la suite du mémoire de Davenant dans le t. II de Forbonnais.
[2] P. 271.
[3] Conte, t. II, p. 167.
[4] V. le tableau inséré dans le rapport de M. Nerva.

A Vienne, les combustibles ont acquitté, en 1856, la somme de 117,471 florins ; à Linz, 3,921 ; à Prague, 25,944 ; à Brünn, 21,601 ; à Lemberg, 11,413 ; à Gratz, 15,597 florins [1].

Les combustibles paraissent être les seuls objets de consommation qui puissent, d'après M. Hofmann, être frappés en Prusse d'une imposition locale avec l'approbation de l'administration supérieure.

Le savant écrivain de Heidelberg, M. Rau, rapporte qu'il a existé au xviiie siècle, dans le Palatinat, un monopole gouvernemental pour le bois de chauffage [2].

Les taxes sur les combustibles sont en réalité des taxes sur des objets de première nécessité, bien que ces objets donnent lieu à une consommation susceptible d'être augmentée assez largement par les conditions de luxe qui se mêlent à l'existence.

Ces impôts ne sont donc pas beaucoup meilleurs que les taxes sur la farine ou autres objets indispensables à l'alimentation.

---

[1] *Tafeln zur statistik,* etc., p. 352 et suiv.
[2] § 203, note *b.*

## ARTICLE 6.

### IMPOTS SUR LES MATIÈRES SERVANT A L'ÉCLAIRAGE.

Les cires sont taxées en Espagne, dans les villes capitales de provinces et dans certains ports.

Il en est de même dans le 22 villes les plus diversement imposées des villes fermées de l'Autriche. Mais le produit y est minime. A Vienne, 2,804 florins en 1856; à Linz, 265 florins; à Prague, 720; à Brünn, 229; à Lemberg, 134; à Gratz, 433, etc.

Dans les villes italiennes, les cires taxées en même temps que les bougies stéariques, les chandelles de suif, etc., ont donné, en 1854, pour la Lombardie, 3,178 florins; et, pour la Vénétie, 1,448 florins.

Ce serait à cette branche de taxes sur les consommations qu'il faudrait rigoureusement rapporter une assez notable partie des droits sur les huiles que nous avons mentionnés plus haut. Dans les villes autrichiennes notamment, les taxes sur les huiles servant à l'éclairage sont confondues avec celles qui grèvent les huiles comestibles.

Notre ministère des finances a étudié, en 1861 notamment, un projet d'impôt sur les allumettes chimiques, par exercice ou par voie de monopole, et la même idée a été comprise dans la liste nombreuse des taxes de guerre soumises au congrès de Washington en 1862, pour un produit recherché, dit-on, de 63 à 64 millions de dollars. Mais aucun de ces projets n'est encore, à notre connaissance, réalisé.

Si la cire et l'huile d'éclairage ont été taxées, il était naturel que les chandelles de suif le fussent aussi; et, en effet, les *velas de sebo* figurent parmi les objets taxés dont parlent les annalistes des finances espagnoles[1].

Les chandelles ont été taxées aussi en Angleterre de 1710 à 1831. Au moment de son abolition, l'impôt était, depuis assez longtemps, de 1 denier par livre sur les chandelles de suif, et de 3 deniers 1/2 sur celles de cire. Cet impôt était vexatoire et donnait lieu à des recherches contre les pauvres gens qui fabriquaient les moindres chandelles de graisse ou de suif. « La taxe produisait, dit Mac Culloch, environ 490,000 l. st.; mais elle était encore plus productive de fraudes, de parjures et d'oppression[2].

On a mentionné[3], en 1862, le projet pour les États fédéraux de l'Amérique du Nord, d'imposer le gaz à raison du millier de pieds cubes de sa production annuelle. Nous ignorons la suite donnée à ce projet.

Si les moyens d'éclairage ont pour résultat de créer une prolongation artificielle du temps pour les existences actives, on ne peut qu'être contraire à l'impôt levé sur un objet aussi utile, et il semble qu'on ne peut admettre ce genre de taxes qu'exceptionnellement, à condition d'une extrême légèreté et en tant surtout qu'on pourrait espérer atteindre plutôt, en certains cas, une consommation de luxe qu'un de ces moyens de travail dont la possession constitue l'un des plus nobles caractères de l'existence civilisée.

[1] V. la *Biblioteca de Hacienda de Juana Pinilla.*
[2] P. 271.
[3] *Journal des Économistes* d'octobre 1862.

### ARTICLE 7.

#### IMPOT SUR LE CUIR.

L'impôt sur le cuir a été établi en Angleterre dans la neuvième année du règne d'Anne (ch. II) sur le pied de 1 1/2 denier par livre, et il a subsisté à ce taux jusqu'en 1812, époque où il fut doublé pour être, dix ans plus tard, ramené à son taux primitif, et, enfin, supprimé en 1830.

Avant 1822, cet impôt rendait environ 600,000 l. st., et ce produit net était tombé à environ 400,000 l. après la réduction de la taxe.

Cette dernière mesure, sans profiter sérieusement aux acheteurs de cuir, avait laissé subsister divers règlements désagréables aux manufacturiers. Il eût fallu, pour en assurer le mince avantage aux consommateurs, réduire à proportion le droit sur les peaux importées du dehors, et cette précaution n'ayant pas été prise, le principal bénéfice de la réduction profita aux éleveurs de bestiaux. Robert Peel jugea sous cet aspect, dans son exposé financier du 11 mars 1842, la mesure prise en 1822 à l'égard des cuirs.

L'impôt ayant été aboli en 1830, et le droit sur les peaux étrangères ayant été pareillement supprimé en 1844, le public anglais a largement profité du bon marché d'une matière première qui sert à des usages si variés pour le vêtement de l'homme, l'ameublement des habitations, la fabrication des harnais et des voitures, la reliure des livres.

L'impôt était payé sur environ 52,000,000 de livres de cuir. Mac Culloch affirme qu'en 1852 la production s'élevait à 80,000,000 de livres, d'une valeur de 6,000,000 l. st. ou environ 150,000,000 de francs, donnant lieu à une main-d'œuvre qui en doublait ou triplait la valeur[1].

Le cuir est évidemment l'une des matières premières de l'industrie pour lesquelles l'immunité est la plus conforme aux vrais principes de l'économie politique, et Parnell avait signalé les inconvénients de l'impôt dans sa *Réforme financière*. Le cuir a été cependant taxé dans d'autres pays que l'Angleterre. Dans l'ancienne France notamment, il y avait un droit de marque sur les cuirs.

[1] P. 270.

## ARTICLE 8.

### IMPOTS SUR LE PAPIER, LES ALMANACHS, LES CARTES.

Les matières qui servent à la fixation de la pensée ont été soumises, dans le monde moderne, à divers impôts.

Le papier était imposé dans l'ancienne France, ainsi que le parchemin[1]. Il avait été aussi imposé en Hollande pendant l'année 1674, année de grands efforts occasionnés par la lutte contre Louis XIV[2], et il le fut en Autriche au commencement du xviiie siècle[3].

En Angleterre, l'impôt sur le papier, dont l'origine remonte à l'époque de la reine Anne, en 1711, a été établi suivant divers systèmes et en marchant généralement de la variété à l'unité par échelons successifs. En 1787, il y avait soixante-dix-huit espèces de papiers taxés à des taux différents. Sept ans après, les catégories de papiers furent réduites à cinq, et en 1803, le nombre en descendit à deux. Le droit sur le papier était de 3 deniers par livre sur le papier de meilleure qualité, et de 1 d. 1/2 sur le papier de qualité inférieure, pourvu que ce dernier fût confectionné exclusivement de chiffons goudronnés. Le droit le plus élevé, affectant tous les papiers employés pour l'imprimerie et l'écriture, équivalait à une addition de prix variable de 20 à 130 pour 100 sur les différentes qualités, et avait, par consé-

[1] « De nouveaux droits furent établis sur l'amidon, sur les cartons, les papiers et le parchemin » dit M. Bailly en parlant de l'année 1771. (*Histoire financière*, t. II, p. 181.)

[2] *Engels : de Geschiedenis der belastingen*, p. 138.

[3] Leibnitz proposait d'en appliquer le produit au bénéfice des lettres et des sciences et à la création d'une société académique à Vienne. (Mémoire de M. Nourrisson à l'Académie des sciences morales; 1860.)

quent, pour résultat d'élever assez fortement le prix des
livres et de décourager la littérature. La taxe sur le papier
de qualité inférieure gênait, par les conditions de son assiette,
la liberté de la fabrication, et élevait le prix de la matière.
Enfin la différence de taxe sur les deux qualités donnait
lieu à certaines fraudes. Ces raisons décidèrent à abandonner, en 1836, ce système, et le droit sur toute sorte de papiers et cartons fut réduit à 1 d. 1/2 par livre, en même
temps que les producteurs furent autorisés à les fabriquer
à leur gré.

Le droit sur le papier, d'après la remarque de M. Mac Culloch, pesait assez légèrement sur la librairie anglaise. Il justi-
fiait sa proposition, en disant que l'impôt n'était guère que
pour 1/3 d. dans le prix d'un numéro de la *Revue d'Édimbourg* ou du *Quaterly-Review*, et qu'il n'était guère de plus de
la centième partie du prix de certains autres livres.

L'impôt a donné, en 1850, 852,996 liv. de produit, ce qui
était à peu près l'équivalent de son rendement avant la réforme de 1836, laquelle avait produit dans les premières
années une assez forte réduction sur le revenu de la taxe.
L'économiste anglais espérait voir sortir de cet impôt un revenu de plus d'un million de livres sterl., s'il était élevé à
2 d. par livre [1].

Des remises de droits étaient accordées aux livres exportés, aux imprimeurs de la reine et des universités qui im-
primaient des bibles, des livres de prières et de religion, et
des livres en langues orientales, grecque ou latine, aux fabricants de draps et d'autres étoffes de laine, pour les papiers ou cartons qui servaient à la fabrication de ces tissus.
Malgré ces atténuations, l'impôt sur le papier a subi les coups

[1] P. 250. Nous extrayons de l'ouvrage de cet auteur et d'une note qui nous a
été communiquée en 1853 par M. le directeur général des contributions directes,
les renseignements que nous donnons ici sur l'impôt du papier en Angleterre.

de l'esprit de réforme économique, si influent dans l'histoire récente de la Grande-Bretagne.

Dans la séance du 21 juin 1858, la chambre des communes adopta une proposition de M. Gibson, déclarant qu'il était impolitique de conserver l'impôt sur le papier comme une source permanente de revenu [1].

Le 10 février 1860, M. Gladstone, chancelier de l'Échiquier, tirant la conséquence de cette prémisse, a proposé de supprimer l'impôt sur le papier à la date du 1er juillet de la même année. Mais sa proposition, adoptée par la chambre des communes, fut ajournée par la chambre des lords, à la suite, notamment, d'un discours de lord Derby, et à la majorité de 193 voix contre 104 [2].

En 1861, la proposition, reprise par M. Gladstone, a été adoptée sans opposition par la chambre des lords.

Le papier est une matière qui serait très-favorable à l'application de l'impôt sous le rapport des progrès que sa consommation a fait dans les temps modernes. Pour ne parler que de la France, la fabrication, qui était évaluée à 1,680,000 rames par an avant 1830, a été évaluée à 6,000,000 en 1844, représentant une valeur de 50 millions de francs [3].

Toutefois, ce qui rend surtout un impôt sur le papier difficile à justifier, c'est la variété des usages auxquels le papier sert, depuis les livres d'instruction populaire et de piété, qu'il est juste de considérer avec faveur, jusqu'aux papiers d'emballage qui servent à mille usages commerciaux.

C'est probablement pour ce motif que l'impôt sur le pa-

---

[1] *Moniteur* du 24 juin 1858.

[2] V. le *Times* du 22 mai 1860.

[3] *De la fabrication du papier, de ses progrès et de ses abus*, par A. Lacroix, Paris, 1848, p. 26. Ce chiffre a été confirmé par l'appréciation du jury central de l'exposition en 1844 et par les recherches opérées en 1852 par l'administration des finances, qui évaluait à 8 millions de francs la valeur des quantités exportées.

pier, quelquefois étudié en France, n'y a pas été rétabli depuis la Révolution.

En 1852, la section des finances du Conseil d'État, chargée de formuler un projet de taxe sur le papier, avait arrêté les bases suivantes.

L'impôt perçu par la régie des douanes et des contributions indirectes aurait été fixé à 10 centimes en principal, plus le décime sur les papiers ne pouvant servir qu'aux emballages et sur les cartons, et à 25 centimes plus le décime sur tous les autres papiers.

Il eut été fait remise ou restitution de ces droits pour les papiers, les gravures et lithographies, les livres, la musique gravée, les cartes géographiques, les cartes à jouer et les cartons exportés à l'étranger et aux colonies françaises [1].

La perception des droits sur la fabrication des papiers et des cartons se serait effectuée par la voie de l'exercice au lieu même de la fabrication [2].

On présumait que par une fabrication imposable, (toute exportation déduite) de 42 millions de valeur de papier, à raison de 90 cent. de valeur pour la moyenne des kilogrammes fabriqués, un impôt dont le taux moyen, à raison de la plus grande quantité de papier taxé à 25 cent., eut été de 21 cent. par kilogramme, eut pu produire environ 9 millions de francs, en restant beaucoup plus léger que la taxe anglaise considérée comme s'élevant en moyenne à 50 pour 100 de la valeur du papier. Ce produit eut subi quelques réductions par les frais de perception et par l'imputation de la consommation considérable faite par l'État et les départements, consommation qu'on évaluait à plusieurs

---

[1] Art. 1er du projet adopté par la section des finances le 8 juin 1852.

[2] Art. 2 du même projet. On avait constaté en 1852 qu'il y aurait 178 fabriques de papier à la mécanique et 521 papeteries à la cuve à exercer.

millions de kilogrammes et qui eût fait retomber peut-être un cinquième de l'impôt en non-valeur.

L'impôt, s'il eû été plus amplement discuté et s'il eût été converti en loi, aurait, sans doute, paru plus sensible à la presse périodique qu'à la librairie.

La fabrication du papier a joui dans divers États d'une protection particulière qui résulte, soit de l'interdiction d'exporter, soit des droits à l'exportation concernant les drilles ou chiffons qui en sont l'élément principal, et dont le prix est ainsi maintenu en France à un taux moins élevé qu'en Angleterre, par exemple.

Suivant la réflexion presque cruelle de M. Mac Culloch, la taxe sur le papier pèse en beaucoup de cas plutôt sur les auteurs que sur les lecteurs. « Le malheureux écrivain d'un livre invendable a, dit-il, payé l'impôt d'avance et ne peut réclamer un remboursement même lorsque ses rêves de renommée et de fortune sont dissipés; et ses œuvres, au lieu de s'acheminer vers les bibliothèques et les salons, sont envoyées aux emballeurs et aux marchands de beurre. La fureur d'écrire est telle cependant que ce traitement, bien qu'il ajoute quelque chose au prix des livres qui réussissent, n'a pas pour résultat d'arrêter les publications [1]. »

Sir Henry Parnell a jugé plus sévèrement la taxe sur le papier : il lui reproche de peser sur des industries très-variées autres que celles du fabricant de papier. « Mais, ajoute-t-il, le plus grand mal qu'elle produit est la cherté du prix des livres. Un grand obstacle est ainsi apporté au progrès des connaissances, des arts utiles et nécessaires, des habitudes sobres et industrieuses. Par l'usage des livres, les productions de l'esprit humain sont transportées dans le monde entier, et elles peuvent être considérées comme les

[1] P. 249.

matières premières de toutes les sciences, de tous les arts, de toutes les améliorations sociales. »

M. John Stuart Mill s'est aussi montré contraire à l'impôt sur le papier, et il n'a souhaité le maintien de cette institution fiscale de son pays, qu'au regard des papiers d'ornements et de tenture [1].

Les almanachs et les cartes de jeu sont dans quelques États soumis à un timbre qu'on a comparé à celui des journaux [2].

En Espagne, l'ancien monopole des cartes de jeu (*naipes*) a été en 1815 remplacé par un droit de 16 maravédis pour le Trésor et de 2 pour les hospices de Madrid, par chaque *baraja* fabriquée [3].

En France, la situation est différente. L'impôt remonte au XVIe siècle, d'après M. Roucou. L'État a le monopole du papier servant à la fabrication des cartes à jouer. Et ce monopole qui n'est pas considéré en lui-même comme productif, est associé à une perception d'impôt sur les cartes fabriquées. Le droit est, depuis la loi du 7 août 1850, de 25 cent. par jeu de cartes. La fabrication est interdite dans les lieux où l'administration des contributions indirectes n'est pas organisée d'une manière suffisante pour la surveillance et l'*exercice* auxquels cette petite industrie donne lieu [4].

On voit qu'en réalité il y a dans cette législation un mélange de monopole et de taxe proprement dite. « La régie des contributions directes, a dit un écrivain, fournit seule-

[1] *Principles of political economy*, t. II, p. 426.
[2] Rau, § 441.
[3] V. le *Manual de Hacienda*, par D. J.-M. Canals, t. I, p. 227. L'auteur dit qu'il y a un supplément d'impôt de 6 maravédis pour les jeux de cartes à destination d'Amérique.
[4] Article de M. Roucou dans le *Dictionnaire d'administration*, v° Cartes à jouer.

ment le papier et surveille la fabrication qui est soumise à l'exercice, dans un double intérêt de trésorerie et de moralité, afin d'empêcher les tricheries avec des cartes frauduleuses [1]. »

A l'époque du rapport de M. de Chabrol, l'impôt des cartes ne rapportait qu'environ 500,000 fr. et il était signalé par le ministre comme le plus exposé à la fraude. Il est vrai aussi que le droit était alors seulement de 15 cent. [2].

La situation s'est aujourd'hui améliorée et l'impôt des cartes figure au budget de 1859 pour une prévision de 1,200,000 fr., déduction faite de tout recouvrement d'avances [3].

Dans le budget du royaume d'Italie, pour 1862, nous voyons figurer deux sommes modiques pour le produit des cartes à jouer : 1° 80,000 liv., provenant du timbre sur le papier de ces cartes, dans les provinces napolitaines, et perçues par la direction générale des gabelles, 2° 140,000 liv. pour le papier et les bandes des cartes à jouer (dans d'autres parties du royaume, suivant toute apparence), perçues par la direction générale du domaine [4].

Dès le dernier siècle, les cartes à jouer donnaient à la Toscane et à la Sicile un petit produit de 3,000 liv [5].

[1] Alfred de Courcy, *Essai sur les lois du hasard*, etc., p. 276.
[2] Art. 160 de la loi du 28 avril 1816.
[3] Budget de l'exercice 1859, p. 81.
[4] V. l'*Annuaire du ministère des finances du royaume d'Italie*, p. 381 et 383.
[5] *Encyclopédie méthodique*. Finances : V° Naples.

## ARTICLE 9.

### IMPOTS SUR LES POUDRES ET CAPSULES.

Aux termes de la loi du 13 fructidor an V, article 16, qui
a seulement renouvelé un monopole ancien [1], l'État fait fabriquer les poudres à feu sous la direction du corps de l'ar-
tillerie. Les dépenses de cette fabrication sont portées au
budget de la guerre. Cette administration applique directement à ses besoins la poudre de guerre fabriquée pour l'armée, et reçoit du département de la marine le prix de revient des poudres qui lui sont livrées.

La régie des contributions indirectes est chargée de la
vente des poudres de mine, de chasse et de commerce extérieur et fait recette de la vente au profit du Trésor.

Le prix de vente des diverses poudres mises en vente, est
fixé par la loi pour les débitants auxquels un bénéfice est
réservé, ainsi que pour les consommateurs [2].

Les prévisions de dépenses pour la fabrication de
5,046,000 kil. en 1859, ont été de 7,365,094 fr.

Sur ces 5,046,000 kil., 605,000 étaient destinés au service
de la guerre, 171,000 aux débits de l'Algérie, 99,000 à la
fourniture de la marine et 4,171,000 aux besoins desservis
par le ministère des finances.

Le produit de la vente des poudres à feu est prévu pour un
chiffre de 11,724,000 fr. [3]. La différence entre ce chiffre et

---

[1] Forbonnais mentionne le fermage des poudres et du menu plomb, t. II, p. 109,
*Recherches*. En Toscane et Sicile, les poudres et salpêtres donnaient 20,000 l.
d'après l'*Encyclopédie* souvent déjà citée par nous.

[2] V. l'art. 10 de la loi du 7 août 1850 et le décret du 29 septembre 1850.

[3] V. le projet de budget de 1859, p. 81, 85, 461 et 463.

celui de 7,365,094 fr., constitue le bénéfice du monopole attribué à l'État, bénéfice réalisé tout entier sur les quantités vendues par le ministère des finances et par le service de l'Algérie, puisque les poudres destinées au service de la guerre et de la marine leur sont remises à prix coûtant.

L'importation des poudres étrangères est interdite. C'est une suite naturelle du monopole.

La poudre rapporte en Italie environ 2 millions [1].

En Espagne, le projet de réforme douanière, introduit à la fin de 1862, comprend la suppression de la prohibition à l'importation des poudres, le gouvernement se montrant disposé à abolir le monopole de cet objet, suivant l'exposé des motifs inséré dans le journal *la Espana*, du 7 janvier 1863.

La fabrication des capsules fulminantes n'est pas comprise en France dans le monopole des poudres et elle est devenue la base d'un commerce d'exportation assez considérable.

La législature de 1858 a été saisie d'un projet de loi tendant à établir sur cet objet un droit qui parut d'une exécution facile et peu dispendieuse, puisque la fabrication était, à cette époque, concentrée dans trois manufactures.

Le droit proposé eut été de 9 francs par millier et la perception eut dû s'opérer par la voie de l'exercice.

On a donné à l'appui du projet les renseignements suivants sur la fabrication et la destination des capsules fulminantes :

La fabrication des capsules en France était en 1857
dans une 1re fabrique de. . . . . . . . . .     568 millions de capsules,
—     2e fabrique de. . . . . . . . . .     150
—     3e fabrique de. . . . . . . . . .     110
                                            _____
                                            828 millions de capsules
210 millions sont vendues à l'intérieur.
618 millions exportées.

[1] D'après l'*Annuaire* du ministère des finances, 142,179 l. pour le mois de juin 1862.

Le prix de vente des capsules par les fabricants est de
2 fr. 50 cent. le mille. Le prix de débit est de 8 fr. le
mille.

L'État fabrique lui-même ses capsules de guerre.

L'impôt aurait dû être considéré comme tombant principalement sur le plaisir de la chasse. Le droit fut revenu
avec le décime à 1 centime par capsule.

L'exportation aurait eu lieu avec le bénéfice de la franchise du droit commun en général pour toutes les matières
grevées de contributions indirectes. On eut attendu de l'impôt un produit de 1,500,000 fr., qui se serait élevé à 2 millions s'il n'y avait point eu de fraude.

Les fabricants de capsules ont opposé au projet d'impôt
diverses considérations telles que : la diminution de la consommation probable par le renchérissement ; le trouble de la
régularité de fabrication par l'absence de commandes en
masse, à cause de la difficulté pour les débitants de faire des
avances trop considérables ; les inconvénients de l'exercice
pour la sûreté de la fabrication ; la gêne de l'exportation, à
cause des formalités nécessaires pour obtenir la dispense
d'impôt : et ils ont insisté soit sur le rejet de l'impôt, soit
subsidiairement sur l'établissement du monopole de l'État,
avec indemnité en leur faveur.

On a opposé, d'autre part, au système du monopole qu'il
ruinerait l'exportation en renchérissant beaucoup les matières fabriquées, et qu'il n'offrirait pas aux demandes diverses du
commerce toute la flexibilité d'exécution que présente l'industrie libre avec la variété extrême de ses modèles, variété qui correspond à celle des commandes qui lui sont
adressées.

Le projet n'a pas eu de suite jusqu'à présent.

## ARTICLE 10.

### IMPOTS SUR L'INDIGO, LES FOURRAGES, L'AMIDON ET SUR DIVERS AUTRES OBJETS.

Le commerce de l'indigo est une ressource considérable pour les Anglais établis dans l'Inde. Toutefois il ne paraît pas constitué en véritable monopole d'État, mais il serait abandonné par la compagnie des Indes orientales à ses employés [1].

L'indigo a été toutefois taxé en Europe, dans quelques localités, et un impôt ou octroi sur cette matière est signalé comme ayant existé à Milan, au xviie siècle, par le comte Carli, dans son ouvrage sur le cadastre milanais [2].

L'histoire financière présente beaucoup d'autres taxes très-exceptionnelles, et l'imagination des administrateurs n'a, pour ainsi dire, pas eu de limite absolue en cette matière. On le croira aisément quand on se rappellera que l'amassage des chiffons, cette industrie des derniers rangs du travail, a été pour certains petits gouvernements la base d'un monopole absolument comme l'extraction des diamants l'est encore au Brésil [3]. Il est probable toutefois que ce monopole a été exploité comme conséquence d'un droit domanial d'épave plutôt que pour taxer les chiffons.

Nous ne nous arrêterons pas sur quelques objets qui, bien que parfois assez importants, tels que les fourrages, n'ont guère jamais été taxés que d'une manière locale comme

---

[1] *Dictionnaire du commerce et des marchandises*, au mot *indigo*.
[2] *Del Censimento milanese.* Édition italienne de 1851, p. 46.
[3] Rau, § 203, note *b*, cite à cet égard le monopole des chiffons qui produit 40 florins dans le duché de Nassau.

dans les octrois français[1] ; ou même sur des objets divers qui n'ont pas procuré de revenus sérieux.

Nous n'avons pas entendu en effet épuiser sous les rubriques précédentes de cette *section* la catégorie des objets qui, en dehors des liquides et des comestibles, ont été taxés comme objets de consommation.

Telle matière n'a été imposée que pendant peu de temps et d'une manière peu productive, comme la poix et le goudron qui figuraient pour 8,326 fl. dans les recettes de la Hollande, en 1650[2].

Dans le XVIIIᵉ siècle, l'Angleterre a levé un impôt peu productif sur les parfumeries[3].

On trouve aussi mentionné dans les annales du même pays[4], si riches en essais de fiscalités, une taxe sur les draps établie en 1785[5] et une taxe sur les médicaments, qui date de 1783, et qui paraît levée chez les pharmaciens à l'aide d'étiquettes imposées.

L'institution du *proto-medico* dont parle Broggia comme

---

[1] Ils figurent cependant pour un chiffre de 1,550,067 livres dans le produit des taxes de consommation perçues sur les denrées territoriales dans le royaume d'Italie. (V. le rapport publié en 1861 par M. Nerva.)

[2] Engels, p. 137.

[3] V. à cet égard un ouvrage intitulé *L'Angleterre en 1800*, imprimé à Cologne en 1801 (p. 272).

[4] *The tablet of memory*, London, 1809, p. 113.

[5] Certains impôts de consommation pourraient se rapprocher des taxes sur les jouissances. Tels seraient les impôts assis sur les objets d'une consommation lente, comme les objets servant au vêtement de l'homme. Ces taxes ont été rarement essayées à cause du préjudice qu'elles peuvent apporter à certaines manufactures au profit de certaines autres en état de fournir des objets presque équivalents à ceux qui seraient taxés. Si l'on imposait les tissus de lin, on mettrait en vogue ceux de chanvre et de coton.

Nous avons parlé plus haut (t. II, p. 146) d'une taxe sur les chapeaux essayée sous Louis XIV.

D'après M. Ranke, dans son *Histoire de la monarchie espagnole*, Grenade, Almeria et Malaga supportaient au XVIᵉ siècle une taxe sur leurs soieries.

La soie rapportait, nous ne savons sous quelle forme, 74,713 l. en Toscane et en Sicile au XVIIIᵉ siècle. (*Encyclopédie méthodique*, FINANCES, vᵒ Naples.)

ayant existé à Naples, grevait aussi probablement lès pharmaciens d'un impôt.

On sait que l'amidon, taxé dans l'ancienne France, comme le rapporte notamment Bailly [1], l'a été aussi dans les Provinces-Unies [2] et dans la Grande-Bretagne, où, d'après Mac Culloch, il rendait, en 1815, 47,314 liv. st.

Le mercure a été longtemps en Espagne la matière d'un monopole aboli par le décret royal du 21 mai 1853 [3]. C'était sans doute la conséquence d'un droit domanial sur la mine d'Almaden, gîte presque unique de ce métal dans l'ancien monde.

Le catalogue des divers objets soumis à des taxes de consommation et dont nous avons parlé est déjà bien long. Nous croyons pouvoir nous borner ici après l'examen ou au moins l'énonciation des objets dont la taxation a eu quelque généralité ou quelque importance, en laissant la recherche du surplus à la curiosité de nos lecteurs.

[1] *Histoire financière*, t. II, p. 181.
[2] *Over de Belastingen*, p. 163 et 179.
[3] V. l'exposé des motifs de la réforme douanière dans le journal *la Espana* du 7 janvier 1863.

# CHAPITRE II.

On distingue divers droits perçus à l'importation, à l'exportation et au transit des marchandises sur les limites d'un État. Mais l'entrée des denrées et matières de provenance étrangère dans un pays y est devenue surtout l'objet fécond de perceptions fiscales établies sous trois points de vue différents.

Certains objets importés de l'étranger peuvent être imposés à la frontière par les mêmes motifs qui permettent de taxer à l'intérieur la production de certaines denrées de consommation. Il y a autant ou plus de raison de taxer, par exemple, le café ou le cacao importés de contrées lointaines que le sel et les boissons fabriquées dans l'intérieur d'un État européen. On a même recommandé spécialement les droits de douane comme une prime d'assurance compensant la protection donnée par l'État à l'entrée des matières importées ou exportées sur son territoire. W. Petty

---

[1] Les Allemands et M. Rau en particulier, réunissent les droits d'importation, d'exportation et de transit sous la dénomination générale de *gränzzölle*, ce qui fait entrer expressément l'idée de *frontières* dans la définition de la *douane*.

a considéré, sous cet aspect, le premier établissement des douanes en Angleterre [1].

Mais en dehors de cette raison, en quelque sorte fondamentale et propre de certaines perceptions douanières, quelques-unes de ces taxes sont nécessitées d'une manière directe par l'existence de droits analogues sur des matières *de même destination* imposées dans l'intérieur du pays.

Ainsi, les droits sur le vin, l'alcool, le tabac, perçus dans l'intérieur d'un État, ne sauraient conserver d'importance sans une perception analogue et au moins aussi forte sur les objets similaires ou presque similaires importés du dehors [2]. De même, par une réciprocité en sens inverse, les Anglais ont taxé la chicorée et toute substance végétale applicable à un usage analogue pour garantir le droit de douane sur le café [3].

Mais ce double principe, qui a guidé les législateurs en matière de douanes et qui se rattache toujours à une pensée fiscale, est venu se compliquer, surtout dans les temps modernes, d'un troisième élément qui n'émane pas d'un besoin financier ni d'une recherche fiscale, mais qui se fonde sur des considérations de protection et d'encouragement pour certaines industries.

Nous indiquons ce troisième aspect des droits de douanes seulement pour rappeler qu'il est en partie étranger à notre

[1] *Traité des taxes et contributions,* ch. vi (For protecting the carriage of goods from the pirates.).

[2] Il est arrivé, dans une circonstance particulière, qu'un droit de douane à l'entrée d'une matière a été considéré comme remplacement d'une taxe de consommation intérieure supprimée. Lorsque l'art. 15 de la loi du 17 août 1822 a supprimé en France l'impôt sur les huiles, le rapporteur de la commission du budget émit l'idée que les trois millions produits par l'impôt seraient compensés par le droit de douanes établi sur les huiles venant de l'étranger. (*Moniteur* de 1822, p. 970.) Le droit d'entrée sur les huiles produit en effet aujourd'hui autant que l'impôt intérieur de 1821, mais il n'est pas payé par les mêmes consommateurs.

[3] Mac Culloch, *Taxation,* p. 230. Ce droit était réglé naguère à 12 sch. le quintal de 50 k., 997, d'après le *Moniteur* du 4 mars 1861.

sujet. Il est aussi, historiquement parlant, le plus récent;
comme M. Rau l'a fait observer avec raison, le principe fiscal a été le plus ancien en cette matière [1].

Les droits protecteurs dont il s'agit ne sont point établis
en effet dans l'intérêt du revenu public. Ce sont plutôt des
moyens d'intervention économique ou même politique dont
les avantages comme les inconvénients ne ressortent pas exclusivement ni principalement de la théorie fiscale. Cependant quoique les revenus de ces droits semblent en principe
indifférents au législateur financier, ils procurent quelquefois des résultats d'une certaine efficacité pour le Trésor, et,
par exemple, en France, les droits sur la houille et les fers,
établis dans une pensée de protection pour l'industrie nationale, ont conservé en fait pendant longtemps certaine
importance fiscale.

De même que les impôts étaient dans certains États anciens
perçus en nature, les droits de douanes ont été et sont encore quelquefois payables de la même manière. Ainsi notamment, l'importateur français a reçu, dans le traité du
28 décembre 1857, entre la France et le royaume de Siam,
la faculté de payer à son choix, en argent ou en nature, à
l'entrée des ports de cet empire asiatique [2].

Les droits de douanes sont d'un produit très-différent
dans les budgets des diverses nations.

Ils sont d'un revenu médiocre dans plusieurs États continentaux. Dans la Grande-Bretagne, pays insulaire, dans la
Norwége, pays maritime [3] et chez les nations qui doivent leur
origine à une colonisation, ils ont souvent une grande importance [4].

[1] § 448.

[2] Art. 18 du traité.

[3] La douane forme la principale source de revenus de la Norwége et y produit
environ 12 millions de francs. (*Moniteur* du 11 juin 1854.)

[4] Toutefois le produit des douanes ne figure dans le revenu de la compagnie

Tel est notamment le cas du Canada [1], du Brésil, du Chili et de la Fédération des États-Unis de l'Amérique du Nord. Ces États ayant tiré leur origine et leurs relations primitives de pays dont ils étaient séparés par l'intervalle des mers, ont été naturellement conduits à trouver la source naturelle de leurs perceptions fiscales dans leur commerce extérieur comme dans l'élément qui devait d'ailleurs influer le plus sur le développement de leur richesse sociale.

En Europe même, la différence du poids des droits de douane est très-grande, et M. Rau, qui l'évalue à 9 fl. 85 de produit brut par tête pour la Grande-Bretagne, porte ce même poids à 2 fl. pour la France, et à 0,718 pour l'Autriche [2].

La distinction qui sépare les droits de douane des droits de consommation intérieure, repose quelquefois sur des circonstances de forme et d'administration fiscale.

Les douanes n'agissent qu'aux frontières ou dans un rayon assez rapproché de la limite des États, sauf le cas, aujourd'hui très-rare (et dont M. Rau ne cite d'exemple encore subsistant que dans le Mecklembourg), de douanes intérieures.

L'accise peut au contraire saisir la production et le détail d'une denrée comme sa circulation sur des points déterminés de l'intérieur du pays.

Il est vrai que des objets produits dans l'intérieur d'un pays ne peuvent être soumis au droit de douane à la frontière. Mais des denrées exotiques sur lesquelles le droit de douane serait abandonné, pourraient être atteintes par un droit de consommation intérieure. L'auteur des *Mémoires de Walpole* nous apprend que cet habile financier avait

des Indes que pour 47,411,975 fr. pour l'année expirant au 30 avril 1856. (*Moniteur* du 13 septembre 1857.)

[1] V. *Moniteur* du 9 mai 1860.

[2] § 445, note *c*.

assujetti les cafés, thés et chocolats, aux procédés de l'excise, tout en les laissant en apparence et nominalement soumis aux droits de douane. Ce fut une sorte d'extension et d'agrandissement de cette idée qui donna lieu aux grands débats sur l'*excise scheme* proposé par ce ministre, et dont les vins et les tabacs seulement étaient les principaux objets.

Nous trouvons dans un mémoire français la situation des finances de l'Angleterre, en 1768 [1], que le thé rendait à cette époque des produits presque égaux à la douane et à l'excise dans la Grande-Bretagne ; d'autres denrées exotiques, comme les cafés, chocolats et cacaos étaient taxés chez les détaillants.

Je pense que la préférence donnée par Walpole à la voie de l'excise pouvait avoir pour but la faculté de suivre la denrée imposable plus près de la consommation, et pour motif l'organisation insuffisante des entrepôts et des crédits de paiement pour les matières importées du dehors. Peut-être aussi les droits de douane étaient-ils moins impopulaires par leur rapport habituel avec les productions de l'étranger. Quoi qu'il en soit, le plan de Walpole, dont nous connaissons seulement les traits généraux, échoua.

« Plusieurs marchands, dit Mac Culloch dans ses observations générales sur la taxation [2], s'étaient prévalus des facilités que le système proposé par Walpole offrait pour frauder le revenu public, et ils s'efforcèrent habilement d'en arrêter le succès et de détourner l'obstacle sérieux qu'il eût apporté à la contrebande, en faisant croire au public qu'il serait fatal au commerce. Malheureusement aussi le plan proposé n'était pas comme le système actuel offert au choix du commerce

---

[1] Imprimé à Mayence, in-4°. Dans un état des droits de douane anglais à la date de 1808, nous voyons des droits de douane et d'excise cumulés sur les thés, cafés, vins et tabacs. La fusion de ces droits avec les douanes est de 1825. *Dictionary of law terms*, joint au *Cabinet Lawyer*, v° *Excise*.

[2] P. 25 à 28.

qui reste libre d'entreposer ou non à son gré ; ce système étant un système d'entrepôt contraint, fut dénoncé comme arbitraire et oppressif. La résistance égoïste des marchands fut soutenue par un esprit de parti violent. L'opposition saisissant avec avidité l'occasion de nuire au ministre dans l'estime publique, soutint que le plan de Walpole était un premier pas pour l'introduction d'un système d'excise universelle qui serait également destructeur du bien-être et de la liberté de tous. »

On trouve dans le XLIᵉ chapitre des Mémoires de Walpole, par Coxe, les détails curieux des circonstances à la suite desquelles le bill relatif aux tabacs fut abandonné devant les résistances de l'opinion, malgré le vote de la chambre des communes.

Si les droits perçus sur la consommation intérieure des nations sont assez variés, les droits de douane subissent encore plus de changement à mesure qu'on se transporte d'un pays dans l'autre. Non-seulement, en effet, les droits de douane varient par les mêmes causes qui font varier les *accises*, c'est-à-dire d'après la diversité des conditions alimentaires du pays ; mais encore ces droits sont influencés par la nature plutôt de fantaisie que de nécessité des objets taxés, par la variété des productions des contrées avec lesquelles la nation qui impose les droits a le plus de rapports, par le caractère plus ou moins commerçant de ce pays, par la combinaison des intérêts économiques et manufacturiers qui s'associent à la pensée fiscale dans le règlement des tarifs de douane, etc.

En France, par exemple, l'objet le plus productif pour la douane, avant les modifications de ces dernières années, était le sucre ; le café venait en seconde ligne, puis le coton, et à peu près sur la même ligne, au quatrième rang, on remarquait la houille, la laine et les fers.

Dans la Grande-Bretagne, le thé, le tabac et le sucre viennent en première ligne. Les vins et esprits sont au deuxième
rang et le café fort loin au troisième [1].

Dans le Zollverein, le café est l'objet le plus productif, le
tabac, le sucre et le vin viennent ensuite au moins parmi les
objets taxés au point de vue fiscal [2].

Le système des douanes a une assez grande antiquité historique. Sinclair, dans son *Analyse des sources du revenu public*, prétend que la plus ancienne taxe sur les exportations
était celle qui grevait, en Égypte, la sortie des voitures et
des chevaux.

Les Athéniens avaient, suivant certains auteurs, une taxe
de 20 pour 100 sur le blé et sur les autres marchandises importées chez eux des pays étrangers, et aussi sur divers objets exportés de l'Attique [3].

Le nom de *sycophantes* rappelle la prohibition d'exporter
les figues de la même contrée. D'autres écrivains mention-
nent un droit de 2 pour 100 *ad valorem* sur les importations
et exportations à Athènes, droit élevé à 5 pour 100 dans les
villes confédérées avec Athènes [4].

A Rome, les *portoria* ou *vectigalia*, qui étaient des droits
de douane à l'entrée et à la sortie des marchandises, formaient
une partie ancienne et considérable du revenu public. Leur
origine remonte à l'époque des rois ; supprimés lors de l'établissement de la république [5], ils furent rétablis plus tard.
Leur taux est peu connu, parce qu'il semble avoir été très-

---

[1] V. Mac Culloch, 2ᵉ édit., p. 494. En 1833, la classification des thés en Angleterre a été adoptée, mais elle a été abandonnée en 1835 et remplacée par un impôt
uniforme à cause des difficultés d'application. (*Maitland*, p. 60.)

Le thé a perdu le premier rang absolu dans les comptes de 1858-59 donnés par
M. Rau et il vient après le sucre et le tabac.

[2] Rau, § 450, note *a*.

[3] Mac Culloch, p. 233 : d'après les *Voyages d'Anacharsis*.

[4] V. Rau, § 443, note *c* et les autorités par lui citées.

[5] Hegewisch, *Historischer versuch über die römischen finanzen*, p. 26.

variable. Cicéron nous informe que les impôts sur le blé exporté de Sicile, au temps de Verrès, étaient de 5 pour 100.

M. Rau cite des proportions moins fortes relativement à la valeur des marchandises d'après Tacite.

Sous les empereurs de Bysance, les *portoria* s'élevaient au taux de 12 et demi pour 100 sur la valeur des objets taxés [1].

On a cité l'existence de droits de douane qui auraient été perçus entre les limites des peuplades assises sur le sol de la Gaule et aussi de la Thrace [2].

L'empereur Cantacuzène arrêta que l'importation des blés et fruits étrangers serait grevée d'un droit, et il fixa ce droit à moitié d'un bysantin, par médimne, graduant ce droit sur les autres denrées d'après ce point de départ et proportionnellement au prix sans doute. L'auteur, qui extrait ces détails des Mémoires de l'empereur Cantacuzène [3], pense que ces mesures étaient tout à la fois destinées à protéger l'agriculture grecque et à diminuer les profits des Vénitiens et surtout des Génois qui, possesseurs de Caffa, faisaient à peu près seuls le commerce des céréales de l'Ukraine et étaient presque exclusivement en possession d'approvisionner Constantinople.

La célèbre et malheureuse rivale de Rome, Carthage, avait été conduite par le caractère commercial de sa constitution

---

[1] Mac Culloch, *loco citato*; Rau, § 443, note *c*.

[2] « L'idée des impôts de ce genre (douanes) ne peut naître chez un peuple nomade qui, sans demeures fixes, pourrait difficilement établir des lieux de perception. Leur existence suppose nécessairement des établissements stables et par conséquent un peuple agriculteur et commerçant. César a fait plus d'une fois mention dans ses mémoires des droits qui étaient perçus en différents lieux sur les limites qui séparaient les peuples de la Gaule. On en voit aussi quelques indices chez les Thraces. » (Reynier, *Encyclopédie publique et rurale des Celtes,* Genève, 1818, p. 292.)

[3] Cantacuzène, homme d'État et historien, etc., thèse de littérature et d'histoire, par Val-Parisot, agrégé d'histoire, professeur suppléant à la Faculté des lettres de Rennes, Paris, 1845, p. 230 et 231.

économique et ses nombreuses relations avec diverses contrées séparées d'elle par les mers, à retirer des douanes une
partie considérable de ses revenus. Aussi Heeren nous ap-
prend-il dans ses *Idées sur le commerce et la politique des
anciens*, qu'Annibal s'occupant du gouvernement civil de sa
patrie menacée par les progrès de la puissance romaine,
releva les finances carthaginoises par une révision de la
législation douanière.

Au moyen âge les droits de douane furent très-multi-
pliés et soumis à l'action du pouvoir féodal. On les considérait comme une compensation de l'avantage produit par
l'usage des routes et ponts, et ils tendaient à se confondre
avec les péages sous les noms divers de *Ripaticum, Ponta-
ticum, Rotaticum, Temonaticum* [1].

Une analyse incomplète des faits économiques portait
aussi souvent à les considérer comme perçus exclusivement
sur l'étranger, et Bodin, dans sa *République*, compte deux
ressources distinctes pour les États sur les *marchands* qui
*apportent ou exportent des marchandises* et sur *les impôts des
sujets* [2]. C'était aussi encore, un peu plus tard, la manière de
voir de Saavedra qui, dans son ouvrage sur *le Prince chrétien*,
considérait les impôts sur les marchandises venues du dehors
comme beaucoup moins dommageables aux sujets que les
autres, et vantait, sous ce rapport le système des taxes de
l'Angleterre [3].

Mac Culloch prétend que les douanes existaient en Angleterre avant la conquête des Normands [4].

Cette forme d'impôt y était connue d'abord sous le nom
de *Toll*, que M. Rau fait venir par intermédiaire du grec

[1] Rau, § 443, note *e*.
[2] *République,* liv. VI, chap. II.
[3] P. 357, Monaco, 1640.
[4] *Taxation,* p. 234 et suiv.

τελος [1] (impôt), et plus tard sous celui de *Customs*, qui signifie dans le sens étymologique *coutume*.

En 1206, dit M. Mac Culloch, le revenu des douanes, renfermant aussi le profit obtenu par le roi des foires et marchés, produisait seulement 4,958 liv. 7 s. 3 d. 1/2. Édouard Ier donna plus d'importance à l'impôt, qui fut assis principalement sur la laine et le cuir à l'exportation. C'était ce qu'on appelait *magna costuma*.

Des droits additionnels appelés *parva costuma* étaient imposés sur tous les articles importés ou exportés par les étrangers. Les divers droits de douane furent réunis dans un tarif (*book of rates*) sous le règne de Charles II. Ces droits étaient en général fixés d'après la valeur estimative (*ad-valorem*).

Sous le règne de Georges Ier, un nouveau livre de taxes supplémentaires fut publié : ces taxes furent en général fixées à tant par livre, gallon ou autre mesure, ou d'après la valeur déclarée par les marchands. Plus tard et par l'addition de droits successifs, une grande confusion fut introduite dans les tarifs.

Enfin en 1787, M. Pitt réforma, simplifia et consolida les droits de douanes. De nouvelles complications s'étant introduites à la suite des mesures prises pendant la guerre du commencement de notre siècle, M. Huskisson fit simplifier et consolider de nouveau les droits de douane en 1825.

En 1596, sous le règne d'Élisabeth, le produit des douanes avait été d'environ 50,000 liv., en 1613, il était de 148,075 liv., en 1660, de 426,581 liv., en 1689, de 781,987 liv., en 1712, de 1,315,422 liv., en 1763, de 2,000,000 liv., en 1792, de 4,407,000 liv., et en 1815, de 11,360,000 liv., en 1850, enfin de 22,194,142 liv. Les

[1] § 443, note *a*.

frais de recouvrement étaient, à cette dernière époque, un peu supérieurs à 5 pour 100 du produit [1].

D'après un relevé inséré au *Journal des Débats* du 15 novembre 1859, le produit de la douane anglaise, pour l'exercice financier expirant au 15 juillet 1859, aurait été d'environ 603 millions de francs qui auraient entraîné en frais d'exercice, de perception et autres, environ 20 millions 1/2, c'est-à-dire 3 1/2 pour 100 de la recette, tandis que, d'après les comptes de 1841, les frais de perception auraient atteint à cette dernière époque la proportion de 7 pour 100, et en 1850, la proportion intermédiaire de 5 pour 100. Mais les frais de surveillance des côtes ne paraissent pas compris dans les dépenses [2].

L'objet qui longtemps a donné lieu aux perceptions douanières les plus considérables, c'est-à-dire le thé, paraît avoir été imposé à la fin du xviie siècle. « Le thé, dit M. Macaulay, que l'on se passait de main en main à l'époque où Monk avait amené à Londres l'armée d'Écosse et que l'on goûtait du bout des lèvres comme une grande rareté venant de Chine, était devenu, huit ans après, un article régulier d'importation et il fut bientôt consommé en telle quantité, que les financiers commencèrent à le considérer comme un objet susceptible d'être taxé [3]. »

L'histoire des douanes anglaises, que nous ne voulons pas même ébaucher ici, présente depuis 20 ans le spectacle de nombreux abaissements de tarifs qui ont successivement étendu le principe de la liberté du commerce, système depuis longtemps préconisé par quelques écrivains anglais,

[1] Mac Culloch, p. 212, 2e édition. V. aussi t. I du présent ouvrage, p. 113 et 114.
[2] V. la citation faite par M. Rau des chiffres précis du produit des douanes anglaises pour cette même année 1859-60, dans la partie de son ouvrage sur la *Science financière* concernant les douanes.
[3] *Histoire du règne de Guillaume III*, traduction d'A. Pichot, t. II, p. 347.

entre lesquels nous ne devons pas oublier sir Henry Parnell, dont la *Réforme financière* a jeté en quelque sorte sur ce mouvement la lumière d'un flambeau précurseur.

En ce qui concerne spécialement les rapports de la Grande-Bretagne avec la France, le traité de commerce récent a porté immédiatement la part des vins français, qui était de 1,155,000 gallons, sur une importation totale de 9,176,000 gallons, en 1859-1860, à 2,631,000 gallons sur un total d'importation de 12,509,000 gallons en 1860-1861.

Cette augmentation considérable de la consommation du vin dans la Grande-Bretagne, a laissé toutefois pour l'Échiquier une perte de 393,000 liv. à cause de la diminution des droits [1].

En France, les droits de douane existaient dans l'ancienne France, sous les noms de droit de *resve* [2], et plus tard de *traites foraines*. Un vieil auteur fait remonter à l'an 1376 le premier établissement de la traite foraine [3]. Le caprice et les variations de la législation antérieure à 1789 dans cette matière, ont été exposés par divers écrivains [4]. Voici notamment comment l'un deux, auquel nous croyons pouvoir emprunter une assez longue citation, s'exprime à cet égard :

« Le commerce [5] avant Louis XIV, était traité comme un ennemi ; il semble qu'on l'eût, à plaisir, arrêté par des gênes et des entraves multipliées. La France, sous le rapport

---

[1] Discours de M. Gladstone, chancelier de l'Échiquier. (Extrait du *Times* du 16 avril 1861.)

[2] Leber, *Essai sur l'appréciation de la fortune privée au moyen âge*, 2ᵉ édit., p. 308.

[3] *Traité des tailles et autres charges et subsides*, par Jean Combes, conseiller et advocat de Sa Majesté au siége présidial et sénéchaulsée d'Auvergne, Paris, 1576, p. 114.

[4] V. notamment l'article *douane* de M. Horace Say dans le *Dictionnaire d'économie politique*.

[5] V. p. 258, *Recherches sur l'origine de l'impôt en France*, par Potherat de Thou.

des douanes, se divisait en deux nations, d'une population à peu près égale, qui, réunies sous un même gouvernement, ne pouvaient échanger leurs denrées, soit à l'entrée, soit à la sortie, qu'en payant des droits. L'une était comprise dans les provinces des cinq grosses fermes [1]; l'autre, dans les provinces réputées étrangères. »

» Celles-ci étaient celles où les taxes sur la consommation n'avaient pas cours. Le droit n'était pas aussi faible qu'on pourrait le supposer. Ainsi le blé, à l'entrée, payait 1 liv. 17 s., environ 20 p. 100 de sa valeur; à la sortie, le droit était dix fois moindre; le plomb, à l'entrée 10 et à la sortie 12 s., c'est-à-dire à peu près 3 et demi pour 100; la laine 15 liv. à l'entrée et 5 à la sortie [2].»

» Mais le plus grand mal était l'incertitude et la variété de l'impôt. Quelques droits, le rêve, le haut passage, l'imposition foraine, remontaient au xive siècle [3]. A chaque besoin on avait créé une nouvelle taxe sans penser à la coordonner avec ce qui existait. La douane de Valence, par exemple, avait été établie en 1595 [4], pour payer la reddition de Vienne au gouverneur; elle fut toujours continuée, malgré des réclamations continuelles. Tout ce qui y entrait du Dauphiné, de la Provence et du Languedoc était soumis à la douane. Ces trois provinces formaient, dans le royaume, comme un État étranger. »

« Quelques-uns de ces droits étaient soumis à la législation la plus bizarre. Ainsi, à Lyon, centre du commerce entre la Méditerranée et l'Océan, on avait établi une douane

---

[1] Les provinces des cinq grosses fermes étaient l'Ile-de-France, la Normandie, la Picardie, la Champagne, la Bourgogne, la Bresse, le Bugey, le Bourbonnais, le Berri, le Poitou, l'Aunis, l'Anjou, le Maine. D'après le recensement de Necker, la population de ces provinces était de 12,300,000, moitié de celle du royaume.

[2] Tarif de 1663.

[3] Préambule de l'édit.

[4] Forbonnais, t. I, p. 42.

locale. Pour percevoir le droit, on força le marchand de
passer par cette ville; la marchandise allait chercher l'impôt.
En 1756 seulement, les soies purent entrer dans le
royaume, sans passer par Narbonne ; enfin ce ne fut qu'en
1743 que les marchandises destinées à l'étranger furent
exemptes de la douane [1] ».

» Certains droits se levaient dans une province et ne se
levaient pas dans une autre. Le haut passage exigible en
Champagne, ne l'était pas en Languedoc ; d'autres, au contraire, étaient communs à tout le royaume [2]. La traite do-
maniale, par exemple, ne se levait que sur les marchandises
destinées à l'étranger; les drogueries, les denrées coloniales ne pouvaient pénétrer dans le royaume que par certains
ports, et payaient un droit de 4 pour 100. Ainsi
partout se trouvaient consacrées l'unité et la diversité
de la France, le souvenir de son passé et le germe de son
avenir. Quand on songe au prix du temps et de la sécurité
pour le commerce, on s'étonne qu'il n'ait pas été anéanti
dans un temps où chaque pas l'exposait à une formalité ou
à un procès. Le code de la ferme était immense et n'était
recueilli nulle part. »

« Nous savons bien, disait la cour des Aides [3], que pour
lever des droits excessifs, il faut des lois rigoureuses ; mais
au moins faut-il qu'elles soient précises. Le marchand ai-
mait mieux payer ce qu'il ne devait pas que de se jeter dans
un procès dont l'issue dépendait des lois et d'usages connus
seulement de son adversaire. »

« Colbert eût voulu débarrasser la production de toutes
ces entraves ; mais les préjugés des magistrats s'opposè-
rent à toute réforme radicale. Le principe de la propriété,

---

[1] Forbonnais, t. I, p. 220.
[2] Préambule de l'édit de 1664.
[3] Mat. d'impôts.

celui de l'inaliénabilité du domaine, protégeaient à leurs yeux cette multitude de péages dont le nombre dépassait 600, et dont le produit brut, en 1789, était de 60,000,000. »
« Ils ne voyaient pas que la société seule peut avoir un droit sur la chose d'autrui en vertu de la protection qu'elle accorde, et que ce droit ne peut s'aliéner; en un mot, qu'il y a un abîme entre la propriété publique et la propriété privée. C'était dans ce sens que la maxime de l'inaliénabilité du domaine eût été raisonnable; et c'était justement celui qu'on n'appliquait jamais. Malgré le préambule de l'édit de 1664, la Loire fut toujours hérissée de 28 péages [1]; quelques droits, le trépas et l'imposition d'Anjou furent même aliénés à des particuliers [2]. »

« Colbert ne put faire pour les droits intérieurs de traites que ce qu'il fit plus tard pour les aides et la gabelle; il réunit les divers droits de rêve et de passage en un seul. »

« En même temps, il publia le tarif d'après lequel ils devaient être perçus [3]. Il retranchait par là tous les abus, sauf celui qui résultait du droit lui-même. Sans que le gouvernement s'en soit occupé, sans peut-être même qu'il s'en soit aperçu, ces obstacles opposés au commerce s'abaissèrent. Comme le droit n'était pas proportionnel, mais fixe, il diminua par l'accroissement seul du numéraire et par l'altération des espèces. »

« En 1667, fut introduit dans les douanes un principe qu'elles n'avaient jamais admis aussi formellement : celui de l'unité nationale [4]. Les marchandises fabriquées à l'étranger, payèrent un droit à l'entrée, les matières premières, un droit à la sortie du royaume. Divers arrêts du conseil

[1] Forbonnais, t. I, p. 305.
[2] Forbonnais, t. I, p. 355.
[3] Tarif de 1664.
[4] Tarif de 1667.

étendirent la liste des objets soumis à une législation uniforme [1] ; le droit du domaine d'Occident fut de même perçu à l'entrée du royaume, sur toutes les marchandises des îles. Ce commerce avait été d'abord un monopole accordé à une compagnie ; elle se ruina, céda ses droits au roi, qui maintint les droits établis par elle [2]. Malgré ces extensions, les principes ne furent pas changés, ce fut même une discordance de plus dans la législation financière. »

« Jusqu'en 1789, il y eut en France deux zones de douane dont les limites se déplaçaient selon les denrées. Quelques marchandises payaient, à l'entrée du royaume, les droits du tarif de 1667 et jouissaient d'une circulation libre ; d'autres, au contraire, ne payaient que le tarif de 1664 à l'entrée des cinq grosses fermes. Dans les provinces réputées étrangères, celles-ci étaient soumises à toutes les taxes locales. Enfin, l'étranger effectif, c'est-à-dire l'Alsace, la Franche-Comté, les trois Évêchés, Bayonne, Dunkerque et Marseille, ne reconnaissait aucune de ces lignes de douane [3]. »

« Les juges des traites, les électeurs, les greniers à sel formaient le premier degré de la juridiction financière. Les cours des aides prononçaient en dernier ressort ; sauf les exceptions que nous avons déjà mentionnées, tous les procès relatifs aux impôts étaient portés devant des magistrats inamovibles. Le gouvernement, qui faussait souvent le principe dans l'application, ne le contesta jamais en théorie, seule garantie qu'eût le citoyen. »

Si Colbert ne parvint pas à établir sous le rapport du tarif des douanes l'uniformité de la législation pour tout le Royaume, la Révolution accomplit cette œuvre rapidement.

---

[1] Necker, t. II, p. 101.
[2] Forbonnais, t. II, p. 30.
[3] Nous demandons pardon au lecteur de tous ces mots barbares ; la langue financière, même au XVIIe siècle, n'était guère élégante.

L'assemblée constituante par son décret du 4 novembre 1790, abolit toutes les douanes particulières et ordonna qu'elles seraient remplacées par un tarif uniforme. La loi des 6-22 août 1791 régla les bases de la législation douanière, qui a été considérablement modifiée depuis.

Le tableau des droits à l'importation actuellement en vigueur en France serait d'une complication assez grande malgré les simplifications dont il a été l'objet récemment et son insertion sortirait entièrement du cadre général et sommaire de nos recherches. Nous ferons seulement remarquer que la législation fiscale en cette matière est plus mobile et plus souvent changée que la législation des contributions indirectes sur les consommations, et en outre que cette législation porte dans son sein même des variations particulières en rapport avec diverses circonstances géographiques ou économiques. Ainsi, pour l'application des droits sur les céréales dans le système supprimé en 1861, les départements frontières avaient été divisés en quatre classes subdivisées elles-mêmes en huit sections. Les marchés régulateurs pour chaque section étaient spécialement désignés et c'est d'après les cours constatés sur les marchés que s'établissait ce qu'on nommait l'*échelle mobile* du droit à l'importation des céréales étrangères, échelle mobile qui avait été réglée par la loi du 15 avril 1832, et dont le maximum, quant à l'importation variait suivant que l'importation avait lieu par navires français ou par navires étrangers. Ce mécanisme, qui promettait plus qu'il ne tint, était fondé sur l'idée d'une double protection de consommateurs contre l'excès des prix et des producteurs, contre l'extrême avilissement des céréales. Il a été abrogé par une loi de 1861 qui n'a laissé subsister à l'entrée des céréales que des droits uniformés et légers.

Le système protecteur qui divise la frontière en zones se

retrouve encore dans nos droits sur la houille qui paie un droit différent suivant qu'elle entre par mer, des Sables d'O-lonne à Dunkerque ou par d'autres points, et suivant qu'elle entre par terre, de la mer à Halluin, par la rivière de la Meuse et le département de la Moselle ou par tout autre point.

Sans rappeler les surtaxes de pavillon et d'entrepôt qui protégent la marine nationale, certaines variations ont aussi été introduites dans le tarif des douanes, afin de donner un encouragement spécial aux longues navigations. Ainsi le café de la Martinique a été taxé longtemps à 60 fr., et le café de la Réunion ne payait que 50 fr. De même aussi le café du Brésil était tarifé à 95 fr. et celui de l'Inde et de Java à 78 fr. Une remise d'un cinquième de droit a été accordée aux cargaisons prises au delà du détroit de la Sonde [1].

Il y a des variations analogues dans les droits sur le cacao et sur beaucoup d'autres objets.

On connaît assez les différences de droit qui ont eu long-temps pour résultat de favoriser les producteurs coloniaux au détriment des producteurs étrangers, notamment dans la législation fiscale des sucres [2].

M. Rau a évalué, en 1860, à 63 p. 100 de la recette totale des droits d'entrée en France les principales percep-tions établies dans un intérêt fiscal, et à 14 p. 100 les prin-cipaux droits perçus pour protéger l'agriculture ou l'in-dustrie nationale [3].

---

[1] Abrogée en partie par l'article 6 de la loi du 23 mai 1860.

[2] Une différence analogue a existé longtemps dans la législation douanière des sucres introduits dans la Grande-Bretagne. Il y avait aussi dans le même pays une différence entre les droits d'importation sur les noix muscades, suivant leur origine coloniale ou étrangère, différence qui donnait lieu à des fraudes singulières rap-portées par Rau, § 448, note b.

La législation des droits de douanes sur les bois de construction en Angleterre est aussi fondée sur ce principe. La différence du droit entre les produits des colo-nies anglaises et ceux de l'Europe septentrionale est de 1 à 25 liv. st.

On peut consulter à cet égard le livre sur la taxation de Mac Culloch, p. 224, 2ᵉ éd.

[3] § 450, note a.

Il y a aussi certains droits qui portent dans le tarif français la nuance d'une sorte d'intérêt militaire ou politique. On retrouve ce dernier caractère dans le droit à l'exportation des bois de noyer utiles à la fabrication des armes [1], et peut être dans les droits à l'importation des fers et aciers.

Les droits à l'exportation manquent en général du caractère fiscal. C'est la pensée de protection pour certains consommateurs ou pour certaines industries qui motive les prohibitions ou les droits à la sortie.

L'exportation des matières alimentaires est souvent entravée dans les temps de disette. Les écorces à tan étaient prohibées à la sortie en France avant 1860 dans l'intérêt des tanneries françaises. Longtemps aussi on a vu l'exportation des drilles ou chiffons prohibée d'une manière permanente dans l'intérêt de nos papeteries [2].

En Hollande, le tarif de Guillaume IV prohibait la sortie des futailles de harengs, d'après M de Hogendorp [3].

Le produit des droits de douane varie assez considérablement suivant les mouvements du commerce.

En 1856, le produit des droits à l'importation à la douane française a été de 176,942,880 fr. et celui des droits à l'exportation de 1,659,147 [4]. Mais le produit des droits à l'importation doit être en réalité réduit du montant des primes à l'exportation qui sont presque toutes des restitu-

---

[1] Le bois de noyer paye 30 fr. les 100 kil. à la sortie, tandis que les autres bois à construire payent en général des droits beaucoup moindres. Voyez le tableau des marchandises dénommées au tarif général des douanes de France (août 1853), p. 32.

[2] Tableau des marchandises dénommées au tarif général publié en 1856.

M. Amé a énuméré comme prohibés, il y a quelques années, outre la poudre et les armes de guerre, le bois à brûler, le charbon de bois et de chènevotte, les écorces à tan, les perches, la pâte de papier, les drilles, les contrefaçons en librairie, le minerai de fer et certaines matières propres à la fabrication de la colle.

[3] *Lettres sur la prospérité publique*, etc.

[4] Tableau général du commerce de la France en 1856, p. 4 et 6.

tions de droits d'entrée [1], et qui se sont élevées en 1856 à 42,306,724 [2].

Le produit des droits à l'exportation n'a pas été sensiblement diminué par les dispositions du décret du 5 décembre 1857, qui a réduit le nombre des matières soumises au droit d'exportation, et a supprimé 381 articles peu importants ne donnant pas lieu à 4,000 fr. de droits. Aussi voyons-nous en 1860 les droits à l'exportation fournir 3,422,407 fr. et donner encore en 1861, 1,610,654 fr. [3]. L'importation, en 1858, a donné 131,133,447 fr. de droits constatés.

Si l'on réfléchit que les droits perçus, en 1856, ont porté sur environ 2 milliards de marchandises importées (valeur actuelle) et 1,900 millions de marchandises exportées, on se rend compte du rapport général des droits avec la masse des valeurs importées et exportées, et on observe que les droits à l'exportation sont chez nous sans importance [4].

L'article qui donne les droits les plus considérables à l'exportation est celui des produits et dépouilles d'animaux qui a soldé, en 1856, 324,414 fr. de droits.

Quant à l'importation dans la même année, les denrées coloniales ont payé 87,767,545 fr., les filaments, tiges et fruits à ouvrer ont payé 21,293,909 fr. ; les produits et dépouilles d'animaux, 12,277,203 fr.; les métaux, 11,566,970 fr.; les pierres, terres et combustibles minéraux, 9,914,530 fr.; les ouvrages en matières diverses, 7,470;609 fr.; les fruits et

---

[1] Il y a certains drawbacks qui correspondent à des contributions indirectes plutôt qu'à des droits de douane comme les drawbacks sur les dérivés du sel.

[2] Tableau général, etc., p. 310.

[3] Compte général de l'administration des finances, rendu pour l'année 1861, p. 70 et 71.

[4] Il en est de même dans certaines circonscriptions soumises à des droits de douane comme dans le Zollverein, par exemple, où le droit d'importation représentait, en 1847, 97 pour 100 de la recette totale (Rau, § 447, note a). En Autriche, les droits d'importation ne représentent, suivant le même auteur, que 92 pour 100 du revenu total des douanes.

grains, 5,184,441 fr. Aucune autre classe de marchandises
ne s'est élevée à 4 millions de droits payés.

Sortant de toute énumération par nature générale d'objets,
on voit que les sucres, ensuite les cafés, puis les cotons, les
laines et enfin les houilles étaient alors les gros objets du revenu
des douanes françaises à l'importation. Quelques-uns de ces
objets ont vu leur produit considérablement abaissé par les
réductions de tarifs décidées depuis ; mais plusieurs néanmoins conservent leur rang dominant dans l'ensemble. Le
café, par exemple, quoique, de 30 millions en 1859, son produit soit descendu depuis entre 18 et 20 millions [1], n'en
garde pas moins avec les sucres la première place parmi les
matières productives de notre système douanier. Mais les
cotons et les laines sont tombés fort au-dessous des houilles
et d'autres objets encore moins productifs auparavant,
comme les céréales, etc.

On trouve dans les comptes définitifs de recette de chaque
exercice les plus grands détails sur le produit des douanes
françaises. On y distingue les matières nécessaires à l'industrie des objets de consommation naturels fabriqués. Suivant
une autre classification, on y trouve aussi séparées les matières animales, les matières végétales, les matières minérales et les fabrications.

La confédération des États-Unis de l'Amérique du Nord,

[1] L'abaissement des droits sur les cafés et cacaos a été l'objet de grandes
espérances quant à l'accroissement de consommation qui en serait la suite, espérances dont nous trouvons la trace dans les *Études politiques et économiques*,
de M. Ed. Boinvilliers, t. I, p. 452 et suiv. Mais les documents qui nous ont été
communiqués par la direction générale des contributions indirectes et des douanes,
ne nous manifestent sur les cafés et cacaos, qu'un accroissement de 25 pour 100
de consommation entre 1859 et 1862. C'est une moyenne de 8 pour 100. Or, d'autres documents tirés de la même source nous montrent un accroissement de
95 pour 100, déjà produit dans la consommation du café dans 15 ans, de 1844
à 1859, c'est-à-dire de 6 pour 100 par an. C'est donc sur le cacao que l'augmentation récente de consommation est seulement très-marquée.

conformément à notre observation générale sur les nations d'origine coloniale, tire depuis longtemps son principal revenu des douanes. Le plus ou moins d'influence de la pensée de protection industrielle dans le balancement du tarif des douanes américaines a remué vivement les esprits dans cette vaste contrée et a mis souvent en opposition les intérêts des États du Nord qui fabriquent avec ceux des États du Sud qui envoient surtout au dehors leurs produits. La pensée du protectionisme y a obtenu un moment un empire assez grand pour que M. Mac Culloch ait pu voir dans l'Amérique du *Nord*, longtemps avant la scission actuelle, une *cité de refuge*, non-seulement pour les habitants pauvres et persécutés du vieux monde, mais encore pour les erreurs usées et les sophismes pernicieux de l'école mercantile [1].

Une pensée modérée a pourtant prévalu depuis 1846. Les droits, dans le tarif alors adopté, ont varié de 5 à 40 pour 100 de la valeur des marchandises importées. A l'exception du vin, le droit de 40 pour 100 ne s'est appliqué qu'à des articles peu importants.

Les fers, les cuirs, les étoffes de laines ont payé 30 pour 100, les cotons, les soies et les laines filées 25 pour 100.

Les douanes ont produit en Amérique la somme de 39,500,376 doll. en 1850.

Le tarif américain a obtenu dans son ensemble l'approbation de M. Mac Culloch [2]. Toutefois, une voix autorisée a fait entendre des critiques sérieuses contre l'assiette des droits *ad valorem* dans le tarif américain.

« Le système actuel, a dit le président James Buchanan, dans son Message de 1858 [3], est une échelle mobile qui a ses inconvénients. Sous ce régime, quand les prix sont éle-

---

[1] *Taxation*, p. 226.
[2] *Ibid.*, p. 228.
[3] V. le *Moniteur* du 22 septembre.

vés et que les affaires prospèrent, les droits s'élèvent en proportion. Au contraire, quand les prix s'abaissent, les droits diminuent dans la même proportion à leur grand préjudice. »

Le président a aussi reproché au système des droits *ad valorem* de donner lieu à beaucoup de fraudes. M. Buchanan a fait entendre à cette occasion un vœu pour *des droits spéciaux*, calculé au besoin par l'étude des prix, pendant un certain nombre d'années. C'est ce que nous appelons des droits *spécifiques*.

Au Brésil, il y a des droits d'exportation considérables, par exemple, une taxe de 11 pour 100 sur les cafés, taxe au sujet de laquelle le message du président Buchanan, en 1858, renfermait diverses plaintes.

Une confédération, constituée en vue de la perception des droits de douanes et de quelques autres taxes de consommation, celle du Zollverein de l'Allemagne du Nord, mérite et a obtenu l'attention des économistes modernes par l'importance de ses revenus douaniers.

Elle a fait l'objet de divers ouvrages spéciaux qui honorent notre littérature économique [1].

Dès 1847, M. Rau évaluait à 27,555,979 th. le produit des douanes dans l'Union de l'Allemagne septentrionale [2].

Dix années après, le produit paraît avoir été le même d'après ce que nous lisons dans une publication quotidienne [3].

Il résulte des comptes provisoires sur les recettes du Zollverein pour l'année 1857, que le revenu brut s'est élevé :

Pour les droits d'entrée à 26,014,818 th.

Pour les droits de sortie et de transit à 580,969 th.

[1] Voyez notamment *le Zollverein* ou *l'Union des douanes de la Prusse et des États allemands,* par M. Faugère, Paris, 1859, et l'*Association douanière allemande,* par M. H. Richelot.

[2] § 445, note *a*.

[3] *Journal de Francfort* du 10 avril 1858.

Des 26,014,818 th. de droits d'entrée, la Prusse a perçu 16,413,221 th. ; la Saxe, 2,459,847 th. ; le Hanovre, 2,126,857 th. ; la Bavière, 1,054,944 th. ; Francfort, 894,152 th. ; Wurtemberg, 401,508 th. ; Thuringe, 322,986 th. ; Brunswick, 285,853 th. ; Hesse-Électorale, 283,249 th. ; Oldenbourg, 258,368 th. ; Luxembourg, 88,132 th. ; Nassau, 64,351 th.

Déduction faite des frais divers, la recette nette du Zollverein à répartir entre ses membres comprend : 23,248,046 th. de droits d'entrée, 498,034 th. de droits de transit et de sortie, soit ensemble 23,746,080 th.

A proportion du nombre des habitants, la Prusse reçoit sur cette somme 12,088,059 th. ; le Luxembourg, 129,289 th. ; la Bavière, 3,102,736 th. ; la Saxe, 1,408,747 th. ; le Hanovre, 2,441,641 th. ; le Wurtemberg, 1,139,308 th. ; Bade, 895,848 th. ; la Hesse-Électorale, 484,225 th. ; le grand duché de Hesse, 578,689 th. ; la Thuringe, 708,556 th. ; le Brunswick, 169,047 th. ; Oldenbourg, 307,735 th. ; Nassau, 292,200 th.

Les États suivants ont à rendre sur les sommes qu'ils ont perçues : la Prusse, 3,514,140 th. ; la Saxe, 1,095,634 th. ; le Brunswick, 82,105 th. ; Francfort, 678,262 th. ; total, 5,370,141 th., qui se répartit de la manière suivante : Luxembourg, 127,240 th. ; la Bavière, 2,337,136 th. ; le Hanovre, 785,565 th. ; le Wurtemberg, 751,195 th. ; Bade, 362,002 th. ; la Hesse-Électorale, 226,603 th. ; le grand-duché de Hesse, 20,142 th. ; la Thuringe, 386,980 th. ; Oldenbourg, 146,616 th. ; Nassau, 226,662 th..

« L'association allemande, d'après la définition d'un écrivain prussien [1], est la réunion de plusieurs États souverains à une législation uniforme de douanes et à un tarif commun

----

[1] Citation de M. Faugère, p. 50.

au moyen de la suppression des lignes de douane intermédiaires, et pour le partage proportionnel des revenus provenant du tarif commun. »

La base de la répartition des revenus est la population
respective des États associés. Le principe de la liberté commerciale entre les États associés souffre cependant trois exceptions [1] :

1° Relativement aux articles de régie dont la fabrication
est le monopole exclusif de l'un des États, c'est-à-dire le sel
et les cartes à jouer ;

2° Relativement aux articles qui ne peuvent être importés d'un État dans l'autre sans acquitter la différence existant entre les droits de consommation dont ils sont respec-
tivement frappés, dans l'un et dans l'autre État. Ces articles
qui sont au nombre de six, à savoir : la bière, l'eau-de-vie,
le tabac, le moût de raisin, le vin et la drèche, supportent un
*droit d'égalisation*, c'est-à-dire un droit égal à la différence
existant entre la taxe qui frappe la marchandise dans le lieu
de sa destination, et la taxe moins élevée qui la frappe dans
le lieu de son origine. Ces droits d'égalisation ne peuvent
dépasser le taux des droits de consommation établis en
Prusse sur les mêmes articles ;

3° La dernière exception s'applique aux objets qui ne pourraient être importés dans un État sans violer le droit de propriété résultant des brevets qui auraient été accordés dans cet
État.

Le système des douanes autrichiennes a reçu dans les dernières années d'assez notables perfectionnements.

Une patente impériale du 7 juin 1850, a d'abord détruit la
la ligne des douanes intérieures qui séparait jusqu'alors la
Hongrie et les pays adjacents du reste de l'empire.

[1] *Ibid.*, p. 52.

L'année suivante (6 novembre 1851), un nouveau tarif simplifié a supprimé les prohibitions, modéré les droits protecteurs et facilité l'introduction des matières premières.

Enfin, l'année 1853, a vu conclure un traité de commerce avec le Zollverein et promulguer un nouveau tarif.

Le traité de commerce du 19 février 1853 a posé le principe de la liberté absolue des échanges pour les produits bruts naturels, et de l'introduction réciproque sous des droits modérés des produits industriels entre l'Autriche et le Zollverein.

Le tarif du 5 septembre 1853 a supprimé, sauf très-peu d'exceptions, les droits d'exportation ainsi que les droits d'importation sur les matières premières, et a réduit davantage certains droits protecteurs du tarif de 1851.

Le produit brut des douanes avait été dans l'année administrative 1828 [1], de 13,605,438 fl.

Il a été dans l'année administrative 1847 de 23,007,833 fl., ce qui supposait un accroissement annuel de 494,862 fl. En 1851, le produit était descendu à 21,785,400 fl., à cause de la suppression de la douane entre la Hongrie et le reste de l'empire. Néanmoins, il ressortait encore, en dehors des conséquences de cette grande mesure politique, un accroissement annuel de 483,527 fl. entre 1847 et 1851. L'accroissement de 1852 à 1856 n'a plus été en moyenne que de 226,744 fl. Il faut attribuer cette réduction relative des produits à la diminution des droits d'entrée sur le sucre étranger, à cause du développement de la fabrique indigène, à l'union douanière avec Parme et Modène, qui a supprimé les droits d'importation perçus sur les produits de ces duchés; enfin, à la suppression presque complète des droits d'exportation, et à la réduction notable des droits d'importation,

---

[1] Il s'agit de la période du 1er novembre 1827 au 31 octobre 1828.

résultant des tarifs de 1851 et 1853. Il y a eu, par exemple, une diminution de 46 pour 100 à peu près sur les produits de l'exportation depuis 1851 jusqu'en 1856.

L'action bienfaisante des nouveaux tarifs résulte suffisamment de ce que les échanges ont été augmentés, et de ce que les valeurs soumises aux droits d'exportation et d'importation se sont élevées de 281 millions de florins en 1851, à 530 millions en 1856, ou 522 millions en déduisant ce qui était la suite de l'annexion douanière de Parme et Modène.

Une partie de cette augmentation est, il est vrai, attribuée à une estimation des valeurs plus exacte; mais il ressòrt aussi de la comparaison des quantités de cotons et d'étoffes de laine importées la preuve d'une augmentation de commerce considérable [1].

Le produit brut des douanes autrichiennes, en 1856, a été de 22,919,129 fl., sur lesquels les droits d'exportation assis notamment sur les soies brutes figurent pour 624,755 fl., et les droits de transit pour 79,922 fl.

Les dépenses de perception s'étant élevées à 3,201,455 fl., le produit net a été de 19,717,684 fl. [2].

D'après M. Rau, les droits purement fiscaux à l'importation des sucres, cafés, épices et eaux-de-vie, ont rapporté, en 1858, 35 pour 100 de la recette totale des droits d'entrée à la douane autrichienne.

Les droits purement protecteurs sur les fers et matières de laines et cotons, auraient formé 28 pour 100 du même total [3].

Les droits de douanes figurent pour des sommes diverses dans les budgets de presque tous les États.

Sinclair, dans son *Analyse des sources du revenu public*, dit

---

[1] *Tafeln zur statistik des Steuerwesens*, p. 286 à 288.
[2] *Tafeln zur statistik des Steuerwesens*, p. 285.
[3] § 450, note *a*.

que ces droits étaient de son temps un des principaux impôts
du Danemark. D'après ce que nous connaissons du budget
actuel de ce royaume, nous voyons qu'il s'alimente en partie
par cette source [1]. Les douanes, confondues avec quelques
autres revenus accessoires, sont portées au budget de
1854-55 pour un produit (net, à ce qu'il paraît : *überschuss*)
de 6,538,700 rixdales, sur un total de recettes de 17,553,548
rixdales.

Dans les États Romains, le tarif des douanes a été modifié, en 1855, dans un sens libéral, pour 50 ou 60 articles, et
les résultats de cette réforme n'ont point été sans avantage
lorsqu'on compare les produits de l'année antérieure au
1er juin 1855, avec ceux de l'année écoulée du 1er juin 1855
au 31 mai 1856. Le sucre, au taux de 3,60 et 2 écus par
cent livres pour les droits de douane et de consommation, avait procuré dans l'année expirée au 1er juin 1855,
264,927 écus. L'impôt réduit à 1,50 a donné 380,703 écus.
Le café, au taux de 4,80 et de 2,80 écus avait donné 74,245
écus; sur le pied de 2 écus, il a donné 95,936 écus. Les fro-
mages, taxés à 5 écus, avaient produit 27,476 écus. Le droit
réduit à 2,50 a produit 29,839 écus. Les tissus de laine et
de coton réduits sont aussi entrés pour une part plus considérable dans la consommation, et ont payé le Trésor romain
avec usure du sacrifice fait sur la quotité des droits [2].

Dans les États sardes, le produit des douanes et contraventions qui était, en 1847, de 17,185,800 livres, s'était
élevé, en 1852, à 19,500,000 liv., suivant M. Cibrario [3].

Le budget du royaume d'Italie pour 1862, inséré dans

---

[1] John Payne, dans son *Epitome of history*, indique l'origine des douanes en
Danemark comme postérieure à la révolution de 1660 (p. 50).

[2] J'ai dû à l'obligeance de S. E. le cardinal Antonelli les tableaux dont j'ai extrait
les résultats que je viens de transcrire, tableaux qui m'ont été transmis par M. le
comte de Rayneval en 1856.

[3] *Cenni sulla condizione delle finanze*, p. 62.

l'*Annuaire* de 1862, porte une prévision pour les douanes de
64,000,000 fr. [1]. On assure que les sucres et cafés donnent le
tiers de ce produit.

En Russie, les droits de douanes fournissaient, en 1812,
d'après M. Tanski [2], 51 millions de roubles sur un budget
de recettes de 280 millions de roubles. Suivant un autre dò-
cument, le produit des douanes russes aurait été, en 1839,
de 92 millions de roubles papier [3]. Enfin, des renseignements qui se rapportent à des époques plus récentes, fournissent les chiffres de 31 millions de roubles [4], et pour le
produit moyen de 1848 à 1852, de 29,519,000 roubles
d'argent [5].

En Espagne, l'imperfection du système des douanes est
proverbiale. Il est d'abord dépourvu de généralité et les provinces basques en sont exceptées comme de certaines autres
contributions. La ligne douanière continentale de l'Espagne n'est pas assise sur la Bidassoa, mais sur l'Èbre. Les
mauvais effets du système des droits en vigueur ont été
ressentis à la fois par le Trésor, par l'industrie nationale
placée à l'abri d'une protection exagérée et par les consommateurs.

Leur produit, après s'être élevé dans le dernier siècle de
20 millions de réaux en 1727, à 52,888,528 réaux en
1772, et à 159,108,172 réaux en 1789, était retombé dans
notre siècle fort au-dessous de ce dernier chiffre, et cette

---

[1] P. 381.

[2] *Tableau statistique, politique et moral du système militaire de la Russie*,
Paris, 1833, p. 21.

[3] *Moniteur universel* de 1854 (3 novembre).

[4] *Gazette d'Augsbourg* de 1855, n° 25, et *Annuaire des Deux-Mondes* de
1858.

[5] Article de M. Tégoborski dans la *Revue des Deux-Mondes*, de 1854. Les
douanes de Finlande, évaluées à un produit de 5,540,000 marks, par le journal *le
Nord*, du 3 avril 1863, font sans doute partie de ce total.

circonstance a motivé la révision de la législation sur la matière en 1849.

Malgré les prévisions croissantes des budgets de 1845 à 1851, qui ont élevé progressivement de 120,000,000 réaux à 183,280,000 le produit des douanes, les effets n'ont pas répondu aux espérances de l'administration espagnole.

En 1845, le produit des *derechos de arancel* a été de 107,892,449 réaux, et, en 1851, il n'a pas dépassé 159,553,561 réaux [1].

Dans le tableau détaillé des produits du droit d'importation pour l'année 1850, nous remarquons que sur un total de 146,705,937 réaux, la moitié de ce produit a été donnée par les cinq objets suivants :

| | | |
|---|---|---|
| Le poisson de mer (bacalao) . . . . . . . | 17,326,969 | 11,85 % |
| Le cacao. . . . . . . . . . . . | 16,991,924 | 11,66 |
| Le sucre. . . . . . . . . . . . | 15,899,177 | 10,92 |
| Les tissus de laine. . . . . . . . . | 15,024,287 | 10,34 |
| Les tissus de coton . . . . . . . . . | 11,811,898 | 7,86 [2] |

Sur le tableau des produits de 1849, s'élevant à 110,086,919 réaux, les résultats sont différents, et la tête de la liste est occupée par les matières suivantes, fournissant à elles seules la moitié du produit :

| | | |
|---|---|---|
| Poisson de mer. . . . . . . . . . . | 21,712,239 | 19,73 % |
| Sucre. . . . . . . . . . . . . . | 12,873,541 | 11,70 |
| Tissus de laine. . . . . . . . . . | 11,326,930 | 10,28 |
| Cacao. . . . . . . . . . . . . | 9,678,607 | 8,69 [3] |

La cause de cette différence provenant surtout de l'introduction sur une grande échelle des tissus de coton, se rattache à la réforme douanière de 1849 qui a reposé sur les trois points suivants :

[1] Conte, t. II, p. 193 à 196.
[2] V. *Ibid.*, l'état *b* à la fin du volume, p. 282.
[3] Voir dans Conte, tome II, l'état *c* à la fin du volume.

1° Augmentation des droits pour les articles de consommation générale et de contrebande difficile [1] ;

2° Réduction des droits pour les objets de consommation moins générale et dont la contrebande est facile ;

3° Admission de certains objets de coton manufacturiérs jusqu'alors interdits [2].

L'un des noms qui désignent les droits de douanes en Espagne, celui de *Arancel*, semble indiquer que le système de cette perception remonte dans la péninsule hispanique à l'époque des Arabes.

Le gouvernement espagnol a présenté aux cortès, au début de l'année 1863, un projet de loi sur la réforme des douanes. Nous ignorons encore la suite donnée à ce projet, dont le texte et l'exposé des motifs, signé par M. Sálaverria, ministre des finances dans le cabinet présidé par le général O'Donnell, ont été publiés par le journal, *la Espana* du 7 janvier 1863.

Aux termes du projet, le gouvernement doit régler les droits d'importation et d'exportation suivant quatorze bases déterminées.

D'après la première base, doivent être francs de droit ou taxés seulement jusqu'à 6 pour 100, les matières premières et les agents naturels de production, comme le charbon, le cuivre, (alambre), les engrais, les objets résultant d'une opération simple ou d'un procédé peu coûteux, comme le coke, les engrais artificiels, le soufre, les épiceries, le chanvre, le lin, la soie crue et les machines à vapeur entières, les machines hydrauliques, électriques et les autres employées comme moteurs à la destination des industries agricole, minérale

---

[1] C'est peut-être en vertu de ce principe que les houilles qui, au 6e rang des produits en 1849, avaient donné 4,860,220 r., ont fourni en 1850, au 6e rang aussi, 5,585,579 r.

[2] Voir Conte, p. 195, t. II.

et de fabrication, les modèles en général, les collections d'objets scientifiques et artistiques, les bois pour les constructions civiles et navales, et pour la mâture des navires.

Sont, d'après la deuxième base, soumises à un droit de 6 à 12 pour 100 les matières premières, ou agents de production, dont la préparation exige des procédés coûteux ou sont obtenues par des opérations compliquées, les machines non comprises dans la base antérieure, etc.

D'après la troisième base, les marchandises étrangères dont l'industrie nationale ne produit pas les similaires, payeraient de 1 à 12 pour 100.

D'après la quatrième base, les marchandises étrangères similaires à celles de la fabrication nationale qui ne se produisent pas abondamment en Espagne, doivent payer de 12 à 20 pour 100, à l'exception des fers qui, se trouvant dans ce cas, sont nécessaires pour des industries importantes et qui payeraient de 20 à 30 pour 100.

La cinquième base soumet à un droit de 20 à 30 pour 100 les articles de manufactures étrangères qui peuvent faire concurrence à ceux que la fabrication nationale produit abondamment, à l'exception des cotons et des fers qui pourront être chargés de 30 à 50 pour 100.

La sixième base autorise l'importation pour certains droits de la poudre, de la chaussure et des vêtements confectionnés.

La septième base permet l'exportation libre de tous les produits nationaux sous la seule condition pour les minéraux et métaux de payer l'imposition des mines.

La huitième base contient la prohibition de l'exportation du liége de la province de Gerona, des chiffons de coton, chanvre et lin, et des bois pour la construction navale, sauf la permission du ministre de la marine.

La neuvième base lève plusieurs prohibitions relatives à l'importation des objets manufacturés de coton.

La dixième base règle le droit différentiel de pavillon sur le pied de 30 pour 100, par rapport au fret et en relation avec le poids des marchandises, avec diminution progressive après six ans.

La onzième base ainsi que la douzième et la treizième se rapportent aux matières et objets de constructions navales.

La quatorzième base établit la franchise des produits des colonies espagnoles de l'Asie, de l'Amérique et de l'Océanie, moyennant un droit de 15 pour 100 à raison de l'impôt de consommation intérieure. Cela paraît un changement considérable relativement à la législation antérieure, qui, d'après l'exposé des motifs de la réforme en question, grevait les sucres des Antilles espagnoles d'un droit de 8 réaux par *arroba*, équivalant de 28 à 54 pour 100 de la valeur, et les eaux-de-vie de canne d'un droit de 6,35 par arroba, équivalant à 41 pour 100 [1].

Les quatre dernières bases sont d'une importance accessoire.

Le produit *brut* des douanes, en Suède, a été porté:

| | |
|---|---|
| Année 1855 à . . . . . . . . . . . . . | 11,956,948 r. d. |
| — 1856 à . . . . . . . . . . . . . | 13,782,522 |
| — 1857 à . . . . . . . . . . . . . | 11,182,879 |
| — 1858 à . . . . . . . . . . . . . | 8,551,829 |

Le produit des huit premiers mois de 1859, a dépassé celui des huit mois correspondants de 1858, de 2,818,785 r. d.

L'année 1858 a été affectée par la crise commerciale de 1857, par des réductions de tarif décrétées en 1857, et par des remboursements faits à la caisse de commerce et de navigation (*Handel-och Sjofonden*).

---

[1] Pour le sucre des Philippines le droit n'était que de 2 réaux par *arroba*. (Même exposé.)

D'après Doursther, l'*arroba* représentant le quart du quintal espagnol équivaut à 11 kil. 512.

Pour l'année 1859, le produit *brut* des douanes a été
évalué à. . . . . . . . . . . . . . . . 10,000,000 r. d.
Ses frais de perception. . . . . . . . . . . 1,800,000
Produit net . . . . . . . . . . . . . . 8,200,000

En 1858, la première année du nouveau tarif des douanes, le *déficit* sur les évaluations du budget comparé à celui de 1857, s'est élevé à 948,170 r. d.; mais déjà l'année 1859 montre un *surplus* d'au moins 2,000,000 r. d. [1]

Le tarif des douanes suédoises du 18 décembre 1857, comprend des droits d'importation sur les eaux-de-vie, la bière, les sels, les sucres, les tabacs, les huiles et graisses, les eaux minérales ou médicinales, les vins, les tissus de soie, de coton, de laine, de lin, de chanvre, de poils et de crins. Il admet aussi des droits de sortie sur le fer, le cuivre, les drilles, les minerais et les bois.

Les prévisions budgétaires pour la Belgique, adoptées pour 1860, renfermaient un chiffre de 14 millions pour droits d'entrée et 25,000 fr. pour droits de sortie.

Dans les Pays-Bas, les droits d'entrée, de sortie, de transit et de navigation devaient donne enr 1849 4,716,000 fl. [2]. Mais la suppression du droit de transit en 1850 et l'adoption d'un tarif de douanes plus libéral, en vertu de la loi du 15 août 1862 [3], ont probablement diminué postérieurement ce produit pour le trésor néerlandais.

Nous ignorons le produit des douanes en Turquie. Mais nous remarquons dans le tarif arrêté le 5 décembre 1861, entre la France et la Turquie, que l'exportation d'un grand nombre de produits est taxée dans les États du sultan. A côté de 220 articles taxés à l'importation en Turquie, nous en voyons 457 taxés à l'exportation. Dans ce nombre figurent

[1] *Post-Tidningar*, n° 291, 9 décembre 1859.
[2] Engels, p. 331.
[3] Il n'y a plus dans le nouveu tarif de droit d'exportation que sur les chiffons qui sont grevés de 5 florins par 100 kilog. Les droits sont en général *ad volorem*.

notamment les céréales, les graines oléagineuses, les soies, les laines et cotons, les drogueries, divers liquides, les fruits, les métaux bruts et ouvrés, les fourrures, divers comestibles, les peaux et cuirs, les bois divers, et divers produits manufacturés. Plusieurs similaires de ces objets, quant à leur nature, sinon quant à leur origine, se retrouvent aussi dans le tarif des objets taxés à l'importation en Turquie, objets parmi lesquels figurent aussi spécialement les papiers, les cristaux et verreries, les denrées coloniales, les sucres raffinés et les quincailleries.

On peut poser à l'égard des douanes quelques principes analogues à ceux qui régissent la science des accises ou contributions intérieures sur les consommations.

Il y aurait de graves inconvénients à établir des droits tant soit peu considérables sur les objets de consommation nécessaire venus du dehors, autant que sur ceux qui sont produits au dedans.

On peut remarquer, sous ce rapport, l'idée ingénieuse et très-spécieuse mais économiquement peu utile, qui a donné lieu à l'établissement de l'échelle mobile sur les céréales. Elle a eu pour but de ne pas trop aggraver les conditions de l'alimentation publique aux époques de grande cherté; mais la mobilité du droit a eu le fâcheux inconvénient de faire peser des doutes sur les prévisions des importateurs de l'étranger.

M. Rau, en posant le principe de la faveur due en matière douanière aux objets de première nécessité, étend ce bénéfice aux matières utiles à la santé et à quelques autres objets dont le bas prix est désirable, en remarquant que néanmoins l'opium et le riz sont fortement taxés, dans divers pays tels que la Russie, la Grande-Bretagne, le Zollverein et l'Autriche [1].

[1] § 451, note b.

C'est un principe généralement accepté et déjà posé au xvii<sup>e</sup> siècle, par l'ingénieux W. Petty [1], que les droits de douanes doivent peser très-légèrement sur les matières premières employées dans les fabrications de l'intérieur du pays.

Mac Culloch a observé que ce principe avait été méconnu en Angleterre par l'établissement des droits sur la laine et le coton, qui ont été supprimés en 1844 et 1845. Il a signalé l'inconvénient sous le même rapport des droits sur la soie qui existaient avant 1824, et dont la réduction à cette époque et depuis a favorisé beaucoup le développement de la manufacture anglaise appliquée à cette matière. Il a blâmé aussi les droits sur le bois de construction, qui ont, il est vrai, été depuis 1842 l'objet d'allégements successifs [2].

D'un autre côté, on a fait observer que la faveur donnée aux matières premières, n'a en général permis de les assujettir qu'à des droits très-légers, lors même que ces matières étaient par elles-mêmes précieuses [3].

L'incidence des droits de douanes est complétement opposée suivant qu'il s'agit de droits à l'importation ou de droits à la sortie.

Les droits à l'importation grèvent les consommateurs du dedans et les droits à l'exportation pèsent sur ceux du dehors.

Mac Culloch pense cependant que si la demande d'un objet importé subit une augmentation considérable comme du double ou du triple, le droit à l'entrée pèse sur les étrangers vendeurs, parce que le prix, dans ce cas, n'est plus déterminé par les frais de production, mais par le rapport entre l'offre et la demande, et qu'il est assez élevé pour déterminer

---

[1] Traité des taxes et contributions, ch. vi, § 9.
[2] V. Mac Culloch, p. 223 et 224.
[3] V. la note d du § 451 de Rau.

tous les détenteurs à expédier leurs denrées sans faire attention à la taxe [1].

Il importe toutefois d'observer que même dans ce cas la
suppression du droit augmenterait le bénéfice du vendeur,
et qu'en accélérant ainsi l'importation, elle ferait bientôt
baisser le prix à l'intérieur du pays, ce qui montre que le
droit a toujours quelque influence sur la position de l'acheteur et sur les conditions du marché.

Quant au profit des droits à l'importation, il appartient,
suivant la nature des objets taxés, au Trésor, aux producteurs du dedans ou aux deux en même temps.

Le droit profite au Trésor lorsqu'il s'agit de taxes établies
dans une pensée exclusivement fiscale sur des objets qui ne
sont pas produits dans l'intérieur du pays.

Le droit profiterait exclusivement aux producteurs du dedans s'il opérait une protection absolue en interdisant le
commerce extérieur.

Il profite à la fois au Trésor et aux producteurs du dedans
lorsqu'il n'est pas assez élevé pour empêcher toute importation et qu'il a seulement pour effet de la restreindre [2].

Les droits à l'exportation sont supportés par les étrangers
lorsqu'à raison du prix des objets sur le marché extérieur,
les vendeurs ont la possibilité de faire supporter le poids du
droit aux acheteurs du dehors. C'est sous ce rapport qu'était
considéré dans ce dernier siècle le droit d'exportation sur les
charbons anglais. Il était dit dans un Mémoire sur l'administration des finances de l'Angleterre, attribué à M. Gren-
ville (Mayence, 1768) que ce droit était « une taxe mise sur
les teinturiers, sur les distillateurs, sur les verriers, sur les
ouvriers en fer et sur les autres artisans des nations étrangères. » C'est sous ce rapport encore que M. Conte a approuvé

[1] *Taxation*, p. 209.
[2] Rau, § 448.

divers droits d'exportation établis à Cuba' sur certains articles de production presque monopolisés dans cette riche
province.

Lorsque ce résultat est impossible, les vendeurs supportent la perte [1] et le prix des objets taxés est abaissé dans
l'intérieur du pays, ce qui est quelquefois le but recherché.
S'il s'agit d'une production dont l'étendue peut être aisément diminuée, l'effort se produit en ce dernier sens, et
enfin si la restriction de la production est difficile, comme
cela peut avoir lieu pour les bois ou d'autres produits essentiellement en rapport avec l'état du sol, le droit d'exportation pèse sur la rente foncière [2].

On a justifié en général les droits à l'exportation, sur les
céréales et les bois par exemple, par l'utilité de protéger non
les producteurs, mais les consommateurs, ou encore de
favoriser certaines industries par le bas prix de leurs matières premières (telles que les drilles et l'écorce à tan), ou
encore d'aider l'approvisionnement de certains objets qui ne
sont pas produits pour eux-mêmes et qui ne se multiplient
pas à volonté, comme les dépouilles d'animaux, les peaux et
les os [3], qu'il faut aussi considérer comme des matières
premières et qu'on a pu vouloir retenir à ce seul titre.

Il y a un droit d'exportation singulier sur les chiens de
forte race, considérés comme instruments possibles de contrebande et qui sont restés sujets à un droit lorsque les autres chiens de chasse en étaient exemptés [4].

---

[1] C'est ce qui est arrivé lorsque les Anglais établirent, en 1833, un droit à la
sortie de la cannelle à Ceylan. Le commerce en fut très-restreint. Rau, § 454,
note a.

[2] Rau, § 455.

[3] Rau, § 466.

[4] V. le décret du 5 décembre 1857. Une commission du corps législatif en
a proposé la suppression adoptée par le conseil d'État au moment où nous écri-
vons ces lignes.

Les droits de transit seraient dignes de faveur par leur incidence, puisque l'étranger les supporte en tout cas. Mais avec la concurrence des grandes lignes de communications européennes, ces droits de transit élevés offrent des dangers pour les États qui les adopteraient et qui détourneraient ainsi le courant du commerce qui peut s'effectuer sur leur territoire [1]. Aussi les droits de transit sont-ils en général très-légers [2], et ils ont même été supprimés en France par l'art. 6 de la loi du 9 juin 1845.

Les frais de perception des droits de douane présentent plusieurs aperçus pleins d'intérêt.

Ces frais diminuent suivant qu'une plus grande partie de la frontière est maritime ou fluviale ; ils s'accroissent suivant qu'elle est plus montueuse, plus boisée et aussi plus découpée. M. Rau prétend que dans la Bavière rhénane les frais de perception, d'une somme sans doute nette de 164,767 florins, s'élevaient à certaine époque à 247,801 florins [3].

M. Rau rapporte, après le fait relatif à la Bavière rhénane, que vers la même époque la Bavière (sans doute pour la portion transrhénane), constituée en union douanière avec le Wurtemberg, payait en frais de perception jusqu'à 44 p. 100 du produit de ses douanes [4].

Ailleurs, le même écrivain évalue les frais de perception des droits de douane français, sans tenir compte de la taxe des sels perçus dans le rayon des douanes, ni des droits

[1] Rau, § 457.

[2] En France, le droit de transit était, au choix du propriétaire, de 25 c. par 100 kil., ou de 15 c. par 100 fr. de la valeur des marchandises. V. ord. du 29 avril 1831.

[3] Dans un rapport de M. Collin à l'empereur Napoléon Ier au retour de la grande armée, rapport qu'on peut consulter dans les archives du conseil d'État, on lit que les douanes, en Corse, avaient produit, en l'an XIII, 101,917 fr. 21 c., et que les frais de régie s'étaient élevés à 9,489 fr. 88 c.

[4] § 453, note b.

de navigation, à environ 15 p. 100 en 1859 [1], la perception des droits de douanes, en Autriche, en 1854-56, à environ 10 p. 100, dans le Zollverein, en 1857, à 10,18 pour 100 et dans la Grande-Bretagne à moins de 4 pour 100 seulement [2]; mais sans compter les frais de surveillance sur les côtes. Dans une précédente édition, il avait compté 9 pour 100 pour les douanes britanniques.

On peut espérer une réduction des frais de perception d'autant plus grande que le système des lois douanières embrasse un beaucoup plus grand nombre d'objets. Car le même personnel suffit aisément à la perception de droits plus variés. C'est une réflexion que M. Rau a développée avec raison [3].

L'organisation pratique du système des douanes présente un certain nombre de points qui méritent de fixer l'attention des financiers [4].

C'est une question importante que l'assiette du droit de douane sur la quantité ou la valeur des objets taxés.

On objecte au mode d'assiette *ad valorem* que les agents du service de la douane ne connaissent point exactement les prix des objets soumis au droit et sont ainsi hors d'état de rectifier la déclaration des contribuables, ordinairement inférieure à la vérité. Le droit accordé aux agents d'acheter, moyennant une addition au prix déclaré, les marchandises sujettes, n'est pas aux yeux de divers écrivains un moyen suffisant pour remédier à ces inconvénients.

Il est vrai que l'établissement du droit au poids ou au nombre des pièces a aussi le désavantage de favoriser les qualités précieuses en les assimilant aux qualités communes ;

[1] V. à cet égard le t. I du présent ouvrage, p. 110, 111 et 112.
[2] § 445, note *c* (4ᵉ édition). Pour l'Espagne, v. Conte cité par nous, t. I, p. 98.
[3] § 444.
[4] M. Rau a traité plusieurs de ces points pratiques dans la 3ᵉ partie de la section de son ouvrage consacrée aux douanes, sous la rubrique : *Organisation des douanes (Einrichtung des Zollwesens)*, § 458 à 462 inclusivement.

mais on peut atténuer cet inconvénient en déterminant par les tarifs plusieurs classes dans les objets de même nature, ce qui amène souvent des définitions très-compliquées, comme on peut le voir dans la classification des fils et tissus de lin et de chanvre inscrite dans le tarif français, etc. [1].

Si la perception des droits de douanes n'eût été entourée d'aucuns ménagements, elle eût été fort onéreuse au commerce qui se fût trouvé contraint d'acquitter à la frontière les taxes considérables qui peuvent se rapporter à des masses plus ou moins importantes de marchandises venues du dehors.

Mais on a allégé cette situation par des facilités bien entendues.

On autorise d'abord dans diverses législations l'acquittement des droits à l'arrivée des marchandises à destination, les formalités lors de l'entrée sur le territoire se bornant à la constatation des quantités ou valeurs soumises aux droits [2].

Une particularité plus considérable dans l'organisation du système des douanes, est l'institution des entrepôts dans lesquels les marchandises sujettes aux droits sont provisoirement introduites en franchise, l'acquittement des droits ne devant avoir lieu que lors de la mise en débit à la sortie des entrepôts.

Le système des entrepôts (*Warehousing system*) avait été proposé en Angleterre, dans le siècle dernier, par le fameux ministre Walpole. Mais soit que les inconvénients de l'obligation d'acquitter les taxes à la frontière fussent mal sentis, ou que divers intérêts de monopole se fussent entés sur cette organisation de la douane, soit que le caractère obligatoire

---

[1] Les droits *ad valorem* pour les laines en masse ont été remplacés par des droits spécifiques par le décret du 19 janvier 1856.

[2] Rau, § 461.

de l'entrepôt eut révolté les esprits contre le plan du ministre, soit enfin que l'esprit de parti se fût porté l'auxiliaire
d'autres répugnances, l'*excise schéme* de 1733, dont nous
avons déjà parlé plus haut, échoua complétement, et Walpole faillit payer de sa vie la proposition d'une place très-
recommandable, quant au principe nouveau qu'il devait introduire dans le système des douanes [2].

La pratique de l'entrepôt facultatif est aujourd'hui introduite dans les législations douanières les plus éclairées de
l'Europe, et présente le triple avantage d'éviter l'ouverture
des colis à la frontière, de permettre l'acquittement des
droits au fur et à mesure de la vente des marchandises, et
enfin de faciliter la réexportation en franchise, si elle est
avantageuse au propriétaire, des objets entreposés [1].

Les entrepôts sont des dépôts publics. Mais on a aussi organisé en Allemagne, dans les villes de grandes foires, un
système d'entrepôts privés qui paraît reposer sur la prise en
compte (*Contirung*) des marchandises par certains négociants
en gros, sous diverses conditions et garanties.

Le système des droits à l'importation des marchandises
étrangères n'a pu se concilier avec les développements des
industries nationales, qu'en s'atténuant par diverses immunités ou restitutions de droits en faveur des matières premières, qui reçoivent une élaboration dans l'intérieur du
pays, pour être ensuite réexportées sous une forme nouvelle.

L'immunité résulte de ce qu'on appelle, en France, *admission
temporaire*. La restitution résulte de ce qu'on nomme *drawback* en Angleterre, *rückzoll* en Allemagne, *prime* en France.

---

[1] Mac Culloch a donné des détails sur le plan de Walpole, les motifs sur
lesquels il s'était appuyé et sur les raisons de sa chute. *Taxation*, p. 25 à 28.
V. aussi *Georgian Æra*, t. 1, p. 2 (biographie de Walpole).

[2] Rau, § 461.

L'admission temporaire réglée parmi nous par le décret du 17 octobre 1857, existait déjà dans la pratique des douanes depuis plusieurs années; mais d'une manière moins régulière.

Le bénéfice de cette immunité avait été appliqué déjà, en 1856, à 16,764,959 liv. de valeurs. L'article le plus considérable dans le détail de cette masse d'objets était le blé importé pour être réexporté en farine jusqu'à concurrence d'une valeur de 4,256,603 liv. Les graines oléagineuses importées figuraient pour environ 5 millions, les fontes brutes pour 1,685,103 liv. [1].

Les primes ou drawbacks jouent un rôle important dans l'industrie et les finances des grands États modernes, et présentent en outre aux administrations publiques des problèmes fort délicats eu égard à la difficulté d'établir la correspondance entre diverses quantités de matières comparées avant et après la transformation qui sépare l'acquittement des droits de leur restitution. L'industrie des transformations a souvent réussi en effet à retirer un profit d'une apparente restitution.

Il y a un drawback dans le Zollverein pour les tabacs réexportés du côté de la Suisse. On admet que la matière première pèse pour le tabac à fumer, 5 pour 100 de moins, et pour le tabac à priser, 25 pour 100 de moins que pour le tabac manufacturé [2].

L'union douanière allemande a aussi des drawbacks sur une matière qui est la principale base de ce procédé fiscal dans divers pays de l'Europe, comme la Hollande, la Grande-Bretagne et la France, c'est-à-dire le sucre raffiné.

En France, la prime sur cette matière s'est élevée en 1856, pour les provenances :

[2] Tableau général du commerce de la France pendant l'année 1856, p. 311.
[1] Rau, § 462, note h.

Des colonies françaises à. . . . . . . . . . . . .     4,023,120  fr.
Pour celles de l'étranger à. . . . . . . . . . . .   24,651,254
Elle a été pour les tissus de laine de. . . . . . . . .     8,528,968
Pour les tissus de coton de. . . . . . . . . . . .     2,102,365
Pour les fils de laine de. . . . . . . . . . . . . .       850,809
Pour les savons de. . . . . . . . . . . . . . . .       574,380
Pour les machines à feu des navires de.. . . . . . . .       174,893
Pour les plombs battus ou laminés de. . . . . . . .       166,752
Pour les chapeaux de paille et de fibres de palmier de. . . .       110,350
Et pour quelques autres objets, elle s'est élevée à des sommes
   inférieures à. . . . . . . . . . . . . . . . .       100,000 [1]

Nous avons cherché à donner une idée générale des droits de douane et des principales questions que leur assiette soulève. Sans avoir dédaigné de marquer pour certaines données statistiques les résultats les plus frappants de l'application de cette branche de droits fiscaux, nous nous permettrons de rappeler au lecteur qu'il n'est aucune partie du système financier qui soit plus mobile, à cause des vicissitudes du commerce, des relations internationales et des idées économiques qui projettent leur influence sur la composition et la rédaction des tarifs douaniers.

[1] V. le Tableau général du commerce de la France pendant l'année 1856, p. XL. Pour les cinq années suivantes, consultez le Tableau général du Commerce pendant l'année 1861, p. XLVI.

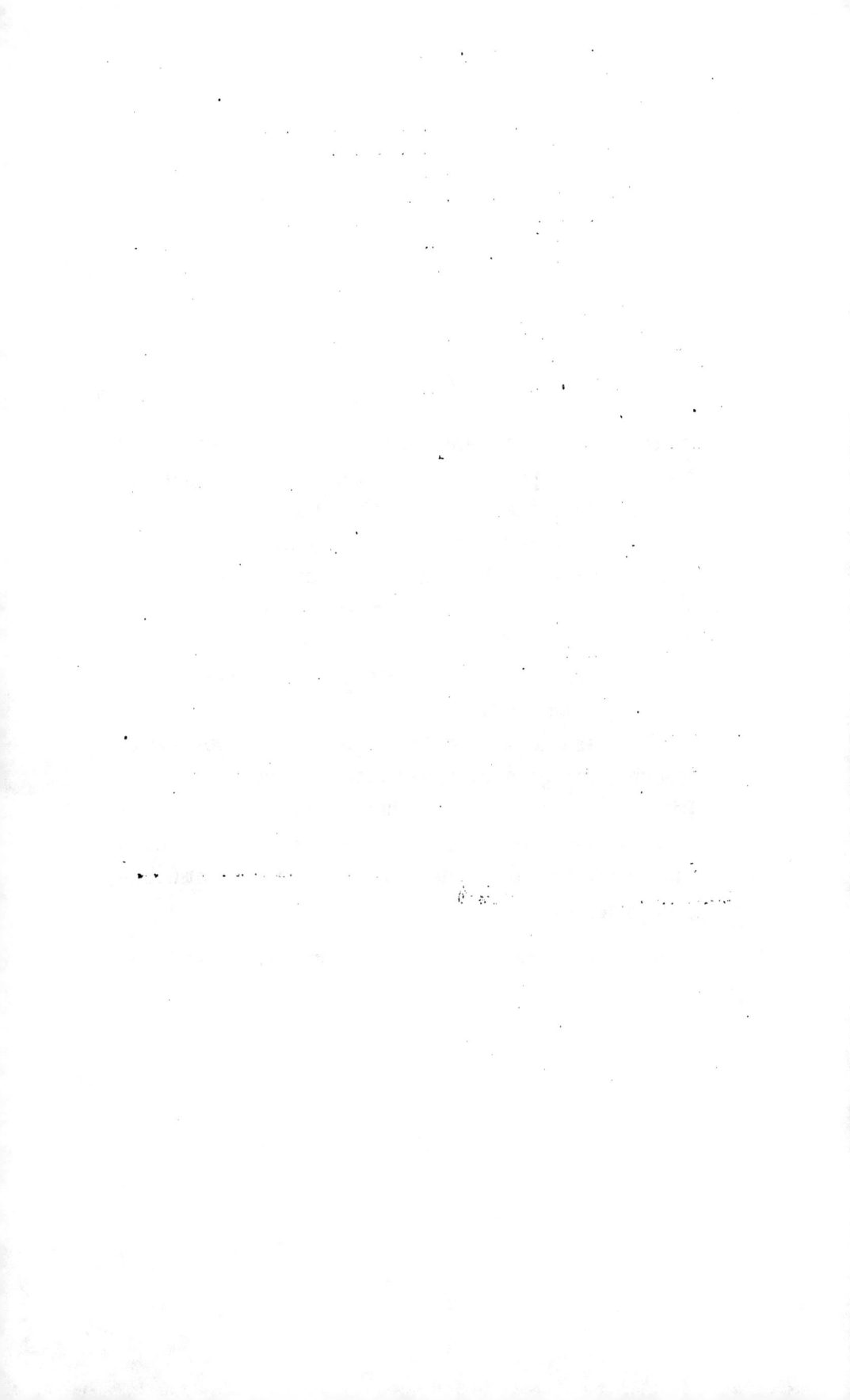

# LIVRE VI.

## Des impôts sur les actes.

---

### PRÉAMBULE.

Nous entendons par *impôts sur les actes* les impôts établis sur certains faits plus ou moins accidentels, plus ou moins réguliers, mais qui, en général, diffèrent des consommations par leur défaut de périodicité et de continuité.

C'est ce qui explicite comment un savant professeur de droit [1], traçant le programme intéressant de l'enseignement du droit administratif, a séparé, même des taxes indirectes, les droits de timbre, de greffe et d'enregistrement, qu'il a appelés *impôts accidentels*.

Les impôts sur les actes diffèrent encore des impôts sur les consommations par leur mode de recouvrement.

Les consommations, se rattachant ordinairement à la distribution de certains objets matériels, peuvent être taxées par un prélèvement demandé au producteur ou au distributeur de la denrée.

[1] Jules Mallein, *Considérations sur l'enseignement du droit administratif*, Paris, 1857, p. 240.

Mais les actes de la vie humaine autres que les consommations ne peuvent être taxés que par une obligation imposée
à ceux qui les accomplissent.

Toutefois, certains impôts de cette catégorie ont quelques
points de contact avec les diverses taxes dont nous avons
parlé précédemment.

Ainsi, le *timbre* pourrait se rattacher aux impôts sur les
consommations, car il semble que ce soit sur la consommation du papier prescrit par la loi pour la validité de certains
actes que ce genre de taxe ait été établi. Les droits de succession, de transmission de biens entre vifs, d'hypothèques, etc.,
paraîtraient aussi pouvoir être confondus avec les impôts sur
les biens, et ce rapport intime pourrait les faire apprécier assez naturellement à la suite de ces derniers.

Cependant ce n'est là, comme pour le timbre et les droits
de succession, qu'une apparence d'analogie. En réalité, ce
n'est ni la consommation du papier timbré que la loi veut
atteindre, ni le bien vendu ou transmis par héritage ; c'est
l'acte même, c'est la mutation qu'elle impose, immédiatement, si l'on veut, mais *indirectement*, contrairement à l'opinion de M. J. Garnier [1], puisqu'il n'y a pas de rôle dont la
prévision aille d'avance chercher le contribuable. Aussi, est-
ce le fait et non le moyen par lequel on y arrive qui sert de
base pour la perception de cette taxe. La loi juge certains
faits susceptibles d'être taxés comme preuve d'aisance ou ac-
cident de la circulation de la richesse ; elle s'intéresse aussi
à la validité, à la durée de certains actes et elle fait payer
les formalités exigées à cet effet ; c'est pour ces divers motifs
que ces actes sont imposés.

Quelques auteurs, n'ayant pas admis spécialement la
classe des *impôts sur les actes*, ont été conduits à faire rentrer

---

[1] *Éléments de finances,* p. 68. C'est cependant aussi la doctrine financière
portugaise. V. notre *Histoire des impôts généraux,* p. 7.

arbitrairement les taxes de cette nature ( et nous avons montré tout à l'heure qu'on pouvait être tenté de le faire) dans
des catégories auxquelles il est difficile de les rattacher par
les liens d'une solide analogie.

Ainsi, M. Conte a rapporté les impôts de ce genre existants en Espagne aux taxes directes sur les personnes ou aux
taxes directes sur les biens, suivant que l'impôt, comme le
droit perçu au passage de la ligne de Gibraltar, affecte l'individu sans égard à la fortune, ou comme le droit appelé *derecho de hypotecas*, se proportionne à l'importance d'un capital transféré.

La nuance n'est point sans vérité, en ce sens que certains
impôts sur les actes se compliquent d'un calcul relatif aux
biens, tandis que d'autres sont dégagés de cet élément.

Mais, au fond, ces impôts ne peuvent être considérés
comme directs, et la théorie des budgets espagnols et portugais, qui paraît les considérer sous cet aspect, bien qu'ap-
puyée par la manière de voir de M. d'Audiffret, nous semble
manquer de fondement.

M. Conte lui-même aurait pu être amené à observer qu'aucun des impôts classés comme nous venons de le dire, ne
rentre exactement dans la définition qu'il donne de l'impôt
direct [1], à savoir : *celui que le fisc recouvre des contribuables
eux-mêmes par des* COTES NOMINALES. Il est certes très-difficile
de voir une cote nominale dans le payement individuel
d'une feuille de papier timbré; car ce que l'auteur espagnol
a appelé *cote nominale*, ne paraît pas différer de ce que nous
appelons *rôles nominatifs*, et dont l'existence constitue, pour
les écrivains de notre droit administratif, le caractère fonda-
mental de l'assiette des impôts directs.

Enfin, s'il est encore admissible pour quelques esprits que

[1] T. II, p. 29.

certaines taxes considérées ici puissent·être rattachées à des classes d'impôts autres que celle que nous allons traiter, notre classe des *impôts sur les actes* n'en aura pas moins sa raison d'être bien justifiée, puisqu'il y a d'autres taxes qu'il serait impossible de faire rentrer dans aucune des classes que nous avons parcourues dans ces études : tels sont ces impôts sur les mariages, que les Hollandais et les Anglais ont pratiqués quelque temps; les droits sur les actes administratifs ou judiciaires; les droits sur la vérification des poids et mesures, etc., etc., moins importants, sans doute, financièrement, que les impôts sur les consommations, mais d'une importance trop grande et d'une analogie trop frappante entre eux pour n'en pas faire une classe à part.

Si l'existence d'une classe d'impôts devant être classés sous le nom d'*impôts sur les actes* nous a semblé incontestable, la subdivision de cette classe nous a paru difficile.

Les impôts sur les actes sont surtout établis sur des *écrits*. C'est par des actes de ce genre que les mutations de la propriété sont ordinairement, souvent nécessairement consacrées, et les taxes assises sur ces mutations, prenant dès lors certaine ressemblance avec les impôts sur les biens, peuvent devenir fructueuses pour le trésor public, en se proportionnant aux biens qui font l'objet de la mutation.

La multiplicité et la variété des actes écrits qui peuvent être taxés, le nombre des actes de toute autre nature qui sont aussi susceptibles de l'être, rendent la sous-classification des impôts sur les actes plus difficile que celle des autres impôts que nous avons eu à étudier, et nous sommes loin de penser que celle qui a été par nous adoptée comme la meilleure ne soit susceptible d'aucune variante.

Une des difficultés en cette matière vient de l'ambiguité

du point de vue auquel s'est souvent placé le législateur.

On sait qu'en France, par exemple, le législateur n'a point positivement déclaré assujettir à un impôt la vente des immeubles ; mais il a seulement attribué un prix à la formalité de l'enregistrement, sans laquelle les ventes d'immeubles ne pouvaient obtenir aucune solidité.

Il est venu de là que certains auteurs, comme M. Rau, ne voient dans les taxes d'enregistrement que des droits particuliers nommés en allemand *Gebühren*, et qui sont des redevances attachées à des services rendus par l'État.

N'admettant pas une classe spéciale d'impôts sur les actes, mais purement des redevances de cette nature, M. Rau a subdivisé les *Gebühren* d'après les branches de l'administration publique auxquelles tiennent les services ainsi taxés d'une rétribution [1].

Il regarde les droits de timbre comme se rapportant indistinctement aux diverses branches de l'administration publique, et puis il distingue :

1° Les *droits tirés de la juridiction*, auxquels il rallie les taxes sur les mutations de propriété, les amendes, les droits de justice ;

2° Les *droits tirés de la police*, comme les droits sur les passe-ports, les permis de chasse, la contribution aux endiguements ;

3° Les *droits tirés de l'intérêt de défense pour l'État*, comme les dépenses attachées à la libération du service militaire ;

4° Les *droits relatifs à l'économie publique*, comme les droits de chaussée, péages, brevets d'invention, produits de consulats ;

5° Les *droits relatifs à la formation morale du peuple*,

---

[1] *Finantzwissenschaft*, § 230.

comme les dispenses ecclésiastiques et les redevances sco-
laires.

Sans nier le caractère ingénieux de cette sous-classification, elle ne nous a point satisfait, et il nous a semblé qu'à
certains égards, elle supposait même une législation civile
différente de la nôtre, en tant, par exemple, que les droits
sur les mutations de la propriété se rattacheraient tous à la
juridiction gracieuse.

Nous avons été conduits, par ces considérations, à une
sous-classification différente des taxes sur les actes, en considérant plus la nature des actes que leur destination ou le
prétexte auquel l'impôt se rattache. Déjà, du reste, nous
avons suivi ce système, lorsque nous avons considéré l'impôt des patentes comme un impôt sur les bénéfices industriels présumés, ce qu'il nous paraît être en réalité, et non
comme le rachat de la liberté industrielle, ce qu'il a été
dans la fiction légale qui lui a servi de base ostensible et de
motif apparent à l'origine.

Les impôts sur les actes étant souvent perçus par la voie du
*timbre* et de l'*enregistrement*, nous croyons toutefois devoir
consacrer une étude spéciale à chacun de ces mécanismes
financiers [1] avant de classer en détail et d'analyser les divers
actes que les législateurs ont cru pouvoir grever d'impôt.

---

[1] En ce qui concerne le timbre et l'enregistrement, j'ai tiré quelques renseignements d'un manuscrit instructif que M. Sorel, ancien fonctionnaire de l'enregistrement, a bien voulu m'adresser par une obligeance spontanée dont je le remercie.

# CHAPITRE I.

## DU TIMBRE.

Suivant Boxhorn et Lang, l'impôt du timbre a été inventé en 1624, par un Hollandais poussé à cette sorte de découverte par la promesse d'un prix offert par les États généraux à celui qui indiquerait une nouvelle taxe productive pour le fisc sans être vexatoire pour les citoyens [1].

M. Cibrario [2] croit, au contraire, que les Espagnols en ont usé les premiers dans les temps modernes, et un littérateur de cette dernière nation en a porté l'origine en Angleterre [3]. D'un autre côté l'origine paraît en venir de Justinien, qui, par sa novelle 44, établit au moyen de l'obligation des *protocolla* une formalité analogue à celle du timbre, sauf la réserve marquée à ce sujet par M. Rau [4].

[1] Les lecteurs trouveront dans notre article du *Dictionnaire de l'économie politique*, TIMBRE ET ENREGISTREMENT, des renseignements collectifs dont nous avons reproduit ici et dans la section suivante une partie.

[2] *Origini e progresso delle instituzioni della monarchia di Savoia*, parte prima, p. 301.

[3] *Nuits sévillanes*, de Quevedo, traduction française d'après Dom Galeo, p. 114. En citant cet ouvrage, je n'entends pas en affirmer l'authenticité, vu surtout la différence qui existe entre son texte et divers morceaux analogues renfermés dans le premier volume des œuvres de Quevedo publiées à Madrid en 1791.

[4] § 231, note *a*.

Quoi qu'il en soit, sur cette question d'origine, le but
de cet impôt se trouve nettement défini par ces lignes
d'Ad. Smith : « Les transports de capitaux ou de propriétés
mobilières faits entre vifs pour des prêts d'argent sont souvent des conventions cachées et peuvent toujours être faits
en secret. Il n'est donc pas aisé de les imposer directement.
On les a imposés indirectement de deux manières différentes : la première en exigeant que l'acte qui contient
l'obligation de payer fût écrit sur du papier ou sur du parchemin qui eût acquitté un droit de timbre déterminé,
sous peine de nullité de l'acte, etc. [1]. »

Il faut ajouter qu'à l'utilité fiscale du timbre se rattache
aussi certaine utilité juridique, en ce sens que dans certains
pays au moins, les marques étant modifiées périodique-
ment servent à constater la date des actes qui sont inscrits sur le papier timbré. Custance fait valoir cet avantage
du timbre dans son ouvrage sur la Constitution britannique.

En France, l'administration fait fabriquer sous sa surveillance un papier d'une solidité particulière, et portant, dans
sa pâte même, un filigrane spécial qui indique le millésime
de l'année; le papier est ensuite marqué dans les ateliers
du timbre.

L'impôt du timbre chez nous a pour origine immédiate
les *formules* établies par Louis XIV (édit du 19 mars 1673).
Un second édit, d'avril 1674, remplaça généralement les formules par une empreinte ou marque qui variait suivant les
provinces.

Par la loi du 18 février 1791, l'Assemblée constituante
supprima la marque et créa le papier timbré [2].

---

[1] *Richesse des nations*, t. II, liv. V.

[2] « On a cherché, dit M. Sorel, l'origine du mot de timbre, et les uns ont cru

Avec le progrès de la législation, avec le développement des budgets, le but primitif de l'impôt du timbre, celui que nous avons vu tout à l'heure défini par Smith, fut étendu.

C'est ainsi que, par la loi du 9 vendémiaire an VI, l'impôt atteignit les journaux et les affiches (sauf celles de l'autorité), et, en général, tous les écrits périodiques traitant les questions politiques. La loi du 13 brumaire an VII , qui est une des plus importantes sur cet objet, établit en principe que la contribution du timbre porte « sur tous papiers destinés aux actes civils et judiciaires, sans autres exceptions que celles nommément exprimées par la loi. » Cette loi organise toutes les garanties nécessaires pour que l'impôt du timbre ne soit point éludé par l'inscription de plusieurs actes sur une même feuille ou d'un trop grand nombre de lignes sur un espace déterminé. Elle édicte diverses amendes pour les contraventions aux règles relatives à l'usage du papier timbré, et détermine les obligations spéciales de certains officiers publics relativement à l'usage du papier timbré [1].

La même loi a fixé les dimensions des registres et papiers timbrés, et leur prix, que celles du 28 avril 1816 et du 2 juillet 1862 ont augmenté.

Le 15 mars 1817, les annonces de librairie et celles qui sont relatives aux arts et aux sciences ont été exemptées du timbre.

Vint ensuite la loi du 15 mai 1818, qui a exempté du timbre les actes et arrêtés de l'administration, quand ils ne portent pas transmission de propriété ou ne contiennent ni adjudication ni marché.

---

qu'il venait du marteau qui frappait l'empreinte par assimilation au timbre des cloches produit aussi par les coups d'un marteau : les autres ont trouvé cette origine dans une partie du casque ou de l'écu appelée également timbre. » Certains étymologistes font du reste descendre le mot timbre de *tintinnabulum*.

[1] V. aussi les art. 20, 21 et 22 de la loi du 2 juillet 1862.

Le 22 mai 1822, la loi atteignit les lettres de change ; la loi du 16 juin 1824, sur laquelle nous aurons occasion de revenir en parlant de l'enregistrement, qu'elle concerne principalement, réduisit le timbre des effets et obligations de commerce.

Après la loi du 14 décembre 1830, très-peu importante, on trouve celle du 24 mai 1831, qui concerne encore les lettres de change.

La loi du 20 juillet 1837 apporta une nouvelle modification à la loi de brumaire en exemptant du timbre les livres des banquiers, négociants et armateurs.

Une loi du 16 juillet 1840 dispensa également de cette taxe les œuvres de musique ; à son tour, le décret du gouvernement provisoire du 4 mars 1848 affranchit les journaux de l'impôt qu'ils acquittaient depuis la loi de l'an VI ; mais ce fut pour peu de temps, car la loi du 5 juin 1850 le rétablit pour les journaux et l'étendit aux annonces. Un décret du 17 janvier 1832 éleva même ce droit d'un centime, et un autre du 25 août de la même année, rendu en conséquence de la loi de finances de 1852, y soumit également les affiches peintes sur les murs, qui jusque-là avaient échappé au fisc.

Nous avons retracé les lois les plus importantes qui ont été émises en France sur l'impôt du timbre en suivant l'ordre chronologique. Nous allons maintenant donner un aperçu de de la situation actuelle de cet impôt, en renvoyant, pour plus de détails, aux traités spéciaux sur cet objet.

Le droit de timbre est de deux sortes : *timbre de dimension*, ou fixe, c'est-à-dire tarifé en raison de la dimension du papier dont on fait usage, et *timbre proportionnel*, c'est-à-dire variable avec les sommes exprimées sur les actes qui sont soumis à cette contribution.

Les droits du timbre de dimension qui varient d'après la

loi de l'an VII, entre 1 fr. 50 c. et 25 c., sont fixés ainsi qu'il
suit par la loi du 28 avril 1816 (art. 62).

| | | |
|---|---|---|
| . Feuille de grand registre. . . . . . . . . . . | 2 fr. | » c. |
| —       grand papier. . . . . . . . . . . | 1 | 50 |
| —       moyen papier.. . . . . . . . . . | 1 | 25 |
| —       petit papier. . . . . . . . . . . | » | 70 |
| —       demi-feuille de petit papier. . . . . . . | » | 35 |

La loi du 2 juillet 1862 (art. 17) élève ces droits à 3 fr.
2 fr., 1 fr. 50, 1 fr. et 50 c.

Le droit de timbre gradué à raison des sommes, et dit *proportionnel*, est ainsi réglé en vertu de la loi du 5 juin 1850 pour
ce.qui concerne les lettres de change, billets à ordre, etc. :

| | | | | | |
|---|---|---|---|---|---|
| De 100 fr. et au-dessous. . . . . . . . . . . . . | | | | » fr. | 05 c. |
| Au-dessus de  100 jusqu'à  200 fr. inclusivement. . . | | | | » | 10 |
| —       200 | 300 | — | . . | » | 15 |
| —       300 | 400 | — | . . . | » | 20 |
| —       400 | 500 | — | . . . | » | 25 |
| —       500 | 1,000 | — | . . . | » | 50 |
| —       1,000 | 2,000 | — | . . . | 1 | » |
| —       2,000 | 3,000 | — | . . . | 1 | 50 |

et ainsi de suite en suivant la même proportion sans fraction.

Le droit de timbre de dimension atteint d'une manière générale tous les papiers destinés aux actes judiciaires et aux
écritures qui peuvent faire foi en justice. Les seules exceptions admises sont celles qui sont nommément exprimées
par la loi de brumaire ; tels sont les actes, décisions, minutes
des administrations de l'État, les pièces de comptabilité à
l'usage exclusif de l'administration, les quittances délivrées
aux particuliers pour secours divers, les engagements, en-
rôlements et autres pièces du service de la guerre, les certificats d'indigence, les quittances et récépissés délivrés au
public quand la somme y exprimée est inférieure à 10 fr., etc.

En dehors du timbre *de dimension* réglé par la loi de bru-

maire an VII et dont nous avons indiqué le tarif, il existe sur
les journaux et sur les affiches, en vertu de la loi de 1850 et
du décret de 1852, une taxe qui n'est autre qu'un droit de
timbre de dimension, bien qu'elle ne se perçoive pas au moyen
d'un papier d'une grandeur donnée, fourni et marqué à
l'avance par l'État. Ce droit est en effet gradué d'après la dimension des journaux et fixé à 06 c. par feuille de 72 dc. et
au-dessous pour ceux qui sont publiés dans les départements
de la Seine et Seine-et-Oise, et à 03 c. pour ceux qui sont
publiés dans les autres départements.

Toutefois, par un décret du 28 mars 1852, les recueils périodiques ou non périodiques exclusivement consacrés aux
lettres, aux arts, aux sciences et à l'agriculture sont exempts
de cette taxe.

Les affiches, autres que celles de l'autorité publique,
paient 05 c. par feuille de 12 dc. ou au-dessous et 10 c. au-
dessus de 10 dc.

Les affiches peintes sur les murs, soumises au tarif par
le même décret, doivent :

50 c. pour 1<sup>m</sup> c. et au-dessous,
1 fr. pour toute dimension supérieure.

Quant au timbre proportionnel, il est exclusivement relatif aux billets à ordre ou au porteur, mandats, traites et autres effets de commerce, même venant de l'étranger. Il atteint en outre, depuis la loi de 1850, les titres, actions ou
certificats d'actions des sociétés ou compagnies industrielles,
au taux de 50 c. par 100 fr. du capital nominal pour celles
dont la durée n'excède pas 10 ans, et 1 pour 100 pour celles
dont la durée excède 10 années. Ce droit de 1 pour 100 est dû
également par les obligations négociables des communes, établissements publics, etc. Les compagnies, communes, etc.,
peuvent, du reste, contracter avec l'État un abonnement à

prix réduit en payant un droit annuel de 05 c. par 100 fr.
du capital nominal ou du capital réel des actions ou obligations émises pendant toute la durée de la société.

La même latitude a été laissée aux compagnies d'assurances contre la grêle ou l'incendie, qui peuvent, en
payant 02 c. par 1,000 fr. des valeurs assurées [1], s'affran-
chir du timbre de dimension auquel la même loi de 1850
a soumis leurs polices. Ce droit s'élève à 2 fr. par 1,000
des sommes versées aux compagnies d'assurances sur la vie.

· Indépendamment des timbres de dimension et proportionnel, la loi de brumaire a établi le *visa pour timbre*, c'est-à-
dire la faculté de substituer au timbre une mention écrite
et signée par un receveur de l'enregistrement. Cette mention
est prescrite pour les effets venant de l'étranger, non timbrés, et le droit en est alors de 15 c. par 100 fr. du montant
de l'effet. Elle a lieu également pour les écritures privées sur
papier libre qu'on produit en justice, et aussi pour réparer
toutes les contraventions à la loi.

Enfin, le *timbre extraordinaire* établi par la même loi de
brumaire an VII est celui que la régie applique sur les actes
de toute nature, soumis au droit de timbre, et pour lesquels
les particuliers veulent employer du papier autre que celui
débité par l'État.

Il y a, dans certains pays, une manière de percevoir l'impôt du timbre, qui est encore plus fictive et indirecte que le
*visa pour timbre*, pratiqué en France. Ainsi, dans le grand-
duché de Bade, il y a un véritable droit de timbre sur les
pétitions et pour les certificats délivrés par les autorités
communales. L'emploi d'un papier timbré pour ces actes est
obligatoire. Mais « lorsque les autorités publiques interviennent pour certaines dispositions dans les affaires des parti-

----

[1] 3 centimes au lieu de 2 depuis la loi du 2 juillet 1862 (article 18).

culiers, on réclame simplement le montant du timbre, qui est payé par le débiteur avec les épices et droits encore à réclamer de lui [1]. » Ce procédé, d'après M. Rau, s'applique aussi en Russie.

Les articles 19 et 21 de la loi du 11 juin 1859, ont introduit en France la faculté d'acquitter le droit de timbre imposé aux effets de commerce venant de l'étranger ou des colonies, et dans lesquelles le timbre n'aurait pas encore été établi, par l'apposition, sur ces effets, d'un *timbre mobile* que l'administration est autorisée à vendre et à faire vendre.

Ce timbre *mobile*, analogue aux timbres postaux, était déjà, avant notre loi de 1859, connu et usité en Autriche et en Angleterre. Il paraît même que, dans le premier de ces pays, le timbre mobile a tout à fait remplacé, depuis 1854, le papier timbré. Ce système peut avoir quelques désavantages en comportant certaines fraudes, et il peut aussi être un peu moins productif pour le Trésor, là où il est généralisé, en occasionnant du retard dans l'apposition des timbres. Mais il comporte certains avantages pour la commodité de l'approvisionnement.

La perception de l'impôt du timbre est confiée, en France, par la loi du 11 février 1791, et l'arrêté du 4 brumaire an IV, à l'administration de l'enregistrement et des domaines.

Ainsi que le fait remarquer A. Smith [2], pour son époque et son pays, il est permis de répéter encore aujourd'hui qu'on ne se plaint pas beaucoup en France de cet impôt. Il n'y apporte pas d'incommodité « au delà de celle qui est toujours inévitable, c'est-à-dire de payer l'impôt. » C'est, du reste, une source de revenu assez considérable pour l'État, car ce revenu s'est élevé, en 1857, à 54,601,530 fr., en 1858 à 53,000,167 fr. et en 1861 à 58,438,052 c. Les

---

[1] *Amtliche beiträge sur statistik des grossherzogthums Baden,* p. 163.
[2] *Richesse des nations,* t. II, l. V.

frais de perception et d'exploitation ne vont pas au delà de 3 pour 100.

En Angleterre l'impôt du timbre a été établi en 1671. Depuis cette époque un nombre de lois considérable, dont les plus importantes sont des 44e 48e, 55e années de Georges III et de la 3e année de Georges IV, et dont certaines sont assez récentes, comme les ch. LIX et LXIII des 16e et 17e années de la reine Victoria, sont venues le modifier et l'étendre, au point que dès 1841, d'après un ouvrage sur cet impôt, cité par Mac Culloch (*Chitty's treatise*), on ne comptait pas moins de 616 cas différents auxquels l'impôt était applicable.

Mac Culloch s'est plaint [1] de ce que depuis lors l'obscurité de la loi n'avait fait qu'augmenter et que très-souvent il fallait avoir recours aux tribunaux pour juger les différends avec le *Stamp-office*. Ultérieurement et dans une seconde édition de son ouvrage il a signalé des améliorations introduites, sous ce rapport, en 1850. Le contribuable peut, du reste, en cas d'erreur de sa part, payer le supplément de droit, plus une amende légère pour rétablir la validité de son acte.

Nous allons donner quelques détails sur les statuts du timbre britannique, sans pouvoir garantir leur conformité *en tout* avec le *dernier* état d'une législation aussi compliquée.

Le timbre atteint, en Angleterre, les journaux [2], polices d'assurances, nominations à certains emplois, licences, certificats, etc.

Ainsi, l'admission aux fonctions d'*advocate* devant les hautes cours d'Angleterre et d'Écosse, devant les cours d'amirauté et les cours ecclésiastiques, fut soumise, par le statut de la 48e année du règne de Georges III, à un droit de timbre

---

[1] *A treatise on the principles and practical influence of taxation of the funding systems.* (Ch. VII, *Stamp and legacy duties.*)

[2] M. Gladstone a proposé, le 10 février 1860, l'abolition du droit de timbre sur les journaux, qui remonte, en Angleterre, à 1712.

de 50 liv. st. ; les *attorneys*, *sollicitors* et clercs assermentés ne paient que 25 liv. st., plus un droit supplémentaire qui variait d'après le même statut de 1 liv. 10 s. à 75 liv., suivant leurs émoluments dans les affaires où l'on pouvait les évaluer officiellement, et que le statut de la 55e année a élevé depuis 2 liv. jusqu'à 200 liv. Les membres des cinq *inns of courts*[1], les professeurs de médecine payent 25 liv. ; les docteurs en médecine 10 liv.

Mac Culloch ajoute que les droits de timbre les plus importants sont ceux qui portent sur les différentes sortes d'aliénations, baux, contrats hypothécaires, successions, legs, en faisant remarquer qu'ils n'ont pas, comme dans les autres pays de l'Europe, au moyen de l'enregistrement, l'avantage de faciliter la preuve des contrats et de prévenir certaines fraudes. Aussi les frais de perception de cet impôt sont-ils très-minimes, car il n'y a ni enregistrement ni inscription hypothécaire qui s'y rattache, par suite aucuns frais autres que la fabrication du papier.

Le droit de timbre, en Angleterre, n'est pas seulement proportionnel aux sommes portées sur les actes : il est aussi basé sur la nature particulière de chaque acte, et il est aussi fixe dans certaines circonstances. Ces droits sont, du reste, d'une incidence très-variée ; ils portent depuis longtemps sur les cartes, les dés [2], même les étiquettes de pharmaciens, qui ont rendu, sous le nom de *medicines*, 44,389 liv. st. dans

---

[1] On appelle *auberges de cour* certains lieux de réunion situés à Londres, et qui sont pour ainsi dire des centres de stage et des résidences pour les membres du barreau. Voir dans l'ouvrage récent de lord Stanhope sur W. Pitt les détails relatifs à l'acquisition d'une chambre dans un de ces *Inns*, par le jeune avocat, futur premier ministre de la Grande-Bretagne.

[2] D'après un recueil chronologique écrit en langue anglaise, il y eut, en 1775, 3,000 paires de dés soumises au timbre. — *The Tablet of Memory*, etc., London, 1809. Les cartes ont rendu 11,183 liv., et les dés, 30 liv., dans l'année finie au 5 janvier 1850. Les deux articles réunis ont produit 14,574 liv. dans l'année finie au 31 mars 1857.

l'année finie au 31 mars 1837 ; certains bonbons (*ginger and peppermint lozenges*) en sont exemptés par l'art. 54 de l'acte de la 55° année de Georges III, ch. CLXXXIV). Les chapeliers ont été aussi tenus à certaine époque de coller au fond des chapeaux sortant de leur boutique un petit papier du *stamp*. Dans ces divers cas je pense, comme Smith et Mac Culloch, que l'impôt devient un impôt de consommation : il se rapproche au contraire de nos patentes lorsqu'il concerne les permissions pour vendre en détail de l'ale, du vin, des liqueurs spiritueuses, etc.

Outre le droit de timbre fixe exigé pour chaque nature d'acte, le trésor britannique perçoit un supplément par chaque masse de 1,080 mots au-dessus de ce nombre une fois compté. Ce droit n'est pas moins de 1 liv. 5 s. dans les actes de vente.

D'après Mac Culloch et divers autres recueils [1], les droits de timbre *ad valorem*, se rapprochant à certains égards de notre droit proportionnel d'enregistrement, intéressent en Angleterre presque toutes les transactions importantes de la vie civile et commerciale.

Le droit qui porte sur les ventes et mutations diverses, comprises sous le nom de *conveyances*, était, il y a quelques années :

| | |
|---|---|
| Pour une somme de 20 liv. st. de . » | 10 s. |
| De 20 à 50 liv. . . . . . . . | 1 liv. |
| De 50 à 150 liv. . . . . . . | 1 liv. 10 s. |

et ainsi de suite jusqu'à la somme de 100,000 liv. pour laquelle le droit est de 1,000 liv. Au-dessus de cette somme la taxe était invariable. Le droit a été diminué d'environ moitié : mais il a été rendu plus élastique et il suit toute la progression des valeurs auxquelles il est applicable.

[1] *Taxation*, p. 277 et suiv. *Cabinet Lawyer*, 1832, p. 677 à 688.

Les *bills of exchange* pour les transactions faites dans l'intérieur du pays sont soumis à un droit qui varie, par degrés, de 1 sch. à 1 liv. 5 sch. pour les billets de 40 sch. à 3,000 liv. et à deux mois de date ; au delà de ce terme de paiement, les droits sont de 1 sch. 6 d. à 1 liv. 10 sch. pour les mêmes sommes. Quant aux *bills of exchange* avec l'étranger, ils ne paient qu'un sch. 6 d. au-dessous de 100 liv. [1] et à 3,000 liv. ils ne doivent que 15 sch. Les billets à ordre paient une taxe analogue variant un peu avec la longueur des délais de paiement ; les quittances doivent 2 d. de 2 à 5 liv., 3 d. de 5 à 10 liv., et ainsi de suite jusqu'à 10 sch. pour 1,000 liv. et au-dessus.

Les obligations (*bonds*), souscrites par une ou plusieurs personnes, au-dessous de 50 liv. paient 1 sch. 30 d. et sauf les intervalles de l'échelle progressive, cette proportion de 2 sch. 6 d. ou 1/8 pour 100 est appliquée jusqu'aux valeurs de 300 liv. en tenant compte seulement des différences de 50 liv. ; au-dessus de 300 liv., chaque centaine ou partie de centaine de livres en sus entraîne un droit additionnel de 2 sch. 6 d.

Le droit sur les baux est, d'après Mac Culloch, de 1/2 pour 100 de la rente.

Les pièces de procédure, jugements, copies, mémoires, et en général les actes du pouvoir judiciaire sont soumis à un droit de timbre variant avec la nature de ces actes.

Les inventaires paient un droit *ad valorem*, qui est, à ses deux extrémités, de 10 sch. pour une valeur de 20 à 100 liv., et de 22,000 liv. pour un million de liv. et au-dessus.

Un point qui distingue spécialement de notre législation celle du *stamp* britannique est la rigueur des sanctions usitées dans celle-ci.

---

[1] 55ᵉ année de Georges III.

Ce n'est pas seulement une amende modérée qui atteint le contribuable en défaut relativement à l'emploi du timbre ; dans certains cas, les actes non timbrés sont destitués de force légale : les contraventions sont punies d'amendes considérables et étendues à tous ceux qui y participent ; par exemple, l'article XI de l'acte de la 53ᵉ année de Georges III (ch. CLXXXIV), prononce une amende de 50 liv. st. contre ceux qui *émettent*, *acceptent ou payent* des lettres de change non timbrées.

On peut juger de l'augmentation rapide d'importance que cet impôt a suivie en Angleterre par les rapprochements suivants ; à l'époque d'Arthur Young [1], il rapportait au fisc 1,330,000 liv. st. (et ne coûtait d'ailleurs à recouvrer que 5,661 liv. st., ce qui ne faisait pas 1/2 pour 100), tandis qu'en 1843 il a produit 6,753,032 liv. st., et d'après M. Rau, dans l'année finie au 31 mars 1857, près de 7 millions 1/2.

L'exhaussement successif des tarifs, surtout en ce qui concerne les assurances contre les risques d'incendie et de mer, a dû susciter, on le conçoit, bien des murmures dans un pays essentiellement commerçant et maritime comme l'Angleterre. Aussi, dans une brochure de M. Mac Grégor, officier du *Board of trade*, dont Bastiat rend un compte très-succinct dans son ouvrage sur *Cobden et la Ligue* [2], l'auteur proposait-il d'exempter du timbre les assurances contre les risques de mer et d'incendie. Nous reviendrons plus particulièrement sur cette application spéciale du timbre britannique et sur plusieurs autres dans la série des *actes* imposés que nous étudierons successivement.

Rappelons, pour terminer, que l'administration du *timbre*, confiée longtemps en Angleterre à un *board* spécial, a été

---

[1] V. Garnier, traduction de Smith, t. IV, p. 438.
[2] Introd., p. 54.

réunie à celle des *taxes* et de l'excise dans un *board* unique
nommé *conseil du revenu intérieur.*

En Russie, l'impôt du timbre existe depuis longtemps [1].
Il n'est pas le même pour les actes judiciaires et pour les
actes notariés. Dans le premier cas, il y a trois sortes de
papier timbré distingués par les instances des tribunaux qui
en exigent l'emploi; le prix en est de :

> 30 kopecks (1 fr. 20 c.)
> 60    id.     (2 fr. 40 c.)
> 90    id.     (3 fr. 60 c.)

Les feuilles soumises à ce tarif ne servent que comme feuilles principales de chaque dossier; les feuilles supplémentaires coûtent, pour chacune des trois instances, 15, 30 ou
60 kopecks (60 c. 1 fr. 20 et 2 fr. 40). On en emploie un
très-grand nombre, et pour les plus petites affaires, les frais
de timbre seuls s'élèvent jusqu'à 50, 100 et 1,000 roubles
(200, 400, 4,000 fr.)

Le papier timbré employé en Russie pour les actes notariés
paraît proportionné aux sommes que les actes concernent :
il varie depuis 90 kopecks jusqu'à 1,200 roubles (de 3 fr.
60 c. à 4,800 francs). M. Tourgueneff dit que l'impôt du timbre rapporte beaucoup au gouvernement [2], et cependant le
tableau des revenus de la Russie en 1812, tel qu'il est donné
par M. Tanski [3], ne porte pour le timbre et l'enregistrement
ensemble que 5,500,000 roubles, c'est-à-dire 22 millions de
francs. D'après le *Nord* du 3 avril 1863, le timbre produit
en Finlande 421,000 *marks.*

L'impôt du timbre a joué aussi un rôle dans les finances
polonaises. Il y avait été introduit en 1768 et portait non-

---

[1] V. *Moniteur* du 3 novembre 1859 et le livre de M. Tooke sur l'Empire russe
(publié à la fin du siècle dernier).

[2] *La Russie et les Russes*. Paris, 1847, t. II, p. 394.

[3] Tableau statistique, politique et moral du système militaire de la Russie, p. 21.

seulement sur tous les papiers constatant des actes publics ou des privilèges, mais encore sur les almanachs et les cartes à jouer. M. Golenski, qui nous a laissé ces détails dans une thèse latine imprimé à Cracovie [1], ajoute que l'impôt était désigné sous le nom de *papier stemplowy*.

Dans le budget danois de l'année 1853-54, on voit figurer parmi les recettes indirectes l'excédant net des produits du timbre, montant

Pour le royaume proprement dit à 475,000 risd. ;

Pour le Schleswig, à 65,000 ;

Pour le Holstein, à 89,520.

En 1758, d'après Moreau de Beaumont, le papier timbré, en Suède, était affermé 60 mille écus, c'est-à-dire environ 180 mille francs. Sous le nom de *Chartæ sigillatæ medel*, on retrouve aujourd'hui l'impôt du timbre en Suède. M. Rathsman donne la succession des produits de cet impôt depuis 115,884 risdales *species* en 1810, jusqu'à 488,344 risdales *banco* en 1850. Il ne faut pas confondre avec ce revenu ce qu'on appelle dans le budget suédois *Kontroll stœmpel medel*, et qui désigne les droits de contrôle sur l'or, l'argent et l'étain. Certains droits de timbre dénommés sous le titre de *Chartæ sigillatæ rekognition*, et qui formaient avant 1823 un chef de revenus distinct, paraissent avoir été confondus depuis lors avec l'ensemble de l'impôt du timbre en Suède.

En Hollande, d'après Moreau de Beaumont [2], tous les actes, conventions, engagements, testaments, devaient être faits sur papier timbré, à moins de nullité et d'une amende de 200 florins. Pour les testaments le droit est, dit cet auteur, proportionnel à la fortune, aussi s'élève-t-il depuis 3 sous la feuille jusqu'à 300 florins. Les lettres de change

---

[1] *De tributis et vectigalibus aliisque oneribus in Polonia*, p. 46.

[2] *Impositions en Europe*, t. I<sup>er</sup>, p. 224.

et billets de commerce sont, ajoute-t-il, exempts de cet impôt. La Hollande actuelle a tout à la fois des droits de timbre, d'enregistrement, d'hypothèque et de greffe, augmentés de centimes additionnels considérables (au nombre de 38 en 1846). Le *principal* des droits de timbre s'était élevé en 1846, d'après M. Engels [1], à 1,243,115 fl.

En Espagne, suivant M. Conte [2], l'impôt du timbre commence à peine à occuper une place importante dans le cadre des contributions publiques. Le décret du 8 août 1851 a modifié avantageusement le système de 1845, relativement à cet impôt, dont le produit était évalué, à l'époque où écrivait M. Conte, à 38,500,000 réaux.

L'impôt du timbre est levé dans le canton de Vaud, ainsi que nous l'apprend M. Philippon dans son écrit récent sur les impôts de ce canton [3].

En Allemagne, les droits de timbre se divisent en *timbre classifié* (*Classenstempel*), et *timbre proportionnel* (*Werthstempel*). Les premiers diffèrent de prix suivant la nature des actes, comme le timbre de dimension diffère en France suivant l'étendue du papier. D'après M. Rau, ce genre de timbre s'appliquerait aux affaires purement *personnelles*, tandis que l'autre serait en rapport avec les sommes énoncées dans les actes relatifs à la *fortune*.

En Prusse, où l'impôt du timbre a été organisé le 7 mars 1822, les prix des timbres sont constamment proportionnels aux sommes inscrites sur les actes, quelque considérables qu'elles soient. Cette élévation indéfinie du droit avec la somme qu'il atteint est, il faut le reconnaître, plus logique et plus équitable que la limite arbitraire fixée en Autriche, où l'on ne tient compte, si nous nous en référons aux ren-

[1] P. 266.
[2] T. II, p. 140 et suiv.
[3] P. 6, 9, 10, 16, 19, 20, 27 et 32.

seignements de M. de Tegoborski, d'aucun accroissement de valeur au delà de 8,000 florins, le maximum du prix du timbre étant de 20 florins. Mais, d'un autre côté, il faut remarquer, à l'avantage de ce dernier pays, qu'en Autriche le premier degré de l'échelle est de 3 kreutzers, c'est-à-dire 12 c. environ, tandis qu'en Prusse, il s'élève à 5 silbergros, valant à peu près 60 centimes, c'est-à-dire 5 fois autant qu'en Autriche.

En Autriche, depuis la loi de finances de 1802, dont le tarif a été assez sensiblement abaissé par celle du 20 janvier 1840, cet impôt est devenu pour l'État une source de revenus assez considérable. Il atteint comme timbre fixe : les titres et documents (*Urkunden*), taxés, lorsqu'aucune valeur n'y est spécifiée, à 30 kreutzers, ainsi que les protêts et certificats de toute sorte, avec un supplément de 10 kreutzers par chaque feuille supplémentaire ; les actes des autorités judiciaires et les actes officiels en dehors de la juridiction des tribunaux ; les gazettes et autres feuilles périodiques politiques payant, à savoir : les journaux de l'empire, 1 et 2 kreutzers, suivant leur dimension, et les journaux étrangers, 3 kreutzers ; les almanachs et les cartes à jouer, les livres de commerce à raison de 10 kreutzers par feuille de 4 pages, et même les bilans et extraits de comptes courants de commerçant à commerçant ; les certificats des écoles et ceux qui sont délivrés aux ouvriers et aux domestiques, à raison de 6 kreutzers [1].

Le timbre proportionnel sur les actes qui contiennent énonciation de sommes d'argent, se divise en 12 échelons, depuis 3 kreutzers. pour 20 florins., jusqu'à 20 florins. quand la somme est supérieure à 8,000 florins.

Pour les lettres de change, la taxe est réglée comme il suit :

[1] Tegoborski, *Des finances et du crédit de l'Autriche*, t. II, p. 295 et suiv.

Jusqu'à 100 florins, 6 kreutzers ;
De 100 à 1,000          15   id.
De 1,000 à 2,000        30   id.
Au delà de 2,000        1 florin.

La loi de 1840 a supprimé le droit de timbre d'un dixième sur les héritages, qui n'existait plus, du reste, que dans la Gallicie et quelques autres provinces de l'Autriche, ainsi que le droit dit *mortuarium*, sorte de taxe mortuaire fixe, perçue jusque-là sur tous les héritages indistinctement, en dehors du droit du dixième. Il a été rétabli un droit de ce genre en 1850. Nous en reparlerons ultérieurement.

Le *gradations stempel* de Bavière est généralement de 1 à 2 pour mille des valeurs portées dans les actes qui y sont soumis.

M. Hoffmann, qui a traité d'une manière approfondie et intéressante tout ce qui concerne l'impôt du timbre en Prusse, donne la décomposition suivante et le *pourcent*, comme on dit aujourd'hui quelquefois (en anglais *percentage*), des produits divers de cette taxe sur une moyenne de 16 années.

Voici cette décomposition :

Timbre ordinaire. . . . . . . . . . . . . . . . .   52,471
Ventes d'immeubles. . . . . . . . . . . . . . . .   22,374
Timbre judiciaire. . . . . . . . . . . . . . . . .   10,238
Procurations, passe-ports, livrets de domestiques. . . . .    3,877
Lettres de change. . . . . . . . . . . . . . . . .    2,761
Journaux, almanachs et cartes à jouer. . . . . . . . .    7,588
Revenu extraordinaire. . . . . . . . . . . . . . .      691

                                                    100,000

Le produit de l'impôt du timbre en Prusse était à cette même époque de 3,050,888 thalers en moyenne. Le produit le plus fort par tête était de 11 à 12 silbergros dans le Brandebourg et à l'autre extrémité de 4 à 5 silbergros dans la province de Posen [1].

Enfin, le papier timbré est encore une forme de revenus

[1] V. p. 438 à 442 du livre de M. Hoffmann.

en Belgique et même en Bulgarie, dans le Maryland et dans l'Inde anglaise [1].

Le produit de l'impôt du timbre, comparé chez divers peuples, est extrêmement variable, à cause de l'extrême diversité des législations financières à ce sujet, plusieurs actes taxés dans certains pays étant exceptés dans d'autres, ou atteints par l'enregistrement comme en France.

Voici à cet égard quelques chiffres extraits du savant ouvrage de Rau [2] :

Grande-Bretagne, pour l'année terminée au 31 mars 1857, — 7,396,685 liv. st.

France, en 1859, — 54,280,000 fr.

Autriche, en 1856, revenu net, — 10,822,514 fl.

Prusse, en 1858, — 4,090,000 th.

Belgique, moyenne de 1855 à 1858, — 3,418,943 fr.

Bavière, 1855, — 1,100,000 fl. net.

Sardaigne, 1855, — 5,295,795 fr., sans compter les cartes à jouer.

Bade, 1858, — 62,080 fl.

Grand-duché de Hesse, 1857 à 1859, — 500,000 fl.

Nassau, 1858, — 224,700 fl.

Hanovre, 1854, 160,000 th.

Saxe, 1858-1860, — net, 258,000 th.

On voit par tout ce qui précède que les droits de timbre sont presque universellement répandus en Europe. Cette faveur est due sans doute à la clarté et à la précision des lois qui, en général, les ont établis, aux garanties de bonne foi et de validité qu'en retirent les actes qui y sont soumis, à la modération de la taxe; dans plusieurs pays au moins,

---

[1] *Moniteur* du 13 juillet 1853 et du 13 septembre 1857.

Le produit du timbre dans l'année expirant au 30 avril 1856, a été confondu avec celui de la poste et a donné un total pour l'Inde anglaise de 17,414,825 livres sterling.

[2] § 232 note *a* de la 4ᵉ et dernière édition.

à la manière facile dont s'en opère le recouvrement; car c'est le contribuable qui verse de lui-même au trésor un argent toujours prêt, puisque le paiement de ce droit coïncide précisément d'ordinaire avec des opérations de commerce beaucoup plus importantes; enfin, au peu de frais qu'en entraîne la perception. Cependant il est inutile de rappeler par quel concours de circonstances la résistance de l'Amérique du Nord à l'établissement de cet impôt y est devenue le point de départ de l'émancipation des États-Unis.

Tous les écrivains ne reconnaissent pas, d'ailleurs, à cet impôt les qualités qu'il paraît avoir s'il est modéré. Voici ce qu'a écrit un auteur moderne sur les impôts qui atteignent les actes, et en particulier sur les droits de timbre :

« Les actes par lesquels les citoyens contractent entre eux des engagements de crédit, de société, de mandat et de travail, dit M. Courcelle-Seneuil [1], sont généralement utiles à la production. C'est donc un non-sens économique de les imposer. On en peut dire autant des actes auxquels donnent lieu les contestations judiciaires. Si les impôts qui les frappent n'étaient acceptés et en quelque sorte consacrés par la coutume, on serait bien étonné aujourd'hui qu'on osât les proposer..... L'économie politique ne réprouve pas moins ceux qui sont établis sur les communications de la pensée entre les hommes, comme le droit de timbre sur les journaux, sur les brochures et surtout sur le papier. Les impôts du timbre ne se soutiennent que parce que leur perception est facile et peu coûteuse ; c'est en effet leur seul mérite. »

M. Rau, plus favorable au droit de timbre perçu sur les actes judiciaires ou administratifs, comme compensation d'un travail imposé aux employés de l'État, qu'au droit de timbre sur les actes entre particuliers, émet une censure

---

[1] *Traité théorique et pratique d'Économie politique,* t. II, p. 231.

beaucoup plus modérée de la taxe du timbre, et conclut sa dissertation sur le mérite de cet impôt [1] en ces termes utiles à méditer :

« Le revenu tiré du timbre, dit-il, ne peut être justifié que dans une mesure restreinte, sauf beaucoup de réserve et d'adoucissement dans l'application, et notamment sous les règles suivantes :

« 1° Le droit ne doit être imposé qu'aux écrits au sujet desquels la perception et la surveillance sont faciles et l'attrait de l'infraction restreint. La taxation d'un grand nombre d'actes privés est un expédient financier qu'un système de taxes perfectionné permet d'écarter ;

« 2° Les droits doivent être bas et proportionnels, autant que possible, aux sommes auxquelles ils se rapportent ;

« 3° Les indigents et les établissements charitables doivent être exemptés [2] ;

« 4° Les lois sur le timbre doivent être simples, d'une intelligence facile et sans ambiguïté, afin que les contribuables puissent éviter les amendes ;

« 5° Les amendes pour les contraventions provenant de l'ignorance ou de la négligence doivent être légères. »

---

[1] § 232.

[2] Dans le canton de Vaud, les actes concernant des valeurs minimes sont exempts de timbre, ainsi que nous l'apprend M. Philippon. Mais la valeur minime n'est pas absolument correspondante à l'indigence des parties contractantes. La règle de M. Rau est, sous ce rapport, d'un mérite contestable, et c'est plutôt pour les impôts directs que pour les impôts indirects qu'elle est susceptible d'application.

# CHAPITRE II.

## DE L'ENREGISTREMENT.

L'enregistrement, dans son ensemble, est une institution financière et civile qui forme une branche importante du revenu public; mais cette institution a ce caractère spécial entre les autres impôts, qu'elle touche de tous les côtés au *droit civil*, et par des points souvent si délicats, que l'on peut compter, suivant M. Laferrière, plus de 2,500 arrêts de la cour de cassation sur des matières d'enregistrement. Aussi, un éminent jurisconsulte de nos jours a-t-il dit : « La loi sur l'enregistrement est, pour nous autres légistes, la plus noble ou pour mieux dire la seule noble entre toutes les lois fiscales [1]. » A quoi un financier allemand a cependant répondu que les difficultés juridiques auxquelles donne lieu l'impôt de l'enregistrement lui enlèvent une partie de ses avantages financiers.

L'origine historique des droits de mutation, en France, paraît remonter à la féodalité [2]; on en trouve la trace aux xᵉ et xıᵉ siècles ; les historiens du Languedoc citent des mo-

---

[1] Troplong, article de la *Gazette des Tribunaux*, cité par Dalloz et par Block, p. 760, *Dict. d'Administration.*

[2] Championnière et Rigaud, Introduction, § 23, *Traité des droits d'Enregistrement, de Timbre, d'Hypothèques*, etc.

numents de l'an 956 et de l'an 1079, qui prouvent que déjà les seigneurs percevaient des droits sur les transmissions de propriété. Les *lods et ventes* étaient perçus sur l'aliénation des *censives*; les droits de *quint* sur l'aliénation des *fiefs*; les droits de *rachat* étaient exigés pour les successions roturières; les droits de *relief* pour l'investiture et la succession des fiefs; l'usage, favorisé par les jurisconsultes coutumiers qui souvent luttaient contre la féodalité, affranchit cependant des droits seigneuriaux les transmissions en ligne directe. Le droit naturel fut plus fort sur ce point que le droit féodal[1].

La jurisprudence féodale, pour garantir l'efficacité des *droits*, exigeait l'exhibition des titres d'aliénation et la déclaration des successions : en l'absence de l'une ou de l'autre, elle autorisait la preuve des mutations secrètes.

Les droits de mutation qui portaient sur tous les biens nobles ou roturiers, et qui n'épargnaient que les biens possédés en *alleu*, alimentaient le fisc des seigneurs qui s'en étaient toujours montrés fort avides. La fiscalité royale s'instruisit des exemples de la fiscalité féodale et l'on vit successivement s'établir dans la législation française les droits de *contrôle*, d'*insinuation* et de *centième denier*, établis ou développés par divers édits de 1581, 1671, 1693, 1699, 1705, 1708, 1722. Les droits de contrôle ne représentaient dans l'origine que le salaire de la formalité du contrôle, dont le but était d'assurer la fixité de date des contrats et d'empêcher les effets de la mauvaise foi[2].

[1] V. Dalloz, *Jurisprudence générale*, v. ENREGISTREMENT, sur tout ce qui regarde la législation française.

[2] Forbonnais mentionne, en divers endroits, le *contrôle*. Son établissement sur tous les actes sujets à signification en 1671. Soulèvement général contre. M. Colbert lui-même conseilla de retrancher ce droit, préférable selon l'auteur à l'augmentation du *droit de gros*, t. Ier, p. 447. — Assujettissement au contrôle des actes des notaires, en 1693. Source considérable de revenu. C'est un élément de justice distributive nécessaire au maintien des États qu'un impôt qui pèse surtout sur les riches, t. II, p. 67.

Mais si l'intérêt du justiciable fut toujours mis en avant, ce but « indiqué, dit M. Dalloz, par le législateur dans l'édit de 1693, qui organisait le contrôle, et répété dans la loi de 1790, ne fut qu'une déception et il a été entièrement perverti par l'élévation progressive du droit fiscal, qui fût resté une institution éminemment utile s'il n'eût été que le salaire en quelque sorte des officiers préposés à l'enregistrement des actes intéressant les citoyens. »

Cette sorte d'hypocrisie ne fut pas le seul défaut des droits de contrôle, d'insinuation et de centième denier, sur les détails et la distinction desquels il serait peut-être fastidieux de s'arrêter, et qui n'étaient pas les seuls qui grevassent les actes et les mutations, puisqu'on percevait encore d'autres droits fiscaux sous les noms d'*ensaisinement, de droits réservés, droit de nouvel acquêt*, etc. Dans cette multiplicité de droits, il y avait une cause incessante d'abus. « Et, toutefois, ajoute M. Dalloz, ces abus s'accrurent encore lorsque les droits de contrôle et de centième denier furent compris dans la ferme générale. La perception se trouva dès lors soumise à des règles obscures, incomplètes, arbitraires, et il y eut un désordre dont Malesherbes, dans ses remontrances au roi au nom de la cour des aides, en 1775, a retracé le tableau en ces termes : « Votre Majesté saura que tous les droits de
» contrôle, d'insinuation, de centième denier, qui portent sur
» tous les actes passés entre les citoyens, s'arbitrent suivant
» la fantaisie des fermiers ou de leurs préposés, que les pré-
» tendues lois sur cette matière sont si obscures et si incom-
» plètes, que celui qui paie ne peut jamais savoir ce qu'il
» doit; que souvent le préposé ne le sait pas mieux, et qu'on
» se permet des interprétations plus ou moins rigoureuses,
» suivant que le préposé est plus ou moins avide ; qu'il est
» notoire que tous ces droits ont eu sous un fermier une
» extension qu'ils n'ont pas eu sous d'autres. D'où il résulte

» évidemment que le fermier est le souverain législateur
» dans les matières qui sont l'objet d'un intérêt person-
» nel; abus intolérable et qui ne se serait jamais établi si
» ces droits étaient soumis à un tribunal, quel qu'il fût;
» car, quand on a des juges, il faut bien avoir des lois fixes
» et certaines. »

Malesherbes conclut en disant : « Un impôt établi sous le
» spécieux prétexte d'augmenter l'authenticité des actes et de
» prévenir les procès, force souvent vos sujets à renoncer
» aux actes publics et les entraîne dans des procès qui sont
» la ruine de leurs familles [1]. »

Les droits de contrôle n'étaient point assis non plus d'une
manière proportionnelle dans l'ancien régime.

« Le contrôle, disait un auteur du dernier siècle [2], est fixé
par l'art. 3 du tarif à 5 livres pour cent pistoles, sur les
sommes qui sont au-dessous de 10,000 livres ; ce qui monte
à 7 livres 10 sols, en y comprenant les 10 sols par livre ; et
ce droit est réduit à 20 sols par cent pistoles, au-dessus de
dix mille livres; ce qui fait 30 sols, en y comprenant les
10 sols par livres. »

« Les conventions des pauvres gens du peuple sont toujours au-dessous de 10,000 livres ; ils sont donc assujettis
au droit de 7 livres 10 sols par 1,000 livres [3].

» Et les riches qui sont ordinairement ou nobles ou privilégiés et dont les conventions ont le plus souvent des ob-

---

[1] *Essai sur la vie, les écrits et les opinions de Malesherbes,* par M. le comte
de Boissy d'Anglas, t. I, p. 266 ; Dalloz, v. ENREGISTREMENT, *Jurisprudence générale,* t. XXI. V. dans un sens analogue le chapitre IX° du livre XIII de l'*Esprit
des Lois* dans lequel Montesquieu préfère le timbre à l'enregistrement.

[2] Gaultier de Biauzat, dans ses *Doléances sur les surcharges que les gens du
peuple supportent en toute espèce d'impôts,* etc., 1788, in-8°, p. 220.

[3] M. Sorel cite une assertion de Le Trosne dans son ouvrage sur l'*Administration provinciale* et la *Réforme de l'impôt,* assertion suivant laquelle le contrat
de mariage de deux pauvres gens qui apportaient en dot chacun 50 livres, aurait
coûté 159 livres de droits de contrôle.

jets de valeur au-dessus de 10,000 livres, ne sont taxés
qu'au cinquième des pauvres... »

« Et lorsqu'il y a absolue nécessité de procéder par actes authentiques, les riches ont recours aux notaires de
Paris qui ont le privilége d'exempter du droit de contrôle, au moyen d'un autre droit, connu dans cette communauté sous le nom de timbre, et qui produit le centième
au plus de ce que le droit de contrôle produirait au trésor
royal [1]. »

Un autre écrivain disait aussi, en parlant du contrôle et
du centième denier, au moment de la Révolution : « Que
» d'abus à réformer ! que de prévarications à dévoiler ! La
» suppression des rangs et des titres exige un nouveau tarif
» et le chaos ténébreux des agents de la ferme appelle le
» scalpel de la réforme [2]. »

L'assemblée constituante réagit, au point de vue historique et au point de vue économique, contre le régime des
impôts de l'ancienne monarchie.

Elle réagit contre le régime féodal, en abolissant de suite
tous les droits qui représentaient l'ancienne servitude, la
féodalité *dominante*; quant aux droits qui se rattachaient aux
conventions et qui représentaient la féodalité *contractante*,
comme les *lods et ventes*, les droits de *rachat* et autres, qui
étaient appelés *droits casuels*, et qui constituaient vraiment
des impôts de mutation au profit des seigneurs, l'assemblée
nationale procéda non par voie d'abolition, mais par voie de
conversion et d'indemnité. L'assemblée constituante maintint donc, au profit des ex-seigneurs, les droits de *lods et
ventes* et autres *droits casuels;* seulement elle en autorisa le

---

[1] *Ibid.*, p. 225. L'auteur ajoutait que le droit de timbre était à Paris de 19 sols
par feuille, ce qui faisait 15 sols et quelques deniers de plus que le timbre qui se
percevait sur les provinces.

[2] *Exposition de l'état où se trouve le département du Cantal, ci-devant la
Haute-Auvergne, relativement aux impositions*, etc., par F. Leygonye, 1790.

rachat [1]. L'assemblée législative abolit les droits casuels, à moins qu'ils ne fussent la condition et le prix de la concession primitive [2]. La Convention effaça toute distinction et supprima tous les droits et redevances par le fameux décret du 17 juillet 1793, qui ordonnait que les titres féodaux seraient brûlés sur la place publique.

Mais si l'assemblée constituante avait maintenu les *lods et ventes*, elle attaqua fortement les doctrines de la ferme générale en matière de contrôle, d'insinuation et de centième denier.

Le décret du 5 décembre 1790 constitua l'enregistrement. Le but que la loi se proposait expressément était de soumettre les actes des notaires et les exploits des huissiers à cette formalité, pour assurer leur existence et constater leur date. Le décret comprenait, sous le nom d'enregistrement, les droits d'*actes* et les droits de *mutation* ; mais il reposait sur une base toute nouvelle, en ce que les conventions écrites et les mutations par décès étaient seules frappées de l'impôt : les mutations secrètes n'étaient soumises à aucune investigation ; les actes sous seing privé, mentionnés en d'autres actes, ne pouvaient donner lieu à des recherches et des droits ; ils n'étaient assujettis à l'impôt qu'au moment de la présentation à l'enregistrement. Du reste, la loi de 1790 divisait en trois classes les actes soumis à son tarif : dans la première étaient compris tous les actes concernant des valeurs déterminées et imposées au droit proportionnel, depuis 5 sols jusqu'à 4 livres pour 100 livres ; dans la seconde étaient rangés tous les actes portant sur des objets non évalués, comme les contrats de mariage, les testaments, et le droit était établi à raison du 15ᵉ du revenu des contractants, évalué d'après la cote d'habitation ; enfin les actes de simple

[1] Décret du 15 mars 1790.
[2] Décret du 18 juin 1792.

formalité, fournis à un droit fixe, formaient la troisième classe.

La loi de 1790, comme beaucoup d'autres lois de la même époque, était plus favorable aux citoyens qu'à l'État. On sentit plus tard le besoin de la modifier. L'adresse du 24 juin 1791 parlait cependant avec assez de faveur des taxes sur les actes, taxes qui « n'exigent pas que le percepteur aille troubler la paix du citoyen. Elles lui donnent au contraire motif d'intérêt d'aller chercher le percepteur dont il reçoit un service public utile pour assurer la date des actes qui constituent les propriétés et pour donner à ces actes une authenticité plus grande [1]. »

L'objet de la loi de vendémiaire an VI, entre autres dispositions de garantie pour le Trésor, était d'atteindre les mutations *sans actes*, quand il y avait présomption légale de mutation. La mutation pouvait être établie d'après l'art. 33, soit par des paiements de contribution foncière, soit par des baux, soit par tous autres actes ou transactions constatant la propriété ou la jouissance nouvelle. C'était un premier retour aux principes anciens, et c'était, en même temps, une transition à la loi fondamentale du 22 frimaire an VII.

La loi de l'an VII eut pour but « *d'étendre la contribution* » du droit d'enregistrement à toutes les mutations qui en » étaient susceptibles, d'en régler les taux et quotités dans de » justes proportions, afin d'améliorer les revenus pu- » blics. »

Cette loi a refondu et abrogé toutes les lois antérieures (art. 73); elle n'a pas donné à l'enregistrement, comme le décret de 1790, l'effet de *constater la date* des actes notariés, date qui résulte suffisamment de l'authenticité des actes ; mais seulement la date certaine des actes sous seing privé. L'objet

[1] Voir dans le même sens une lettre de Dupont de Nemours à J.-B. Say, lui expliquant pourquoi il a *conservé* l'enregistrement.

de l'enregistrement à l'égard des actes d'huissiers et des jugements est aussi d'en *assurer* l'existence, et l'exploit ou le procès verbal non enregistrés dans les délais sont même frappés de nullité.

La loi du 22 frimaire an VII atteint les mutations *sans actes* et reproduit certaines dispositions de l'ancien droit, sauf l'injustice des taxations arbitraires flétrie par Malesherbes.

Le droit actuel repose sur la loi de l'an VII et sur la loi additionnelle du 27 ventôse an IX, pour les bases de la perception et pour ce qui regarde l'application des principes du droit civil; c'est là ce qui constitue aujourd'hui le code de l'enregistrement. Mais le tarif des droits de l'an VII a été modifié par diverses lois, notamment par celles des 28 avril 1816, 15 mai 1818, 16 juin 1824, 21 avril 1832 et 24 mai 1834.

Une loi de 1849 a créé aussi une sorte de droit d'*amortissement* pour les biens dits de *mainmorte*, droit dont nous avons déjà parlé à propos de l'impôt foncier.

L'enregistrement est une formalité qui consiste dans la relation d'un acte civil ou judiciaire ou d'une mutation sur un registre à ce destiné par la loi.

La forme matérielle et les effets de l'enregistrement ont été spécialement étudiés dans la seconde partie du savant traité de MM. Championnière et Rigaud. L'étude de cet ouvrage consciencieux montre assez quel a été le développement d'idées spéciales occasionné par l'application de cet impôt de l'enregistrement, dont les rapports avec le droit civil marquent le caractère propre dans l'ensemble de nos lois fiscales.

Les droits d'enregistrement sont ceux que l'État perçoit sur les actes civils ou judiciaires et sur les transmissions de propriétés mobilières ou immobilières.

La formalité de l'enregistrement a deux objets :

1° Un *service public* dans l'intérêt des contractants, des tiers, des parties plaidantes et de la société en général ;

2° La constitution d'un *impôt* dans l'intérêt de l'État.

Le caractère obligatoire de la formalité doit être considéré différemment, suivant la forme et la nature des actes.

L'enregistrement est légalement obligatoire, après certains délais, lorsque les actes émanent de certains officiers publics (art. 20 de la loi de l'an VII), et aussi dans les cas de mutation de propriété ou d'usufruit, à savoir :

1° En cas de mutation de propriété immobilière ou d'usufruit d'immeubles, à titre gratuit ou onéreux, dans le délai de trois mois. (Loi de l'an VII, art. 22.)

2° En cas de successions légitime, testamentaire et contractuelle, pour les biens mobiliers et immobiliers, dans le délai de six mois. (Article 24.)

Il n'y a point de délai de rigueur pour l'enregistrement des autres actes, qui doivent seulement être enregistrés préalablement à tout usage devant la justice ou toute autre autorité constituée. (Art. 23.)

La mutation des immeubles en propriété ou en usufruit peut, du reste, être établie indirectement par des présomptions, à l'égard desquelles l'art. 12 de la loi de l'an VII reproduit presque textuellement l'art. 33 de la loi de l'an VI.

La cause des droits seigneuriaux de *lods* et *ventes*, de *rachat* et de *relief*, était la nécessité féodale de l'ensaisinement et de l'investiture; c'était la nécessité du consentement du seigneur à l'aliénation, à la transmission des biens, selon le droit coutumier. Les droits de mutation et de succession, « en passant du seigneur féodal à la société, » ont grandi de toute la différence de l'intérêt privé à l'intérêt public, de l'exploitation de l'homme par l'homme

» à la contribution du citoyen [1]. » La société qui s'est approprié les droits de mutation de l'ancien régime ne les appuie pas sur la même base : nous retrouvons ici un élément qui entre dans la base constitutive de tous les impôts, la protection publique, qui se trouve en quelque sorte dans la racine de l'impôt, comme l'intérêt public est dans le profit de sa perception et de son application. La propriété dans ses mouvements et ses transmissions, a besoin de la protection sociale, et l'impôt des mutations représentées par des actes, déclarées ou autrement prouvées, peut, jusqu'à un certain point, être considéré comme le prix de cette protection grossi par la pensée fiscale, qui a cru pouvoir saisir le capital dans sa circulation comme dans sa possession stable. C'est au moment où l'héritier du sang, le successeur testamentaire ou l'acheteur vont profiter d'un capital ou d'une propriété nouvelle, que la société réclame une sorte de prime pour la garantie publique de la mutation ou, en tout cas, un prélèvement au moins aussi rationnel sur la circulation de la richesse que celui qu'elle perçoit sur l'entrée des denrées exotiques dans un pays, ou sur la production et le débit de telle ou telle matière de consommation.

Les droits d'enregistrement sont fixes ou proportionnels. Les droits fixes sont en général le prix d'une formalité; aussi ne sont-ils jamais sujets à restitution. Quand les droits sont proportionnels, l'impôt est assis sur les capitaux, ou, selon l'expression de la loi, sur les *valeurs*; aussi est-il en certains cas sujet à restitution, si les valeurs ne devaient pas l'impôt.

Quand les droits sont-ils fixes? Quand sont-ils proportionnels?

Ils sont fixes quand il n'y a pas de valeurs mises en mouvement. La loi de l'an VII énumère une foule d'actes qui

---

[1] Laferrière, *Histoire du Droit français*, t. II, p. 49.

supportent des droits fixes échelonnés depuis 1 fr. jusqu'à 25 fr. (Art. 68.)

Ils sont proportionnels quand il y a une somme d'argent, une créance, un objet mobilier, un immeuble qui *change de main*, une stipulation de sommes, etc.

Le droit proportionnel est ainsi établi pour les obligations, libérations, collocations. liquidations de sommes et valeurs, et pour toute transmission de biens meubles et immeubles, soit entre vifs, soit par décès. (Art. 4.) Il suit les sommes et valeurs dans une proportion qui varie de 1/4 (25 c.) à 5 pour 100 du capital imposé. Cette augmentation du droit était déterminée, en l'an VII, soit par la nature des biens, — le droit étant plus considérable, aux termes de cette loi du 22 frimaire an VII, pour les immeubles que pour les meubles [1], — soit par celle des actes, et s'il s'agit de donations entre vifs ou de mutations par décès, on a égard aussi à la qualité des personnes appelées à profiter de ces transmissions. Dans le dernier cas, la taxe s'élève progressivement à mesure que le degré de parenté est plus éloigné.

En examinant avec attention les éléments de la loi de l'an VII, on peut dégager le principe général qui sert de base aux droits fixes et aux droits proportionnels.

Qu'on étudie la classification de l'art. 68 ; tous les actes qu'elle renferme ont un caractère commun : ce sont des actes *déclaratifs*.

Qu'on étudie la classification de l'art. 69 ; tous les actes qu'elle renferme ont un caractère commun : ce sont des actes ou des faits *attributifs* de droits ou de propriété.

---

[1] Le motif de cette différence pouvait être entrevu : les valeurs mobilières n'ont point, en effet, la perpétuité, la fixité, les chances de valeur et d'accroissement des immeubles. (M. Gaslonde, Discussion de la loi du 15 mai 1850). Certaines mutations de biens meubles et immeubles ont été cependant soumises à une taxe uniforme depuis quelques années.

« Ainsi, dit M. Laferrière [1], en cherchant la théorie qui
» fonde la distinction des droits fixes et des droits propor-
» tionnels à travers les nombreuses dispositions de la loi,
» on voit qu'en résultat elle se résume dans le caractère
» *déclaratif* ou *attributif* des actes et des faits; là est le
» principe rationnel, le fondement de la distinction. Les
» actes qui ont seulement le *caractère déclaratif* ne font
» point changer de main une valeur, ils n'ont pas d'objet
» imposable; le droit perçu pour l'enregistrement ne peut
» être que le salaire payé à l'État pour l'opération d'un ser-
» vice public. Au contraire, les actes ou les faits qui ont le
» caractère *attributif* ou *translatif* de propriété ou de droits
» analogues, comme ceux d'usufruit, de jouissance, etc.,
» opèrent un changement de mains, transportent une chose
» d'un maître à un autre, ils ont un objet imposable. Il ne
» s'agit plus de percevoir seulement un salaire pour l'opé-
» ration matérielle de l'enregistrement; il s'agit d'une
» valeur, d'un capital que la loi n'avait pas le droit de cher-
» cher dans le domicile inviolable du citoyen, mais qu'elle
» a le droit de frapper, comme toutes les autres propriétés
» apparentes, au moment où le capital se produit au
» dehors, se manifeste soit par un emploi réel et pro-
» fitable, soit par une transmission gratuite. Toute la théo-
» rie de l'impôt d'enregistrement, des droits de mutation et
» de succession, des droits fixes et proportionnels, repose
» sur cette distinction *des actes ou faits déclaratifs et des*
» *actes ou faits attributifs.* »

Certains actes sont enregistrés gratis : ce sont toutes les
transactions qui interviennent entre l'État et les particuliers;

---

[1] M. Laferrière, *Droit public et administratif,* t. II, p. 294. V. toutefois la remarque de M. Demante sur les droits de condamnation qui sont proportionnels bien que dérivant d'un acte *déclaratif. (Exposition raisonnée des Principes de l'Enregistrement,* t. I<sup>er</sup>, n<sup>os</sup> 23 et 23 *bis.*)

l'exception porte ici sur le droit fixe ou proportionnel, elle est fondée sur un motif d'intérêt public ou d'humanité [1].

D'autres actes sont tout à fait dispensés des formalités de l'enregistrement : ce sont les actes des pouvoirs politiques et plusieurs de ceux qui ont rapport à la dette publique : inscriptions sur le grand-livre, transferts, mutations des rentes entre vifs, quittances des intérêts, etc. [2].

Certaines exceptions ont aussi été consacrées pour divers actes relatifs aux contributions publiques ou dignes de faveur à d'autres titres.

Il existe, dans divers États européens autres que la France, de droits fiscaux qui paraissent avoir la même portée et le même but à peu près que nos droits d'enregistrement, quoiqu'ils n'en portent pas le nom même.

Telles sont les taxes que l'on nomme *controllo* ou *registro* en Italie, *confirmations tax* dans le duché de Nassau, *kaufaccise* et *erbschaftsaccise* dans le grand-duché de Bade, *handänderungs abgabe* dans la Suisse allemande.

M. Rau donne, dans son ouvrage si instructif sur la *Science des finances*, de nombreux détails sur les droits d'enregistrement perçus à l'occasion des contrats dans les divers pays de l'Europe [3]. Il fait connaître le produit de cet impôt dans ces mêmes États, et l'on peut remarquer dans les renseignements qu'il fournit à cet égard ce fait exceptionnel, que les *droits de mutation* s'élèveraient, dans le canton de Vaud, jusqu'à 19 p. 100 du revenu public [4]. Dans plusieurs autres cantons suisses, ces droits paraîtraient au contraire avoir récemment disparu.

---

[1] § 2, art 70 de la loi du 22 frimaire an VII.
[2] Même article, § 3, nᵒˢ 1, 2, 3, 5.
[3] § 236.
[4] Sur l'historique des droits d'enregistrement et de mutation dans la commune de Vaud, on peut consulter aussi Philippon, p. 6, 10, 17, 21, 110, 124.

En Belgique, les droits d'enregistrement ont donné, en 1846, 10,581,330 fr.

Dans le Wurtemberg, leur produit a été, en 1844, de 185,000 florins.

*L'immobilien accise* de Bade, qui rapportait en 1830, y compris les droits de succession, une somme de 313,796 fl. a rapporté, en 1846, 621,925 fl.

Dans le nouveau royaume d'Italie, le produit de la taxe générale dite du *Registro*, peut s'évaluer d'après les sept premiers mois de l'année 1862, à 95,916,999,96 livres [1].

En France, l'enregistrement, y compris les droits sur les successions, a donné, en 1850, 183,212,660 fr. de droits constatés. En 1861, les recettes provenant des droits d'enregistrement, de greffe, d'hypothèques et perceptions diverses, ont porté sur 304,756,498 fr. de droits constatés; l'enregistrement proprement dit y figurant pour 277,241,459 fr. [2].

Nos droits d'enregistrement sont remplacés dans certains États et notamment en Angleterre, comme le fait observer M. Rau [3], par les droits de timbre. Ce n'est pas qu'une sorte d'enregistrement ne soit pratiqué dans ce pays pour certains actes [4], mais cet enregistrement ne paraît compliqué d'aucune perception ficale.

Ailleurs, les deux sortes de droits coïncident comme en France, mais le domaine des droits d'enregistrement est

---

[1] Annuario del Ministerio delle finanze del regno d'Italia, p. 530.

[2] Voyez les Comptes définitifs des Recettes de l'exercice 1850, et de l'exercice 1861, rendus par le ministre des finances.

[3] § 236, note *a*.

[4] Telle est du moins à nos yeux la formalité mentionnée sous les termes d, *Registry of the Deeds* ou *Enrollment*. V. à ces deux mots les explications données dans le petit dictionnaire joint au recueil intitulé *The Cabinet Lawyere* 7e édition, Londres, 1832.

(sauf peut-être en ce qui concerne la Belgique et Genève) beaucoup plus restreint qu'en France.

Ainsi, d'après M. Rau, les aliénations d'immeubles seraient seules sujettes à l'enregistrement en Autriche et en Russie, dans le premier de ces États aux taux de 3 1/2 p. 100, dans le second à celui de 4 p. 100 avec un supplément pour les serfs attachés au sol, suivant six classes de territoire dans l'empire, l'évaluation de chaque serf variant de 60 à 150 roubles.

Les droits d'enregistrement s'appliquent, en France, aux mutations par décès. Mais ces mutations donnent lieu, dans certains États, à un impôt spécial ayant sa dénomination propre (*erbschaftsgebühr* en Allemagne, *dritto di successione* en Italie).

Les produits des droits d'enregistrement ont d'autant plus d'étendue que la législation nationale est plus exigeante pour la rédaction par écrit des conventions entre les citoyens et spécialement aussi dans une certaine mesure pour la rédaction des actes en forme authentique.

L'art. 1412 du Code sarde oblige à constater par actes publics un grand nombre de conventions autres que le contrat de mariage, l'hypothèque et la donation, seuls assujettis à cette forme, d'après le Code Napoléon. Il soumet à cette solennité notamment les sociétés et partages qui ont pour objet des immeubles et les baux au delà de 9 ans, etc.

L'art. 1413 ajoute : « A défaut d'actes publics, la preuve des contrats mentionnés dans l'article précédent n'est point admissible; ils sont considérés comme non avenus, lors même qu'on s'est soumis à les rédiger en instrument public dans un temps déterminé et sous une clause pénale : cette clause, ainsi que l'obligation, est sans effet. »

M. Pepoli, dans son rapport sur le budget de l'Émilie,

imprimé à Turin en 1860, dit [1] que la loi parmesane sur l'enregistrement du 23 décembre 1819 est une traduction littérale de la loi française sur l'enregistrement du 23 frimaire an VII, aussi bien que la législation civile du même pays est conforme à la législation française. Il compare les effets de la loi parmesane sur le *controllo* avec ceux de la loi sarde. Voici comment il s'exprime sur les droits d'enregistrement dans les-diverses parties de l'Émilie :

« A Parme, dit M. Pepoli [2], les droits dits de contrôle correspondent, en tant qu'ils frappent les contrats, aux taxes d'insinuation. La loi en date du 23 décembre 1819, qui les règle, est une version littérale de la loi française sur l'enregistrement du 23 frimaire an VII, et en a conséquemment tous les avantages et tous les défauts; la législation civile, à laquelle elle se rattache par une infinité de liens, est également une traduction de la législation française.

« Elle frappe d'une manière obligatoire :

» 1° Les actes notariés de toute nature;

» 2° Les actes des huissiers porteurs de contraintes et des autres agents qui ont la faculté de faire des citations ou des procès-verbaux;

» 3° Les actes et les sentences émanées des juges, des tribunaux et des cours et de leurs greffiers respectifs;

» 4° Les actes des secrétaires des administrations publiques de l'État, des communes et de tout autre corps administratif, emportant vente, louage, fermage ou tout autre contrat ou serment d'employés;

» 5° Les écrits sous seing privé et les actes faits à l'extérieur, contenant des transmissions de propriété ou un usufruit de biens immeubles, un louage, un sous-louage, une

---

[1] P. 80.
[2] P. 80 à 83 du rapport.

cession ou une subrogation de louage, ou une cession temporaire d'usufruit de biens de la même nature;

» 6° Les mutations entre vifs de propriété ou d'usufruit de biens immeubles, présumées par la loi en vertu d'actes déterminés de propriétaire exercées par le nouveau possesseur.

» Il en est de même des louages présumés de biens également immeubles.

» Les actes et écritures de toute autre espèce et nature ne sont pas sujets à la formalité du contrôle et au paiement des droits qui s'y rapportent, si ce n'est dans le cas où on aurait à en faire usage en justice, dans les actes publics ou devant une autorité.

» Comme on le voit, la loi parmesane soumet à un droit obligatoire ou presque obligatoire un nombre d'actes beaucoup plus grand que celui compris dans la loi sarde, mais cependant le produit annuel qui est en moyenne de 542,000 liv. ne s'élève pour chaque habitant qu'à 1 liv. 08, tandis qu'au contraire, en Piémont, le produit annuel de semblables taxes est dans la proportion de 2 liv. 78 pour chaque habitant.

» La différence provient non-seulement des quotités moindres de taxes, appliquées par les lois parmesanes aux contrats principaux et les plus fréquents, mais encore des fraudes qui se pratiquent sur une large échelle, par suite de l'admission de l'écriture privée, non enregistrée en temps utile, comme preuve de la translation de propriété ou d'usufruit d'un immeuble : les contractants, sûrs de la validité de leurs stipulations, quand même elles manqueraient de la formalité du contrôle, n'y présentent pas l'écrit qui est soumis à cette obligation, et ne s'effraient pas de cette contravention, dans l'espoir de frauder les finances de la taxe et de l'amende, s'ils réussissent à tenir caché leur contrat.

» A cet égard, les dispositions des art. 1412 et 1413 du Code civil sarde paraissent excellentes, elles enlèvent la possibilité de semblables contraventions, et il conviendrait de les étendre à toutes les provinces de l'Émilie, ou d'y suppléer par une autre mesure qui forcerait, sous peine de nullité, à rendre publiques les mutations de propriété ou d'usufruit des immeubles, de manière à ce que tout le monde pût facilement les reconnaître.

» Un autre défaut de la loi parmesane existe dans la base de perception, établie pour la taxe sur les donations, qui est la rente cadastrale calculée au taux de 5 pour 100. Cette rente est dans la généralité des cas inférieure à la moitié de la rente nette, et il en résulte souvent l'inconvénient que le contrat de donation d'un immeuble paie une taxe moindre que celle qui est due pour la vente du même immeuble, quoique l'estimation en soit plus élevée.

» Il serait facile d'y porter remède, en adoptant, en rapport avec ce qui est établi pour les ventes, la base de la valeur réelle, déclarée par les parties, avec la faculté pour l'Administration de la faire vérifier par experts, si la valeur déclarée lui semblait au-dessous de la vérité.

» Dans les provinces de Modène, sont sujets à la formalité de l'enregistrement et au paiement de la taxe de 3 pour 100 sur la valeur indiquée dans l'acte, les seuls contrats qui opèrent mutation de propriété ou d'usufruit d'immeubles, sous les titres suivants : *Ventes*, — *Échanges*, — *Donations*, — *Rentes viagères* constituées, soit sur la propriété, soit sur l'usufruit d'un fonds, — *Affranchissements (affrancazioni)* [1], — *Adjudications*, — *Déclarations de command hors le terme*, — *Partages*, s'ils emportent pour l'un des copartageants une cession supérieure à la quote part qui lui est due.

---

[1] Peut-être les réunions de l'usufruit à la propriété.

» En sont exemptées les dots bien qu'elles suivent, quand il s'agit de biens immeubles, les règles des cessions et des donations pour cause de mariage, et les restitutions des mêmes dots, ainsi que les donations ou les cessions à titre gratuit d'immeubles entre ascendants et descendants, entre frères et entre conjoints.

» La base de perception est, comme on l'a dit, la valeur indiquée dans les actes, c'est-à-dire le prix; à son défaut, on y supplée par l'estimation au double de la valeur des fonds, *suivant le chiffre de la province.*

» La loi peut être et est facilement éludée dans les actes de cession ou de renonciation de droits héréditaires, parce que, dans ce cas, la déclaration des dettes et charges que doit supporter celui qui prend l'hérédité n'existant pas, on réussit à soustraire une bonne partie des biens de cette hérédité au paiement de la taxe, sans que l'agent fiscal ait aucun moyen de l'appliquer. Le produit annuel, en moyenne, de ce revenu est de 300,000 livres, et ne s'élève pas à 50 centimes par tête.

» Le système du dépôt aux archives et de l'enregistrement en vigueur dans les provinces de Romagne, tel qu'il a été établi par les lois pontificales du 6 juillet 1816, du 22 novembre 1826, du 19 décembre 1827 et du 24 décembre 1832, se rapproche beaucoup du système de l'insinuation adopté dans les anciennes provinces du royaume; les prescriptions des lois pontificales sont en effet analogues aux dispositions des art. 1422 et 1436 du Code civil sarde en ce sens:

» 1° Qu'il doit être laissé au préposé, c'est-à-dire au receveur des taxes d'enregistrement, copie d'archive des actes notariés, et qu'on est regardé comme n'ayant pas satisfait à l'obligation de l'enregistrement si ladite copie n'est pas remise dans le terme, et si elle n'est pas conforme à l'original et revêtue du sceau. (Art. 28 du règlement du 29 décembre 1827.)

» 2° Que l'enregistrement est le moyen de donner une date certaine aux actes et contrats, et que nul écrit ne peut l'acquérir et être opposable aux tiers que du jour qui suit l'enregistrement ou le dépôt aux archives.

» A la différence cependant des lois sardes sur l'insinuation, les lois pontificales établissent que les copies des actes notariés doivent, après deux ans, être transmises aux archives notariales, autre administration publique tout à fait distincte de celle de l'enregistrement, et indépendante du dicastère des finances.

» Le règlement du pape Léon, en date du 24 décembre 1832, dans lequel fut refondue la plus grande partie des dispositions portées par les précédentes lois sur l'enregistrement, commença par l'énumération des actes exempts de cette formalité, et embrassa ensuite dans une rédaction générale ceux qui ont été fournis à une taxe fixe et à une taxe proportionnelle, ayant ainsi évidemment en vue de frapper d'une manière générale tous les actes de la vie civile constatés par écrit, moins ceux qui ont été nommément exclus; c'est pour cela que dans les Romagnes la loi a une extension encore plus grande que dans les provinces parmesanes, où elle comprend déjà un nombre d'actes supérieur à celui des actes taxés dans les anciennes provinces. »

M. Pepoli termine en critiquant la rédaction compliquée et prolixe, ainsi que l'application injuste et arbitraire qu'avaient faite les préposés du gouvernement pontifical.

Le timbre et l'enregistrement semblent, comme nous l'avons vu, se remplacer mutuellement dans diverses législations de l'Europe. Sous le rapport fiscal exiger un droit d'enregistrement de 6 pour 100 sur un acte de vente, ou imposer à cet acte un papier timbré de prix correspondant, équivaut au même résultat, sauf la difficulté de réaliser dans les prix du papier timbré une proportionnalité rigoureuse, proportionnalité qui est remplacée habituellement par des variétés de timbre applicables à des séries de valeurs déterminées.

On a fait sur ces deux impôts des réflexions qui leur sont parfaitement communes [1].

Mais il en est tout autrement des garanties du droit civil qui résultent de l'une et de l'autre de ces prescriptions, et qui sont surtout nécessaires dans les pays où le ministère du juge n'est point requis pour la constatation des contrats.

La formalité du timbre, imposée à un acte, ne permet guère que d'entraver les antidates assez considérables, celles qui consistent, par exemple, à reporter un acte à une année antérieure à celle de la souscription réelle, puisque, dans divers pays, la marque de l'année peut être constatée dans la pâte du papier timbré. Mais rien n'empêche absolument l'approvisionnement de quelques feuilles anciennes servant à protéger des antidates préméditées avec soin, ou même la contrefaçon qui est à craindre pour des papiers timbrés d'une valeur très-élevée.

Il en est bien différemment de l'enregistrement, qui prescrit la constatation d'une date fixe par un officier public, et qui, de plus, renferme l'analyse de l'acte enregistré.

Une pareille formalité assure la date des actes sous seing privé, et elle confirme souverainement l'autorité des notaires relativement aux actes publics. Un écrivain hollandais a

---

[1] V. *Revue des Deux-Mondes* du 15 février 1863, article de M. Lavallée, sur *la Colonisation moderne :* « Il (le législateur) doit également proscrire les impôts d'enregistrement et de timbre que le génie fiscal a rendus si lourds dans la plupart des métropoles. Ces taxes grèvent la transmission du sol et elles seraient particulièrement fréquentes dans des contrées où il importe que la propriété territoriale conserve les plus grandes facilités pour changer de main, jusqu'à ce qu'elle rencontre un capital suffisant ou un travail assez énergique pour la mettre en valeur. »

très-bien démontré cette supériorité de l'enregistrement sur
le timbre dans un écrit de 1817 [1].

« La loi relative à l'organisation du notariat, dit-il, trace
des règles pour la forme des actes notariés; l'enregistrement en assure l'observation par le contrôle du préposé, qui
doit dénoncer les contraventions à la loi commises par l'officier public, porter l'extrait de l'acte dans un registre et y
faire mention de la date et du nombre de rôles et de renvois
portés par l'acte, et qui est obligé de parafer ce dernier.

» Cette opération sert de frein à tout officier public dont
la moralité pourrait chanceler; elle sert d'égide contre la
calomnie à ceux de ces officiers dont la carrière est sans ta-
che; elle fait la tranquillité du notaire mourant, parce
qu'elle lui garantit qu'un successeur inconnu, qui sera le
dépositaire de ses actes, ne pourra les altérer après son décès et déshonorer sa mémoire. »

L'auteur reconnaît en faveur du timbre l'avantage d'un
*secret* que l'enregistrement découvre; mais il pense que
l'intérêt du citoyen exige plutôt des formalités conserva-
trices de l'*intégrité* de ses transactions qu'un secret absolu [1].

L'écrit que nous citons fut publié alors qu'il s'agissait de
remplacer par l'ancien timbre batave, renouvelé notamment
d'une loi de 1805 et accompagné quelquefois d'un *droit de
mutation*, l'enregistrement établi en Hollande en 1812, et
remis en question après la cessation de la domination française.

Les efforts de M. de Rovère van Breugel furent couronnés
de succès, puisque l'enregistrement, organisé par diverses
lois, du 29 janvier 1818, du 31 mai 1824 et du 16 juin
1832, paraît avoir été toujours, depuis lors, assis sur les

[1] *Des hypothèques, du droit de timbre ou de greffe*, etc., par de Rovère van
Breugel. Bruxelles, 1817, p. 30 et suivantes.

[2] P. 103.

bases générales résultant en France de la loi du 22 frimaire an VII. C'est ce qui nous paraît au moins résulter de ce qui est rapporté à cet égard par M. Engels [1].

M. Rau a émis diverses critiques contre les droits d'enregistrement [2].

Il leur reproche leur inégalité en ce sens qu'ils ne frappent les biens qu'à raison de leur transmission, ceux qui restent longtemps exploités par les mêmes mains ne payant rien au Trésor.

Il ajoute que ces droits atteignent en réalité le capital dans sa circulation, à cause de leur poids considérable, et qu'ils peuvent dès lors entraver certaines mutations.

Il pense que ces inconvénients de la taxe d'enregistrement (dans laquelle il ne comprend pas les transmissions par décès dont il traite sous une autre rubrique) ne sont pas observés dans la vie commune, mais seulement par une soigneuse attention, ce qui explique la conservation de cette taxe dans les pays où elle existe, et où elle donne au Trésor des ressources précieuses.

M. Courcelle-Seneuil, dont les observations semblent peut-être à tort porter sur toute sorte de mutations sans distinction, est encore moins indulgent pour les droits analogues à nos taxes d'enregistrement.

« En réalité, dit-il, il n'existe aucun motif raisonnable pour imposer la transmission des propriétés, soit à titre gratuit, soit à titre onéreux, puisque cette transmission n'entraîne pas après elle de consommation, et que l'importance des propriétés transférées n'a aucun rapport nécessaire avec les revenus de ceux qui les transfèrent. Cet impôt est donc irrationnel et injuste; il peut d'ailleurs donner lieu à la fraude, et par suite de la fraude, à des procès, au grand

---

[1] Pages 266 à 270.
[2] § 238 de la *Finanzwissenschaft*.

dommage de la perception ; le paiement en est réclamé bien
souvent au moment où le contribuable a le moins de fonds
disponibles, parce que l'événement qui donne lieu à la perception survient à l'improviste. Que de dettes contractées
pour payer des droits de succession, et qui ont commencé la
ruine des familles !

» La transmission des propriétés, soit à titre onéreux, soit
à titre gratuit, ne cause aucune diminution des forces productives : le plus souvent même la transmission à titre onéreux par l'achat-vente augmente ces forces en faisant passer
les terres aux mains de ceux qui sont le mieux en état de
les faire valoir. La suppression de l'impôt des mutations est
donc, en tout cas, désirable. Son produit pourrait être remplacé, dans le pays où il existe, par la diminution du nombre des degrés de parenté donnant lieu à succéder *ab intestat* et par un accroissement de l'impôt foncier.

» Qu'est en effet l'impôt sur les mutations d'immeubles,
sinon un impôt mal réparti, et d'une perception coûteuse
sur la propriété foncière[1] ? »

M. Rau a cependant fait ingénieusement remarquer qu'un
droit d'enregistrement se justifie tout à la fois dans une certaine mesure par le service rendu qui résulte de l'enregistrement lui-même, et jusqu'à certain point aussi par l'intention d'atteindre ainsi la circulation de la richesse mobilière, qu'on n'espérait pas frapper autrement[2]. Son opinion
plus réservée et suivant nous plus sage, sait distinguer
l'usage modéré de l'impôt d'avec son abus.

---

[1] *Traité théorique et pratique d'Économie politique*, t. II, p. 230.

[2] Cela a été au moins le cas spécial des droits de succession en ligne directe,
qu'on a proposé, en 1840, dans le canton de Vaud, de faire porter seulement sur
les successions mobilières. (*Des Impôts dans le canton de Vaud*, par J. Philippon, p. 42 )

# CHAPITRE III.

Après avoir donné une idée générale des droits de timbre et d'enregistrement, qui fournissent l'instrument de la perception des taxes sur un grand nombre d'actes et sur la presque totalité de ceux qui sont relatifs aux intérêts civils, nous devons suivre méthodiquement les catégories principales 'd'actes soumis à un impôt, soit sous l'une des deux formes générales que nous avons étudiées, soit de toute autre manière.

Nous mettons au premier rang des actes soumis à un impôt la transmission des biens par décès. Cette transmission étant *nécessaire*, l'impôt a une importance particulière qui a d'autant plus frappé les législateurs que souvent la mutation par suite de décès enrichit considérablement l'acquéreur et change même l'assiette de sa situation sociale.

Les transmissions de biens par décès ont été, dans les temps anciens et modernes, et chez la plupart des peuples, l'objet d'impôts plus ou moins élevés suivant les exigences ou l'état financier des gouvernements; mais ces impôts ont été le plus souvent gradués sur la parenté des successibles. Il est logique, en effet, que la loi établisse une taxe croissante en raison directe de son intervention propre pour consacrer un droit de succession placé moins directement sous l'égide de la nature, et qui, de degrés en degrés, arrive à se perdre enfin dans le droit plus général de la société tout entière. Cette presque unanimité des législateurs pour atteindre ce genre de mutation nous semble être une preuve convaincante de la *justice* de cette taxe et nous révéler en même temps l'élasticité particulière dont elle est douée, ainsi que sa facilité de perception basée elle-même sur les ressources immédiates du contribuable, au moment de l'acquitter. Nous remarquerons avec J.-B. Say [1] qu'ayant payé sur un capital acquis à titre gratuit et sur lequel l'acquéreur n'avait pas toujours le droit de compter, cet impôt est d'une charge peu pénible pour l'héritier; car il est pris sur un bien que le nouveau possesseur n'avait pas encore compris dans ses revenus ordinaires et dont l'État lui demande, au nom des besoins publics, une portion au moment où il le reçoit.

Cet impôt a en outre, ainsi que le fait remarquer M. H. Passy [2], le caractère spécial d'être en un certain sens (autre, suivant nous, cependant que le sens *légal* et *vrai*) le plus direct de tous [3]; en effet, il est impossible à ceux qui les acquittent d'en rejeter la moindre partie sur des tiers. Envisagé dans ses conséquences économiques, il n'a rien d'aussi fâcheux que certains économistes l'ont prétendu. Il n'y a jamais qu'un accroissement de la fortune déjà acquise qui en rende passible; il ne fait qu'atténuer l'avantage attaché à l'entrée en possession d'un surcroît de richesses ; il n'entrave aucune opération et ne vient peser en aucune

---

[1] *Cours d'économie politique*, t. II, p. 394.

[2] Art. *Impôt* du *Dictionnaire de l'économie politique*.

[3] M. Thiers dit avec raison que cette nature de contribution participe de l'impôt direct par la propriété sur laquelle elle repose, et cependant qu'elle est variable comme l'impôt indirect, puisqu'elle dépend du mouvement des choses, hausse ou baisse avec la prospérité régnante, comme les droits sur les consommations. « C'est, ajoute-t-il, un véritable impôt indirect sur la propriété. » (*De la Propriété*, livre IV.)

manière ni sur l'industrie ni sur la situation antérieure de
ceux qui l'acquittent. Cet impôt ne nous paraîtrait donc
injuste et préjudiciable que par son excès, car il diminuerait
alors dans une notable proportion le fonds dont l'importance
règle le développement ou l'entretien de l'industrie du
pays.

La principale objection contre les taxes frappant les successions et les translations de propriété du mort au vif dépend, dit Ricardo cité sur ce point par Mac Culloch, de la
circonstance qu'elles tombent entièrement sur un capital
sans occasionner probablement un effort pour le remplacer,
ni sans aiguillonner l'activité et l'économie. « Si, suivant
» cet économiste [1], un legs de 1,000 liv. st. est sujet à une
» taxe de 100 liv. st., le légataire considère son legs comme
» étant seulement de 900 liv. st. et ne trouve pas de motifs
» particuliers de retrancher les 100 liv. st. de droits sur sa
» dépense; au contraire, s'il avait reçu les 1,000 liv. st et
» s'il était obligé de payer les 100 liv. st. au moyen d'une
» taxe sur le revenu, sur le vin, les chevaux, les domesti-
» ques, il voudrait probablement diminuer ou du moins ne
» pas augmenter sa dépense de cette somme, et le capital
» du pays ne serait point réduit. »

Il peut cependant être très-inopportun, comme le fait observer Mac Culloch [2], d'imposer ou d'accroître l'une des taxes
indiquées par Ricardo, et pourvu que la taxe des successions
soit renfermée dans des limites convenables, il doute avec
nous que les considérations exposées par Ricardo méritent
beaucoup de poids. La petite influence qu'a la taxe sur les
légataires est peut-être, ajoute-t-il, justement indiquée par
ce dernier écrivain; mais il faut se mettre dans l'esprit que

[1] *Principes d'économie politique*, ch. VIII.
[2] *A Treatise on the principles and practical influence of taxation and the
funding system. (Ch VII, Stamp and legacy duties; section II, Legacy duties.)*

l'individu qui laisse une propriété sait qu'elle sera soumise à l'impôt à son décès, et a par conséquent un motif additionnel pour épargner, afin que ses héritiers ne soient pas grevés par le paiement de la taxe.

Examinons si les législations fiscales des divers pays, dans leurs rapports avec les mutations de biens par décès, n'offrent pas à la pratique certaines bases équitables exemptes de toute vexation à l'égard des contribuables, en suivant les modifications périodiques que les progrès de la civilisation et ceux de l'industrie ont nécessairement fait introduire, ou qui seraient encore à désirer dans la législation sur cet objet important.

En remontant aux premières années de l'empire de Rome, nous trouvons le plus ancien exemple d'une taxe sur les successions qui fut imposée par Auguste aux Romains sous le nom de *vicesima hæreditatum*, ou vingtième denier des héritages, dont le produit, dit Tacite, était affecté à l'entretien de la caisse militaire. Dion Cassius (liv. LV) nous informe que ce droit était levé sur toutes les successions, legs et donations à cause de mort, excepté sur celles du degré le plus rapproché et sur les pauvres. Pline a donné quelques-unes des raisons de la première exception ; en parlant de la *vicesima*, il l'appelle un *tributum tolerabile et facile hæredibus, duntaxat extraneis, domesticis grave.* Et un peu plus loin il ajoute : *Itaque illis* (c'est-à-dire aux étrangers), *irrogatum, his* (aux proches), *remissum videlicet, quod manifestum erat, quanto cum dolore laturi seu potius non laturi homines essent, distringi aliquid et abradi bonis quæ sanguine, gentilitate, sacrorum denique societate meruissent, quæque nunquam ut aliena et speranda, sed ut sua semperque possessa, ac deinceps proximo cuique transmittenda cepissent.* (*Panegyricus*, cap. XXXVII.)

En addition à ces raisons pour exempter de la *vicesima*

les successions des proches, Adam Smith [1] a fait observer
que la mort d'un père est assez rarement suivie d'un accroissement de fortune, mais parfois d'une véritable diminution
de revenu des enfants qui vivent dans la même maison que
lui ; que si le cas se présente, la charge d'une taxe sur
son héritage doit évidemment être une blessante et cruelle
aggravation de la perte qu'ils ont éprouvée ; mais que, d'un
autre côté, la mort des chefs de famille met parfois aussi la
richesse à la disposition de leurs enfants et autres descendants, et sous ce rapport il n'y a point, suivant lui, de bon-
nes raisons pour exempter les enfants d'un droit très-modéré.

Malgré les exemptions qu'elle comportait, la *vicesima hœreditatum* n'avait pas été, suivant ce que rapporte Hegewisch
dans son ouvrage sur les finances romaines, reçue à Rome
sans difficulté [2].

Ce droit qui frappait, d'après ce que dit aussi Dureau de la
Malle [3], sur les héritiers collatéraux et sur tous les citoyens
romains, à moins qu'ils n'héritassent comme agnats en
vertu des Douze Tables, devint l'objet de diverses modifications. Néron, Trajan délivrèrent de cette charge un plus
grand nombre de citoyens ; les étrangers, les provinciaux
en étaient exempts, et c'est pour les soumettre à cette taxe
que Caracalla conféra le droit de cité romaine à tous ses
sujets ; on défalquait néanmoins de la matière imposable,
dit le même auteur, les frais funéraires, les dettes et les
pensions alimentaires, avant de payer l'impôt.

Les administrateurs chargés de percevoir la *vicesima hœreditatum* et d'apprécier les motifs d'exemption allégués par les
contribuables ainsi que de déduire les charges, s'appelaient

---

[1] *Richesse des nations*, liv. V.
[2] Historischer Versuch, etc., p 201.
[3] *Économie politique des Romains*, liv. IV, ch. xxi.

*procuratores* ou *promagistri XX* (*vicesimæ hœreditatum*).

On voit par une loi insérée au Digeste (XLVII, 11, 10), qu'il fallait posséder moins de 50 *aurei* pour pouvoir être rangé dans la classe des pauvres exempts à ce titre. L'*aureus* équivalait à 27 fr. 94 c. de notre monnaie actuelle sous César, chiffre qui, multiplié par 50, donne la somme de 1,400 fr. environ. La valeur de l'*aureus* aurait, du reste, un peu décru sous Auguste et ses successeurs, d'après Dureau de la Malle, en s'abaissant jusqu'à 24 fr. 93 c. sous les Antonins.

Hegewisch semble admettre que l'exemption était plutôt fondée sur l'infériorité de la succession que sur celle de la fortune du successeur.

Il pense qu'à raison de la grandeur des richesses romaines et de l'habitude du célibat, les mutations sujettes à l'impôt étaient fréquentes et le produit fiscal considérable. « Les riches célibataires, dit-il [1], qui évitaient le mariage pour satisfaire librement et tranquillement leurs passions étaient entourés d'amis et de flatteurs qui supportaient tous les caprices et toutes les bizarreries de leurs opulents patrons pour être inscrits dans leur testament. Non-seulement les auteurs satyriques qu'on pourrait taxer d'exagération, mais encore les prosateurs qui écrivent de sang-froid racontent les cajoleries à l'aide desquelles on cherchait à capter la succession des célibataires [2]. »

Auguste avait fixé le terme de rigueur pour l'acquittement du vingtième à cinq jours après le décès, qui devait être suivie immédiatement de l'ouverture du testament. Le Digeste accorde en sus aux absents un délai d'un jour par vingt milles de distance.

L'avide Caracalla éleva cette taxe au dixième, et pour hâter le paiement du droit il le frappa d'un intérêt de 12

[1] P. 202.
[2] *Historischer Versuch über die Römischen Finanzen*, p. 203.

pour cent, qui prenait cours à partir de l'échéance. Son successeur ramena à son taux primitif l'impôt qui fut supprimé à une époque ultérieure, dont la date exacte est restée inconnue.

Dans l'ancienne législation française, les jurisconsultes en s'appuyant sur les principes du droit romain pour lutter contre le droit fiscal, avaient fait admettre l'exemption des droits de contrôle et de centième denier pour les successions et institutions contractuelles en ligne directe. Les lois de 1790 et de l'an VII ont rejeté l'exception favorable à la ligne directe.

Les jurisconsultes français considèrent en général la succession directe comme fondée à la fois sur le droit naturel et le droit civil, et lorsque les héritiers dans cette ligne recueillent les biens paternels, ils peuvent croire qu'ils prennent possession définitive des biens sur lesquels ils avaient déjà certains droits, au moins dans les limites de leur réserve légale. Il semblerait donc que la transmission en ligne directe pourrait être exempte de l'impôt des successions. Toutefois il ne faut pas oublier ce principe que l'impôt est le prix de la protection sociale ; les enfants qui héritent de leurs père et mère recueillent les fruits de cette protection ; ils doivent contribuer à la maintenir par un impôt sur les biens dont ils avaient la juste expectative, mais qu'ils ne possédaient pas en véritable copropriété. Seulement le taux de cette contribution doit être d'autant plus faible que le droit des héritiers dérive plus directement du droit naturel de succession.

Le principe régulateur de l'impôt des successions est donc de mesurer sa quotité sur la distance de la parenté. Moins les degrés sont rapprochés, moins par conséquent le successible devait compter sur la succession, et plus aussi la société peut élever le prix de sa protection. L'impôt se combine ainsi avec l'expectative plus ou moins éloignée que le successible pouvait avoir à l'égard des biens qui lui sont transmis. De ce principe à celui d'un impôt *progressif* sur les successions et donations, quant à leur importance, la distance est du reste infinie.

Aux termes de la loi française du 22 frimaire an VII, les déclarations de successions doivent être passées par les héritiers dans les six mois, à partir du jour du décès; s'ils négligent d'accomplir cette formalité, ils sont condamnés à payer un demi-droit en sus. Toutefois, lorsque les notaires et autres officiers publics ont reçu des actes relatifs aux successions, c'est à eux qu'incombe la responsabilité de les faire enregistrer dans les délais prescrits : le défaut d'enregistrement donne lieu contre eux à une condamnation pécuniaire ou au double droit, qu'ils sont obligés de payer à titre d'amende.

Une difficulté de l'assiette de cet impôt, c'est l'évaluation des biens. L'impôt étant assis sur le capital, il importe d'en bien connaître la valeur. L'article 14 de la loi du 22 frimaire an VII énumère les divers éléments qui doivent servir de base à cette appréciation. Pour la transmission des immeubles à titre gratuit, et notamment par décès, il faut prendre vingt fois l'évaluation du revenu. Pour les mutations à titre onéreux, c'est au contraire le prix énoncé dans l'acte qui détermine le montant du droit. Si le prix paraît inférieur à la valeur réelle, l'administration peut requérir une expertise. Le principe de l'établissement des droits sur un multiple du revenu fait peser le droit différemment sur les maisons de ville, sur les maisons de campagne, sur les terres en culture. Il favorise aussi certains pays dans lesquels la valeur vénale est supérieure au revenu dans une plus forte proportion que dans d'autres régions.

En matière de succession, le fisc perçoit en France le droit d'après la valeur des biens, sans tenir compte des charges.

Il est impossible, suivant M. H. Passy, de concilier cette matière d'opérer avec les règles de l'équité. Des chiffres peuvent faire ressortir l'énormité de cette injustice en matérialisant la critique exprimée par le savant économiste et par tant d'autres écrivains.

Vous héritez de votre frère ou de votre oncle, qui possédait 500 mille francs d'immeubles sur lesquels il devait 450,000 fr.; vous aurez néanmoins à payer au fisc 32,500 fr.

Quelques jours après, un de vos amis hérite également de son frère ou de son oncle, qui a laissé 500,000 fr. aussi en valeurs immobilières, mais libres de toutes dettes; il n'aura cependant à payer que les mêmes droits que vous, à savoir 32,500 fr.

D'où il résulte que, pour entrer en possession d'une fortune de même nature, mais neuf fois plus importante que la vôtre, cet ami aura à acquitter, contrairement à toute base logique et équitable, la même charge, et environ 29,000 fr. de moins que vous, relativement à l'émolument définitif des deux successions recueillies. Il est évident que le système français, qui n'est pas suivi, ainsi que nous le constaterons bientôt, généralement sous ce rapport, a été fondé sur la crainte des fraudes pouvant résulter de dettes simulées.

Un point essentiel, selon le même économiste que nous venons de citer, est que l'impôt établi sur les mutations par décès ne soit exigible qu'avec des délais, de façon à ce que les nouveaux propriétaires puissent se libérer au moyen des revenus des biens dont ils héritent, sans être obligés de contracter des emprunts ou de faire des ventes préjudiciables. Tel est le motif, sans doute, du délai de six mois accordé par l'administration de l'enregistrement, et qui paraît suffisant, au moins, pour les cas ordinaires dans lesquels le droit ne peut être considéré comme entamant le capital.

La loi fondamentale du 22 frimaire an VII n'a pas cessé

d'être applicable dans la plupart de ses dispositions. Cependant, elle a été modifiée par celles du 27 ventôse an IX, du 28 avril 1816, du 21 avril 1832, enfin par la loi de finances du 18 mai 1850, qui complète la série des actes législatifs sur la matière de l'enregistrement. La plupart de ces changements consistent en élévations de tarifs.

En 1816, les besoins du Trésor l'obligeant à chercher des ressources dans l'accroissement des impôts, les droits fixes et proportionnels subirent une élévation considérable. Les lois du 15 mai 1818 et du 16 juin 1824 eurent pour but et pour effet de ramener la taxe sur certains actes à un taux plus modéré, mais sans toucher aux droits sur les mutations par décès. Comme chaque révolution crée presque toujours de nouveaux besoins, souvent même en allégeant certaines charges préexistantes et qui sont frappées de quelque impopularité, le gouvernement introduisit dans la loi de finances, en 1832, un nouveau tarif qui augmenta les droits sur les donations entre vifs et mutations par décès de biens meubles et immeubles en ligne collatérale et entre personnes non parentes. Sur le rapport de M. Humann, cette proposition fut adoptée ; elle n'apporta aucun changement au droit de mutation par succession en ligne directe. La faveur accordée par la loi de 1816 aux donations entre vifs par contrat de mariage fut maintenue. Depuis cette époque, la taxe est de 7, 8 ou 9 pour 100, pour les immeubles, suivant le degré de parenté collatérale. Le dernier chiffre n'atteint même que les personnes non parentes. On peut comparer dans le tableau ci-dessous les droits de succession résultant de cette législation.

*Tableau indicatif des droits de mutation par décès perçus à la suite
de la loi de 1832.*

| QUALITÉ DES HÉRITIERS. | DROIT PAR 100 FR. | |
|---|---|---|
| | meubles. | immeubles. |
| | fr.  c. | fr.  c. |
| En ligne directe. . . . . . . . . . . . . . . . . | 0 25 | 1 » |
| Entre époux. . . . . . . . . . . . . . . . . . | 1 50 | 3 » |
| Entre frères et sœurs, oncles et tantes, neveux et nièces. . | 3 » | 6 50 |
| Entre grands-oncles et grand'tantes, petits-neveux et petites- | | |
| nièces, cousins germains. . . . . . . . . . . | 4 » | 7 » |
| Entre parents au delà du 4ᵉ degré et jusqu'au 12ᵉ. . . . . | 5 » | 8 » |
| Entre personnes non parentes. . . . . . . . . . | 6 » | 9 » |

En 1848, un projet d'impôt progressif sur les successions et donations fut proposé par M. Goudchaux, ministre des finances, à l'assemblée constituante. Le projet fut soumis à une commission composée de MM. Deslongrais, Gaslonde, A. Dubois, Barillon, Besnard, Chauffour, Douesnel, Durand de Romorantin, Gouttai, Mathieu Bodet, de Laussat, Dupont (de Bussac), Regnard et de nous-même comme rapporteur.

La commission, dans son rapport en date du 1ᵉʳ septembre 1848, concluait à écarter du projet le caractère progressif, mais elle avait accepté, du reste, quelques idées du projet gouvernemental, par exemple certaine élévation des droits; le rapprochement des droits imposés à la transmission des meubles et à celle des immeubles était substitué par la commission à l'assimilation des droits sur ces deux sortes de biens proposée dans le projet ministériel. Le projet donna lieu, suivant le système parlementaire alors porté à son maximum de liberté, à une multitude d'amendements. Il fut discuté dans les séances du 30 janvier et du 1ᵉʳ février 1849. Le droit proposé sur la transmission des immeubles en ligne directe fut rejeté comme trop considérable par l'assemblée constituante, et M. Passy, nouveau ministre des finances, manifesta l'intention de remanier le projet soumis aux délibérations de l'assemblée.

M. Fould réalisa à cet égard certaines modifications en
1850, en empruntant quelque chose aux études faites en
1848. Ces modifications atteignirent une espèce de valeurs
qui jusque là avait été épargnée et firent cesser la vieille
distinction établie entre les meubles et les immeubles, et
que les progrès de la civilisation, en exhaussant successivement l'importance des valeurs mobilières, tendent à faire
disparaître.

Désormais les mutations par décès et les transmissions
entre vifs à titre gratuit d'inscriptions sur le grand livre de
la dette publique ont été soumises au même droit que les
successions ou donations ordinaires ; et par là a cessé un
privilége très-contestable.

Cette loi du budget des recettes de 1850 (15 mai), art. 10,
a soumis aussi à ce même impôt les mutations par décès de
fonds publics et d'actions des compagnies ou sociétés d'industrie et de finances appartenant à des étrangers et dépendant d'une succession réglée par la loi française.

Le cours moyen de la Bourse au jour de la transmission
sert de base pour déterminer le capital.

Les dispositions de la loi du 18 mai 1850 ont été considérées comme devant donner aux recettes de l'État, actuellement, une valeur de plus de 27 millions, c'est-à-dire 15 millions 750 mille francs pour les sept derniers mois de 1850.
D'après les comptes de recettes, ce résultat ne paraît pas avoir
été atteint immédiatement pour beaucoup plus de moitié.
En 1849 le produit du droit avait été de 34,285,709 fr.
(centimes non compris). En 1850 il a été de 42,023,743 fr.,
à savoir :

| | |
|---|---|
| En ligne directe. | 11,799,634 fr. |
| Entre époux. | 8,002,537 |
| En lignes collatérales diverses. | 20,823,536 |
| Entre individus non parents. | 5,198,036 |
| Total. | 42,023,743 |

Dès 1851, le produit s'élevait à 49,493,718 fr.

En 1858, il a été :

| | |
|---|---:|
| En ligne directe. . . . . . . . | 19,362,068 fr. |
| Entre époux. . . . . . . . . | 8,415,007 |
| En lignes collatérales diverses. . . | 34,225,435 |
| Entre non parents. . . . . . . | 8,622,729 |
| Total. . . . . . . . . | 70,625,239 |

M. Gouin, rapporteur du budget des recettes, répondant aux adversaires de l'égalité des droits, sur les meubles et les immeubles, disait que les raisons qui jusqu'alors avaient fait admettre une différence de taxe entre les divers genres de biens ne subsistaient plus dans l'époque actuelle.

En l'an VII, en effet, les valeurs mobilières ne constituaient pas, comme de nos jours, une grande partie de la fortune de la France. Le vieux prestige particulier à la propriété foncière n'était pas tout à fait effacé.

On pouvait toutefois alléguer, à l'appui de l'ancienne différence des droits, la valeur d'accroissement particulière aux propriétés foncières, et faire aussi observer que le mode d'évaluation des immeubles tendait souvent à leur attribuer un allégement de taxe qu'une proportion différente dans le taux même de l'impôt pouvait seule racheter.

L'estimation des immeubles en capital, suivant le denier vingt par rapport au revenu est, en effet, pour les transmissions à titre gratuit de ces biens, une sorte d'avantage que le gouvernement a eu la pensée de détruire en établissant la proportion généralement plus exacte du denier vingt-cinq, suivant une proposition portée au corps législatif dans la session de 1852, mais qui a été retirée peu de temps après. Voici le détail des droits actuels sur les mutations par décès :

*Tableau indicatif des droits de mutation par décès perçus depuis* 1850.

| QUALITÉS DES HÉRITIERS. | DROIT PAR 100 FR. | |
|---|---|---|
| | Meubles.<br>fr. c. | Immeubles.<br>fr. c. |
| En ligne directe. . . . . . . . . . . . . | 1 » | 1 » |
| Entre époux (en vertu de testament). . . . . . . . | 3 » | 3 » |
| Entre frères et sœurs, oncles et tantes, neveux et nièces. . | 6 50 | 6 50 |
| Entre grands-oncles et grand'tantes, petits-neveux et petites-nièces, cousins germains. . . . . . . . . . | 7 » | 7 » |
| Entre parents au delà du 4ᵉ degré et jusqu'au 12ᵉ. . . . | 8 » | 8 » |
| Entre personnes non parentes (y compris les conjoints appelés en vertu de la loi). . . . . . . . . . . . | 9 » | 9 » |

Le décime de guerre, établi temporairement par la loi du 14 juillet 1855, et rétabli au même titre en 1862, sur les droits d'enregistrement, a pu soulever quant aux droits de mutation par décès, des objections spéciales.

Comme ces droits portent sur la totalité de biens de certaines familles, on peut voir une sorte d'impôt sur les fortunes, établi par la loterie de la mort, dans un impôt spécial et temporaire sur les successions.

M. Rau traite en particulier, à propos des *Gebühren* [1] de l'Allemagne, des droits sur les successions, et il paraîtrait résulter de ce qu'il rapporte à cet égard que sur plusieurs points du continent européen, ces droits, qui sont généralement, du reste, gradués partout suivant le degré de parenté entre le défunt et le successible, ainsi que nous l'avons fait observer plus haut, sont moins développés que dans la législation fiscale française.

En Allemagne, l'*Erbschaftaccise* de Bade, établie par une loi du 4 janvier 1812, exempte les descendants en ligne directe, ne demande aux ascendants, neveux et nièces, conjoints, frères et sœurs, que 1/3 pour 100 de la succession, et 2 pour 100 seulement aux autres successeurs.

[1] § 237.

La loi bavaroise du 11 septembre 1825 fait porter un droit de 1/4 pour 100 sur les successions échues à des héritiers aux 3º et 4º degrés. Le taux s'élève à 3 pour 100 pour les parents les plus éloignés et à 5 pour 100 pour les successeurs non parents.

Dans le grand-duché de Hesse, la taxe sur les successions a produit 6,500 florins de 1857 à 1859.

En Autriche, l'impôt sur les successions, établi en 1759 et réglé aussi par une patente du 8 septembre 1810, était fixé sur le pied de 10 pour 100, mais il n'atteignait pas les héritiers du sang. Les héritages au-dessus de 100 florins de valeur et différents objets déterminés, comme les lots dans les loteries, les intérêts dans les mines, les meubles, le linge, les vêtements, les outils d'agriculture, étaient exempts d'impôt. Enfin les dettes étaient déduites de l'actif de la succession.

L'impôt, après avoir été aboli en 1840, a été rétabli, comme branche du timbre en 1850. Les héritiers en ligne directe payent 1 pour 100 ; les collatéraux rapprochés 4 pour 100 ; les autres successeurs 8 pour 100. Le produit pour l'Autriche a été, d'après M. Rau, de 3,366,321 florins en moyenne de 1853 à 1856 et il était en voie d'accroissement au moment où cet auteur écrivait la dernière édition de son livre [1].

La taxe sur les sucessions résulte en Prusse d'un droit de timbre sur les mutations [2].

---

[1] Voy. Rau, § 405 : A. Ritter von Hauer, *Beitraege zur Geschichte der œsterreichischen Finanzen*; et Tégoborski, *Des finances et du crédit public de l'Autriche*.

[2] D'après M. Hofmann (p. 423 et suiv.), les successions d'une valeur nette non supérieure à 50 florins sont exemptes en Prusse de la taxe qui est perçue régulièrement, soit par l'autorité fiscale, soit par les tribunaux chargés du partage. Les successions ou legs en ligne directe sont pareillement exempts de droit.

Il en est de même des legs pour services rendus jusqu'à concurrence de 300 thalers. En dehors de ces exemptions, on perçoit un droit qui varie suivant les échelons de 1, 2, 4 et 8 0/0.

M. de Reden a mentionné la *Collateral Erbsteuer* de Mec-
klembourg-Schwerin [1].

Dans le canton de Vaud, les droits de succession s'élèvent
jusqu'à 9 pour 100 [2].

Dans celui de Lucerne, au rapport de M. Rau, les héritiers
directs et conjugaux sont exempts. Pour les autres, le droit
est gradué de 2 à 12 pour 100.

En Russie, les collatéraux et les étrangers, seuls soumis à
l'impôt, payent 4 pour 100.

La taxe sur les successions, abolie à la chute de la domination française dans les États continentaux de la maison de
Savoie, y a été rétablie en 1821 et aggravée en 1851, suivant
ce que rapporte M. Cibrario, dans son livre sur l'origine et
les progrès des institutions de la monarchie de Savoie [3]. D'a-
près M. Rau, cette taxe a produit en 1855, 4,558,416 livres.

« La taxe sur les successions dans toutes les provinces de
l'Émilie forme, d'après M. Pepoli [4], une partie de l'impôt sur
l'enregistrement et est réglée par les mêmes lois qui ont
établi ce dernier. Sont cependant exemptes de la taxe les
successions en ligne directe ; et dans les provinces de Modène
l'exemption s'étend même aux frères et aussi aux neveux
quand ils héritent en vertu du droit de représentation.

» A Parme et en Romagne les hérédités composées d'objets mobiliers sont également frappées d'une taxe ; mais, à
Parme, la proportion de la taxe est moins élevée que pour
les successions immobilières, tandis qu'au contraire, en Romagne, la loi ne fait pas de distinction entre les unes et les
autres, pas plus que la loi sarde. A Modène, les seuls objets

---

[1] *Finanz statistik*, t. I, p. 1122.

[2] Voy. p. 125 de la brochure de M. Philippon. Il a été question d'imposer dans le canton de Vaud la partie mobilière seule dans les successions. *Ibid.*,
p. 42.

[3] Turin, 1854, 1ʳᵉ partie, p. 303.

[4] *Rapport de* 1860 *sur le budget de l'Émilie*, p. 83 (en italien).

mobiliers que la loi assujettisse à une taxe sont les créances
hypothécaires ou non, et dans une proportion égale à celle
qui est fixée pour les immeubles. Si dans cette partie la loi de
Parme et celle de Modène sont en désaccord, elles concordent
cependant dans la base de perception de la taxe pour les successions immobilières, la loi parmesane ayant établi que
cette taxe doit être liquidée sur la rente cadastrale des immeubles multipliée par vingt, et la loi de Modène ayant aussi
adopté l'estimation, au double de sa valeur, du chiffre porté
au cens de la province ; mais ni l'une ni l'autre de ces lois
n'accorde à l'administration ni aux parties la faculté de
prouver que la valeur déterminée de cette manière ne correspond pas à la valeur réelle.

» La loi romagnole, au contraire, établit une base de perception identique à celle de la loi sarde, c'est-à-dire la valeur
réelle des biens héréditaires énoncée dans la déclaration des
parties ou estimée contradictoirement par des experts, si
l'administration ne croit pas exacte la déclaration qui a
été faite.

» La loi de Romagne, comme celle de Parme, impose l'o-
bligation aux officiers de l'état civil (qui, en Romagne
comme en Piémont, ne sont souvent encore que les curés) de
transmettre aux receveurs ou préposés de l'enregistrement
une liste des personnes décédées dans la circonscription de
leurs paroisses. »

M. Pepoli donne dans un tableau comparatif, sous le n° 5,
du 2e fascicule des annexes de son rapport si instructif, les
diverses quotités de taxe proportionnées aux degrés de parenté entre les défunts d'une part, les héritiers et légataires
de l'autre. On voit par ce tableau que les droits de succession qui s'élèvent jusqu'à 10 pour 100 en Piémont, ne dépassent pas 8 pour 100 dans les Romagnes, 5,62 1/2 p. 100
dans les États de Parme, et 5 pour 100 dans le Modenais. Le

produit dans ces derniers pays était élevé par lui approximativement, à 272,000 livres pour les Romagnes, 89,000
livres à Parme et 29,000 à Modène.

La législation belge reconnaît deux droits fiscaux distincts
relativement aux successions. D'après le 1er § de l'art. 1er de la
loi du 27 décembre 1817, il est perçu, à titre de *droit de succession*, un impôt sur la valeur de tout ce qui sera recueilli
ou acquis dans la succession d'un habitant du royaume décédé après le 31 décembre 1817.

D'après le 3e § du même article, il est également perçu, à
titre de *droit de mutation*, un impôt sur la valeur des biens
immeubles situés dans le royaume des Pays-Bas, recueillis
ou acquis, en propriété ou en usufruit, par le décès de quel-
qu'un qui n'y est pas réputé habitant et décédant après le
31 décembre 1817.

L'art. 12 énumère les diverses dettes qui doivent être portées au passif de la succession d'un habitant du royaume
pour la liquidation du droit de succession. Le droit de succession doit au contraire être assis sans distraction des charges. Suivant l'art. 17, il est payé pour droit de succession si
la propriété est recueillie, entre époux, 4 pour 100; entre
frères et sœurs, 4 pour 100 de ce qu'ils auraient recueilli
*ab intestat* et 10 pour 100 de ce qu'ils acquièrent au delà ;
entre neveu et nièce, petit-neveu et petite nièce, grand-oncle
ou grand'tante, 6 pour 100 de ce qui leur serait échu *ab intestat* et 10 pour 100 de ce qu'ils recueillent au delà ; entre
tous autres parents ou personnes non parentes, 10 pour
100.

Il est payé pour droit de mutation 1 pour 100 en ligne
directe, et 5 pour 100 en ligne collatérale.

Suivant l'art. 24, est exempt du droit de succession :
1° tout ce qui est recueilli ou acquis en ligne directe ; 2° tout
ce qui est recueilli ou acquis entre époux laissant un ou plu-

sieurs enfants nés de leur commun mariage ou des descendants d'iceux ; 3° tout ce qui est recueilli ou acquis par l'é-
poux survivant dans la succession de l'époux prédécédé en
usufruit ou à titre de pension, si par le décès du premier
mourant ses enfants issus d'un précédent mariage ou les descendants d'iceux ont acquis la propriété ou sont chargés de
la pension ; 4° tout ce qui est recueilli ou acquis dans la
succession si la totalité de la valeur de la succession, distraction faite des dettes ne s'élève pas au delà de 300 florins.
Une loi de 1851, complétant celle de 1817, a assujetti à l'impôt en Belgique les successions en ligne directe. Suivant
M. Rau, la taxe belge a produit en 1857 :

| | |
|---|---:|
| Pour la ligne directe. . . . . . . . | 1,573,556 fr. |
| Entre époux. . . . , . . . . | 134,382 |
| Pour les autres successions. . . . . | 7,703,654 |
| Pour les immeubles échus à des étran- | |
| gers [1]. . . . . . . . . . . | 268,182 |
| Ensemble. . . . . . . | 9,679,774 |

Dans les Pays-Bas, séparés de la Belgique après 1830, une
loi du 13 mai 1859 a modifié la loi de 1817 : le principe
le plus saillant de cette loi nouvelle est celui qui introduit un droit de mutation par décès imposé en sus du
droit de succession aux valeurs mobilières [2]. On a voulu par
ce moyen atteindre les capitaux en portefeuille trop peu
grevés d'impôt comparativement aux autres objets imposables. On a tenté d'introduire dans la discussion de cette loi
néerlandaise le droit de succession en ligne directe, comme
dans la loi belge du 17 décembre 1851 ; mais cette tentative
a échoué.

La loi belge atteignant, par le droit de mutation qu'elle a
placé à côté du droit de succession, tout à la fois les immeu-

[1] C'est sans doute du droit de mutation qu'il s'agit.
[2] V. l'art. 1er, n° 1.

bles belges appartenant à des Français et les immeubles situés dans les pays voisins, et surtout en France, appartenant à la succession de personnes habitant la Belgique, cette incidence est devenue la source de difficultés diplomatiques, et elle a donné lieu à des discussions soulevées par l'initiative d'un honorable député, dans diverses sessions du corps législatif, et notamment dans celle de 1860. La loi belge a été considérée par plusieurs bons esprits comme excédant un peu sa portée naturelle par son incidence sur les immeubles situés en dehors du territoire belge. Elle a été critiquée comme ayant quelque chose de contraire aux règles de la réciprocité et aux principes de l'indépendance des territoires. Nous renvoyons les lecteurs aux discours prononcés par M. Choque, relativement à cette difficulté, dans les sessions de 1859, de 1860 et de 1861, ainsi qu'aux réponses qui lui ont été faites au nom du Gouvernement.

Des droits de mutation par décès ont été rattachés en Espagne à une forme d'impôt qui paraît avoir porté tour à tour les noms de *registro* et de *derecho de hipotecas*. M. Conte se borne à nous apprendre que l'ensemble de l'impôt, dont les mutations par décès ne seraient qu'un objet spécial, est peu élevé et peu productif, puisqu'il ne dépasserait pas un revenu de 20 millions de réaux. Il ajoute que les successions en ligne directe, descendante et ascendante, sont exemptes de tout droit[1].

Si nous jetons nos regards sur la législation fiscale de la Grande-Bretagne, relativement aux droits de mutations par décès, nous y rencontrerons, au moins dans le passé, ce qu'on pourrait appeler des anomalies énormes, des bizarreries inexplicables[2].

---

[1] Tome II, p. 132. Ce droit, malgré son nom spécial fait pour tromper sur sa nature, paraît porter principalement sur les mutations d'immeubles. Il est gradué de 1 à 8 pour cent. *Ibid.*

[2] Voy., sur tous les détails qui suivent Mac Culloch, *A treatise on the*

Nous allons exposer ce qui existait dans ce pays il y a peu
d'années, et qui nous paraît servir encore de base au moins
partielle à la législation actuelle.

Les droits de succession se divisent en trois classes :
droits de preuves (*probate duties*) sur la succession mobilière
quand il y a testament[1] ; lettres d'administration (*administrations letters*) sur la succession mobilière, quand le défunt
est mort *intestat ;* droits de legs enfin (*legacy duties*), qui
grèvent non-seulement les legs mobiliers, mais aussi le reste
de la propriété mobilière d'un testateur ou celle d'une personne décédée *ab intestat* et qui peut être divisible entre ses
proches parents. Les *legacy duties* frappent ainsi des valeurs
que les droits de preuve et d'administration n'atteignent au-
cunement, comme le prix d'un immeuble dont le testateur
a ordonné la vente et les sommes dont est grevé un immeuble par testament. Il en est de même des valeurs mobilières
situées hors de la Grande-Bretagne, dépendant de la succession d'un Anglais qui y est domicilié.

Quelques transmissions sont soumises à l'une seulement
de ces taxes, d'autres à deux à la fois, quelques autres en
sont tout à fait exemptes.

Ces divers droits ont ce caractère commun de reposer seulement sur la propriété mobilière (*personal*). Il est vrai, toutefois, de remarquer que ces expressions renferment en Angleterre des objets plus importants qu'en France, à cause
des jouissances emphytéotiques nombreuses (*leaseholds*) qui
sont inusitées, au contraire, en France, et qui impriment un
caractère mobilier à des droits très-importants à raison de

*principles and practical influence of taxation* (ch. VII). Londres, 1re édition de
1845 et 2e édition de 1852.

[1] D'après Tomlins, la preuve des testaments se fait en la cour ecclésiastique du
lieu du décès du testateur. Le juge ecclésiastique délivre des lettres testamentaires
qui autorisent l'exécution du testament. Toutes les contestations relatives à l'*inter-
prétation* des testaments sont portées à la cour de chancellerie.

leur durée et que nous considérerions volontiers comme *réels* dans notre pays. Les deux premières taxes dont nous parlons ne frappent même pas, comme nous venons de le voir, toute espèce de valeurs mobilières dans le sens anglais. Ce qui n'est pas moins à remarquer, c'est que ces deux mêmes taxes sont sans aucune relation graduée avec la qualité des personnes appelées à prendre part aux héritages.

Elles présentent, du reste, en outre, dans leurs applications, certaines anomalies, notamment quant à leur rapport avec les valeurs sur lesquelles elles sont assises.

Ainsi, les droits de *preuves* suivent une proportionnalité approximative du taux de 2 pour 100 jusqu'à certaine quotité de fortune (1,500 à 2,000 l. sterl.). Au delà de cette valeur, la proportion s'abaisse, et l'impôt, loin de réaliser la progression rêvée par les théoriciens démocratiques, devient en quelque sorte *rétrogressif*. Enfin, l'impôt devient fixe à une certaine limite, quelque accroissement qui puisse exister dans la fortune, et il a pour maximum le taux fixé pour les transmissions d'une valeur égale à un million de livres sterling.

*Les lettres d'administration* grèvent aussi les successions, qu'elles frappent d'un droit d'environ 3 pour 100 jusqu'au chiffre de 2,000 livres sterling pour les valeurs transmises; mais au delà de cette limite l'impôt s'allége et descend à environ 2 pour 100. Pour un million de livres sterling, par exemple, le droit est de 22,500 livres ; au delà de ce chiffre, comme pour les *probate duties*, l'impôt n'est plus susceptible d'accroissement.

Ainsi, l'on a pu voir dans la Grande-Bretagne, à côté de l'*income tax* progressif établi au commencement de ce siècle, des droits de succession progressifs en sens inverse, comme pour attester ce dédain de la logique que respirent souvent les institutions traditionnelles de nos voisins. Quelque porté que soit Mac Culloch à justifier la législation aristocratique de l'Angleterre, il n'a point pris sous son patronage la partialité étrange de la législation britannique sur les droits de succession en faveur des fortunes élevées : « Sans doute, dit-il, les fortunes supérieures à un million de livres sterling sont rares; mais lorsqu'elles se présentent, comme il arrive quelquefois, quelle bonne raison peut être assignée pour les exempter d'un accroissement proportionnel de charge? »

Quant à l'allégement de la taxe sur les fortunes entre 2,000 livres sterling et un million de livres par rapport au taux auquel sont soumises les fortunes inférieures à 2,000 livres sterling, Mac Culloch l'appelle une *anomalie blessante* qui ne doit pas continuer à déparer le code fiscal de la Grande-Bretagne.

Il n'est pas non plus facile de justifier la supériorité *des droits d'administration* relatifs aux successions *ab intestat* sur les droits de preuve auxquels sont soumises les successions testamentaires, bien que cette différence doive moins choquer les Anglais que nous, à cause du soin attentif qu'ils apportent à tester souvent même à un âge précoce de la vie. « Il n'y a point de raison, dit encore à ce sujet Mac Culloch, pour punir la veuve et les enfants de la négligence ou de l'ignorance de leur mari ou de leur père... Si l'on a pu supposer que l'imposition de taxes plus élevées sur les droits d'administration tendait à décourager la suppression et la destruction des testaments, il est au fond peu raisonnable de frapper une lourde taxe de ce genre pour décourager des actes criminels, qui doivent être vraiment rares. »

Les droits de *preuve* et d'*administration* sont perçus sans rien déduire ou allouer pour les dettes à la charge du défunt[1]; mais le droit payé en excès, relativement aux dettes

---

[1] Acte de la 55e année de Georges III, chap. CLXXXIV, p. 38.

qui grevaient la succession du décédé, peut être répété pendant trois années.

Les administrateurs et exécuteurs testamentaires peuvent obtenir crédit des *commissaires du revenu intérieur*, en achetant ce crédit au taux élevé d'un intérêt de 10 pour 100.

Le droit sur les legs (*legacy duty*) était, d'après M. Mac Culloch écrivant en 1852, parmi les droits de succession du système fiscal britannique celui dont la fixation était établie déjà sur les bases les plus logiques. Il est proportionnel, dit-il, aux valeurs et gradué sur la parenté. Il s'élève à mesure que le degré de parenté est plus éloigné, et son tarif varie depuis la proportion de 1 pour 100 pour les transmissions en ligne directe jusqu'à celle de 10 pour 100 pour les transmissions entre étrangers.

Le mari ou la femme du défunt sont exemptés de la taxe, et les legs au-dessous de 20 livres sterling le sont aussi, bien que cette exception ne paraisse à Mac Culloch digne d'approbation que lorsqu'il s'agit de légataires parents à des degrés très-rapprochés.

Le droit sur les legs n'est pas avancé comme les droits de preuve et d'administration dans un court délai après la mort de celui dont la succession en est grevée. Il n'est acquitté que lorsque le legs ou la part même de succession est payée ou retenue : la *legacy duty* ne peut donc, comme les droits de preuve et d'administration, peser sur des biens insolvables.

L'anomalie la plus frappante peut-être que l'on pût remarquer dans la législation britannique sur les droits de succession, était celle qui était commune aux trois espèces de taxes dont nous avons parlé, et qui exemptait absolument de leur application les biens immobiliers et les biens substitués à l'aide d'un *settlement* ou donation entre vifs de nature, soit mobilière soit immobilière.

Il est d'ailleurs bizarre de voir ce cumul de droits partiels tombant spécialement et exclusivement sur les mêmes valeurs, car il y a, au moins habituellement, deux droits différents lorsqu'il y a eu testament.

Mac Culloch a fait aisément ressortir l'injustice de l'incidence exclusivement mobilière de ces droits, très-imparfaitement compensée, dit-il, par la supériorité des droits de timbre qui grèvent la transmission entre vifs (*conveyance*) de la propriété immobilière. Il en fait en même temps connaître l'origine historique. « La circonstance d'une propriété territoriale tenue sous une substitution (*settlement*) et ne pouvant être l'objet d'un testament ne peut, dit l'économiste anglais, être invoquée pour l'exempter de la taxe.

» De quelle conséquence est-il pour le public que la possession d'un domaine ou de tout autre bien soit déterminée par une substitution établie dans un siècle passé ou par un testament qui remonte à un an de date, ou par une donation? La capacité de la propriété pour supporter la taxe ne peut être affectée par cette considération, et, par conséquent, si l'impôt est général, il doit affecter toute propriété qui descend *mortis causâ* ou par voie de donation d'un individu ou d'un autre, sans se référer aux conditions de la descendance.

» C'était en vérité le principe [1] d'après lequel M. Pitt proposait de procéder, lorsque les droits de preuve et de legs furent originairement introduits en 1796. Au lieu cepen-

---

[1] Ce principe est tellement admis dans la législation française qu'elle a imposé sur les biens de mainmorte en 1848 une taxe représentative du produit moyen des droits de mutation, taxe dont nous nous sommes occupés souvent, notamment en traitant de l'impôt foncier.

Cette taxe montre combien les impôts sur les mutations par décès se rapprochent en réalité des impôts directs sur les biens, puisqu'on a pu calculer un véritable impôt direct d'après l'incidence moyenne de l'impôt indirect sur les successions.

dant de renfermer les droits sur la propriété mobilière et ceux sur la propriété immobilière dans un même bill, on jugea convenable de diviser la question en deux bills distincts, et le pouvoir du ministre sur le Parlement s'affaiblit tellement, que, le bill relatif à la propriété mobilière ayant été admis avec peu de difficulté, celui qui était relatif à la propriété foncière rencontra au contraire une telle opposition qu'il fut abandonné. »

M. Bright n'a pas craint d'imputer aux calculs de l'aristocratie foncière cet inégal résultat[1], et il a assuré que la propriété mobilière avait payé, depuis 1797, cent millions de livres sterling auxquels la propriété foncière eût dû contribuer.

Quant à la manière de remédier à cette inégalité, Mac Culloch ajoutait : « Il serait seulement nécessaire de supprimer ou de réduire à une valeur purement nominale les droits de preuve et d'administration, et de les remplacer, ainsi que la *legacy duty* actuelle, par un nouvel impôt combiné de manière à produire le même revenu ou un revenu plus grand, et qui affecterait également *tous* les legs ou *toutes* les successions, quelles qu'en fussent la source, la nature ou le montant. »

L'auteur n'apercevait d'objection que sous le rapport de la nécessité éventuelle pour les héritiers de biens immeubles d'avancer des sommes considérables qu'ils n'auraient pas reçues dans la même nature de biens ; mais il était d'avis d'accorder dans ce cas des délais échelonnés sur plusieurs années pour l'acquittement du droit.

La réforme a été opérée, mais sur des bases différentes de celles qui étaient proposées par Mac Culloch. Le droit sur les legs a été élargi; les droits de preuve et d'administration

---

[1] Discours prononcé devant l'association de la réforme financière à Liverpool le 1er décembre 1859.

n'ont pas été modifiés. Le gouvernement anglais n'a pas
voulu renoncer au profit que l'Échiquier en retire.

L'importance de la fortune mobilière dans le Royaume-
Uni, et le poids considérable des taxes dont nous venons de
parler, et dont certaines se cumulent dans divers cas, explique le produit assez considérable qui en a été relevé par
Mac Culloch pour l'année 1843 et pour 1850, et qui se résume pour les trois royaumes dans les chiffres suivants :

| | |
|---|---|
| Droits de preuve et d'administration en 1843. . . | 987,511 l.  8 s. 5 |
| *Legacy duty.* . . . . . . . . . . . . . | 1,235,616 l.  3 s. 3 1/2 |
| Total. . . . . . . . | 2,143,127 l. 11 s. 8 1/2 |

En 1850, les *probates of will and letters of administration*
ont produit 940,720 liv. 14 st., et les *legacies*, 1,307,486 liv.
0 sch. 9 den.

Dans l'année terminée au 31 mars 1857, le produit net
total pour le Royaume-Uni a été de 1,150,132 liv. st. pour
les *probates*, et *les letters of administration*, ce qui n'impli-
que pas, depuis 1850, ni même depuis 1843, une augmentation très-considérable.

Il en a été un peu différemment des *legacy duties.*

Dans l'intervalle, la législation des droits sur les legs a en
effet, de 1850 à 1857, été, ainsi que nous venons de le dire,
sérieusement modifiée. M. Gladstone a proposé, dans son
*financial statement* du 18 avril 1853, de supprimer toute inégalité relativement aux droits de mutation par décès. Il a
traité en détail la question dans un discours à la date du 12
mai suivant, et il a insisté sur la nécessité de faire disparaître
l'immunité de la propriété foncière et de la propriété substi-
tuée en général [1].

---

[1] « The importance of the bearing of this proposal is to be considered with
reference to two great classes of property which have hithertho been either exclu-
sively or in the main exempt from all charge upon death or upon succession;

D'après l'art. 2 du ch. LI des statuts de la 16e et 17e année de Victoria, en date du 4 août 1853, le mot *succession* est entendu de toute dévolution de propriété ou de revenu, à cause de mort à une autre personne en possession ou en expectance, et le donateur (*settler*) est compris au nombre des *prédécesseurs* dans le sens de la loi.

D'après l'art. 32, certaines exemptions antérieures de droits au profit de la propriété mobilière (*personal*) sont conservées relativement à l'application du droit de succession nouveau.

Les droits payés doivent, aux termes de l'art. 51, être quittancés avec un timbre relatif à la quotité de l'impôt dû. L'art. 46 règle les amendes pour défaut de déclarations.

C'est l'art. 10 qui règle la quotité des droits sur les successions et la généralité de l'incidence du droit nouveau qui remplace l'ancienne *legacy duty*.

Cet article établit les taxes suivantes pour toute disposition de propriété après décès, sans distinguer la nature des biens transmis [1] :

| | |
|---|---|
| Ligne directe descendante ou ascendante. . . . . . . . | 1 0/0 |
| Si le successeur est frère ou sœur ou descendant du frère ou de la sœur du défunt. . . . . . . . . . . . . | 3 0/0 |
| Si le successeur est frère ou sœur ou descendant du frère ou de la sœur de l'aïeul ou de l'aïeule du défunt. . . . . . | 6 0/0 |
| Succession entre tous autres collatéraux ou entre étrangers. . | 10 0/0 |

Ce bill n'a pas ajouté ce qu'on eût pu en attendre aux res-

firstly real property whether settled or unsettled ; and secondly settled property whether personal or real. »

» ... If the exemption of real property is difficult to defend, how much more difficult is it in my view, at least, to defend the exemption of settled personalty ! »

[1] La proposition était rendue dans les termes suivants : « The proposition as it stands before the committee is at follows : « That towards raising the supply granted » to her Majesty the stamp duties payable by law upon or for, or in respect of » *Legacies*, shall be granted and made payable upon and for every succession to » the beneficial enjoyment of any real or personal estate, or to the receipt of any

sources de l'Échiquier britannique, car les *legacies* qui donnaient, vers 1850, plus de 1,300,000 liv. st., ont, dans l'année terminée au 31 mars 1857, produit seulement 1,865,257 liv. st. Nous comparons, relativement à ces diverses époques, les produits nets, tels qu'ils sont fournis par les comptes de finances britanniques.

Voici, à l'égard des causes de ce minime accroissement, ce qu'a dit M. Gladstone dans la séance des Communes du 10 février 1860 :

« Le droit de succession n'a pas produit ce qu'on en attendait en partie, ou plutôt principalement, parce qu'il s'est trouvé que sous la loi de succession la propriété immobilière se transmet en ligne directe dans un beaucoup plus grand nombre de cas que la propriété mobilière ; de sorte que si 100 millions de livres sterling par an, en propriété foncière, étaient soumis au droit de succession, ce total ne rapporterait pas la même moyenne que s'il eût consisté en propriété mobilière. Je n'ai pas besoin de dire, ce qui est connu du comité, qu'il est tenu compte seulement de l'intérêt viager pour la propriété foncière, mais qu'en outre, la propriété foncière, transmise en ligne directe de père en fils, paye seulement 1 pour 100. Or, cette transmission directe est plus fréquente dans un grand nombre de cas pour la propriété immobilière que pour la propriété mobilière, et, par suite, le revenu provenant de cette source a atteint son maximum plus lentement que nous ne l'avions prévu. »

M. Bright, dans son discours du 1er décembre 1859, à l'Association de la réforme financière, a insisté sur ce même résultat en faisant aussi remarquer la différence du mode

» portion or additional portion of the income or profits thereof that may take place » upon or in consequence of the death of any person, under whatever title » whether existing or future, such succession may be derived. » (*Times* du 13 mai.)

de supputation par le fisc des valeurs mobilières et des terres, les premières étant estimées à leur valeur vénale, et les
autres d'après « un calcul basé sur la valeur annuelle de la
terre et sur l'âge de la personne à qui elle a été laissée. » Le
motif de cette différence paraît être tiré de la condition de
substitution qui pèse sur les propriétés foncières, et qui n'y
fait voir pour le législateur anglais que des *usufruits*, ce que
M. Gladstone appelle des *intérêts viagers*.

Nous bornons ici ces notions déjà fort longues et un peu
obscures sur la législation anglaise des droits de succession.

Lorsque le système fiscal d'un pays approche de son apo-
gée, les droits de succession dont nous parlons en ce moment
semblent fournir, les derniers encore avec les droits sur les
autres mutations, par une sorte d'élasticité particulière,
des ressources nouvelles. On serait porté à le penser ainsi
lorsqu'on voit ces droits naître à Rome au siècle d'Auguste,
et aussi lorsqu'on relève certaines assertions qui se rapportent à l'histoire financière de la république de Hollande dans
le xviiie siècle, où les taxes de cette nature étaient parvenues
à un taux extraordinaire et presque incroyable, suivant le
témoignage d'Adam Smith dans le Ve livre de la *Richesse des
nations*. « Les successions collatérales sont taxées en Hollande, dit-il, depuis 5 jusqu'à 30 p. 100 de toute la valeur de
la succession, à raison de la proximité du degré de parenté.
Les legs ou donations testamentaires à des collatéraux sont
assujettis aux mêmes droits. Les transmissions d'un mari à sa
femme ou d'une femme à son mari sont taxées au 50e denier.
La succession lugubre, *luctuosa hœreditas*, par laquelle les
ascendants succèdent aux descendants, est taxée au 20e denier seulement. Les successions directes, ou celles des
descendants qui succèdent aux ascendants, ne payent point
de droits [1]. »

[1] Dans les *Mémoires concernant les impositions et droits en Europe*, il est

Aujourd'hui, d'après ce que nous avons vu plus haut, la législation hollandaise, qui exempte toujours les successions en ligne directe, est revenue à des termes relativement très-modérés, d'après les tarifs connus, et aussi d'après le produit des droits, qui est seulement de 2,500,000 florins environ [1].

Le développement relativement moderne des droits sur les successions est jusqu'à un certain point démontré encore par l'histoire financière de la France depuis un demi-siècle.

On peut remarquer enfin que la généralisation et l'élévation des droits de ce genre en Angleterre sont pareillement récentes, et que dans les budgets de différents peuples et particulièrement de l'Allemagne, cette source reste pour ainsi dire encore relativement presque vierge.

Une des questions pratiques les plus importantes que présentent les droits sur les successions, et que nous avons déjà signalée plus haut, est celle de savoir s'il convient de faire porter ces droits sur l'actif de la succession brut ou net de dettes.

La loi française a adopté le premier système, et la loi belge, comme l'ancienne loi autrichienne et, il paraît aussi, la loi prussienne, a préféré le second.

Le législateur anglais s'est rapproché aussi du principe en vigueur dans la législation belge sous ce rapport, ainsi que nous l'avons vu plus haut.

Nous croyons que le système de la loi française comporte, relativement à cette question, une amélioration qui sera sou-

---

aussi question de droits sur les successions de 25 p. 100 à Bâle. Mais M. Rovère van Breughel, dans son *Opuscule sur les impôts hollandais* (*Over de Belastingen*, etc.), n'évalue qu'au 10e denier, plus un dixième en sus, les droits les plus élevés de succession collatérale dans la province de Hollande en 1786 (p. 151); cela reste loin de l'assertion d'Adam Smith qui peut donc être environnée de quelques doutes légitimes.

[1] Engels, p. 266.

haitable dès que les ressources budgétaires et l'étude des détails d'exécution permettront de la réaliser. Asseoir le droit de succession sur un actif neutralisé par des dettes est contraire à la règle élémentaire de la proportionnalité, et l'espèce d'isolement dans lequel se trouve sous ce rapport placée notre législation, doit appeler tôt ou tard l'attention des esprits sérieux et jaloux de progrès réels dans l'institution des taxes.

Cette amélioration serait d'autant plus digne d'examen que, dans le surplus de ses dispositions, la loi française sur l'impôt des successions est pleine de simplicité et de symétrie, et l'emporte considérablement, par exemple, sur la législation anglaise à laquelle elle paraît cependant avoir servi de modèle dans le dernier acte de celle-ci, plus rationnel que ceux dont il avait été précédé.

# CHAPITRE IV.

## SECTION I.

### IMPOTS SUR LES DONATIONS.

Après l'impôt sur les transmissions de biens par décès,
se présente naturellement à l'examen l'impôt sur les transmissions entre vifs à titre gratuit. Cette nature de transmission, qui porte dans le langage du droit civil le nom de
*donation*, est, ainsi que nous l'avons déjà remarqué, imposée, comme la précédente, selon les liens et les qualités qui
existent entre les donateurs et les donataires. Sous la féodalité déjà, les droits de contrôle et d'insinuation qui frap-
paient ce genre de mutation étaient calculés jusqu'à certain
point sur le rang et la qualité des contractants. Ce principe
a été remplacé par une autre base de graduation. Les
étrangers et les collatéraux qui reçoivent une donation,
recueillent un avantage sur lequel ils n'avaient pas d'ex-
pective légale, et c'est sans doute à cause de cet avantage
inattendu que la taxe qui leur incombe est d'un taux élevé,
puisqu'elle s'élève graduellement jusqu'à 9 p. 100. Les
dons en ligne directe, qui sont l'anticipation d'un avantage

espéré, les dons entre époux qui sont la suite naturelle de la communauté d'existence, mutations sur lesquelles nous allons revenir tout à l'heure, sont soumis à une contribution qui varie suivant les circonstances et le moment de la transmission, certaine faveur étant notamment sous ce dernier rapport accordée aux transmissions renfermées dans les contrats de mariage. La taxe dans ces divers cas est, en général, d'un taux inférieur et ne dépasse pas 4,50 p. 100 [1].

La loi de 1790, en fondant le droit unique de l'enregistrement pour tenir lieu des contributions multiples d'insinuation, de contrôle et de centième denier, distingua les donations *actuelles* des donations *éventuelles et indéterminées*. Les premières payaient depuis 10 sous jusqu'à 4 livres pour 100 livres suivant les degrés de parenté; les autres étaien taxées au quinzième du revenu.

La loi du 22 frimaire an VII simplifia cette taxation en séparant d'abord les donations en deux grandes catégories celles qui étaient faites hors mariage et celles qui résultaien t d'un contrat de mariage. Le tarif des premières fut différent suivant les liens de famille des parties; ainsi l'art. 69 de cette loi taxa à 1 fr. 25 c. par 100 fr. les donations de meubles entre parents en ligne directe, et au double les donations immobilières. Les mutations de même nature entre individus d'un autre degré de parenté ou même entre étrangers payaient: pour les meubles 2,50, pour les immeubles 5 p. 100.

Quant aux donations par contrats de mariage, elles furent, comme autrefois, l'objet d'une faveur spéciale. Ainsi, sous la féodalité, elles étaient, avec les mutations en ligne directe,

[1] Pour les donations d'immeubles entre époux pendant le mariage. Le minimum du droit est relatif à la donation des meubles en ligne directe par contrat de mariage qui n'est assujettie qu'au droit de 1 fr. 25 pour 100. V. pour ces diverses gradations de droits le *Tableau* inséré dans l'ouvrage de M. Demante, 2ᵉ édition, p. 541.

exemptes du droit d'insinuation; la loi de l'an VII abaissa le tarif sur ces actes à la moitié de ce qu'il était pour les mêmes transmissions en ligne directe.

Enfin les donations éventuelles furent par la même loi assujetties à un droit fixe de 3 fr.

Ces bases ont été en partie conservées jusqu'à nous [1]. Cependant la loi du 28 avril 1816, en maintenant la taxe sur les donations entre parents hors mariage, appliqua un tarif plus élevé à celles qui interviendraient entre étrangers : elles furent soumises à un droit de 3,50 et 7 p. 100, suivant qu'elles étaient mobilières ou immobilières. Après celle de 1816, la loi du 21 avril 1832 apporta une nouvelle modification à cet ordre de choses. Elle éleva le droit à mesure que la parenté diminuait, et aujourd'hui, depuis 1850, les droits sont établis de la manière suivante pour les donations entre collatéraux et non parents :

Entre frères et sœurs, oncles et tantes, neveux et nièces, 4,50 p. 100 sur les donations entre vifs par contrat et 6,50 sur les donations hors contrat;

Entre grands-oncles et grand'tantes, petits-neveux et petites-nièces, cousins germains, 5, et 7 p. 100; entre parents au delà du quatrième degré jusqu'au douzième, 5,50 et 8 p. 100; et entre personnes non parentes, 6 et 9 p. 100. Enfin le droit fixe auquel étaient assujetties les donations éventuelles fut élevé de 3 fr. à 5 fr.

Quoique le législateur ait rapproché ainsi les droits sur les donations, des droits sur les mutations par décès, les premiers de ces droits restent en plusieurs cas plus onéreux que les droits de mutations par décès surtout en ligne directe, mais la distinction des droits sur les meubles et des

---

[1] D'après l'article 8 de la loi du 25 juin 1841, le droit de transmission des offices ne descend jamais néanmoins au-dessous de 2 pour 100, même en ligne directe. L'effet de cette loi est représenté dans les comptes de finances par un produit d'environ 1,200,000 fr. en 1860 (p. 122).

droits sur les immeubles n'existe plus pour les donations entre vifs, non plus que pour les mutations par décès.

Il n'est peut-être pas aisé du reste de démontrer l'*aitiologie* rationnelle de toutes les différences entre les droits sur les donations et les droits sur les successions.

Il est une sorte de donation entre vifs qui a paru mériter un sort particulier, c'est l'acte par lequel les ascendants font un partage anticipé de leurs biens entre leurs enfants. Avant 1789, la même coutume existait sous le nom de *démission de biens;* seulement, quoique cet acte ne pût être considéré comme testamentaire, puisqu'il était exécuté du vivant du donateur, ce n'était guère non plus une donation entre vifs, parce que le démettant pouvait presque sous toutes les coutumes la révoquer. Cette faculté ayant été abolie par le Code Napoléon (art. 1075 et suiv.) qui attribue à la donation emportant partage le *caractère de l'irrévocabilité*, ces actes furent compris par la loi du 22 frimaire an VII parmi les donations entre vifs en ligne directe et soumis aux mêmes droits.

La loi du 16 juin 1824 crut devoir encourager cet acte d'une manière particulière et en abaissa le tarif à 25 c. par 100 fr. sur les meubles et à 1 p. 100 sur les immeubles, et l'art. 10 de la loi du 18 mai 1850 ayant prescrit que, dans toutes les mutations à titre gratuit ou par décès, le droit perçu sur les meubles serait le même que celui qui est établi sur les transmissions d'immeubles de même nature, les donations portant partage, mobilières et immobilières, se trouvent soumises actuellement au droit uniforme de 1 p. 100.

Ce n'est pas sans raison que la loi de 1824 a favorisé ce sentiment du père de famille désireux d'ouvrir d'avance sa succession entre ses enfants et d'obvier aux discussions que tout autre partage pourrait occasionner après lui. C'est surtout dans les campagnes de certains pays que cette coutume est usitée. On conçoit, en effet, que l'agriculteur dont

la terre ne peut valoir que par son travail, doit chercher, au
moment où l'âge lui enlève ses forces, à assurer la continuation de l'exploitation qui a été la préoccupation constante de sa vie. En dehors de son propre intérêt, il est quelquefois poussé à le faire par le désir d'empêcher tout motif
de désunion dans sa famille et d'opérer des partages d'une
convenance assurée, parce que personne ne peut mieux que
lui apprécier la valeur des biens qu'il a cultivés, et les dispositions de ses enfants pour tel ou tel genre d'exploitation.
Enfin, par un tel acte, il arrête quelquefois ces morcelle-
ments de propriétés que la loi a souvent cherché à limiter,
et si la grande propriété avait suivi ces errements dans le
continent européen, elle eut pu assurer, en quelques circonstances dans l'ordre politique, cette continuation des
influences locales qui est un des principaux éléments de
stabilité des institutions.

Toutefois la loi de 1824 n'a pas complétement atteint le
but d'encouragement qu'elle s'était proposé. En abaissant
le tarif des partages anticipés d'ascendants à descendants,
elle disposa que le droit de transcription d'un et demi pour
cent, dû en sus du droit de mutation d'après la loi du 28
avril 1816, ne pourrait être exigé qu'au moment même de
la transcription. Il en résulte que, pour s'exempter de ce
second droit de moitié plus fort que le droit de mutation lui-
même, un grand nombre de familles se dispensent de faire
transcrire l'acte de partage. C'est ainsi qu'on a constaté, par
exemple, que, depuis 1856, le nombre des partages va en
croissant, tandis que le nombre des transcriptions diminue
jusqu'à n'atteindre que le septième à peine des mutations
réelles qui s'élèvent à environ 39,000 par an. De là cette
double conséquence : perte pour le Trésor et danger pour
la sûreté de la convention, car la propriété n'étant transmise,
à l'égard des tiers, que du jour de la transcription, le père

de famille n'a qu'à aliéner un seul des immeubles donnés pour annuler le partage, et, d'un autre côté, le donataire, dont le titre est resté incomplet, ne peut profiter des biens à lui échus, qu'en faisant transcrire l'acte et en supportant seul, dans ce cas, des frais qui auraient dû être répartis entre tous les intéressés. La disposition supplémentaire de la loi de 1824, pour avoir voulu trop les favoriser, semble donc compromettre ce genre de mutations. Elle a en outre cet inconvénient qu'elle traite les descendants d'une autre manière que les collatéraux ou que les étrangers, car ces derniers, qu'ils acquièrent un immeuble par succession ou par donation entre vifs, payent les mêmes droits, tandis que les enfants, dans le second cas, ont à acquitter une taxe plus que double s'ils veulent aller jusqu'à la transcription. Ces inconvénients, signalés depuis un certain nombre d'années et reproduits dans une pétition adressée récemment au Sénat par quelques officiers ministériels [1], fixeront probablement l'attention de l'administration. Il conviendrait peut-être, ainsi qu'on a proposé de le faire, de substituer un droit fixe au droit proportionnel de transcription des actes de partages en question, sauf à élever, s'il était nécessaire, le droit de mutation. Il a été calculé que la perte du Trésor, par suite de cette modification, serait de 5 à 600,000 fr.

Une autre sorte de donation, le *don manuel*, qui avait, jusqu'en 1850, échappé à l'impôt, y a été assujettie par l'art. 6 de la loi du 15 mai 1850 ainsi conçu :

« Les actes renfermant soit la déclaration pour le donataire ou ses représentants, soit la reconnaissance judiciaire d'un don manuel seront sujets aux droits de donation. »

L'art. 7 de la même loi atteint également les transmissions entre vifs à titre gratuit d'inscriptions sur le grand livre de la dette publique.

[1] Voyez le *Moniteur* du 24 mars 1861.

On peut juger de l'importance que les donations en ligne directe ont acquise en France par ce fait qu'avec le droit très-minime auquel elles sont soumises, elles ont produit, en 1859, près de 11 millions, c'est-à-dire près des deux tiers de ce qu'a produit la taxe sur les successions en ligne directe pour la même année. Les donations entre époux ont donné, en 1859, au Trésor, moins de 60,000 fr., tandis que les donations collatérales fournissent presque 2 millions, et celles qui ont lieu entre personnes non parentes dépassent 1 million, en tenant compte, il est vrai, des droits considérables dont ces donations sont frappées. La véritable cause qui restreint à un chiffre inférieur le capital des valeurs transmises entre vifs à titre gratuit entre époux, c'est que la plupart des libéralités entre conjoints sont ajournées au décès du donateur, et les mutations par décès entre époux intéressent un chiffre de valeurs considérables (255,000,000 fr. en 1858). Les mutations par décès en ligne collatérale portaient à la même époque sur 466 millions de valeurs, et les mutations par décès entre personnes non parentes s'appliquaient à 87 millions de valeurs. Les donations entre époux vivants n'intéressaient pas 3 millions de valeurs.

Les donations sont taxées dans tous les pays où les droits de mutation ont atteint certains développements.

Dans le grand-duché de Bade, elles sont imposées comme les transmissions par décès.

En Autriche et en Russie, le tarif des donations paraît aussi se confondre avec celui des mutations à titre onéreux.

## SECTION II.

## IMPOTS SUR LES TRANSMISSIONS A TITRE ONÉREUX.

### PRÉLIMINAIRES.

Étudions maintenant les droits qui portent sur les transmissions à titre onéreux, et recherchons avant tout s'ils ne pourraient être critiqués comme apportant, lorsqu'ils sont trop considérables, un certain obstacle à la circulation des biens et à la liberté des transactions, et comme donnant lieu, sous un autre rapport, à des fraudes trop faciles. Pour la prospérité générale, on ne doit point, à notre avis, semer d'obstacles sérieux la transmutation et l'échange des propriétés foncières ; car c'est par ce moyen que toute espèce de capital peut arriver à ceux qui l'emploieront le mieux, en augmentant les productions du pays. « Pourquoi, dit Say, cet homme veut-il vendre sa terre ? C'est parce qu'il a en vue l'établissement d'une industrie dans laquelle ses fonds lui rapporteront davantage. Pourquoi cet autre veut-il acheter la même terre ? C'est pour placer des fonds qui lui rapportent trop peu ou qui sont oisifs, ou bien parce qu'il la croit susceptible d'améliorations. La transmutation augmente le revenu général, puisqu'elle augmente le revenu des deux contractants. Si les frais sont assez considérables pour empêcher l'affaire de se terminer, ils sont un obstacle à cet accroissement du revenu de la société. »

M. Say n'est pas le seul économiste qui ait attaqué ce genre d'impôts, et diverses objections contre les taxes sur les mutations de biens à titre onéreux ont été faites aussi par M. de Montyon. D'après lui, ce genre de transmissions

ne peut, ni aux yeux de la justice ni au point de vue des intérêts généraux, donner ouverture à un impôt additionnel
indépendant de la contribution déjà perçue sur les produits
de la propriété. « Les échanges, dit-il, n'étant que des dé-
placements de propriétés, et les ventes n'étant que des
échanges d'une valeur réelle contre une valeur monétaire,
valeur fictive, mais réalisée par une convention générale;
comme de ces dispositions il ne résulte ni accroissement
dans la masse totale des valeurs imposables, ni addition de
fortune pour aucun des contractants, mais seulement un
avantage de convenance ou d'affection, il n'est aucune juste
cause pour que ces mutations donnent lieu à une excrescence
d'impôt. »

« L'impôt causé pour mutation de propriétés foncières
nuit évidemment à la mise en valeur des terres, puisqu'il
tend à en maintenir la propriété sur la tête de personnes
qui manquent des connaissances, du loisir, du goût, des
moyens nécessaires pour donner à la terre toute la valeur
dont elle est susceptible. Le propriétaire qui réside à une
grande distance du lieu où sont situées ses terres, celui que
les fonctions de son état obligent de s'en éloigner, celui à
qui la vie rurale ne convient pas, ne peuvent soigner et surveiller leurs biens que très-imparfaitement; le propriétaire,
obéré de dettes, est dans l'impossibilité de faire sur ses terres des impenses d'amélioration dont il pourrait tirer un
très-grand avantage; il ne peut même les entretenir en bon
état, les munir de bâtiments nécessaires à leur exploitation,
les garnir de bestiaux en quantité suffisante pour les en-
graisser. Il est donc intéressant, pour le succès de l'agriculture, que ces propriétaires transmettent leurs biens à qui est
plus en état d'en tirer parti; mais si une portion du prix de
la vente est distraite par l'impôt, le propriétaire ne se déter-
minera qu'à la dernière extrémité, et après de longs délais,

à subir cette perte ; et, pendant ce temps, l'intérêt public et
le commerce participeront à la perte qu'éprouvera l'intérêt
particulier [1]. »

L'expérience n'a pas sanctionné les scrupules du respectable publiciste, et les taxes *modérées* sur les mutations
n'ont jamais empêché les conventions appuyées sur des intérêts sérieux. D'un autre côté, si l'on considère que, comme
certains économistes l'ont établi, ces droits frappent le plus
souvent sur les deux parties contractantes dans une certaine
proportion [2], et que, d'autre part, ils laissent aux spécula-
teurs la possibilité exactement prévue par eux de divers profits, il est impossible de ne pas reconnaître comme légitime
la place qu'ils occupent à côté des droits sur les successions
et donations dans le système financier de presque tous les
États de l'Europe moderne. C'est leur trop grande élévation
seule qu'il faut redouter, car elle pourrait aisément paralyser
le mouvement des transactions sociales. C'est, en définitive, à
ce jugement un peu plus résigné des taxes sur les transmissions de biens entre vifs examinées en même temps quant
à leur incidence et à leur mérite que paraissent avoir abouti,
malgré des prémisses très-sévères, d'autres économistes que
ceux que nous venons de citer.

« Les impôts sur les ventes de terre, dit A. Smith [3],
dans un passage qui rapproche des considérations très-
contraires dans leur tendance, tombent en réalité sur le
vendeur, qui est presque toujours dans la nécessité de

---

[1] *De l'influence des divers systèmes d'impôts sur l'activité, la moralité et
l'industrie des peuples,* section X.

[2] Dans son ouvrage sur la *Taxation,* p. 284, Mac Culloch fait très-bien observer qu'il y a certaine concurrence entre les acheteurs comme entre les vendeurs.
Toutefois, au cas de vente forcée, il nous paraît évident que le droit est en entier
supporté par le malheureux vendeur.

[3] *Richesse des nations,* liv. V, supp. aux art. 1 et 2.—Nous croyons l'opinion de
Smith sur l'incidence exclusive des droits relatifs aux ventes moins exacte que
celle de Mac Culloch.

vendre, et dès lors obligé de prendre le prix qu'il peut
avoir; l'acheteur n'est presque jamais dans la nécessité
d'acheter, et ne donne par conséquent que le prix qu'il
lui plaît de donner. Il examine ce que la terre lui coû-
tera tant en achat qu'en impôt; plus il sera obligé de
payer comme impôt, moins il sera disposé à donner comme
prix. De tels impôts tombent donc presque toujours sur une
personne qui est déjà dans un état de nécessité, et ils
doivent par conséquent être souvent durs et oppressifs. Les
impôts sur la vente des maisons nouvellement bâties, quand
la superficie est vendue sans le sol, tombent ordinairement
sur l'acheteur, parce qu'il faut que l'entrepreneur de la
construction ait en général son profit; autrement il faudrait
qu'il abandonnât le métier. Ainsi, si celui-ci avance l'impôt,
il faut qu'il en soit remboursé par l'acheteur. Les impôts sur
la vente des maisons anciennement bâties, par la même raison que ceux sur la vente des terres, tombent en général sur
le vendeur qui, le plus souvent, par arrangement d'affaires
ou par nécessité, est obligé de vendre. Le nombre de maisons nouvellement bâties, qui sont annuellement mises en
vente se règle plus ou moins sur la demande. A moins que
la demande ne soit telle que l'entrepreneur de bâtiments
trouve son profit, toutes les dépenses payées, il ne bâtira
plus de maisons. Le nombre de maisons anciennement bâties, qui, en quelque temps que ce soit, se trouvent être à
vendre, est déterminé par des circonstances accidentelles,
dont la plus grande partie n'a pas de rapport à la demande.
Deux ou trois grandes banqueroutes dans une ville de commerce feront mettre au marché une quantité de maisons qu'il
faudra vendre au prix qu'on pourra en avoir. Les impôts sur
la vente des terrains à bâtir tombent en totalité sur le vendeur, par la même raison que ceux qui pèsent sur la vente des
terres. Les droits de timbre et les droits d'enregistrement

des promesses.et contrats pour argent prêté tombent en entier sur l'emprunteur, et, dans le fait, ils sont toujours payés par lui [1]. Les droits de la même espèce sur les actes de procédure tombent en entier sur les plaideurs; ils réduisent, pour les deux parties, la valeur de l'objet en litige. Plus il vous en coûte pour acquérir une propriété, moins elle a nécessairement pour vous de valeur nette quand elle est acquise.

» Tous les impôts établis sur les mutations de toute espèce de propriété, en tant qu'ils diminuent la valeur capitale de cette propriété, tendent à diminuer le fonds destiné à l'entretien du travail productif; tous sont plus ou moins des impôts dissipateurs, entamant les capitaux de gens qui n'entretiennent que des ouvriers productifs, pour grossir le revenu du souverain qui n'en entretient guère que de la classe non productive [2].

» De tels impôts, même lorsqu'ils sont proportionnés à la valeur de la propriété transmise, sont toujours inégaux, la fréquence des mutations n'étant pas toujours la même dans des propriétés de valeurs égales. Quant ils ne sont pas proportionnés à cette valeur (ce qui est le plus ordinaire pour la plupart des droits de timbre et d'enregistrement), ils sont encore bien plus inégaux; ils ne sont à aucun égard arbitraires, et ils sont ou peuvent être, pour tous les cas, parfaitement clairs et certains. Quoiqu'ils tombent quelquefois sur une personne qui n'a pas beaucoup de moyens de payer, cependant l'époque du payement est le plus souvent assez commode pour elle; le plus souvent elle doit avoir de l'argent au moment où l'impôt est exigible. Ces impôts se lèvent à très-peu de frais, et, en général, ils n'assujettissent

---

[1] Voy. *infra* ce qu'a dit Sismondi dans le même sens. Mais d'autres écrivains ont émis des idées moins absolues à cet égard.

[2] Idée empreinte des exagérations de certains économistes anciens dans ces matières.

les contribuables à aucune autre incommodité au delà de
celle qui est toujours inévitable, celle de payer l'impôt. »

M. Destutt de Tracy s'est préoccupé avec excès peut-être
de l'influence que les dissimulations introduites dans les actes
pour éviter les droits fiscaux peuvent exercer sur le nombre
des litiges. Malgré la longueur des citations que nous avons
déjà faites, nous donnerons encore son opinion qui contri-
buera à établir de quelle variété d'aperçus le sujet qui nous
occupe est susceptible.

« L'impôt sur les actes et, en général, sur les transactions sociales, dit-il, gêne la circulation des biens-fonds, et
diminue leur valeur vénale en rendant leur translation très-
coûteuse, augmente les frais de justice au point que le pauvre n'ose plus défendre ses droits, fait que toutes les affaires
deviennent épineuses et difficiles, occasionne des recherches inquisitoriales et des vexations de la part des agents du
fisc, et oblige à faire dans les actes des réticences ou même
à y mettre des clauses et des évaluations illusoires qui ouvrent la porte à beaucoup d'iniquités et deviennent la
source d'une foule de contestations et de malheurs.

» La portion de l'impôt qui tourne en accroissement de
frais de justice et qui en fait partie, est certainement payée
par les plaideurs sur qui les jugements font tomber ces
frais, et il est difficile de dire à quelle classe de la société il
est le plus nuisible. Cependant il est aisé de voir qu'il grève
particulièrement le genre de propriétés qui est le plus sujet
à contention. Or, comme ce sont les biens-fonds, l'établissement d'un tel impôt diminue certainement leur valeur
vénale : d'où il suit que ceux qui les ont achetés depuis que
l'impôt existe en sont un peu dédommagés d'avance par le
moindre prix de leur acquisition, et que ceux qui les possédaient auparavant, supportent la perte tout entière s'ils
plaident, et supportent même une perte sans plaider et

sans payer l'impôt, puisque la valeur de leur propriété en est diminuée.

» Par conséquent, si l'impôt cesse, ce n'est que restitution pour ces derniers, et il y a une portion de gain gratuit pour les autres; car ils se trouvent dans une meilleure position que celle sur laquelle ils avaient compté et d'après laquelle ils avaient fait leurs spéculations.

» Tout cela est encore vrai et est vrai sans restriction de la portion de l'impôt sur les transactions qui regarde les les achats et les ventes, tels que les lots et ventes, centième denier, amortissement et autres. Cette portion de l'impôt est totalement payée par celui qui possède le bien au moment où il est ainsi grevé. Car celui qui le lui achète postérieurement ne le lui achète qu'en conséquence et ainsi ne paie réellement rien. Tout ce que l'on peut dire, c'est que si cet impôt sur les actes de vente de certains biens est accompagné d'autres impôts sur d'autres actes qui affectent d'autres genres de propriétés, d'autres emplois de capitaux, il arrive que ces biens ne sont pas les seuls qui soient détériorés, que, par conséquent, la proportion est conservée, au moins en partie, et qu'ainsi une portion de la perte est prévenue par celle des autres ; car le prix vénal de chaque espèce de revenu est relatif à celui de tous les autres. Ainsi, si toutes ces pertes pouvaient se balancer exactement, la perte totale résultant de l'impôt serait exactement et très-proportionnellement distribuée. C'est tout ce qu'on peut demander; car il faut bien qu'elle existe, puisque l'impôt est toujours une somme de moyens arrachée aux gouvernés pour être mise à la disposition des gouvernants [1]. »

Ce dernier aperçu est celui qui se présente finalement après la critique détaillée de beaucoup de contributions. La

---

[1] *Traité d'économie politique*, ch. XII.

nécessité est leur dernière justification, et si l'imposition des denrées de consommation est admise dans un budget, la taxation des contrats qui portent sur les objets les plus chers au plaisir, à la sécurité et à l'influence de l'homme, comme l'acquisition des propriétés foncières, doit être aussi acceptée dans certaine mesure.

Après avoir rappelé des opinions nombreuses et si diverses sur les droits fiscaux attachés à l'accomplissement des mutations de propriétés à titre onéreux, il sera nécessaire d'entrer dans quelques détails analytiques sur les points les plus remarquables de la législation financière appliquée notamment aux deux principaux modes de transmission à titre onéreux, c'est-à-dire les *ventes* et les *échanges*. Nous examinerons ensuite les impôts assis sur d'autres conventions.

## ARTICLE 1.

### VENTE.

La vente est le moyen le plus ordinaire des mutations à titre onéreux, et les droits d'enregistrement qui s'y rapportent composent la plus grande partie du revenu des taxes perçues sur les transmissions de cette nature. C'est pour ces motifs que nous étudierons d'abord ce genre de contrat.

La vente a succédé à l'échange proprement dit après l'établissement de la monnaie créée pour rendre possible la vente elle-même. L'échange, en général, suppose l'appropriation des choses, leur transmissibilité, leur diversité [1]. Mais il suppose encore la convenance réciproque des objets que les partis se transmettent. Cette convenance n'existant pas dans tous les cas, et celui qui transfère un objet n'ayant pas toujours l'emploi de la chose transmissible directement par celui au profit duquel il opère lui-même la cession, l'usage d'une valeur intermédiaire représentative de tous les objets dans le commerce, et servant à payer les uns pour devenir ensuite, au profit du cédant, le moyen d'autres acquisitions, a dû nécessairement s'établir et se généraliser.

L'échange d'un objet contre une certaine quantité de monnaie [2] constitue ce que l'on appelle la vente. Ainsi que l'a dit J.-B. Say [3], une vente n'est que la moitié d'un

[1] Voy. l'art. ÉCHANGE, du *Dictionnaire d'économie politique.*

[2] Appelée *prix* en droit français, *numerata pecunia* en droit romain. — *Institutes de Justinien*, liv. III, t. XXIV.

[3] *Cours complet d'économie politique*, 1re partie, ch. II.

échange. C'est vendre et acheter qui constitue une opération complète.

La législation civile de la vente peut intéresser surtout l'économiste et le financier, en tant qu'elle assure la sécurité et la liberté dans la transmission et l'échange des richesses, ainsi que la perception des taxes sur cette transmission.

Sous le rapport de la sécurité des acquisitions, diverses législations ont entouré le consentement des parties, relativement à la vente des immeubles, de certaines conditions de publicité obtenues soit par la nécessité d'une prise de possession ou ensaisinement, soit par des formalités de notification, comme la transcription des actes sur des registres publics exigée à certaines époques dans la législation française.

Le code Napoléon [1] a fait dériver du seul consentement des parties la validité du contrat de vente, et n'a exigé, pour lui donner tout son effet à l'égard des tiers, que la publicité de l'enregistrement, publicité en partie fictive et trompeuse, vu le nombre infini des bureaux dans lesquels elle peut être effectuée. Une loi de 1855 a modifié cet état de choses en décidant que, jusqu'à la transcription, les droits résultant des actes et jugements ne pourraient être opposés aux tiers qui auraient des droits sur l'immeuble [2].

En Allemagne, les ventes sont, en général, entourées de certaines conditions de publicité plus complètes que d'après le code Napoléon. Elles sont quelquefois constatées par la juridiction gracieuse des tribunaux.

En Angleterre, le droit primitif exigeait, pour la transmission des terres entre vifs, la formalité de la saisine. L'usage ayant autorisé la transmission sans ensaisinement

---

[1] Art. 1328 et 1583.
[2] Art. 2 de la loi du 17 janvier 1855.

sous le mode appelé *bargain and sale*, Henri VIII exigea l'enregistrement des contrats de cette nature à la cour de Westminster dans un terme de six mois. Divers actes postérieurs
autorisèrent l'enregistrement dans quelques cours déterminées, relativement aux immeubles situés dans leurs ressorts.
Toutefois l'esprit des jurisconsultes anglais, qui, comme
celui des jurisconsultes romains, corrige la fidélité aux
principes traditionnels par des moyens nombreux de les éluder, a établi dans le mode de transmission appelé *lease and
release*, la possibilité d'éviter cette nécessité d'enregistrement établie en vue d'une publicité salutaire [1]. Quelques
lois locales ont remédié à cette situation par leur sévérité,
et il paraît en outre qu'un statut de la vingt-neuvième année
de Charles II (C. 3) a restreint l'emploi de ce mode d'éluder
l'*enrollment* des mutations entre vifs, en prohibant la transmission des terres ou héritages pour plus de trois ans sans
acte écrit. Mais l'enregistrement anglais ne paraît avoir
donné lieu à aucune perception fiscale analogue à celle qui
est usitée en France. C'est le droit de timbre qui atteint
seul les *conveyances* ou mutations.

L'économiste n'a pas seulement à considérer le contrat
de vente comme le véhicule principal de la circulation des
biens dans la société humaine, il peut (et c'est d'ailleurs ici
l'objet spécial de nos recherches) l'étudier dans ses rapports
avec le revenu des États.

Les ventes ont été et sont, en effet, l'objet de droits assez
considérables dans certains pays.

Les auteurs latins parlent d'une contribution nommée
*centesima rerum venalium*. C'était une taxe d'un vingtième
sur toutes les ventes de denrées de consommation seule-

---

[1] Voy. Humphry's, *Observations on the actual state of the English laws*, etc.,
p. 150.
.Tomlin's *Law Dictionnary*, v° BARGAIN.

ment, taxe qui aurait été établie par Auguste et réduite sous Tibère [1]. Il y aurait eu en même temps, à Rome, un impôt du vingtième sur la vente des esclaves. Les ventes à l'enchère auraient de même été frappées par Tibère d'un impôt sur le pied d'*un demi* pour cent, et qui s'est continué ou reproduit sous les princes du Bas-Empire ; car un érudit a signalé dans l'histoire de ces époques une taxe sur les ventes établie par Valentin et Théodore, et appelée *siliquatium* du nom de *siliqua* donné à la vingt-quatrième partie d'une certaine monnaie d'or alors en usage. Le *siliquatium* devait être ou moitié à la charge du vendeur ou moitié à celle de l'acheteur [2].

Un article de M. E. de Lauture (*Moniteur du* 26 août 1860) s'exprime ainsi au sujet de la législation chinoise : « Il y a de plus un droit de 5 pour 100 sur le capital pour enregistrement de la vente des terres, mais le produit de ce droit appelé *yintchi* reste dans les provinces, et le chiffre m'en est inconnu, il n'y a pas de droit d'enregistrement sur les maisons. »

L'impôt de l'*alcabala* en Espagne renfermait aussi bien une taxe de mutation qu'une sorte d'excise générale sur toutes les denrées, puisque la *vente* est l'une des circonstances dans lesquelles les législateurs financiers ont suivi les consommations. Mais on me paraît avoir rapproché à tort l'*alcabala* de nos droits d'enregistrement qui laissent aux conventions verbales et usuelles, pour les objets de consommation, une liberté parfaite, tandis que l'*alcabala* ne distinguait point, aussi complétement, entre les mutations mobilières et immobilières. La perception de cet impôt paraît

---

[1] Voy. Dureau de la Malle, *Économie politique des Romains*, t. II, p. 460 à 466.

[2] Voy. *Saggio sullo stato civile e politico dei popoli d'Italia sotto il governo dei Goti*, p. 36. Traduction d'un Mémoire de Sartorius.

avoir subi en Espagne des phases très-diverses et avoir été
l'objet de nombreuses tentatives d'amélioration. Ainsi, d'a-
près l'un des historiens du célèbre cardinal Ximénès [1], cet
impôt consistant dans le dixième du prix des ventes et échanges d'objets autres que les mules et chevaux de selle, livres,
armes, oiseaux dressés pour la chasse, pain et blés étrangers importés par mer, avait été établi par les rois de Castille et de Léon, prédécesseurs d'Isabelle, pour fournir aux
frais de la guerre contre les Maures. Cette taxe donnait lieu
à beaucoup de difficultés, de frais et de fraudes. Ximénès,
de concert avec Lopez, le plus habile financier qui fût alors
dans la Castille, convertit l'*alcabala* en une cotisation par
abonnement avec promesse de la supprimer à la fin de la
guerre. Suivant Moreau de Beaumont, qui écrivait au xviii[e]
siècle, loin d'être supprimée, cette taxe s'était élevée à 14
pour 100, puis elle avait été réduite à 6 pour 100 [2]. Un autre
écrivain de la même époque rapporte que le clergé était
exempt de l'*alcabala*, que cet impôt était inégal et était fixé à
8 pour 100 sur toutes les marchandises qui entraient à Madrid. Il ajoute que dans plusieurs villes les marchands
avaient la faculté de s'abonner pour le droit d'*alcabala*. Il
regarde l'impôt comme spécial aux 22 provinces de la commune de Castille [3].

Nous trouvons dans les ouvrages financiers espagnols
modernes des indices du maintien de l'*alcabala*, sauf des
exceptions nombreuses et des suppressions temporaires,
jusque dans les premières années de notre siècle [4].

---

[1] *Histoire du cardinal Ximénès,* par Marsollier, p. 162 et suiv., et *Essais sur
l'administration de la Castille au* xvie *siècle,* Gounon-Loubens.

[2] *Mémoires concernant les impositions et droits,* t. II, p. 455.

[3] Nouveau voyage en Espagne fait en 1777 et 1778, t. I, p. 351.

[4] V. notamment l'ouvrage de Juana Pinilla, tome II. M. Conte, t. I, p. 13, ne
fait dater que de 1845 l'abolition de l'*Alcabala.*

A. Smith cite comme ayant existé dans le royaume de
Naples un impôt analogue à l'*alcabala* sur les ventes, au
taux de 3 pour 100, et il fait remarquer que les municipa-
lités ayant la faculté de l'acquitter par abonnement, et pouvant par conséquent en combiner la perception avec les exigences du commerce de chaque localité, ce droit ne pesait
pas sur les transactions aussi lourdement qu'en Espagne.

Le même auteur [1] parle, d'après Moreau de Beaumont,
d'une taxe sur les aliénations de toute nature et par conséquent sur les ventes, dans les cantons de Berne, de Bâle et de
Lucerne : elle aurait atteint même, dans ce dernier canton, le
10e de la valeur des propriétés vendues dans le cas particulier où le vendeur se proposait de quitter le pays. Mais si le
droit signalé s'est élevé aussi haut, il paraît avoir été fort
réduit depuis dans divers cantons, et avoir même disparu
récemment dans ceux de Zurich et de Lucerne. M. Rau
mentionne toutefois l'existence d'une taxe de ce genre dans
les cantons de Vaud et de Genève [2].

Dans les Pays-Bas, il a existé, suivant M. de Rovère Van
Breugel, indépendamment d'un droit de timbre, un droit
proportionnel de mutation de biens meubles et immeubles
entre vifs, dont le tarif et le mode de perception variaient
dans chaque province [3]. On remplaça en 1805 ces deux taxes
par un seul droit de timbre, fixe pour quelques objets et proportionnel pour d'autres, sans bases très-précises, et établi,
dans ce dernier cas, non sur la valeur des mutations, mais
sur la dénomination des actes et sur le montant des sommes
y énoncées.

---

[1] Smith, *Richesses des nations*, liv. V.

[2] *Science des finances*, § 236 (a).

[3] *Des hypothèques, du droit de timbre et de greffe*. Bruxelles, 1817, p. 41 et
suiv. — Il paraît, d'après Ad. Smith, que le droit sur la plupart des ventes était,
en Hollande, de 2 1/2 pour 100 au siècle dernier.

« On ne sentit pas, dit l'auteur, le danger de créer des marques de timbre de très-fortes sommes (il y en avait de 500 florins) pendant que chaque artiste pouvait les contre-faire. »

Après une courte invasion de la législation française par décret impérial de 1812, on eut la pensée de revenir à peu près au système de 1805, qui fut combattu par le financier que nous venons de citer.

En définitive, on maintint les bases de la loi française du 22 frimaire an VII, sauf diverses modifications introduites en 1824 et 1832. Aujourd'hui c'est la loi française de l'an VII, modifiée par des lois ultérieures, et aggravée par des centimes additionnels assez considérables, qui régit en Hollande les transmissions entre vifs et qui les assujettit à un droit d'enregistrement proportionnel [1]. Un état de choses analogue à celui qui est en vigueur dans les Pays-Bas paraît exister en Belgique.

En Autriche, d'après M. Rau [2], la taxe sur l'aliénation (*Verœusserung*) des immeubles est fixée à 3 1/2 pour 100.

En Russie, le droit sur les ventes, appelé *poschlina*, existe depuis fort longtemps [3]. Il atteint non-seulement les maisons et les terres, mais aussi les serfs que la législation du pays a pour ainsi dire considérés, jusqu'à nous, comme immeubles par destination. Ce droit porté d'abord à 10 pour 100 fut réduit à 6 pour 100 et introduit, en 1783, dans les provinces de la Baltique et dans celles de la petite Russie. En 1787 il fut réduit de nouveau à 5 pour 100, et depuis cette époque, à 4 pour 100 [3]. Bien que ce taux soit presque égal

---

[1] Engels, p. 267 à 270.

[2] Rau, § 236 (*a*).

[3] Tooke, *Vues de la Russie*, p. 520 et 544, t. II de l'édition anglaise. (Londres, 1799.)

[4] Rau, § 236 (*a*).

à celui qui est établi en France, le revenu moyen de cet impôt, qui s'appliquait encore à certains actes judiciaires et comprenait certains droits de sceau, ne dépassait guère, en 1800, 800,000 roubles, c'est-à-dire 3 millions 200,000 francs. Depuis lors nous trouvons rapportés, pour les produits généraux du timbre, de l'enregistrement et de certaines patentes en Russie, des chiffres supérieurs : 2,200,000 roubles d'argent d'après la *Revue de Westminster* de janvier 1856 : 7,000,000 roubles papier d'après le *Moniteur* du 3 novembre 1854.

Dans le grand-duché de Bade, une taxe de 2 1/2 pour 100, connue sous le nom de *Verkaufs-oder-immobilisen-accise*, frappe la vente des immeubles et même des redevances foncières (*Grundgefœllen*). Toutefois il y a exemption pour les aliénations au profit des descendants, des époux, des établissements publics et pour les ventes forcées par suite de poursuites hypothécaires [1].

En Wurtemberg, l'aliénation des immeubles est soumise à un droit de 1 p. 100 seulement [2].

Dans plusieurs des États de l'Amérique du Nord, il existe une taxe sur les ventes à l'encan, vente dont l'usage paraît bien répondre au caractère de la concurrence complétement libre qui se retrouve partout dans les institutions du pays. Cette taxe a dans quelques États une certaine importance. L'*Auction tax* rapportait, il y a quelques années, dans le Massachussets, 45 mille dollars; dans l'État de New-York, 87 mille; dans la Pensylvanie, 53 mille ; dans le Maryland, 22 mille (non compris dans ces deux derniers États le montant des licences des *auctionneers*), et dans le Rhode-Island, 1,800 dollars [3].

[1] *Ibib.*
[2] *Ibid.*
[3] *The american Almanach for the year* 1849.

En Angleterre, il y a à la fois des droits de licence imposés aux *auctionneers*, et des droits de vente sur les biens vendus aux enchères [1]. Les *conveyances* ou mutations sont aussi frappées d'un droit de timbre qui est en moyenne de 1 p.100 sur la valeur des biens transférés. On trouve le tableau de ces droits qui ne dépassent pas 1,000 liv., quelle que soit, au-dessus de 100,000 liv. st., la valeur de l'immeuble, dans un recueil que nous avons déjà cité [2]. Il est probable que cette taxe fournit, avec les droits de timbre qui atteignent les obligations (*bonds*) et les baux, les éléments principaux du produit de 1,333,397 liv. st., perçu en 1856-57 sur les *deeds and other instruments* suivant les comptes financiers de la Grande-Bretagne.

Mais c'est en France que les transmissions entre vifs à titre onéreux ont occupé le plus le législateur fiscal et qu'elles donnent le revenu le plus considérable. Comprise, comme nous l'avons vu précédemment, sous la féodalité, parmi les droits de contrôle, de centième denier, de lods et ventes, cette taxe ne montait pas à moins 2 1/4 p. 100, indépendamment de diverses redevances variables suivant les provinces. La loi du 22 frimaire an VII, en apportant l'uniformité, éleva par l'art. 69 le tarif à 4 p. 100 « pour les adjudications, ventes, reventes, cessions et tous autres actes civils et judiciaires translatifs de *propriété* ou *d'usufruit* de biens immeubles à titre onéreux. » Les adjudications des domaines nationaux devaient être réglées par des lois particulières. Ce droit de 4 p. 100 avait bien paru considérable à la commission même qui préparait la loi de frimaire, et le rapporteur déclara qu'on aurait voulu pouvoir ne le porter qu'à 3 p. 100, mais il ajouta que les nouvelles lois hypothécaires ayant rangé les rentes

[1] Tomlin' *Law dictionnary*, Auctions.
[2] *Dictionnary of Law term's*, annexé au *Cabinet Lawyer*, v° Stamp-duties.

et autres redevances foncières, jusqu'alors immeubles, dans
la catégorie des meubles, et que cet abaissement de 4
à 3 p. 100 devant faire subir aux recettes une diminution de
6 millions que l'état des finances de l'époque ne permettait
pas de supporter, on était forcé de maintenir le droit de
4 p. 100. Ce fait montre suffisamment que le législateur de
l'an VII comprenait combien il importe de faciliter la transmission de la propriété foncière, et regrettait de ne pouvoir
opérer dans les charges qui la grèvent une réduction, conseillée peut-être en effet par des raisons économiques de
certaine valeur.

Indépendamment de cette taxe de 4 p. 100, un impôt supplémentaire de 1 1/2 p. 100 avait été établi par la loi du 21
ventôse an VII pour la transcription des actes sur le prix
intégral des mutations immobilières. Le droit total était donc
en résumé de 5 1/2 p. 100 pour l'acquéreur qui demandait
la transcription de son contrat de vente, mais il n'était que
de 4 p. 100 pour celui qui voulait se priver de cette garantie.
Depuis la loi du 28 avril 1816, l'acquéreur ne conserva plus
cette faculté. Ces deux droits ont été confondus en un seul
droit d'enregistrement, maintenu au taux de 5 1/2 p. 100 et
applicable à toutes les ventes immobilières [1].

La loi de l'an VII reproduisait au sujet des ventes mobilières les mêmes dispositions que pour les immeubles ; mais
le droit n'était que de 2 p. 100 pour ces mutations, et il est
resté le même jusqu'à ce jour.

Une loi du 15 mai 1818 a réduit cependant à 50 centimes
pour 100 fr. le droit sur les ventes publiques de marchan-

---

[1] Si la vente est faite avec réserve d'usufruit, l'usufruit est évalué à la moitié
de tout ce qui forme le prix du contrat, et le droit est perçu sur le total. Il y a
beaucoup à dire sur l'évaluation de l'usufruit à moitié de la propriété, quelque
soit l'âge du vendeur, et sur la perception d'un droit égal à celui de la transmission d'usufruit, au cas de simple retenue d'usufruit. V. sur la dernière question
Dalloz, n° 4583, et G. Demante, n° 338.

dises, qui, conformément au décret du 17 avril 1812, sont faites à la Bourse et aux enchères par le ministère des courtiers de commerce, d'après l'autorisation du Tribunal de commerce [1].

On peut apprécier, en dehors des garanties attachées à l'enregistrement, l'importance fiscale des droits de cette nature en France, par ce fait qu'ils ont produit, en 1857, 108 millions et demi, dont les contrats de vente forment plus des 11/12; les ventes mobilières, dans la même année, ont donné 12 millions [2].

En 1858, cette taxe a atteint presque le chiffre de 126 millions, dont 113 millions proviennent des ventes immobilières.

Enfin, aux Comptes de 1859, les droits sur les transmissions entre vifs à titre onéreux, non comprises les transmissions de titres, sont portés pour une somme de 117 millions en tout, dont 106 millions pour les transmissions d'immeubles, et le surplus pour les transmissions de meubles. Les échanges, soultes de partage et résolutions de vente ne figurent dans ce chiffre que pour une minime fraction.

Faisons remarquer en terminant que dans un pays où l'impôt a pris de telles proportions, il est du devoir du législateur d'en assurer la bonne perception.

Si l'insuffisance du prix de vente est constatée par soumission, à l'effet d'arrêter les poursuites, il est dû un supplément de droit et un droit en sus; si elle est constatée par expertise, le supplément de droit est dû et le droit en sus également lorsque l'estimation excède de 1/8 le prix énoncé au contrat; enfin, si l'insuffisance résulte d'une contre-lettre sous signature privée, il est dû un triple droit sur la partie du prix dissimulée.

[1] Art. 74 de la loi. V. aussi les diverses dispositions rappelées par Demante, n°264.
[2] Comptes de 1857, p. 131.

III.                                                      18

## ARTICLE 2.

### ÉCHANGES.

Si, au lieu de s'opérer par l'intermédiaire de la monnaie, les transmissions de biens se font par voie d'échange, il n'y a pas emploi d'un capital mobilier supposé précédemment oisif, il y a une opération qui ne suppose pas les mêmes ressources pour l'acquittement d'un impôt et qu'on a cru devoir pour ce motif régir par des règles spéciales [1].

En outre, la fixation du droit, en cette matière, se rattache à la question de savoir dans quelle mesure les échanges d'immeubles, les seuls qui donnent un produit quelconque à l'enregistrement, doivent être favorisés par l'État. Nous verrons quelles phases a subies, principalement en France, ce point de la législation fiscale, plus important en principe que sous le rapport financier, car les échanges ne donnent qu'un contingent presque insignifiant à la masse des mutations de biens à titre onéreux [2].

Constatons dès à présent que depuis longtemps cette question des échanges a éveillé la sollicitude des gouvernements, car une déclaration du roi du 2 décembre 1776, article 1er, portait : « Les actes d'échange de terrain au-

[1] « Le contrat d'échange dépouillé de toute idée de trafic, de spéculation, répond à des besoins de convenance, de familiarité, de voisinage, et intéresse particulièrement l'agriculture. » *Exposition raisonnée des principes de l'enregistrement*, par G. Demante, t. I, n° 306.

Tiraqueau décide « que l'échange est plus noble que la vente, au moyen de citations d'Homère, d'Ovide et de Pline le Jeune » (Demante, n° 76).

[2] Les droits constatés en 1861 pour les échanges d'immeubles se sont élevés à 1,092,811 francs.

dessous de dix arpents qui seront faits tant en Bourgogne, en Comté et pays dépendants, que dans les pays
de Bresse, de Bugey et de Gex, *continueront* d'être exempts,
jusqu'au 31 décembre 1780, du droit de centième denier et
autres droits royaux et seigneuriaux, à l'exception du droit
de contrôle, lequel demeurera fixé jusqu'au dit terme, à 5 sols
pour les terrains échangés dont la valeur ne montera pas
à 50 livres, et ne pourra excéder la somme de 10 sols pour
les terrains dont le prix montera au-dessus de 50 livres, de
quelque valeur que soient lesdits terrains échangés. »

Cette disposition de faveur pour certains échanges, admise à une époque à laquelle elle était sans aucun doute moins
conseillée qu'elle a pu l'être depuis par la division progressive
des terres, mais où elle l'était peut-être plus par l'esprit général de la législation [1], fut à un certain degré continuée par
la loi des 5-19 décembre 1790, qui ne porta le droit qu'à
1 p. 100 *sur l'une des parts.*

L'art. 69, § 5, n° 3 de la loi du 22 frimaire an VIII
éleva ce droit à 2 p. 100, mais elle ne le fit qu'à cause
de la situation des finances et tout en constatant la faveur
qui devait être attachée aux contrats de cette nature.

Ces dispositions bienveillantes furent plus tard oubliées,
pour quelque temps du moins. L'art. 54 de la loi du 28
avril 1816 ayant disposé que, « dans tous les cas où les
actes seraient de nature à être transcrits au bureau des hypothèques, le droit serait augmenté de 1 1/2 p. 100, et
que la transcription ne donnerait plus lieu à aucun droit
proportionnel, » les échanges tarifés jusque-là à 2 pour 100
se trouvèrent soumis, à dater de cette loi, à un droit proportionnel de 3,50 p. 100. C'est peut-être aux événements poli-

---

[1] M. Sorel a évalué en effet à 24 pour 100 les droits réunis qui, sous des noms
divers, se percevaient soit par la valeur d'une part, soit par la valeur des deux
parts avant 1790.

tiques de cette époque et aux besoins du Trésor qui s'y rattachèrent, qu'on doit cette élévation de taxe, mais elle ne pouvait être de longue durée.

Ce droit parut trop élevé bientôt pour un contrat qui peut favoriser l'agglomération des propriétés et en faciliter l'exploitation. L'art. 2 de la loi du 16 juin 1824, en abaissant le droit à 2,50 p. 100 sur l'une des parts, y compris le droit de transcription, disposa en outre que les échanges d'immeubles ruraux ne paieraient qu'un franc de droit fixe pour tous droits d'enregistrement et d'inscription, lorsque l'un des immeubles échangés serait contigu aux propriétés de celui des échangistes qui le recevrait.

Le projet de loi présenté par le gouvernement ne renfermait pas cette dernière disposition ; elle fut introduite dans la loi sur l'amendement d'un membre de la chambre des députés, M. de Séguret. On fit observer que c'était dans le cas de la contiguité des immeubles qu'il y avait lieu surtout de protéger l'échange. On cita l'exemple de l'Angleterre, où depuis 1782 ces sortes de contrats sont, dit-on, obligatoires, lorsque des commissions nommées à cet effet en ont reconnu l'avantage pour le bien public, et on assura qu'une mesure analogue avait été adoptée en Prusse depuis 1816. Toutefois, l'amendement fut vivement combattu comme étant de nature à faciliter la fraude.

« Il y aurait, dit le ministre des finances, un obstacle réel à l'adoption de l'amendement, c'est celui qui résulte de la fraude. Ne pourrait-on pas acheter une parcelle de terre et y réunir ensuite, par le moyen d'un échange qui ne serait soumis qu'au droit fixe d'un franc, une propriété considérable, qui aurait dû être assujettie au droit proportionnel ? »

Malgré cette observation, l'amendement fut adopté.

Le but de cet amendement avait été, d'une part, de favoriser la petite propriété en facilitant la réunion des petites parcelles dans les mêmes mains ; d'autre part, d'arrêter autant que possible le morcellement des propriétés dont la progression toujours croissante alarmait les esprits.

« Les échanges de propriétés rurales, avait dit l'auteur de l'amendement, ne portent que sur des objets de mince valeur, et il ne s'agit que de sillons épars qu'on cherche à réunir dans l'intérêt de l'agriculture. »

On a souvent insisté, en effet, sur la trop grande division des propriétés considérée comme nuisant essentiellement aux progrès de l'agriculture. Elle s'oppose, a-t-on dit, à toute amélioration, parce qu'elle entraîne, pour des parcelles de terrain, des frais de clôture et d'exploitation presque aussi onéreux que pour des terres d'une valeur beaucoup plus considérable. On a ajouté qu'en entravant la culture sur une grande échelle, elle nuit aux assolements alternes, à l'élève du bétail et du cheval, et enfin qu'elle entretient l'esprit de jalousie et de chicane si facile à éveiller par le contact intime des intérêts. Dès le commencement de notre siècle, ces idées, que nous avons vues favorisées par une déclaration royale de 1776, ont trouvé des organes sérieux : « Par la réunion de plusieurs pièces de terre en une, dit M. de Montyon [1], la perte du sol par les chemins riverains est supprimée ou diminuée ; chaque propriétaire peut faire de sa terre l'usage qu'il juge à propos, sans être obligé de raccorder sa culture avec celle de son voisin, pour ne point causer de dommage par le passage sur son sol ; les difficultés et les contestations sur les limites sont restreintes, la propriété peut être enclose, le sol peut être arrosé ou desséché, et il est nombre de grandes améliorations qui ne peuvent être exécutées dans le morcellement et le mélange des proprié-

---

[1] *De l'influence des divers systèmes d'impôts sur l'activité, la moralité et l'industrie des peuples.* (Ch. II, sect. X, en note.)

tés. Il est des communes en France, surtout celles de vigno-
bles, où on a compté, dans un terroir de mille arpents, cinq
à six mille portions de propriétés foncières appartenant à
cinquante ou soixante propriétaires ; si les propriétés avaient
été réunies, leur extension aurait été dans la proportion
d'environ un à cent. »

« Dans divers États, en Danemark, en Prusse, sous le règne de Frédéric le Grand, dans le canton de Berne, ces
réunions ont été opérées dans quelques cantons, et partout
avec un grand succès. »

L'un des savants du commencement de ce siècle, dont
le nom se rattache à l'histoire de nos arts, au progrès de
notre industrie, au perfectionnement de notre agriculture,
Chaptal, n'avait pas hésité à placer la faveur due aux échanges au rang des premiers bienfaits que l'agriculture attendait de la législation. Dans l'un de ses ouvrages [1] il s'exprime ainsi :

« Si l'agriculture réclame de nouvelles lois favorables à
ses intérêts, elle demande aussi la suppression d'un petit
nombre qui y sont contraires.

» La loi devrait protéger et favoriser les échanges : le
gouvernement ne doit voir dans cette opération que des
convenances réciproques entre deux propriétaires, et ne
percevoir de droits que sur la plus-value de l'une des propriétés échangées.

» En facilitant et en provoquant les échanges, le gouvernement ferait beaucoup pour l'agriculture. Les propriétés
éparses et morcelées se réuniraient insensiblement autour
de l'habitation : la surveillance deviendrait plus forte. Un
meilleur système d'exploitation pourrait s'établir aisément,
les transports seraient plus prompts et moins coûteux, les

[1] La chimie appliquée à l'agriculture (Discours préliminaire), p. 30.

animaux éprouveraient moins de fatigues et le travail deviendrait plus considérable.

» La facilité des échanges aurait encore l'avantage de réunir à des propriétés contiguës les petites parcelles de terre qui ne présentent pas assez d'étendue pour y développer toutes les ressources d'une bonne exploitation.

» Enfin les échanges éteindraient une foule de contestations qui s'élèvent entre les propriétaires à raison des limites, des usurpations et des dégâts. »

Lorsque Napoléon I$^{er}$ conçut le projet de la rédaction d'un *Code rural* officiel, au lieu des compilations de ce nom livrées au public par des jurisconsultes à diverses époques, les auteurs du projet nouveau ne balancèrent pas à proposer la suppression entière de tous droits d'enregistrement sur les contrats d'échange. L'article 33 du projet de Code rural de 1808 était ainsi conçu : « A dater de six mois après la promulgation de la présente loi, le droit d'enregistrement sur les échanges de propriété rurale est supprimé, si les biens échangés sont de même valeur, leur valeur étant légalement constatée. Sur la soulte, s'il y en a une, le droit sera perçu comme sur une vente. »

Tels étaient les précédents graves qui appuyaient les motifs du législateur de 1824 en ce qui concerne l'échange des propriétés contiguës.

Mais on ne tarda pas à reconnaître que la disposition introduite par amendement dans la loi du 16 juin 1824 n'atteignait pas très-bien le but que son auteur s'était proposé.

Les échanges de petites propriétés n'augmentèrent pas sensiblement, parce que les biens échangés entre les petits propriétaires étant généralement de peu de valeur, il n'y avait souvent qu'une différence sans importance entre le droit fixe créé par la loi et le droit proportionnel qui eût été exigible d'après la loi commune. La petite propriété ne tira donc point un grand profit de la loi ; la grande propriété ne paya qu'un droit fixe pour des échanges de biens assez considérables, échanges auxquels l'intérêt de l'agriculture était plus étranger et que le législateur n'avait pas entendu autant favoriser.

En ce qui concerne le morcellement des propriétés, il ne se ralentit, sous l'empire de la loi, que dans une proportion inappréciable.

Il ne pouvait, d'ailleurs, en être autrement. La division des propriétés tient en France à l'avantage que les propriétaires trouvent dans les ventes en détail, au désir qu'ont les héritiers, au moins dans les campagnes, de recevoir dans leur lot une portion de chaque propriété ; enfin et surtout au principe de l'égalité des droits des enfants dans les successions. Or, ces causes sont trop puissantes pour qu'une réduction quelconque des droits d'enregistrement puisse en paralyser l'effet [1].

D'un autre côté l'application de la loi présenta certaines difficultés.

Ces difficultés vinrent notamment de la prétention qu'élevèrent les contribuables de ne payer que le droit fixe d'un franc pour des échanges de biens ruraux contre des propriétés qui ne pouvaient être rangées dans la classe des propriétés rurales, par exemple, contre des bâtiments ou usines, des maisons isolées dans les campagnes, des châteaux et autres propriétés de luxe.

L'exécution de la loi présenta également des difficultés lorsque l'un des échangistes reçut à la fois des biens contigus et des biens qui ne l'étaient pas. Il fallut, dans ce cas, demander une ventilation et percevoir le droit fixe sur

[1] Voyez les observations faites dans ce sens dans la séance du corps législatif du 29 avril 1858. (*Moniteur* du 1er mai suivant.)

une nature de biens et le droit proportionnel sur l'autre.

Enfin la loi favorisa la fraude dans des proportions qui non-seulement justifièrent, mais encore dépassèrent les prévisions du ministre des finances.

Assez souvent, lorsqu'il s'agissait de l'échange de plusieurs pièces de terre et que certaines d'entre elles seulement étaient contiguës aux propriétés de l'un des échangistes, on exprimait dans l'acte qu'il y avait contiguïté sans indiquer qu'elle n'était que partielle; et on essayait par là de se soustraire au paiement du droit proportionnel sur les biens non contigus.

Dans d'autres circonstances, on déclarait, contrairement à la vérité, que les biens étaient contigus, et comme il était difficile aux préposés de contrôler toujours l'exactitude de cette assertion, les contribuables échappaient souvent à la perception du droit proportionnel.

Mais le genre de fraude qui portait le plus grand préjudice au Trésor, parce qu'il n'était employé que lorsqu'il s'agissait de grandes propriétés, était précisément celui que le ministre des finances avait prévu et signalé lors de la discussion de la loi. Il consistait à acquérir d'abord une petite partie d'un grand domaine et à devenir ensuite propriétaire du surplus par voie d'échange. La parcelle acquise en premier lieu étant contiguë à l'un des immeubles échangés, l'acte n'était passible que du droit fixe, et les parties privaient ainsi le Trésor de droits considérables.

Ce genre de fraude s'exerçait ostensiblement et par actes publics. L'administration chercha à le réprimer en invoquant l'esprit de la loi du 16 juin 1824; mais les tribunaux et la cour de cassation décidèrent que, du moment où il s'agissait d'immeubles contigus, on ne pouvait refuser aux parties le bénéfice de cette loi; que la contiguïté avait pu être établie sans doute dans une intention frauduleuse, mais qu'il n'appartenait qu'au législateur de remédier à cet état de choses [1].

L'administration étant ainsi désarmée, les fraudes parurent nombreuses, d'après ce fait que, sur 65,000 échanges opérés en 1832, 43,760 durent jouir du bénéfice de la loi du 16 juin 1824 [2].

Ces diverses circonstances déterminèrent l'administration à demander, avec instance, après la Révolution de 1830, l'abrogation du deuxième alinéa de l'art. 2 de la loi de 1824. Elle fut secondée en cela par quelques députés [3], et la disposition dont il s'agit fut abrogée par l'art. 16 de la loi du 24 mai 1831.

L'exposé des motifs présenté à la chambre des députés par le ministre des finances contient, à cet égard, les observations suivantes :

« L'art. 2 de la loi du 16 juin 1824 est devenu, en ce qui concerne les échanges d'immeubles contigus, une source d'abus et fait éprouver au Trésor un dommage qu'on ne peut évaluer à moins de 300,000 fr. par an. La petite propriété, que cette disposition devait avantager, n'en profite pas, puisqu'elle n'échange que des immeubles de très-peu de valeur. La grande propriété, au contraire, a trouvé le moyen d'abuser de l'exception. Les fraudes échappent à la répression ; vous y mettrez un terme en adoptant le projet du gouvernement. »

La commission nommée pour l'examen du projet de loi reconnut l'exactitude de ces observations, et l'art. 16 fut adopté à une grande majorité.

---

[1] Arrêt du 18 décembre 1828. Inst. 1272, § 8. Arrêt du 18 août 1829.

[2] Discussion de la loi du 24 mai 1834. (*Moniteur* des 19 et 20 du même mois.)

[3] Des propositions dans ce sens furent faites à la chambre des députés dans les sessions de 1831 et 1832.

Toutefois, on a pensé depuis que le législateur de 1834 pouvait avoir trop oublié quelques-uns des avantages recherchés par celui de 1824. M. Troplong, dans sa préface du *Traité de l'échange*, a disculpé le législateur de 1824 en distinguant la *division* utile de la propriété de sa *dispersion*, qu'il regarde comme nuisible à l'agriculture; et dans le rapport au Sénat sur le nouveau projet de Code rural, le rétablissement de la loi de 1824 a été présenté comme opportun.

Le Corps législatif a entendu aussi l'émission de vœux dans le même sens. On a pu observer que le progrès des fraudes alléguées, comme résultant de la loi de 1824, ne ressortait point de la statistique d'une manière frappante d'après les chiffres suivants, extraits des Comptes des Recettes.

*Echanges de biens contigus au droit fixe de 1 franc par acte.*

| Années. | Nombre d'actes. |
|---|---|
| 1827. | 36,270 |
| 1828. | 39,362 |
| 1829. | 37,133 |
| 1830. | 35,099 |
| 1831. | 39,151 |
| 1832. | 43,760 |
| 1833. | 43,652 |
| 1834. | 41,911 |
| 1835. | 43,103 |

Aussi est-il permis de penser qu'on concilierait les avantages possibles de la loi de 1824 avec les intérêts du Trésor, en adoptant, par exemple, à l'avenir, la disposition législative suivante, que nous indiquons par hypothèse, et qui a été accueillie par de bons esprits dans la discussion récente du projet de code rural au conseil d'État :

« Les échanges d'immeubles ruraux ne sont assujettis qu'à un droit proportionnel de 25 centimes par 100 francs, sur la valeur d'*une des deux parts*, pour tout droit d'enregistre-

ment et de transcription, lorsque l'un des deux immeubles
échangés est contigu à une propriété appartenant, *depuis
trois ans au moins*, à celui des échangistes qui le reçoit, ou
acquise par lui dans cet intervalle à titre gratuit.

» S'il y a soulte ou plus-value, le droit d'enregistrement
afférant à cette soulte ou plus-value continue à être perçu
d'après les lois existantes. »

Les échanges de meubles ne donnent lieu à l'ouverture
d'aucune rubrique spéciale dans les comptes de recettes.
Cependant la jurisprudence s'en est occupée. « Le droit mobilier ordinaire (dit M. Gabriel Demante), 2 pour 100, est
incontestablement exigible; seulement on s'est demandé,
l'échange opérant double transmission, s'il n'y avait pas
lieu de percevoir le droit sur le montant annulé de la valeur
des deux objets échangés. La négative a prévalu avec raison, car la transmission de l'un des objets est une dériva-
tion, une dépendance nécessaire de la transmission de l'autre; donc le droit n'est exigible que sur la valeur d'un seul
des objets [1]. »

---

[1] Exposition raisonnée des principes de l'enregistrement, n° 309.

ARTICLE 3.


**PRÊTS ET HYPOTHÈQUES.**


Les droits d'enregistrement sur les capitaux prêtés sont, en France, d'après la loi du 22 frimaire an VII (art. 69), de 1 p. 100. Le produit, en 1859, a été d'environ 6 millions et demi de francs. Il est de toute sagesse que cet impôt soit des plus modérés, car il retombe habituellement sur l'emprunteur, qui, le plus souvent, est dans la gêne, ou qui n'emprunte que dans le dessein de se livrer à une entreprise. Il ne faudrait donc pas que la loi fiscale vînt aggraver sa situation ou absorber les profits à venir qu'il peut retirer de la nouvelle mise en valeur de ces capitaux, par la pesanteur de l'impôt sur cette transmission provisoire.

Sismondi est, du reste, avec raison, moins favorable à l'impôt sur les prêts par hypothèque et au timbre sur les actes judiciaires, examinés par lui simultanément, qu'aux droits sur les héritages et les mutations. Après avoir justifié ces derniers, « l'impôt sur les prêts par hypothèque, dit-il, et le timbre sur les actes judiciaires ne méritent point la même indulgence, car ils sont perçus pour des accidents qu'on devrait prendre pour des symptômes de pauvreté, ou du moins de gêne, et non de richesse. Lever un impôt sur les dettes d'un homme ou sur ses procès ne paraît guère moins déraisonnable qu'en lever un sur ses maladies [1]. »

Les libérations, qui sont, comme les obligations, des actes

---

[1] *Nouveaux principes d'économie politique*, t. II.

unilatéraux, sont soumises à une contribution moindre que
les obligations; le droit est de 50 c. pour 100. La raison en
est que, par la quittance, l'obligation cesse, la somme prê-
tée est restituée; ce n'est pas une nouvelle valeur qui cir-
cule, c'est une valeur qui retourne à son possesseur primitif. Ce droit est peut-être encore assez considérable. « Celui
qui paye est riche, a écrit M. Sorel, mais la quittance n'est
que la liquidation d'une opération antérieure. Elle est d'ailleurs facile à dissimuler. »

On sait que les emprunts avec affectation hypothécaire sont
seuls soumis certainement aux droits d'enregistrement, et
qu'à l'égard des prêts dépourvus de ce supplément de garantie, le droit n'est exigible que du jour où le titre devient
authentique ou est produit en justice.

Les droits qui pèsent sur les contrats hypothécaires, que
l'on peut considérer comme accessoires à ceux d'enregistrement, ne tiennent pas directement à la matière des contributions, sauf ceux qui ont le caractère de droits proportionnels; pour la plupart, ils constituent des droits fixes et représentent, par conséquent, plutôt l'idée du salaire que l'i-
dée de l'impôt.

Les taxes proportionnelles en cette matière existent
en France, en vertu des lois des 11 mars 1799 et 28
avril 1816, qui ont réglé à 1 fr. par mille le droit pour
l'inscription des créances, et à 1 fr. 50 pour 100 les transcriptions des actes portant mutation d'immeubles.

Ces formalités garantissent aux particuliers l'exécution de
leurs contrats, éclairent le prêteur sur la situation de son
débiteur, l'acquéreur sur celle de son vendeur, et placent
leurs intérêts respectifs sous la garde de la foi publique.

L'État, par les registres d'hypothèques garantit la propriété en prescrivant que les droits particuliers qui y sont
attachés, et qui peuvent être concédés et possédés séparé-

ment, soient inscrits dans ce que nous pourrions nommer, sous certains rapports, le *livre public* du passif de la propriété foncière.

Ces registres, destinés à maintenir la sécurité des transactions sociales, peuvent être consultés par tous ceux qui ont intérêt à connaître l'état d'une propriété rurale ou urbaine.

La loi du 21 ventôse an VII a remis à la régie de l'enregistrement la conservation des hypothèques. Les conservateurs établis près le tribunal civil, dans chaque arrondissement, sont chargés : 1° de l'exécution des formalités qui constituent la conservation des hypothèques et qui assurent les mutations de propriétés mobilières ; 2° de la perception des droits établis sur chacune de ces formalités au profit du Trésor, en se conformant aux obligations imposées par les art. 2196 et suivants du Code Napoléon.

Le traitement des préposés à la conservation des hypothèques est réglé ainsi qu'il suit : ils ont, sur la recette des droits d'hypothèque, jointe aux autres recettes dont ils sont chargés, les remises accordées par les lois et règlements aux receveurs de l'enregistrement. Il leur est payé par les requérants, pour les actes qu'ils délivrent, outre le papier timbré, les sommes énoncées au tarif ci-après, par le décret du 21 septembre 1810, qui a rapporté toutes les dispositions antérieures à cette dernière date :

1° Pour l'enregistrement et la reconnaissance des dépôts d'actes de mutation destinés à être transcrits, ou de bordereau destinés à être inscrits, 25 c.;

2° Pour l'inscription de chaque droit d'hypothèque ou privilége, quel que soit le nombre des créanciers, si la formalité est requise par le même bordereau, 1 fr.;

3° Pour chaque inscription faite d'office par le conservateur, en vertu d'un acte translatif de propriété soumis à la transcription, 1 fr.;

4° Pour chaque déclaration, soit de changement de domicile, soit de subrogation, soit de tous les deux, par le même acte, 50 c.;

5° Pour chaque radiation d'inscription, 1 fr. ;

6° Pour chaque extrait d'inscription ou certificat qu'il n'en existe aucune, 1 fr.;

7° Pour la transcription de chaque acte de mutation par rôle d'écriture du conservateur, contenant vingt-cinq lignes à la page et dix-huit syllabes à la ligne, 1 fr.; mais, de ce dernier droit, la moitié seulement appartient au conservateur des hypothèques; l'autre moitié revient à l'État (Ordonnance royale du 1ᵉʳ mai 1816);

8° Pour chaque certificat de non-transcription d'acte de mutation, 2 fr.;

9° Pour les copies collationnées des actes déposés ou transcrits dans les bureaux des hypothèques, par rôle d'écriture du conservateur, 1 fr.;

10° Pour chaque duplicata de quittance, 25 c.;

11° Pour la transcription de chaque procès-verbal de saisie immobilière, par rôle d'écriture, 1 fr.;

12° Pour l'enregistrement de la dénonciation de la saisie immobilière ou saisie, et la mention qui en est faite au registre, 1 fr.;

13° Pour l'enregistrement de chaque exploit de notification de placards aux créanciers inscrits, tenant lieu de l'inscription des exploits de notification des procès-verbaux d'affiches, 1 fr.;

14° Pour l'acte du conservateur constatant son refus de transcrire en cas de précédente saisie, 1 fr.;

15° Pour la radiation de la saisie immobilière, 1 fr.

Le droit de transcription a quelque chose de mixte et se

perçoit sous deux formes distinctes. A l'égard de certains actes, il se confond avec le droit d'enregistrement et en est devenu le supplément. « Dans tous les cas, porte l'art. 54 de la loi de 1816, où les actes seront de nature à être transcrits au bureau des hypothèques [1], le droit sera augmenté de 1 1/2 pour 100 et la transcription ne donnera plus lieu à aucun droit proportionnel. »

Les actes translatifs de propriété ou d'usufruit de biens immeubles à titre onéreux ayant acquitté le droit de transcription lors de l'enregistrement, ne sont soumis, lors de la transcription, qu'à un simple droit fixe d'un franc, outre le salaire du conservateur (loi du 28 avril 1816, art. 61).

Mais tout acte translatif de propriété immobilière qui, pour un motif quelconque, n'aurait pas été soumis au droit lors de l'enregistrement, doit y être soumis lorsque la transcription en est requise, et alors le droit est encore de 1 1/2 p. 100. Tel est le cas des donations portant partage ou démission de biens, exemptés, depuis la loi de 1824, du droit de transcription en quelque sorte obligatoire, mais soumis, ainsi que nous l'avons dit plus haut [2], à ce droit quand la transcription est requise.

A l'égard de certains actes qui n'étaient pas susceptibles de transcription en 1816, et dont la loi de 1855 a ordonné la transcription, comme les antichrèses et les baux de plus de 18 ans, ils ne sont assujettis par l'art. 12 de cette loi qu'au droit fixe de 1 fr.

Bien que la loi du 21 ventôse an VII ait confié à la régie de l'enregistrement la conservation des hypothèques, l'ori-

---

[1] D'après l'article 26 de la loi de brumaire an VII, les seuls actes susceptibles d'être transcrits sont les actes translatifs de biens et droits susceptibles d'hypothèques. Cela exclut les licitations, soultes de partage, adjudications à des héritiers. — Voyez à cet égard le *Code annoté de l'enregistrement*, par Masson-Delongpré.

[2] V. page 252.

gine législative spéciale des droits d'hypothèque en a fait conserver le titre distinct dans les prévisions budgétaires et les comptes. Dans le budget de 1861 [1], par exemple, les 3,200,000 fr. de recettes présumées provenant des droits d'hypothèque forment un article séparé des 263,800,000 fr. attribués aux produits de l'enregistrement dans lesquels les produits des droits sur les obligations sont compris pour une petite part.

En Hollande, les droits sur les hypothèques sont aussi distincts des droits d'enregistrement. D'après ce qu'en rapporte M. Engels dans son *Histoire des impôts* [2], cette législation ne paraît guère différer de la législation française que par l'existence de centimes additionnels élevés jusqu'au nombre de 38.

Suivant M. Pepoli [3], les taxes sur les hypothèques ont été établies dans les provinces de Parme par le règlement du 19 juillet 1821, et dans les provinces modenaises, par le règlement du 13 janvier 1852; mais à Modène, toutes les taxes appartiennent au gouvernement, qui alloue aux conservateurs un traitement fixe, tandis qu'à Parme elles sont dévolues pour la majeure partie aux conservateurs, qui doivent subvenir avec leur produit aux frais de bureau que cette administration nécessite, et payer encore au gouvernement une somme annuelle. D'après le même écrivain, c'est sur des principes peu différents de ceux de la loi parmesane qu'était calqué le tarif des taxes sur les hypothèques établi en Romagne par un règlement du 27 septembre 1834; mais le nouveau gouvernement modifia ce système par les décrets du 27 août et du 27 septembre 1859, en substituant aux diverses taxes payées primitivement pour les opérations hypo-

[1] P. 83.
[2] V. page 278 et suiv.
[3] *Rapport sur le budget de l'Émilie,* Turin, 1860, p. 85.

thécaires, une taxe unique proportionnelle de 1 1/2 pour 100 sur les inscriptions et de 1 pour 100 sur les transcriptions, au profit exclusif du Trésor; les conservateurs furent dès lors pourvus d'un traitement fixe, et leurs frais d'administration furent supportés par l'État.

ARTICLE 4.

SOCIÉTÉS. — TRANSMISSION DES ACTIONS ET OBLIGATIONS
DE SOCIÉTÉS ANONYMES.

D'après l'art. 68 de la loi de l'an VII, les actes de société
sont assujettis en France à un droit fixe de 5 fr. Sont seules
passibles d'un droit proportionnel les transmissions, obligations ou quittances par un ou plusieurs des associés en faveur des coassociés individuellement, et non dans l'intérêt
général de la société [1].

L'importance des sociétés commerciales modernes et la
circulation de leurs actions a donné lieu de retirer un revenu public du transfert de ces actions. Le 5 juin 1850,
l'assemblée législative a voté une loi dont le titre deuxième,
relatif aux *actions* dans les *sociétés* et entreprises, ainsi
qu'aux obligations négociables des compagnies, établissements publics, etc., doit nous occuper ici.

La législation sur le timbre des actions émises par les sociétés n'était pas bien fixée. Les tribunaux avaient souvent
varié dans leurs décisions, et l'enregistrement avait refusé
d'admettre la jurisprudence que la cour de cassation avait
adoptée en dernier lieu. La loi du 5 juin 1850 établit des
prescriptions nouvelles et apporta des modifications à l'assiette de cet impôt.

Pour justifier cette innovation, il faut remarquer qu'à
l'époque où les lois organiques de l'enregistrement et du

----

[1] Voy. *Code annoté de l'enregistrement*, par M. Masson-Delongpré, t. Ier,
p. 441 et suiv.

timbre ont été rendues, la richesse mobilière n'était pas ce qu'elle est aujourd'hui. Les entreprises par actions n'employaient pas la centième partie des valeurs qu'elles absorbent actuellement, et l'État obtenait sur les capitaux employés à d'autres usages des revenus d'autant plus considérables qu'il prélevait un droit plus fort sur les obligations ou titres ordinaires. On pouvait donc modifier en 1850 et après le changement économique opéré pendant ce dernier siècle, l'assiette de l'impôt sur les actions sans blesser les règles de la justice.

La loi votée en 1850 assujettit au timbre « chaque titre ou certificat d'action dans une société, compagnie ou entreprise quelconque, financière, commerciale, industrielle ou civile, que l'action soit d'une somme fixe ou d'une quotité, qu'elle soit libérée ou non libérée. »

Elle établit le principe de la proportionnalité et fixe le droit à 50 c. pour 100 du capital pour les sociétés dont la durée n'excède pas 10 ans, et à 1 pour 100 pour celles dont la durée dépasse 10 années.

Mais le droit sera-t-il calculé d'après le capital nominal ou d'après le capital réel? La loi distingue (art. 14) : dans le cas où l'action consisterait dans une somme fixe, 500 fr., 1,000 fr., par exemple, le droit sera calculé d'après le capital *nominal;* dans le cas, au contraire, où l'action consisterait dans une *quotité*, comme un tiers, un quart, le droit sera perçu d'après le capital *réel*, et ce capital sera déterminé suivant les règles établies par les lois sur l'enregistrement.

D'après cet ensemble de dispositions, une action de 500 fr. paiera 2 fr. 50 pour droit de timbre, si la durée de la société n'excède pas 10 ans, et 5 fr., si la durée dépasse cette limite ; au moyen de ce droit, les cessions de titre ou de certificat d'actions seront exemptes de tout droit et de toute formalité d'enregistrement (art. 15).

L'avance du droit sera faite par la compagnie, quels que soient les statuts (art. 14, avant-dernier alinéa). C'est un moyen d'assurer la perception de l'impôt; et, pour mieux l'assurer encore, la loi dispose que les actions seront extraites d'un registre à souche et que le timbre sera apposé sur la souche et sur le talon (art. 16).

Elle frappe les contraventions d'une amende de 12 p. 100 (art. 18), et prononce une autre amende de 10 p. 100 contre l'agent de change ou le courtier qui aura concouru au transfert d'actions non timbrées (art. 19).

On voit que le résultat de ces dispositions, si l'on n'y avait apporté un correctif, aurait été d'obliger les compagnies, au moment où elles se fondent, à prélever, sur les premiers versements effectués, une part proportionnelle à leur capital; d'où il serait arrivé qu'elles n'auraient eu que peu de bénéfices à distribuer, la première année, si même elles n'avaient été en perte. Ainsi, une compagnie formée au capital nominal de 100 millions, pour une durée de 10 ans, aurait eu à payer au fisc, pour droit de timbre, 500,000 fr.; le droit eût été de 1 million, pour une durée de plus de dix ans. C'était là un inconvénient d'une incontestable gravité; la loi y a remédié en permettant aux compagnies de contracter avec l'État un abonnement pour toute la durée de la société. Le paiement du droit se fait alors par annuités, et il est fixé à 5 c. p. 100 fr. du capital (art. 22).

La loi contient encore une disposition protectrice des intérêts des compagnies. Elle dispense du droit annuel (art. 24) les sociétés abonnées qui sont en liquidation; en sont exemptes également celles qui, dans les deux dernières années, n'ont fourni ni dividende ni intérêts, tant qu'il n'y a pas répartitions de dividendes ou paiement d'intérêts.

Mais il aurait pu arriver, si les obligations étaient restées affranchies du régime nouveau, qu'elles devinssent, entre les mains des compagnies, un moyen facile de se soustraire à l'application de la loi. Les compagnies n'auraient eu pour cela qu'à réduire leur capital social et à créer des obligations en proportion de ce dont elles auraient réduit ce capital. En conséquence (art. 27), on a assujetti les titres d'obligations au timbre proportionnel de 1 p. 100 du montant du titre, excepté lorsque la cession, pour être parfaite à l'égard des tiers, est soumise aux dispositions de l'art. 1690 du Code Napoléon, et l'on a, pour les obligations comme pour les actions, accordé la faveur de l'abonnement.

L'impôt sur les actions et obligations des sociétés ne devait pas en rester là. Certains Conseils généraux, le Corps législatif, frappés de la différence qui existait entre les taxes qui frappent la propriété foncière et celles qui atteignent les valeurs mobilières, avaient souvent émis le vœu que les biens de cette dernière catégorie fussent tenus de contribuer davantage aux charges publiques.

Le Gouvernement s'en occupa. Il eut à balancer divers systèmes et après plusieurs séances du conseil d'État présidées par le souverain [1], un projet de loi fut présenté en 1857.

Dans son Exposé des Motifs, le gouvernement exprima l'intention de conserver aux valeurs mobilières tous les avantages à elles conférés par la loi de 1850, mais il proposa de convertir le droit de timbre proportionnel une fois payé en un droit annuel et obligatoire de 15 c. par 100 fr. du capital *réel* de l'action. Par là le droit proportionnel d'émission disparaissait et l'abonnement, de facultatif qu'il était, devenait obligatoire. Ce droit de timbre annuel ne gênait en rien les

---

[1] Les orateurs entendus dans ces séances, mêlées de diverses observations de l'Empereur, furent M. Boinvilliers, président de section, M. Magne, ministre des finances, M. Baroche, président du conseil d'État, M. Vuitry, M. le vice-président de Parieu, M. Michel Chevalier, M. Marchand, M. le comte Dubois, M. Fould, ministre d'État, M. Boulatignier, M. Boulay de la Meurthe, président de section, et M. le général Niel.

transactions et laissait aux valeurs mobilières toute leur liberté : il maintenait ainsi les avantages de la loi de 1850. Enfin le taux proposé était aussi modéré que possible et facile à percevoir.

Ces avantages étaient remarquables; toutefois la commission du budget du Corps législatif combattit et le mode d'assiette et le taux de l'impôt. Frapper les valeurs mobilières d'après la moyenne triennale des cours et non d'après le capital d'émission parut arbitraire ; plusieurs membres crurent voir là le principe d'un *impôt direct* sur le revenu. Aussi a-t-on voulu partir de la pensée de l'impôt de *transmission*, plutôt que de celle d'un impôt sur la propriété ou le revenu de certaines valeurs.

D'autre part l'impôt, dans certains cas, ne parut pas assez élevé. Quelques modifications furent donc proposées par la commission du budget et adoptées par le conseil d'État ; elles donnèrent lieu à une disposition nouvelle exprimée dans la loi du 23 juin 1857, dont l'art. 6 fut adopté en ces termes : « Indépendamment des droits établis par la loi du 5 juin 1850 (titre II), toute cession de titres ou promesse d'actions et d'obligations dans une société, compagnie ou entreprise quelconque financière, industrielle, commerciale ou civile, quelle que soit la date de sa création, est assujettie, à partir du 1er juillet 1857, à un droit de transmission de 20 c. par 100 fr. de la valeur négociée. Ce droit, pour les titres au porteur et pour ceux dont la transmission peut s'opérer sans un transfert sur les registres de la société, est converti en une taxe annuelle et obligatoire de 12 c. par 100 fr. du capital desdites actions et obligations évalué par leur cours moyen pendant l'année précédente, et, à défaut de cours, dans cette année, conformément aux règles établies par les lois sur l'enregistrement. »

Il parut juste de frapper également les mutations qui

s'exerceraient en France sur les valeurs étrangères, et l'art. 9
de la même loi disposa que, pour les actions ou obligations
des compagnies étrangères cotées en France, le droit annuel
serait de 12 c. par 100 fr., sans distinction entre les titres
nominatifs et ceux au porteur, et que le droit de timbre acquitté par les sociétés françaises serait également dû par les
sociétés étrangères. Un décret ultérieur a décidé que, par
une sorte d'abonnement, la moitié du capital des sociétés
étrangères dont les titres circulent à la fois à l'étranger et
à la Bourse de Paris serait soumise à l'impôt.

Afin de laisser à la circulation des valeurs mobilières toute
la facilité compatible avec la bonne perception de la taxe
nouvelle, l'art. 8 de la loi de 1857 énonce que, dans les sociétés qui admettent le titre au porteur, tout propriétaire a
le droit de convertir ses titres en titres nominatifs ou réciproquement, mais que, dans les deux cas, la conversion
donne lieu à la perception du droit de transmission.

L'impôt de transmission sur les valeurs mobilières, ainsi
constitué par la loi du 23 juin 1857, donne au Trésor un
produit de près de 6 millions et demi par an.

En Hollande et dans le Piémont la taxation des actions
mobilières a lieu, comme nous l'avons déjà rapporté ailleurs,
par une sorte de développement de la loi des patentes et par
le procédé direct. Les sociétés anonymes sont sujettes à un
droit proportionnel mesuré sur leurs dividendes.

ARTICLE 5.

ASSURANCES.

Le contrat d'assurance est susceptible d'être taxé comme plusieurs autres. Il semble cependant qu'il mérite de n'être atteint que légèrement, car il est la manifestation d'une prudence digne de la part du législateur du plus bienveillant intérêt.

En Angleterre, il y a, outre un droit de timbre léger sur la police d'assurance, une taxe proportionnelle qui a été successivement de 1 sh. 6 d., 2 sh., 2 sh. 1/2 par cent livres sur les sommes assurées contre le feu [1]. L'impôt est resté à 2 sh. 1/2, de 1804 à 1815; et comme la prime d'assurance contre l'incendie ne paraît pas avoir jamais excédé dans ce pays 2 sh. pour 100 liv., l'impôt était évalué en 1806 à 125 p. 100 du risque et critiqué sous ce rapport par sir Frederik Eden dans son petit ouvrage sur l'avantage des assurances.

En 1815, cependant, l'impôt fut porté à 3 sh. pour

---

[1] Les assurances contre les risques maritimes donnent lieu en Angleterre à un impôt proportionnel à la prime. Cet impôt a été très-productif lors de la guerre du commencement de ce siècle, l'Angleterre étant alors le seul pays où l'on pût effectuer des assurances maritimes. Après la paix, l'élévation du droit porta à éviter le marché britannique et à s'assurer plutôt en Hollande, à Hambourg et ailleurs. Lord Althorp fit donc réduire l'impôt de 50 pour 100, en 1834, et l'on a jugé encore utile de le réduire plus considérablement environ dix ans après. (7 et 8 *Victoria*, ch. xxi.) Cette réduction a moins agi sur le produit qu'on aurait pu le croire. En 1843, la *Marine insurance* donnait à l'administration du *Stamp* 253,529 liv. st. En 1850, le produit a été de 162,769 liv. st. C'était en 1843 le quart du produit de la *fire insurance*; en 1850, le septième.

100 liv. st., équivalant à 150 p. 100 de la somme assurée. Les fonds des fermiers (*farming stock*) ont été déclarés exempts de la taxe.

Depuis lors, l'*insurance duty* a été souvent attaquée comme exagérée. Sir Henry Parnell, dans son ouvrage sur la réforme financière, s'exprimait dans ce sens au sujet de cet impôt qu'il qualifiait d'*excessivement élevé* (*excessively high*)[1]. Le *Times*, du 6 avril 1860, renferme aussi un article en faveur de la réduction de cette taxe dont le produit budgétaire est considérable. L'impôt a été, il est vrai, défendu par M. Coode, dont nous trouvons le rapport analysé dans un article intéressant de M. Samuel Brown inséré au journal de la Société statistique de Londres (juin 1857). Mais M. Brown nous paraît avoir à son tour victorieusement répondu à plusieurs assertions de M. Coode. En 1862, la question de réduction a été reprise, mais nous ignorons quelle a été la conclusion définitive de l'entreprise [2].

Dans l'année financière expirée à la fin de mars 1857, les assurances contre l'incendie avaient procuré à l'administration du timbre un produit net de 1,323,199 liv. st.[3]

[1] P. 87, édit. de 1830. Voyez aussi ce que nous avons déjà écrit plus haut, sur cet objet, p. 183.

[2] « M. Gladstone va rencontrer au début de l'exercice 1862-1863, une petite difficulté financière. Parmi les revenus du budget britannique se trouve comprise pour un chiffre de 1,500,000 liv. st. une taxe de 3 shillings pour 100 par année sur les primes des assurances contre l'incendie ; cet impôt, trop lourd dans l'espèce, a pour résultat de limiter le développement de ce genre d'assurances. Une proposition vient d'être présentée à la chambre des communes dans le but de réduire immédiatement de 1 schilling ce droit de 3 shillings, et, après une période de cinq ans, de lui imposer une seconde réduction de même valeur. On a calculé qu'il y aurait là une perte de 330,000 liv. st. pour le budget. Quoique l'opinion soit contraire à cette taxe et que le nombre croissant des incendies en Angleterre vienne démontrer combien elle est regrettable, M. Gladstone en demande le maintien ; mais la chambre, sans s'arrêter à la diminution qu'elle allait apporter dans le revenu, a adopté le bill à une majorité de 11 voix, et ce vote va forcer M. Gladstone à remanier le budget entièrement préparé. » (*Monit.* du 4 avril 1862.)

[3] Comptes de finances dans les comptes parlementaires anglais. A la même

En France, les assurances sont grevées outre le droit de
timbre imposé par la loi de 1850 [1], d'un droit d'enregistrement de 1 p. 100 sur les sommes avancées pour prime; les
assurances mutuelles ne supportent qu'un droit fixe d'enregistrement [2]; aussi les revenus de ces divers droits d'enregistrement sont-ils infiniment moins considérables que les
taxes perçues en Angleterre.

On trouve, dans le Compte des Recettes de 1858, les résultats suivants du produit des droits constatés par l'enregistrement des contrats d'assurance.

| | | |
|---|---:|---:|
| Contrats d'assurances contre l'incendie, au droit de 1 pour 100. | 36,440 fr. | 81 c. |
| Contrats d'assurances maritimes avant qu'il en ait été fait usage en justice (droit fixe) . . . . . . . . . . . | 223 | » |
| Id. Lorsqu'il en a été fait usage en justice, au taux de 1 pour 100 en temps de paix . . . . . . . . . . . . . . | 7,434 | » |
| Id. A 50 pour 100 en temps de guerre . . . . . . . | 0 | 25 |
| Total. . . . . . | 44,098 fr. | 06 c. |

Ce chiffre est à peu près la centième partie des 41,221,900 f.
produits par les mêmes sources dans le budget britannique.
La législation française a voulu ménager l'esprit de prévoyance. La législation britannique, s'appliquant à un peuple chez lequel il est très-développé [3], a cru probablement

époque, le produit des assurances maritimes était remonté à 335,677 liv. ou près
du quart du produit des assurances contre l'incendie.

[1] V. Demante, n° 525.

[2] V. loi du 5 juin 1850, articles 33 et 42.

[3] On sait que l'une des formes les plus remarquables de la prévoyance des intérêts privés se réalise en Angleterre par une autre forme du contrat d'assurance,
les *Assurances sur la vie*, qui garantissent des sommes de capitaux aux héritiers des assurés, dans les opérations de plusieurs compagnies. Ce genre de contrat.
lié à celui de la rente viagère dont il constitue en quelque sorte l'*inverse*, repose
comme la constitution des rentes viagères sur les tables de mortalité et sur un
ensemble de calculs mathématiques assez compliqués. La doctrine des assurances
sur la vie, qui constitue une des parties les plus ardues de ce qu'on a appelé souvent, surtout en Angleterre et en Allemagne, l'*arithmétique politique*, a été exposée dans les ouvrages anglais de Baily, Morgan, David Jones, etc. M. de

sans inconvénient d'en frapper plus fortement les manifestations dans la vie des contrats civils.

Mais la législation de nos voisins paraît avoir excédé ce qu'elle pouvait attendre de la disposition morale des contribuables, et le taux actuel de l'impôt sur les assurances dans la Grande-Bretagne semble avoir pour effet d'en retarder le développement.

M. Samuel Brown a cherché à établir ce résultat en comparant le progrès des assurances contre l'incendie dans la Grande-Bretagne et en France.

Il évalue les sommes assurées, dans la Grande-Bretagne (non compris les propriétés étrangères), à 997,000 liv. st., à la fin de 1856, tandis que, d'après lui, les valeurs assurées, en France, se seraient élevées, vers la même époque, à environ 1,800,000 liv. st., résultat très-frappant si on se rappelle que le système des assurances a, en Angleterre, plus de cent quatre-vingts ans d'existence, tandis qu'en France il ne remonte pas plus haut que 1816.

L'impôt britannique ne diffère pas seulement de l'impôt français par son extrême pesanteur : il a encore une incidence différente, puisqu'il se proportionne non à l'engagement de l'assuré, mais aux valeurs sur lesquelles porte le contrat et qui entraînent des taux d'assurances très-divers à cause de la diversité des risques. M. Coode a prétendu que l'impôt sur la somme assurée présente un heureux ajustement de la charge avec les moyens de ceux qui peuvent la supporter, l'impôt étant comparativement lourd lorsque la propriété a une grande valeur et qu'elle est en même temps

Courcy a publié sur les assurances en général une brochure intéressante (en 1862).

La commission de la caisse des retraites pour la vieillesse consultée par le ministre du commerce a émis, en 1863, un vœu pour l'entreprise de certaines assurances sur la vie par l'État, dans l'intérêt des classes peu aisées et sous un maximum déterminé, en vue de populariser un contrat moins usité chez nous qu'en Angleterre.

sujette au moindre taux d'assurance, et comparativement léger lorsque la propriété est plus précaire et sujette à une charge plus forte en vue de la garantie contre l'incendie [1].

M. Brown a révoqué en doute la justesse de cet aperçu, et il s'est demandé s'il est équitable qu'une taxe de 200 pour 100, par rapport à la prime d'assurance, soit établie sur un individu parce qu'il est propriétaire d'une maison, et une taxe de 3 pour 100 seulement sur un autre individu parce qu'il est propriétaire d'un théâtre. Les primes d'assurances sont en effet les épargnes prévues par un certain nombre d'individus pour réparer les pertes qu'ils peuvent subir, et les chances diverses qui déterminent le montant nécessaire de ces épargnes entrent dans les calculs naturels des constructeurs et acheteurs des propriétés qu'elles affectent.

Cette incidence de l'impôt a du reste beaucoup moins préoccupé nos voisins que le taux de l'impôt lui-même. Sur ce dernier point, voici en quels termes M. Brown a clos la dissertation que nous avons déjà si souvent citée : « Il n'y a pas moyen de douter que la taxe ne soit ressentie comme outrée et oppressive ; qu'elle ne décourage l'extension sérieuse de la pratique prudente de l'assurance, qu'elle ne laisse par conséquent sans protection une grande partie de la propriété, et que la réduction de l'impôt à 1 sh. 6 d. pour 100 liv. ne dût rapidement accroître les assurances de manière à laisser subsister le produit du revenu public [2]. »

Depuis lors, il a été proposé au parlement avec certain succès, comme nous l'avons dit, de réduire l'*insurance duty*.

L'avenir nous instruira sur les effets qu'aura produits cette sorte de conviction générale en Angleterre, et nous sommes portés, pour notre part, à considérer l'impôt établi

---

[1] *Journal of the Statistical Society*, 1857. P. 159.
[2] *Ibid.*, p. 168.

chez nos voisins sur certaines assurances comme vraiment excessif.

Il paraît que le gouvernement de Saint-Pétersbourg se se serait rapproché de la législation française en établissant, vers 1847, une taxe de 3/4 pour 100 sur le montant de chaque police d'assurance [1]. Mais nous ignorons le produit de cet impôt pour le trésor russe.

---

[1] *Ibid.*, p. 151.

ARTICLE 6.

## BAUX ET ANTICHRÈSES [1].

Une sorte de contrat qui, en France et partout, a toujours eu un grand développement, le bail à ferme, a depuis longtemps été soumis à l'impôt.

La loi du 22 frimaire an VII (art. 69) avait fixé le droit d'enregistrement des baux à ferme et à loyer à raison de 1 fr. par 100 fr. sur le prix cumulé des deux premières années, et de 25 cent. par 100 fr. sur le prix cumulé des années suivantes. Ce tarif fut modifié par la loi de ventôse an IX qui, en suivant les mêmes distinctions, réduisit la taxe à 75 c. et à 20 c.

Cet état de choses était encore susceptible de grandes améliorations : le gouvernement entreprit cette tâche en 1824, dans une loi qui se distingue de la plupart de celles qui l'ont précédée ou suivie, par divers allégements de droits.

On fit remarquer qu'une taxe trop lourde avait l'inconvénient de développer les baux sous seing privé, et que les contrats de cette nature n'offraient pas suffisamment de garanties aux parties contractantes. Enfin la diversité des taxes à percevoir sur un même bail parut une complication inutile dans la perception de l'impôt.

L'article 1er de la loi du 16 juin 1824, est ainsi conçu :

« Les baux à ferme ou à loyer des biens meubles et im-

---

[1] L'emphytéose temporaire est un bail à durée limitée (Demante, n° 362).

Pour établir le droit sur le colonage partiaire, on estime la part de fruits réservée au propriétaire, et on applique les règles relatives aux baux à ferme.

meubles, les baux de pâturage et nourriture d'animaux, les baux à cheptel ou à reconnaissance de bestiaux, et les baux ou conventions pour nourriture de personnes, *lorsque la durée sera limitée*, ne seront désormais soumis qu'au droit de 20 c. par 100 fr. sur le prix cumulé de toutes les années.

« Le droit de cautionnement de ces baux sera de moitié de celui fixé par le présent article. »

Bien que cette réduction sur l'impôt fît craindre une diminution de recette de 650,000 fr. (en supposant que le nombre des baux sous seing privé restât le même), la loi fut adoptée sans discussion.

Mais les deux modifications dont il vient d'être question, et qui ont été apportées par la loi du 27 ventôse an IX et par celle du 16 juin 1824 dans l'enregistrement des baux, ne concernent que les baux à durée limitée.

Quant aux baux à durée illimitée, ils restent soumis à la loi primitive du 22 frimaire an VII, dont l'art. 69, § 7, n° 2, est ainsi conçu :

« Sont soumis au droit de 4 fr. par 100 fr. les baux à rentes perpétuelles de biens immeubles, ceux à vie et ceux dont la durée est illimitée. »

Enfin la loi de l'an VII, comme celles de l'an IX et de 1824, ne concerne que les baux présentés à l'enregistrement.

Un professeur de droit administratif, M. Serrigny, a fait observer, à cet égard [1], que la plupart des baux de biens immeubles sont faits sur papier libre et qu'ainsi l'État perd à la fois les droits de timbre et d'enregistrement; que ces baux ne peuvent servir, en cas de contestation, ni au propriétaire ni au fermier et qu'ils sont qualifiés *verbaux* par les parties, afin d'éluder les dispositions de la loi de l'enregis-

---

[1] *Journal des Économistes de* 1854, t. III.

trement, car la cour de cassation a décidé (arrêts des 12 et 17 juin 1811) que l'administration ne pouvait pas être fondée à percevoir le droit sur les baux *verbaux* comme elle peut le faire sur les ventes *verbales* d'immeubles [1].

On a donc pu se demander si, dans ces conditions, il ne serait pas préférable que tous les baux, verbaux ou écrits, fussent soumis à une taxe d'enregistrement, le droit actuel subissant, en même temps, une nouvelle réduction en rapport avec la généralité plus grande du système nouveau.

En assurant au Trésor une perception régulière et facile de la taxe si souvent éludée aujourd'hui, cette innovation pourrait avoir l'avantage de protéger à la fois le bailleur et le preneur contre la mauvaise foi de l'un ou de l'autre; elle servirait à faire connaître le rapport entre le revenu cadastral et le revenu véritable, la valeur réelle des biens vendus ou des immeubles échangés, et aiderait à établir sur une assiette quelquefois meilleure l'impôt foncier qui pèse sur les divers départements. — La perte que le Trésor doit éprouver par les baux verbaux aujourd'hui n'est pas évaluée, mais on peut voir qu'elle doit être considérable par ce fait qu'en 1860 l'impôt sur les baux et antichrèses n'a pesé que sur environ un milliard de valeurs et ne s'est élevé qu'à 2,111,379 fr., tandis qu'il y a, suivant quelques estimations, plus de 3 milliards de revenus provenant de fermages dans notre pays...

D'un autre côté la modification en question, si surtout la mesure n'en était pas très-prudente et bien étudiée, pourrait toucher à des situations agricoles qui, dans les pays pauvres de la France, méritent de véritables ménagements.

On peut voir dans les Comptes définitifs des recettes de

---

[1] L'article 4 de la loi de ventôse an IX, relatif aux mutations secrètes qui peuvent être constatées par la *possession, à défaut d'actes*, n'est pas applicable aux transmissions immobilières de *jouissance*. G. Demante, n° 98.

1860 le détail du produit des droits [1] sur les divers baux et sur les antichrèses.

D'après Mac Culloch, le droit sur les baux en Angleterre serait de 1/2 pour 100 de la *rente réservée*.

[1] V. p. 127 et 128. Les antichrèses soumises au droit de 2 pour 100 n'ont donné que 15,340 fr. de droits constatés.

## ARTICLE 7.

### EFFETS DE COMMERCE.

Occupé à atteindre les capitaux dans leur transmission, le législateur a dû se préoccuper des valeurs commerciales, valeurs considérables, tout aussi légitimement imposables que les autres, mais bien plus difficiles à saisir dans la circulation. Pour arriver à ce but, on a eu recours à la fois au timbre proportionnel, c'est-à-dire gradué d'après les sommes à exprimer sur les effets de commerce, et à l'enregistrement.

Pour bien déterminer les modifications que la législation a subies en ce qui concerne le timbre proportionnel, recherchons-en le véritable esprit. Les rapports faits à l'assemblée constituante en 1791 et, depuis cette époque, aux diverses assemblées législatives qui lui ont succédé, ne laissent, à cet égard, aucune incertitude. « Il en résulte, a dit M. Émile Leroux dans son rapport sur la loi de 1850 : 1° que la constitution de l'enregistrement et celle du timbre, qui en est l'émanation, ont été, autant que possible, mises en harmonie ; 2° que la proportionnalité dans le droit a été admise comme compensation des avantages attachés à certains actes soumis au timbre proportionnel. »

Ainsi, la loi du 14 thermidor an IV fixait le droit de timbre à 1 fr. pour le billet de 1,000 fr. Il a été réduit à 50 c. par la loi du 13 brumaire an VII, puis augmenté de 2/5 par la loi du 28 avril 1816, et fixé à 35 c. par la loi du 16 juin 1824 pour les billets de 500 fr. et au-dessous. La loi du

24 mai 1834 l'a réduit de nouveau de 35 c. à 25 c. pour les billets de 500 fr., et de 70 c. à 50 c. pour les billets de 1,000 fr. Enfin la loi du 20 juillet 1837, dans son article 16, a admis des coupons de 300 fr. et fixé le droit à 15 c. au lieu de 25 c. pour les billets de 300 fr. et au-dessous.

Quoique juste dans son application, cet impôt rencontrait, dans les habitudes du commerce, une certaine résistance. La confiance, qui détermine souvent la circulation et la transmission des titres, contribue puissamment à favoriser les contraventions et à les faire échapper à la surveillance de l'autorité publique.

Après avoir constaté les fraudes nombreuses qui se produisaient, le législateur, pour assurer le recouvrement d'un impôt légitime dans son principe, irréprochable dans les formes de sa perception, s'était d'abord attaché à en diminuer la quotité : puis, pour donner toute facilité au commerce et enlever un prétexte spécieux aux habitudes d'illégalité, l'administration s'appliqua à généraliser le débit des coupons timbrés.

Mais le but qu'on s'était proposé ne fut pas atteint : les effets émis pour les plus fortes sommes ont continué à circuler sans la formalité du timbre, et le Trésor constatait, à son préjudice, une perte annuelle de plusieurs millions.

Frappé de l'insuffisance de la législation et de la nécessité de la modifier, le gouvernement de 1850, ayant reconnu que le relâchement qui existait dans le recouvrement de l'impôt sur le timbre proportionnel était non-seulement préjudiciable au Trésor, mais encore injuste et immoral, voulut faire cesser un pareil abus en sanctionnant ces lois d'une manière suffisante.

Pour obtenir la perception régulière et complète de cet impôt sans grever le commerce d'entraves nuisibles, et pour faire, en même temps, pénétrer la réforme dans les cons-

ciences et dans les habitudes, il fallait deux choses : rendre
l'exécution de la loi plus facile et l'inexécution plus dange-
reuse.

Persuadé que les avantages qu'une nouvelle loi pourrait
offrir au commerce contribueraient activement à l'emploi
du timbre, le gouvernement de 1850, par la loi du 5 juin
étendit les conséquences de la loi de 1837 en créant des
coupons de 100 fr. et développant la proportionnalité de
l'impôt, de la manière suivante :

« Art. 1ᵉʳ. Le droit de timbre proportionnel, sur les lettres de change, billets à ordre ou au porteur, mandats, traites et tous autres effets négociables ou de commerce, est
fixé ainsi qu'il suit :

» A   5 centimes pour les effets de 100 francs et au-dessous; .
» A 10 c. pour ceux au-dessus de 100 fr. jusqu'à 200 fr.;
» A 15 c. pour ceux au-dessus de 200 fr. jusqu'à 300 fr.;
» A 20 c. pour ceux au-dessus de 300 fr. jusqu'à 400 fr.;
» A 25 c. pour ceux au-dessus de 400 fr. jusqu'à 500 fr.;
» A 50 c. pour ceux au-dessus de 500 fr. jusqu'à 1,000 fr.;
» A   1 fr. pour ceux au-dessus de 1,000 fr. jusqu'à 2,000 fr.;
» A   1 fr. 50 pour ceux au-dessus de 2,000 fr. jusqu'à 3,000 fr.;
» A   2 fr. pour ceux au-dessus de 3,000 fr. jusqu'à 4,000 fr., et ainsi de suite
en suivant la même progression et sans fraction. »

Pour garantir l'efficacité de la loi, on frappa, dans son
principe, la négociation d'un titre non timbré, de la sanction exprimée dans l'article qui suit :

« Art. 5. Le porteur d'une lettre de change non timbrée
n'aura d'action, en cas d'acceptation, que contre l'accepteur
et contre le tireur, si ce dernier ne justifie pas qu'il y avait
provision. En cas de non acceptation, il n'aura d'action que
contre le tireur. Le porteur de tout autre effet n'aura d'action
que contre le souscripteur. »

La loi du 11 juin 1859 a établi le *timbre mobile* pour les
effets de commerce venant de l'étranger ou des colonies
dans lesquelles le timbre n'est point établi.

En Angleterre, il y a un droit de timbre sur les lettres de change[1] ; et en outre les *chèques*, sorte de bons au porteur, d'un usage très-répandu à Londres et aux États-Unis, ont été imposés à 1 penny, en 1858, en tant, toutefois, qu'ils représentent non des certificats de dépôt réalisables sur-le-champ, mais des billets à échéance plus ou moins éloignée. Car, dans le premier cas, ils ne font que remplacer les espèces monnayées et ne supportent aucun droit.

Nous ignorons encore quel a été le produit de cet impôt, mais, dans l'année terminée au 31 mars 1857, les comptes britanniques nous donnent, pour les lettres de change, un produit net de 520,894 liv. sterl., et les billets de banques ont donné, soit directement, soit par suite des abonnements consentis avec diverses banques, 70,106 liv. sterl.

Les effets de commerce sont soumis en France tout à la fois au timbre proportionnel et à l'enregistrement.

Les divers effets négociables peuvent n'être présentés à l'enregistrement qu'avec le *protêt*, et même, en ce qui concerne les lettres de change, l'enregistrement peut être retardé jusqu'à l'*assignation* [2].

En France, en 1859, les billets à ordre, au droit de 50 c. pour 100, ont produit à l'enregistrement.   .   1,108,162 fr.

Les lettres de change, au taux de 25 c. p. 100. 182,583.

Les uns et les autres ont contribué, pour une part considérable, au produit des droits de timbre proportionnel perçus sur les effets de commerce, les obligations et les actions dans les sociétés, et qui ont fourni, en 1859, un total de 12 à 13 millions [3].

---

[1] V. Suprà, p. 182.

[2] V. Demante, n° 504.

[3] Voy. les détails dans le Compte définitif des recettes de 1857, p. 136. V. aussi le Compte de 1860, même page.

ARTICLE 8.

**CONVENTIONS DIVERSES.**

Nous pourrions mentionner encore quelques contrats frappés, en France, de droits d'enregistrement, comme les contrats d'apprentissage, les obligations à la grosse aventure, les cautionnements [1]. La lecture des comptes de recettes renferme presque tout ce que nous pourrions rapporter d'intéressant sur ces éléments très-accessoires et peu productifs des droits d'enregistrement sur les actes entre vifs.

Nous ajouterons que d'après la loi française, pour que l'impôt de l'enregistrement soit encouru, il n'est pas nécessaire que l'acte en question soit expressément nommé dans le tarif ; il suffit qu'il rentre dans une des catégories générales d'actes portant *transmission* de propriété ou d'usufruit, *obligation, libération, condamnation, collocation* ou *liquidation* [2].

---

[1] Le droit sur le cautionnement est la moitié du droit sur l'obligation ; mais il est considérable si l'on considère qu'il est perçu *immédiatement* lors même que le cautionnement n'amènerait aucun paiement. (Demante, n° 455.)

[2] Demante, n°ˢ 16 et 18.

# CHAPITRE V.

Comme en certains pays les dépenses des cultes sont laissées complétement à la charge des membres de chaque communion, de même on pourrait jusqu'à un certain point mettre les dépenses de la justice civile, dans un État, exclusivement à la charge de ceux qui en réclameraient l'assistance. Les magistrats seraient ainsi considérés comme des arbitres publics, dont l'émolument résulterait du nombre et de l'importance des affaires qu'ils termineraient et des sentences qu'ils émettraient.

Toutefois, ce mode d'organisation pour l'entretien de la magistrature ne serait pas le plus favorable à sa dignité, puisque certaines causes accidentelles auraient une trop grande influence sur la situation matérielle du juge, qui se trouverait d'ailleurs intéressé à la multiplication et à la prolongation des litiges; d'un autre côté, il serait malaisé de rémunérer suivant le même principe la participation des magistrats à la répression des crimes et délits, parce qu'en

---

[1] Nous avons entendu parler ici en général de tous les impôts perçus sur l'administration de la justice, sans nous restreindre absolument dans le sens du mot *acte judiciaire*, tel qu'il peut résulter spécialement de notre législation française et qu'il est défini notamment par **Demante**, n° 15.

ces matières l'intérêt social se mêle presque toujours à l'intérêt privé et le domine même habituellement.

Ces considérations diverses ont conduit le législateur, dans certains États, à attribuer aux magistrats judiciaires des *épices* plus ou moins considérables, versées directement entre leurs mains par les parties litigantes, et, dans d'autres pays, à faire rémunérer les magistrats par l'État, tout en attribuant cependant au Trésor public, comme à titre de dédommagement, certaines perceptions levées sur les citoyens qui réclameraient l'intervention des magistrats.

Ces perceptions sont à nos yeux légitimes, tant qu'elles ne dépassent pas considérablement les frais de l'établissement judiciaire du pays : dans le cas contraire qui, suivant M. de Jacob [1], est le seul dans lequel ces perceptions mériteraient le nom d'impôts, il nous paraîtrait assez difficile de les justifier, si ce n'est par le principe fort sévère d'une sorte de pénalité directe contre le plaideur malheureux, pénalité dont le législateur fiscal s'est rarement décidé à s'armer [2].

Le pouvoir judiciaire a été presque à toutes les époques une source de produits pour l'État dans divers pays, sous les formes variées que nous venons d'indiquer.

Les impôts sur l'usage du pouvoir judiciaire formaient à Athènes, suivant ce que nous apprend Boeckh [3], une branche assez productive des revenus publics. Avant l'introduction de toute instance, les parties devaient déposer les *prytanies* (πρυτανεια) ; le plaignant qui négligeait de faire ce dépôt était de suite écarté. Le perdant laissait la somme par lui déposée.

La nature des causes réglait le montant du dépôt exigé.

---

[1] *Science des finances,* § 691.

[2] M. Rau mentionne cependant un impôt spécial établi autrefois en Hollande sur les procès mal fondés. En fait, par suite des condamnations aux dépens, l'impôt sur les frais de justice est presque toujours supporté par la partie perdante.

[3] *Économie politique des Athéniens,* t. II, chap. IX et X.

Ce montant était, suivant l'auteur cité plus haut, de 3 drachmes pour une affaire de 100 à 1,000 drachmes, de 30 pour une affaire de 1,001 à 10,000 drachmes, etc.

Dans les actions intentées pour être mis en possession d'un héritage ou de la dot d'une héritière, le demandeur effectuait un dépôt du dixième de la valeur contestée ; un dixième était également exigé dans les procès intentés pour remboursement de sommes prêtées.

Boeckh compare les sommes provenant des *prytanies* et celles d'un autre dépôt appelé *parastasies* aux *sportules* données par les grands de Rome à leurs juges, à cette différence toutefois que, dans le premier cas, c'était l'État qui recevait, à charge par lui de salarier les juges, tandis qu'à Rome les sportules étaient des dons manuels en argent ou en vivres faits directement par les parties intéressées.

D'après M. Dureau de la Malle, dans son *Économie politique des Romains,* [1] il aurait existé sous Caligula une taxe du quarantième, assise sur les procès et sur les jugements qui avaient lieu dans tout l'Empire : « *Exigebatur pro litibus atque judiciis ubicumque conceptis quadragesima summœ de quâ litigabatur, nec sine pœna si quis composuisse vel donâsse negotium convinceretur* [2]. »

Galba, son successeur, sentit probablement l'injustice de cet impôt considérable et en fit la remise : cet acte est consigné sur des médailles portant le signe *RXXXX* : *remissâ quadragesimâ.*

Ad. Smith rapporte que dans les gouvernements tartares de l'Asie et dans les États de l'Europe fondés par les nations barbares qui renversèrent l'empire romain, l'administration de la justice fut toujours une source de revenus soit pour les chefs de ces nations, soit pour les chefs des hordes par-

---

[1] V. livre IV, chap. xi.
[2] Suétone, *Caligula,* cap. xl.

ticulières, alors même que ces chefs déléguaient l'exercice
de leur autorité dans cette matière à des remplaçants, des
baillis, qui leur comptaient une somme déterminée, sauf à
eux à exiger des plaideurs une bonification.

En France on retrouve l'origine des *épices* sous le règne
de Louis XII, vers l'an 1510 [1]. Ce prince voulait, comme ses
prédécesseurs, que la justice fût rendue gratuitement, et, à
cet effet, il réservait sur ses propres deniers une somme
annuelle de 6,000 livres pour le payement de l'expédition
des arrêts rendus en parlement dans les causes entre particuliers.

Un comptable infidèle ayant disparu avec la somme, le roi
se laissa persuader que les plaideurs souffriraient peu de
payer le prix alors modique des expéditions, et concourut à
son insu, dit un auteur, à transformer en un impôt très-
coûteux par la suite une redevance à laquelle depuis longtemps les plaideurs s'étaient soumis envers leurs juges. Il
était d'usage que des *épices* ou présents en mets sucrés,
en confitures ou en dragées, fussent faits par les plaideurs
heureux à leurs rapporteurs. Ces présents furent bientôt exigés des juges et même taxés par eux. Puis « aimant mieux,
les juges, toucher deniers que dragées [2], » ils convertirent
*les épices* en argent. L'usage descendit du parlement aux
juridictions inférieures et provoqua de nombreuses plaintes, mais il ne s'en perpétua pas moins dans la suite.

Sous le règne de Henri II, les traitements des membres
du parlement furent portés à huit cents livres par an, « avec
défense, dit un ancien auteur [3], de ne toucher de là en avant
espices des parties : ce qui fut l'une des plus grandes mutations et traverses que reçut jamais cette cour. »

---

[1] *Histoire financière de la France,* par Bailly, t. I, p. 208.
[2] Pasquier, *OEuvres,* t. I, p. 64.
  Voy. Bailly, p. 209.

Mais la défense fut mal observée, et dans tous les tribunaux les épices s'élevèrent en proportion du prix des charges.

Dans un lit de justice tenu à Rouen par Charles IX, le chancelier adressa ce reproche aux membres de l'ordre judiciaire qui étaient présents : « Anciennement en France les juges ne prenaient rien des parties, pour fait de justice, si ce n'est ce qu'on appelait espices, qui sont depuis converties, par une vilaine métamorphose, en or et en argent. Actuellement, en beaucoup de lieux elles sont doublées et triplées, et tellement que le juge ne fait plus rien sans argent [1].

En 1564, le gouvernement ayant besoin de ressources nouvelles pour des dépenses extraordinaires, soumit le capital des procès à une taxe de 5 pour 100 payés d'avance. Sous le règne suivant on remplaça cette taxe par celle d'un *parisis* ou du cinquième denier des épices [2].

L'enregistrement de cette mesure éprouva de grandes difficultés et une longue opposition, parce que c'était un moyen de connaître ce que les épices coûtaient aux plaideurs et rapportaient aux juges.

Dans la dernière année du ministère de Colbert, il fut constaté, dans un arrêt sur la matière, que malgré les lois des gouvernements précédents, les épices et droits divers imposés par les juges étaient devenus une charge des plus lourdes pour les plaideurs. Ces taxes arbitraires composaient d'ailleurs presque tous les émoluments des juges de tout grade, car les gages payés par l'État ne représentaient guère que l'intérêt très-modique du prix des charges.

Colbert avait l'intention de mettre à la charge de l'État les frais de la justice ; mais ces projets d'économie n'ayant pas été

---

[1] Fontanon, *Édits et Ordonnances*, t. II, p. 8, édit. de 1611.
[2] Bailly, p. 270.

adoptés, il essaya de réduire les abus, en attendant (porte le premier édit d'août 1669) « que le roi se trouve en état d'augmenter les gages des officiers de judicature pour leur donner moyen de rendre la justice gratuitement. »

Par divers arrêts successifs on défendit la consignation des épices avant le jugement, comme tout engagement de même nature pour le montant des droits et des vacations. Les juges ne devaient rien recevoir à ce titre : les greffiers seuls étaient autorisés à recouvrer les épices et à en faire la répartition entre les juges. Ce recouvrement ne pouvait avoir lieu en vertu d'acte exécutoire rendu par ces derniers.

Cependant on conserva aux épices le privilége de la contrainte par corps. (Déclaration du 16 février 1683.)

Enfin les cours supérieures durent, en prononçant sur l'appel d'une sentence des premiers juges, vérifier la taxe des épices et, si elle était excessive, ordonner la restitution du trop perçu, et même, suivant les circonstances, condamner les concussionnaires à une plus grande peine [1].

En 1771, le gouvernement remplaça le parlement de Paris, dont l'opposition lui était à charge par un autre parlement et créa, dans le même ressort, six autres tribunaux, dits *Conseils supérieurs*, dont les membres étaient seulement commissionnés.

L'édit de février de la même année abolit la finance des charges, déclara que les charges anciennes seraient remboursées par l'État et que les magistrats nouveaux seraient payés par le Trésor royal, à la condition de rendre la justice gratuitement. Enfin, un dernier édit du 17 mai suivant détermina les formes à observer dans la procédure et en fixa les frais, « afin d'écarter tout ce que la cupidité avait fait in-

---

[1] Forbonnais  Année 1683. *Recherches et considérations sur les finances de la France.*

venter pour éluder les règles prescrites par les anciennes ordonnances. »

Mais, pour subvenir aux frais occasionnés par ces réformes, il fallut augmenter les tailles de deux millions, établir de nouveaux droits sur l'amidon, sur les cartons, le parchemin, élever les taxes de contrôle et de papier timbré, etc. [1], de manière à procurer à l'État pour trente-quatre millions de ressources nouvelles.

Cet état de choses subsista sous le rapport financier jusqu'en 1790. A cette époque, tous les offices vénaux disparurent ainsi que les anciens tribunaux, mais l'institution des greffiers fut maintenue dans la nouvelle organisation judiciaire. Leurs émoluments résultant en partie des taxes sur les actes judiciaires, il est à propos, nous le croyons, d'examiner de quelle manière se percevait leur rétribution sous l'ancien régime avant d'étudier le mode actuel que nous devons principalement à la loi du 21 ventôse an VII.

En retraçant brièvement l'historique de cette question, qui doit moins nous occuper que le côté financier, nous pourrons omettre à dessein des détails qu'on trouvera très-complets et parfaitement exposés dans Dalloz [2], si le lecteur a besoin d'y recourir.

Jusqu'au xvᵉ siècle, les greffes et le salaire des greffiers étaient à la charge de l'État. L'expédition des rôles et des jugements était donc délivrée gratuitement aux parties intéressées. Mais l'État ayant cessé d'acquitter cette dépense, les greffiers exigèrent leur salaire des plaideurs, jusqu'à ce qu'une ordonnance rendue par Charles VII en 1451 fît revenir à l'ordre de choses ancien. Encore paraît-il que cette ordonnance fut peu suivie, car une autre ordonnance du 15 juin 1510 limite à trois ans le délai de l'action des gref-

---

[1] Remontrances de la chambre des comptes du 6 mai 1772.
[2] *Répertoire de législation et de jurisprudence*, t. XXVI, article GREFFE.

fiers contre les parties. Les droits de greffe à cette époque
et jusqu'au 21 ventôse an VII étaient très-inférieurs à ceux
d'aujourd'hui, car ils ne consistaient qu'en de faibles taxes
assises sur les expéditions de jugements et arrêts dont les
plaideurs demandaient la délivrance.

Depuis les lois du 21 ventôse et du 22 prairial an VII, les
greffiers des tribunaux civils, des cours d'appel et des tribunaux de commerce reçoivent comme émoluments :

1° Un traitement fixe ; 2° des droits qui leur sont dus pour
divers actes de leur ministère ; 3° des remises sur les droits
de greffe qu'ils sont tenus de percevoir pour le compte de
l'État et qu'ils versent au Trésor public, ce qui n'est pas applicable toutefois aux droits de greffe des justices de paix
et de police, exclusivement attribués aux greffiers de ces juridictions à titre de salaire par les tarifs du 16 février 1807
et du 18 juin 1811 [1].

Nous avons seulement à nous occuper des deux derniers
éléments que nous venons d'énumérer parmi les émoluments des greffiers, comme renfermant un élément de taxe
perçu sur les plaideurs.

### 1° Droits dus aux greffiers pour les actes.

Des tarifs anciens de 1665 et 1778 avaient établi ces taxes,
mais lorsque le principe du traitement fixe prévalut en 1790,
il parut nécessaire de modifier le taux des droits de rédaction.

L'art. 32 du décret du 6-27 mars 1791 y relatif est ainsi
conçu : « Par provision et en attendant qu'il ait été fait un
nouveau tarif, les émoluments personnels des greffiers sur
chaque expédition des avoués, sur chaque acte de procédure,

---

[1] V. Dalloz, Enregistrement, titre II, n° 5854 et l'art. 1er de la loi du 21 ventôse an VII.

des huissiers audienciers, pour chaque exploit ou signification, seront des *trois quarts* des anciens, sans que les greffiers puissent, en aucun cas, rien percevoir à titre de *parisis.* »

Ces dispositions furent confirmées par un arrêté du Directoire en date du 18 fructidor an VIII.

Mais les tarifs de 1665 et de 1778 ne pouvaient s'appliquer à la législation moderne dans laquelle les Codes civil et
de Procédure avaient introduit des formes nouvelles. Aussi,
non-seulement cette loi, mais toutes celles qui suivirent
disposèrent-elles *provisoirement et en attendant qu'il ait été
fait un nouveau tarif.*

Une circulaire du ministre de la justice, en date du 8 ger-
minal an IX, demanda à tous les tribunaux un projet de
taxe qui devait servir pour l'établissement du tarif dont la
nécessité était depuis longtemps si bien reconnue ; cette
intention toutefois resta encore sans exécution, et les tarifs
anciens, variables suivant les pays, continuèrent à servir
de règle aux greffiers.

Enfin cette anomalie a cessé par le décret du 24 mai 1854,
dont l'art. 1er est ainsi conçu :

« Les greffiers des tribunaux civils de première instance
ont droit aux émoluments suivants : 1° pour dépôt de copies
collationnées des contrats translatifs de propriétés, 3 fr.; —
2° pour extraits à afficher, 1 fr., plus, par chaque acquéreur
en sus, lorsqu'il y a des lots distincts, 50 c.; — 3° pour soumission de caution avec dépôt de pièces, déclaration affir-
mative, déclaration de surenchère ou de command, certificat relatif aux saisies-arrêts sur cautionnements et aux
condamnations pour faits de charge, acceptation bénéficiaire,
renonciation à communauté ou succession, 2 fr.; — 4° pour
bordereau ou mandement de collocation, certificat de propriété, 2 fr.; si le montant du bordereau ou du mandement

III.                                                    21

s'élève à 3,000 francs, ou si le certificat de propriété s'applique à un capital de pareille somme, l'émolument est de 3 fr.; — 5° pour recevoir le dépôt d'un testament olographe ou mystique, non compris le transport s'il y a lieu, 6 fr.; — 6° pour communication de pièces et des procès-verbaux ou états de collation dans les procédures d'ordre et de distribution par contribution, quel que soit le nombre des parties, si la somme principale à distribuer n'excède pas 10,000 fr., 5 fr.; si elle dépasse ce chiffre, 10 fr.; l'allocation accordée par l'art. 4 de la loi du 22 prairial an VII est supprimée; — 7° pour tout acte, déclaration ou certificat fait ou transcrit au greffe et qui ne donne pas lieu à un émolument particulier, quel que soit le nombre des parties, 1 fr. 50 c.; — 8° pour communication, sans déplacement, de pièces dont le dépôt est constaté par un acte de greffe, 1 fr.; dans les affaires où il y a constitution d'avoué, ce droit ne peut être perçu qu'une fois par chaque avoué à qui la communication est faite, quel que soit le nombre des parties et à la charge de justifier d'une réquisition écrite en marge de l'acte du dépôt; — 9° pour recherche des actes, jugements et ordonnances faits ou rendus depuis plus d'une année et dont il n'est pas demandé expédition : pour la première année indiquée, 50 c.; pour chacune des années suivantes, 25 c. (loi du 2 ventôse, art. 4); — 10° pour légalisation, 25 c. (même loi et article précité); — 11° pour l'insertion au tableau placé dans l'auditoire de chaque extrait d'acte ou de jugement soumis à cette formalité, 50 c.; — 12° pour visa d'exploits, 25 c.; — 13° pour chaque bulletin de distribution et de remise de cause, 10 c.; — 14° pour la mention de chaque acte sur le répertoire prescrit par l'article 49 de la loi du 22 frimaire an VII, 10 c. »

Les articles 2 et 3 du décret de 1854 règlent les allocations dues aux greffiers des tribunaux de première instance pour frais de transport et remboursement de papier timbré.

Le décret de 1854 passe pour avoir accru d'un cinquième environ le produit des greffes des tribunaux de première instance.

## 2° Remises allouées aux greffiers par le Trésor.

Le gouvernement, par les lois des 21 ventôse et 22 prairial an VII, pour augmenter les ressources du Trésor public, comme l'exprimait un considérant placé en tête de la première de ces lois, établit, sous le nom de *droits de greffe*, une taxe sur les divers actes du ministère des greffiers, à charge par ceux-ci de les percevoir sur les parties et de les verser au Trésor. Des *remises* leur furent allouées pour ce service.

A la suite de la promulgation des Codes civil et de Procédure et des modifications apportées dans la législation par la loi du 27 ventôse an VIII, il y eut lieu de taxer les nouveaux actes établis par cette forme de procédure et de les frapper de taxes analogues au profit de l'État. C'est ce qui a été fait par le décret impérial du 12 juillet 1808, sous le bénéfice des mêmes remises pour les greffiers. Le décret précité est précédé du considérant suivant :

« Considérant que les codes Napoléon et de Procédure civile ont introduit des changements dans plusieurs des actes désignés aux lois des 21 ventôse et 22 prairial an VII et qu'ils en ont établi de nouveaux; qu'il convient en conséquence de déterminer les droits qui sont perçus à l'avenir d'après les bases établies par ces deux lois... » Les remises déterminées en l'an VII sont restées fixes depuis lors. Elles sont de 30 centimes par chaque rôle d'expédition et d'un décime par franc sur le produit du droit de mise au rôle et de celui qui est établi pour la rédaction et transcription des actes. (Art. 19 de la loi du 21 ventôse an VII.).

Depuis la loi de finances du 23 juillet 1820 (art. 2), les greffiers perçoivent directement sur les parties les sommes qui leur sont allouées. Le même article contient la disposition suivante :

« Les receveurs de l'enregistrement mentionneront désormais en toutes lettres dans la relation au pied de chaque acte : 1° le montant des droits de greffe appartenant au Trésor; 2° le montant de la remise qui revient au greffier pour l'indemnité qui lui est allouée par la loi. »

L'impôt des droits de greffe tel qu'il existe aujourd'hui, et dont les remises des greffiers ne font qu'une partie, résulte donc de plusieurs actes dont le point de départ est établi par la loi du 21 ventôse an VII.

La partie qui requiert la rédaction ou l'expédition des actes en fait l'avance, mais il lui en est tenu compte dans la taxe des dépens pour le répéter contre la partie qui a succombé dans l'instance.

Les droits de greffe perçus au profit de l'État, sont, d'après l'article 2 de la loi du 21 ventôse an VII [1] : 1° le droit de mise au rôle; 2° le droit de rédaction et de transcription; 3° le droit d'expédition.

Le droit de mise au rôle est la rétribution due pour la formation et la tenue des rôles et l'inscription de chaque cause sur le rôle auquel elle appartient.

Le droit de rédaction et de transcription est dû sur les actes rédigés ou transcrits au greffe; il est le salaire de la formalité. Les droits de rédaction sont, selon les cas, fixes ou proportionnels.

Le droit d'expédition se perçoit sur les rôles d'expédition

---

[1] Voy. Dalloz, *Enregistrement*, titre II.

des jugements et de tous autres actes faits ou déposés au greffe.

Les droits de greffe, comme les principaux droits d'enregistrement, sont passibles du décime par franc établi à titre de subvention extraordinaire de guerre [1].

Tous ces droits sont d'ailleurs indépendants des droits de timbre et d'enregistrement auxquels les actes peuvent être soumis.

*Droits de mise au rôle.* — Dans les tribunaux civils, le droit est de 5 fr. sur appel des tribunaux civils et de commerce ; de 3 fr. pour les causes de première instance et les appels des juges de paix ; de 1 fr. 50 c. pour les causes sommaires et provisoires, et pour celles qui sont portées dans les tribunaux de commerce.

*Droits de rédaction et de transcription.* — Ils sont : de 1 fr. 25 c. pour chacun des actes dénommés dans l'art. 5 de la loi du 21 ventôse an VII et dans l'art. 1er du décret du 12 juillet 1808 (autres toutefois que les actes ci-après dénommés) ;

De 50 c. pour les enquêtes et par chaque déposition de témoins (art. 5 de la loi du 21 ventôse an VII) ;

De 3 fr. pour transcription de saisie immobilière ; pour le dépôt de l'état des inscriptions (loi du 22 prairial an VII, art. 1 et 2. — Décret du 12 juillet 1808, art. 1er) ;

De 1 fr. 50 c. pour dépôt de titres de créances ; pour actes de surenchère ou de radiation de saisie (*ibid.*) ;

Pour les adjudications, de 50 c. pour 100 sur les cinq premiers mille francs, de 25 c. pour 100 sur ce qui excède 5,000 fr. (*ibid.*) ;

Pour chaque mandement ou bordereau de collocation

---

[1] Loi du 6 prairial an VII.

délivré, 25 c. pour 100 de la créance colloquée (*ibid.*);

Dans un ordre ouvert pour la distribution d'un prix de vente, il est perçu, sur le procès-verbal du juge commissaire, autant de droits de greffe de 1 fr. 50 c. qu'il y a de productions, et 3 fr. pour l'annexe de l'état d'inscriptions. (Décret des 21 janvier et 2 février 1813.)

*Droits d'expédition.* — Sont sujettes au droit de 2 fr. par rôle les expéditions des arrêts sur appels des tribunaux civils et de commerce, soit contradictoires, soit par défaut (loi du 21 ventôse an VII, art. 7);

Au droit de 1 fr. 25 c., le rôle, les expéditions des jugements définitifs rendus par les tribunaux civils, soit par défaut, soit contradictoires, en dernier ressort ou sujets à l'appel, celles des décisions arbitrales, celles des jugements rendus sur appels des juges de paix, celles des ventes et baux judiciaires (*ibid.*, art. 8);

Au droit de 1 fr. le rôle, les expéditions de jugements interlocutoires, préparatoires et d'instruction, et généralement tous actes faits ou déposés au greffe non spécifiés aux articles 7 et 8, et tous les jugements des tribunaux de commerce. (Art. 9 *ibid.* et décret du 12 juillet 1808, art. 5.)

Les expéditions ne doivent pas contenir, compensation faite d'une page à l'autre, plus de vingt lignes à la page et de huit à dix syllabes à la ligne. (Loi du 21 ventôse an VII, art. 6.)

C'est une disposition fiscale qui n'a pas seulement pour objet d'augmenter les émoluments des greffiers, lesquels ont 30 c. de remise sur chaque rôle d'expédition, mais encore les droits d'expédition et les frais de timbre perçus par l'État.

Outre les droits perçus sur les expéditions délivrées par les greffiers, il existe d'autres taxes d'enregistrement, fixes ou proportionnelles, auxquelles sont soumis les actes de greffe.

En effet, d'après l'art. 38 de la loi du 28 avril 1816, tous actes judiciaires en matière civile, tous jugements en matière criminelle, correctionnelle ou de police, doivent être sans exception soumis à l'enregistrement sur les minutes ou originaux.

Le même acte peut même être taxé d'un droit fixe, d'après sa nature, et d'un droit proportionnel d'après les sommes qui y sont énoncées.

On peut trouver dans le recueil de Dalloz, au mot *Enregistrement* [1] et dans l'ouvrage de M. Demante sur les *Principes de l'Enregistrement* divers détails sur les droits fixes ou proportionnels auxquels sont sujets les actes judiciaires.

La série complète en serait trop longue pour être reproduite ici et doit seulement figurer dans les ouvrages qui traitent spécialement des droits d'enregistrement et de greffe.

Rappelons seulement la disposition de l'article 69 de la loi de frimaire an VII, qui assujettit au droit de 50 centimes par 100 francs les expéditions des jugements portant *condamnation, collocation* ou *liquidation*, excepté les dommages-intérêts dont le droit est fixé à 2 pour cent [2].

Qu'il nous suffise de dire, quant au résultat financier, en parlant d'abord des droits de greffe, que ces droits, y compris le décime pour franc, figurent dans les comptes de 1859 pour 4,897,265 fr.

Les dépens, étant la peine d'une contestation mal fondée, comprennent les déboursés auxquels les actes donnent lieu, les droits de greffe et d'enregistrement, ainsi que les émo-

---

[1] Titre I<sup>er</sup>, ch. III et IV, section III.

[2] Il faut distinguer dans la législation française le droit de *titre* résultant des jugements et le droit de *condamnation*. (Demante, n° 551 à 567.)

luments et vacations accordés par la loi aux officiers ministériels chargés de leur rédaction et notification. Ils doivent
être prononcés contre la partie qui succombe. (Art. 130 du
Code de Procédure civile.)

Les émoluments des avoués et des huissiers ne peuvent
être vraiment appelés des impôts sur la justice, bien que la
loi les fixe et donne une action pour les réclamer. Ce sont
des salaires taxés par la puissance publique.

Le règlement des frais et des émoluments des actes judiciaires ou extrajudiciaires se nomme tarif : ce tarif a été
fixé par le décret du 16 février 1807.

Les actes judiciaires figurent dans les produits de l'enregistrement, du timbre et des domaines en France, en
1859, pour le chiffre de 4,716,057 fr. Cette somme est à
joindre au produit des droits de greffe pour former l'imposition totale des actes accomplis devant les tribunaux.

Les actes du ministère des huissiers, faits en dehors d'une
instance judiciaire, donnent lieu à des perceptions d'enregistrement plus considérables que les actes judiciaires,
puisque ces perceptions ont atteint en 1859, réunies à
l'enregistrement de certains actes d'avoué à avoué et de
divers procès verbaux, la somme de 8,829,630 fr. sous le
titre commun d'*actes extrajudiciaires*.

Les amendes prononcées dans les affaires criminelles ne
peuvent être considérées comme des taxes sur la justice,
mais plutôt comme des peines portées contre les faits qui
les occasionnent.

Mais on trouve mentionnées des amendes civiles dans
les cas de cassation, déclinatoire, réintégrande, évocation,
inscription de faux, tierce opposition, récusation des juges
et requête civile, amendes qui, d'après la loi du 19 décembre
1790 (art. 19), ont dû être perçues par les préposés de l'enregistrement et qui étaient de véritables taxes sur des actes

judiciaires. Plusieurs d'entre elles sont maintenues par le Code de Procédure [1].

Les amendes de toute nature ont figuré pour quatre millions et demi dans les Comptes de Recettes de 1858 et de 1859.

Suivant M. Rau, les taxes sur les actes judiciaires ont rendu à la Sardaigne 14 millions de livres en 1855. Malgré l'exactitude habituelle du savant financier de Heidelberg, je crois qu'il a été induit en erreur. Je ne trouve dans les *Cenni sulla condizione delle finanze* de M. Cibrario que 1,960,000 livres mentionnées comme perçues en 1852, sur les actes judiciaires et dans le budget italien de 1862, les taxes sur les actes judiciaires réunies à certaines autres taxes, par exemple sur les concessions administratives, sont évaluées à 2,599,450 livres seulement [2].

En Angleterre, les droits auxquels avaient été soumis les actes de procédure judiciaire (*law proceedings*) ont été supprimés par une loi de 1825 [3] comme formant un impôt sur l'administration de la justice; c'est-à-dire que, lié par son respect pour la possession, et dans l'impuissance d'éteindre par rachat toutes les *épices* qui grèvent les plaideurs au profit des magistrats ou des greffes, le gouvernement a été conduit à abandonner un impôt profitable à l'État, mais que sa réunion avec l'autre charge avait rendu intolérable. On peut consulter l'ouvrage d'Impey, publié en 1823 [4], pour connaître le détail des droits alors levés sur les *law proceedings*. On y trouvera quelques articles assez élevés, comme le droit de 15 liv. st. pour divers appels. Restent cependant toujours perçues en Angleterre les *épices* (*fees*

---

[1] Voy. Code de proc. civ., art. 471, 494, 246, 390.

[2] Annuario, p. 283.

[3] *Histoire financière de la Grande-Bretagne*, par Bailly, t. I, p. 507.

[4] V. page 174 à 190.

*of court*) destinées à subvenir aux dépenses des cours de justice. On a pensé sans doute que ceux qui s'adressent à ces cours doivent contribuer aux frais de leur entretien.

Dans le grand-duché de Bade, les épices (*sporteln*) levées en vertu de la loi du 13 octobre 1840, sont de deux sortes [1]. les unes, relatives à certains actes judiciaires, sont sans rapport avec la somme en litige ; les autres, qui sont les épices de jugement, consistent en des droits énumérés dans le tableau ci-après :

| | | | 1re inst. | | 2e inst. | 3e inst. |
|---|---|---|---|---|---|---|
| | | | fl. | kr. | fl. | fl. |
| Pour une somme en litige au-dessous | de 50 florins... | | 1 | » | 5 | 8 |
| — | — | de 50 à 150 florins..... | 1 | 30 | 8 | 12 |
| — | — | de 150 à 500 — .... | 3 | » | 12 | 18 |
| — | — | de 500 à 1,000 — .... | 6 | » | 18 | 24 |
| — | — | de 1,000 à 3,000 — .... | 9 | » | 24 | 30 |
| — | — | de 3,000 à 6,000 — .... | 12 | » | 30 | 36 |
| — | — | de 6,000 florins............... | 15 | » | 36 | 42 |

Pour les décisions qui ne terminent pas les procès et pour certains autres actes, les droits sont réduits au tiers.

De 1842 à 1846, la moyenne des produits a été de 356,341 florins 45 k. Il y a environ 7 p. 100 de frais de constatation et de recouvrement.

Dans certains États allemands, les épices (*gerichts sporteln*) sont attribuées aux juges : ailleurs elles constituent un fonds commun qui sert à l'administration de la justice [2]. Leur importance est d'autant plus grande que l'on comprend dans la juridiction volontaire (*rechtspolizei*), en Allemagne, divers actes qui, comme la réception des contrats

---

[1] Voy. le recueil intitulé : *Beitræge zur statistik der staats finanzen des Grossherzogthums Baden*, p. 165.

[2] Voy. sur tout le sujet Hoffmann ; *Die Lehre von den Steuern*, et Rau, *Finanzwissenschaft*, § 234, 235.

particuliers, appartiennent parmi nous aux attributions du notariat.

M. Rau évalue les recettes judiciaires de la Bavière de 1855 à 1861, à près de 3 millions de florins, environ 7 p. 100 du revenu total; celles du Hanovre, en 1854, à 300,000 thalers, celles du grand-duché de Hesse, de 72,000 à 75,000 florins pendant plusieurs années, celles du Würtemberg, à 352,000 florins.

En Prusse, les épices forment un revenu particulier de l'administration judiciaire. En outre, le gouvernement perçoit un droit de timbre sur les *relations écrites* entre l'autorité judiciaire et ses subordonnés. En règle générale, toute demande (*eingabe*) d'intérêt privé adressée à une autorité supérieure donne lieu à un timbre d'un sixième de thaler, et la décision qui s'ensuit à un droit d'un demi-thaler : ces droits sont indépendants du nombre de feuilles employées, la première feuille étant seule taxée.

Les affaires dont l'objet peut être évalué en argent et reste au-dessous de 50 thalers de valeur sont exemptes de droit.

L'autorité peut employer un timbre inférieur à un demi-thaler, s'il paraît trop onéreux. Une taxe uniquement fondée sur le nombre des feuilles de papier employées serait souvent peu équitable dans les matières judiciaires, où l'étendue des procédures est souvent sans rapport avec la valeur de l'objet en litige.

On attend ainsi la décision du procès pour asseoir le droit de timbre proportionnellement à l'objet en litige, et on tient compte jusque-là du papier employé.

Si l'objet en litige est appréciable en argent, le droit est de 1 p. 100 sur la partie du prix qui n'excède pas 1,000 thalers; de 1,000 à 20,000, le droit est d'un demi p. 100, et pour la partie de valeur au-dessus de 20,000 thalers, le

droit n'est plus que d'un sixième p. 100. Pour 10,000 thalers le droit est de 238 thalers 1/2. Si le procès finit par la
reconnaissance d'un droit, la décision est formulée sur un
papier du timbre indiqué par la valeur en litige.

Quand le procès finit par transaction ou désistement, on
perçoit le droit, suivant les feuilles employées, sans pouvoir
dépasser la moitié de ce qui eût été dû pour la décision juridique.

Si l'objet n'est pas appréciable en argent, le droit de timbre pour la *décision* est fixé par le juge d'après un tarif
échelonné de 5 à 20 thalers.

Pour les décisions criminelles, le timbre peut être élevé
jusqu'à 50 thalers, suivant la gravité des cas et la fortune du
condamné. La décision sur les dommages-intérêts est taxée
suivant les règles appliquées à la procédure civile.

Les décisions ultérieures à la première instance supportent un sixième du timbre exigé pour la décision de première instance.

Cette faculté de rendre des décisions arbitraires sur la quotité du timbre en matière judiciaire ne peut se justifier, dit
M. Hoffmann, qu'à raison de l'élévation intellectuelle *(bil-
dung)* des magistrats chargés d'appliquer la loi.

Il est impossible, en tout cas, de justifier complétement
la complication résultant de la réunion du timbre judiciaire
avec les droits d'épices : le second de ces revenus dépasse de
beaucoup le premier en Prusse.

D'après M. Moreau de Jonnès [1], les frais de justice,
en 1857, se sont élevés à 4,032,215 thalers. M. Rau parle
d'une recette totale pour le ministère de la justice qui se
serait élevée, en Prusse, à 8,824,939 thalers en 1858, et
qu'il y aurait eu lieu de mettre en balance avec une dépense

---

[1] Voy. *la Prusse, son progrès politique et social*, traduit de *Dieterici*,
p. 453.

totale de 11,634,916 thalers pour le même ministère [1].

Dans le royaume des Pays-Bas, les droits de greffe ont été l'objet d'une mesure qui semble en avoir reporté le poids de la tête des plaideurs sur celle de la masse des contribuables. Une loi du 31 décembre 1856 porte suppression des droits de greffe et abolition des lois du 21 ventôse et du 22 prairial an VII, ainsi que du décret impérial du 12 juillet 1808. Les greffiers en fonctions au moment de l'introduction de la loi sont indemnisés de la perte de ces émoluments par une somme équivalente imputée sur les menues dépenses des colléges judiciaires. Un article de la même loi autorise l'emploi pour quelques actes judiciaires et extrajudiciaires de papier timbré de moindre dimension que celui qui était prescrit par la législation en vigueur.

Les droits de greffe en Belgique ont produit en moyenne 254,571 fr. de 1855 à 1859.

Quant aux considérations générales que soulève, relativement à son mérite et à son équité, l'impôt sur l'usage du pouvoir judiciaire, nous n'en connaissons pas d'aussi remarquables que celles qui ont été émises par J. Bentham et par le comte Germain Garnier. On nous permettra de les analyser.

---

[1] Dans le budget prussien de 1855, on trouve les articles suivants en recettes : leur chiffre est en rapport avec les évaluations de M. Rau.

### FINANZ MINISTERIUM.

| | |
|---|---|
| Hyp. und Gerichtschreiberei Gebühren (*Droits d'hypothèques et de greffe*). . . . . . . . . . . | 170,000 thalers. |
| Strafgelder (*Amendes*) . . . . . . . . . . . | 70,000 |

### JUSTIZ MINISTERIUM.

| | |
|---|---|
| Gerichtskosten (*Frais de justice*). . . . . . , . . | 8,168,895 |
| Gebühren welche den Beamten als emolumente zustehen (*Émoluments des employés*). . . . . . . . | 251,596 |
| Strafen (*Amendes*) . . . . . . . . . . . . . | 264,258 |

Le publiciste anglais, peut-être influencé par le spectacle
d'institutions nationales qui comportent la perception des
épices, ainsi que des frais judiciaires ruineux pour les parties plaidantes, a, dans deux écrits contre les taxes de la justice, émis le vœu de la gratuité de la justice en ces termes [1] :
« Le vice radical des impôts sur les procédures est, dit-il, de
tomber sur un individu à l'époque même où il est le plus
probable qu'il n'est pas en état de les acquitter. Le moment où
une partie de sa propriété plus ou moins considérable est
injustement détenue ou saisie, est celui qu'on choisit pour lui
demander une contribution extraordinaire. C'est dans le cours
d'un procès qui arrête son industrie, qui suspend ses revenus,
qui lui ôte, au moins pour un temps, des ressources sur
lesquelles il avait compté ; c'est lorsqu'il gémit sous la main
d'un oppresseur, d'un spoliateur, que les gardiens de l'in-
nocence lui font payer à chaque pas les actes par lesquels
il cherche à maintenir ses droits ou à y rentrer. Tous les
impôts doivent être assis sur l'abondance ou du moins sur
l'aisance ; le caractère de ceux dont nous parlons est de porter sur la détresse... *To be a tax upon distress.*

« On n'assied pas un impôt sur une grêle, sur un incendie, sur un naufrage ; et cependant cet impôt serait moins
absurde parce que, au moyen des *assurances*, on pourrait
avec une légère prime *s'assurer* même contre l'impôt : dans
le cas d'un procès à intenter ou à souffrir, on n'a pas, on ne
peut pas avoir la ressource d'un bureau d'assurance. » Et
l'auteur préfère même la taxe sur les médicaments à la
taxe sur les actes judiciaires, parce que, suivant lui, les
dames de charité qui peuvent alléger la première sont im-
puissantes à soulager la seconde.

G. Garnier a surtout examiné si le produit des taxes

[1] *A protest against Law taxes*, 1793. Partie 8e dans l'édition anglaise des
*OEuvres* de Bentham. Édimbourg, 1839. (P. 573 et suiv.)

acquittées par les justiciables ne tournait pas plutôt au profit des membres de l'État qui ne recourent jamais aux tribunaux.

« Bien loin que ceux qui plaident retirent, disait-il, de l'institution des lois civiles plus de bénéfices que les autres citoyens, on peut au contraire les considérer comme ceux qui en profitent le moins. Tandis que tous les autres membres de la société reposent tranquillement à l'abri des lois et recueillent en silence les fruits de l'administration publique de la justice, ceux qui se voient arrachés à cette paix générale et forcés de défendre leurs droits, se trouvent dans une fâcheuse exception, et payent un tribut à la faiblesse humaine et aux vices toujours inhérents à nos frêles institutions [1]. »

Malgré l'autorité qui s'attache à de telles appréciations, nous ne saurions nous associer à l'opinion des deux économistes que nous venons de citer. Bien qu'il soit convenable que la justice se rende gratuitement, sans prestation directe du justiciable envers le magistrat, il nous paraît cependant naturel que l'on exige de ceux qui s'adressent aux tribunaux certaines redevances sur les actes judiciaires ; car, d'un côté, ceux qui en ont besoin et qui y ont recours doivent quelque chose de plus à un service dont ils aggravent les charges, et, d'un autre côté, au milieu des dépenses que l'on fait pour se disputer une propriété, les plaideurs, comme les acheteurs et les légataires, sont peu sensibles à une augmentation relativement légère de la dépense faite pour acquérir ou conserver le capital lui-même.

Il y a quelque chose d'exagéré à ne voir dans toutes les procédures que la lutte des oppresseurs et des opprimés. Certains litiges montrent à l'observateur soit des contestations

---

[1] Note sur Adam Smith (*Richesses des nations*). Edition de 1802, t. V. p. 316.

opiniâtres souvent des deux parts, soit les conséquences d'arrangements obscurs et imprévoyants, soit le résultat de mesures dictées par l'ignorance ou le mépris des lois. Dès qu'un procès s'élève, assez souvent par la faute ou la négligence de l'une des deux parties litigantes et quelquefois de l'une et de l'autre, il n'y a rien d'injuste de la part de l'État à retenir, sous une forme quelconque, certaine compensation aux dépenses supportées par tout le public pour l'entretien et l'administration de la justice.

Les tribunaux servent sans doute à l'utilité de la société tout entière par la jurisprudence qu'ils établissent, et par l'autorité répressive qu'ils exercent. Mais ils rendent aussi des services particuliers aux plaideurs. On peut donc admettre que les dépenses auxquelles ils donnent lieu soient couvertes, en partie par une contribution générale, en partie par une contribution particulière levée sur les plaideurs.

C'est à peu près l'opinion d'Adam Smith sur ce point [1], et nous croyons qu'il est sage de l'adopter au moins en partie.

---

[1] *Richesse des nations,* livre V, ch. i.

# CHAPITRE VI.

## IMPOTS SUR CERTAINS SERVICES OU SUR CERTAINES CONCESSIONS DE L'ÉTAT.

Les relations variées entre les citoyens et l'État sont devenues la source de divers impôts très-inégaux quant à leur revenu.

Celles de ces relations qui ne supposent que des services peu importants ou accidentels sont, en général, peu productives de recettes.

Lorsqu'il s'agit de services nombreux et répétés sur une vaste échelle, comme pour la transmission des dépêches, les États ont pu parfois recueillir des produits considérables d'une organisation lucrative de ces services. Du reste, les actes et prestations dont l'État fait jouir les citoyens, du moment qu'ils procurent à ceux-ci des avantages individuels, peuvent être considérés comme des jouissances imposables tout aussi bien que les propriétés particulières, ou les profits de l'industrie privée.

Si l'État se faisait strictement payer les frais de ces divers services ou de ces concessions, ces sommes contributives ne devraient pas être absolument assimilées à un impôt, si ce n'est jusqu'à certain point par comparaison avec d'autres services rendus gratuitement par l'autorité : elles seraient seulement le prix de ces avantages ou de ces jouissances. Mais lorsque, par une balance quelquefois délicate à établir, le gouvernement en retire un produit supérieur à ses déboursés et qui est destiné à faire face aux besoins publics, c'est alors, dans les termes les plus évidents, un véritable impôt, comme l'a fait observer M. de Jacob [1].

Les impôts de cette nature, bien que plusieurs se rattachent à des monopoles administratifs, ne doivent pas être confondus, malgré des points de contact évidents, avec la classe plus large de ce que les anciens jurisconsultes et plusieurs financiers modernes appellent les *droits régaliens*. Ce qui caractérise, suivant M. Rau, les droits régaliens, c'est l'exploitation d'une branche de profit (*erwerbsquelle*) par le gouvernement, en vertu d'un privilége (*vorrecht*) [2]. L'auteur entend ce mot dans un sens moins étroit que celui de monopole, car il parle peu après [3] des régales qui comportent certaine concurrence à l'intérieur ou du fait de l'étranger, ce qui paraît être le cas des droits régaliens sur les mines dans divers pays. Certains droits régaliens, comme celui de la fabrication du tabac, rentrent, à nos yeux, dans les taxes sur les consommations, d'autres dans l'exploitation du domaine public, comme la régale des mines et des chemins de fer dans certains pays, et celle des droits de bac et de flottage.

Nous examinerons successivement les divers actes et services sur lesquels une rétribution est assise, en comparant ordinairement la rétribution et la dépense, et en faisant remarquer que l'intervention plus spéciale et prédominante du service administratif dans les actes imposés est .

---

[1] *Science des finances*, § 921.

[2] *Finanzwissenschaft*, § 166. L'auteur traite de la régale des mines, de celle du sel, de celle de la chasse et de la pêche, de celle des monnaies, de celle du tabac, de celle des postes et du télégraphe, de celle des chemins de fer, des droits de bac et de flottage et de la régale des jeux de hasard.

[3] § 167.

tout ce qui distingue les faits groupés dans ce chapitre ; car un certain service administratif se rattache souvent aux actes taxés par l'un des impôts étudiés dans les autres chapitres du présent livre, comme nous l'avons remarqué pour l'enregistrement par exemple.

Il serait souvent difficile de décider si le législateur, à propos de ces services, a plutôt voulu atteindre intentionnellement le profit et la nature du service acquis au citoyen ou la prestation générale du service même organisé de manière à imposer au contribuable une surtaxe de prix peu appréciable pour chaque individualité. Ici, plus encore que dans d'autres parties du système des impôts, on n'a point procédé d'une théorie rationnelle.

Nous laisserons sous ce rapport notre classification sujette, si l'on veut, à certaines critiques. Il suffira que nous soyons bien compris, et pour ceux mêmes de nos lecteurs qui trouveraient que nous avons considéré comme portant sur un service administratif quelques taxes portant sur certains profits du citoyen, nous pensons cependant qu'ils nous absoudront des imperfections de notre classement (comme au besoin de certaines inexactitudes, peut-être difficiles à éviter dans le dédale de détails que nous allons parcourir), en reconnaissant que le service administratif est au moins l'occasion incontestable des perceptions fiscales que nous relevons.

Nous allons traiter successivement des recettes de la poste, des télégraphes, de la loterie et d'autres services moins productifs.

## SECTION I.

### IMPOTS SUR LES TRANSPORTS PAR LA POSTE [1].

La taxe de la poste aux lettres qui résume en fait presque tout l'impôt de la poste [2] pourrait être considérée comme portant moins sur un service public que sur un acte des citoyens saisi par ce service public.

Ceux qui le penseraient ainsi pourraient reporter dans leur pensée à la section qui suit celle-ci, l'impôt qui atteint la circulation des lettres, ainsi que nous avons regardé le profit de la régie du tabac comme un mode d'assiette de l'impôt sur la consommation de cette denrée.

Ce qui nous porte à considérer l'impôt comme portant ici sur le service public et s'y ajoutant, c'est que l'institution de la poste, dans l'origine, nous paraît avoir été établie en vue des commodités du gouvernement et du public, tandis que la régie du tabac n'a nulle part été établie pour faciliter les jouissances olfactives et cérébrales des consommateurs,

[1] Quelques notes dont j'ai profité pour le travail de cette section m'ont été fournies par M. Renduel, sous-inspecteur des postes à Versailles, que je remercie de son concours obligeant.

[2] Au moins en France, les lettres seules semblent donner un profit au fisc. Les imprimés du plus petit format sont transportés par la poste notamment moyennant un prix de *un centime* la pièce, et l'administration estime, suivant un renseignement qu'a bien voulu me donner M. Vandal, que chaque imprimé lui coûte, en frais de manipulations, *sept centimes*.

On voit donc que le transport des imprimés n'est pour notre poste qu'une charge rapidement croissante, attendu que le nombre des imprimés distribués à Paris, qui était en 1859 de 15 à 16 millions, s'est élevé en 1860 à plus de 28 millions. Cependant il pourrait en être autrement par un simple changement de tarif.

mais seulement pour grossir les ressources du Trésor.

L'intervention du service administratif était nécessaire et utile dans le premier cas, elle est surajoutée et presque restrictive dans le second.

La taxe des lettres, cependant, a été habituellement considérée, plus sous le rapport fiscal que comme le simple prix du service rendu aux particuliers par l'administration des postes.

« Le fisc qui était fondé à répéter le prix du service attaché au transport et à la remise des lettres à leur destination, a profité de cette occasion pour en faire une branche de revenu [1]. »

Cette disposition a sans doute empêché que cette branche importante des services publics reçût plutôt toutes les améliorations que le temps et le progrès étaient en droit de lui demander. L'expérience et le calcul ont enfin démontré que le régime des postes, tel qu'il existait il y a plusieurs années en France, en Angleterre et aux États-Unis, par exemple, devait être soumis à une réforme, opérée successivement dans ces trois derniers pays et dont l'exemple a été et sera certainement fécond.

Dans l'ancien état des choses, la taxe des lettres était déjà un impôt onéreux, car, en sus de la dépense réelle, il y avait une forte somme perçue au profit du fisc et pesant sur les tarifs, excédant de rétribution qui n'eût pas été prélevé si le transport des dépêches eût été effectué par des entreprises particulières.

Depuis soixante ans, les transports de toute espèce, par les voies commerciales, ont diminué considérablement de prix; cette diminution a été en raison directe du perfectionnement des routes.

---

[1] *Encyclopédie méthodique* (Finances au mot *Lettres*)

Les postes avaient suivi en certains pays une marche toute opposée.

En Angleterre, de 1710 à 1830, le tarif des lettres avait doublé et triplé dans beaucoup de cas; les postes françaises avaient aussi successivement élevé leurs prix.

Avant l'adoption de la taxe unique d'un penny en Angleterre, le port d'une lettre dépassait de 700 pour 100 la dépense faite par l'administration.

En France, avant la réforme postale de 1848, d'après les calculs faits en 1840 par un employé supérieur des postes, M. Piron, la taxe excédait de 530 pour 100 les frais de transport.

La disproportion entre la taxe et la dépense réelle relative au transport des lettres, a peut-être retardé sur plus d'un point le progrès des sociétés; car, en définitive, les communications épistolaires sont en raison directe des facilités mises à la portée du public.

L'établissement des postes dans l'Europe moderne remonte à environ quatre cents ans, et pendant ce laps de temps, presque tous les gouvernements ont imparfaitement compris que ce service n'était pas seulement un instrument de fiscalité, mais aussi un puissant auxiliaire pour toutes les branches du revenu public, un véhicule très-actif de civilisation et de moralité.

Une lettre appelle toujours une autre lettre, c'est par l'activité des correspondances que les distances sont franchies, et que les divers groupes de population se trouvent reliés entre eux; les lettres ouvrent, préparent et terminent les marchés; elles sont l'âme de toutes les affaires, et ne sont pas moins utiles aux négociants qu'aux simples particuliers, aux riches qu'aux pauvres, à l'intérêt matériel qu'aux sentiments les plus élevés. Il était donc d'une sage politique de mettre à la portée de tous ce moyen de communication;

mais, en parcourant l'histoire de cette institution, on reconnaît combien peu ces considérations ont influé sur son établissement et ses premiers progrès.

Quelques écrivains ont fait remonter à un roi de Perse l'institution de la poste, Darius Ochus suivant les uns, Cyrus suivant les autres. Ce n'est pas, a dit un auteur, un des traits les moins frappants de l'instabilité des choses humaines, que de retrouver l'origine ou la plus ancienne trace d'organisation de lignes postales et télégraphiques dans une des rares contrées présentement dépourvues de moyens réguliers de communication avec les pays visités à leur tour par la civilisation [1].

La civilisation grecque concentrée sur un petit territoire ne paraît pas avoir eu de système régulier de communications analogues à celles dont Hérodote a mentionné l'existence en Perse. C'est à l'empereur Auguste que l'on attribue le premier établissement des postes en Europe. Il aurait au moins généralisé, d'après le baron Ernouf, l'usage des *statores*, dont il est question dans les lettres de Cicéron, en même temps qu'il développait sur toute la surface de l'empire le système de chaussées pavées, dont la république romaine avait emprunté l'idée à Carthage. « Voulant, dit à ce sujet Suétone, faire parvenir avec plus de célérité ses ordres dans chaque province et se faire rapporter aussi plus promptement ce qui s'y passait, Auguste échelonna à de petites distances, sur les routes militaires, d'abord des postes de coureurs et plus tard des chariots (*vehicula*). Il eut ainsi chaque province sous la main. »

Les postes romaines furent perfectionnées sous Trajan et surtout sous Adrien. Un contemporain de ce prince dit que l'empereur pouvait sans se déranger gouverner l'univers au

---

[1] *Histoire universelle*, t. V, p. 427, Rau, § 205, note *b*. Ernouf, *Revue contemporaine*, du 15 mars 1863.

moyen de ses lettres transportées avec une célérité pareille à celle des oiseaux.

M. Ernouf a rappelé les règlements des postes sous l'empire romain, et il a donné des détails intéressants sur les *mancipes*, les *evectiones*, et toutes les autres parties de ce service, qu'il présente comme ayant été disloqué pendant la période anarchique du IIIe siècle, restauré sous Dioclétien, et continué ensuite avec des altérations diverses sous le Bas-Empire et sous l'empire des Sultans [1].

On assure qu'en Chine et au Japon les postes existent depuis un temps immémorial, et qu'en Amérique les Espagnols trouvèrent à leur arrivée les relais de Cusco et de Lima en pleine activité [2].

Le premier des Césars n'institua les postes que pour transmettre avec sécurité et rapidité les ordres du gouvernement sur les différents points de l'empire romain.

Au moyen âge, les papes et Charlemagne les firent servir au même objet.

Avant que les souverains reprissent en France cette pensée, les particuliers correspondirent entre eux par l'entreprise des messagers que l'Université de Paris expédiait, à des époques indéterminées, dans les principales villes du royaume. Ces messagers se chargeaient, en outre, de toutes les lettres qu'on leur remettait sur leur passage, soit pour le lieu de leur destination, soit pour les points intermédiaires. Ces messagers, suivant Lamare, portaient les lettres des écoliers, rapportaient les réponses avec l'argent, les hardes et paquets que leurs parents voulaient envoyer. Ils jouissaient de priviléges mentionnés dans divers actes royaux de Philippe le Bel et de Louis X.

Il y avait ailleurs des postes créées pour le besoin d'inté-

---

[1] Rau, § 205, note b. Ernouf, *ibid*.
[2] Encyclopédie au mot *Postes*.

rêts professionnels ou spéciaux, comme les *Metzgerposten* ou postes des Bouchers, en Allemagne, dont parle M. Rau[1].

En 1464, deux siècles après l'établissement des messageries de l'Université, Louis XI rendit le 19 juin, à Doulens, le premier édit qui ait paru en France sur les postes ; mais cette ordonnance était loin d'admettre le public à jouir des avantages de l'institution[2]. Le roi n'avait pas les vues désintéressées de l'Université dans la surveillance de ses messages. Il s'occupait exclusivement de l'exécution de ses commandements et de la promulgation de sa volonté dans le royaume, dont il établissait l'unité et la centralisation.

Toutefois, comme il fallait pourvoir aux gages des maîtres coureurs et aux dépenses des deux cent trente courriers, qui portaient les lettres du roi sur tous les points du royaume, il en résulta pour le peuple une certaine augmen-

---

[1] *Loco citato.*

[2] Arrêt du Conseil donné à Luxieu, près Doullens, le 19 juin 1464, pour l'institution de la poste aux chevaux et aux lettres :

« Institution et établissement que le roi Louis XI, notre sire, veut et ordonne être fait de certains coureurs et porteurs de ses dépêches en tous lieux de son royaume, pays, terres de son obéissance pour la commodité de ses affaires et diligence de son service et de ses dites affaires. . . . . . . . . . .

» Institution d'un conseiller grand-maître des coureurs de France qui se tiendra près de la personne du roi. . . .'. »

. . . . « Porteront aussi lesdits maîtres coureurs, toutes dépêches de Sa Majesté que leur seront envoyées de sa part et des gouverneurs et lieutenants de ses provinces et autres officiers, pourvu qu'il y ait certificat et passeport dudit grand-maître des coureurs de France pour les choses qui partiront de la Cour, et, hors d'icelle, desdits gouverneurs, lieutenants et officiers, que c'est pour le service du roy, lequel certificat sera attaché au dit paquet et envoyé avec un mandement du commis dudit grand sceau du maître des coureurs de France. . . . . »

. . . . « Auxquels maîtres coureurs est prohibé et défendu de bailler aucuns chevaux à qui que ce soit sans le commandement du roy, sous peine de la vie . . . . »
(Le pape et les princes étrangers alliés de la France sont exceptés de cette prohibition.)

Le § 8 attribue au Conseiller grand-maître 800 livres parisis de gages pris sur les revenus les plus clairs de l'institution, plus une pension de 1,000 livres.

Le prix fixé par cet arrêt pour le transport des gens ou des lettres est de 10 sous pour chaque course de cheval pendant 4 lieues.

tation de charges, Peut-être cela conduisit-il naturellement
le gouvernement, pour rendre la charge moins dure, à permettre aux particuliers de se servir des chevaux de la poste
royale, en payant la somme qu'il avait fixée pour ses courriers, et, en outre, à ceux-ci de se charger des lettres privées,
moyennant le payement de certaines taxes.

Il y eut aussi une institution parallèle à celle des postes. Ce
fut celle des messagers royaux chargés par un édit de 1573,
du transport de tous les sacs de procès. Un édit de 1576 fixa
le prix du transport des lettres missives par ces messagers.

Dans le ressort de chaque parlement, le port pour une
lettre et la réponse, dit M. Ernouf, était coté à 10 deniers
tournois, 15 pour un paquet de missives pesant moins
d'une once, et à 20 pour ceux d'un poids supérieur. Le
tarif établi sur une base fixe, quelle que fût dans chaque
circonscription la différence du parcours, présente, comme on
le voit, une analogie frappante avec le système aujourd'hui
en vigueur dans toute la France.

Ce fut seulement sous l'administration de Sully que le service des postes pour le transport des personnes et pour celui
des correspondances reçut, après divers tâtonnements, une
plus parfaite organisation. Dès lors, cette institution, qui n'a-
vait été jusque-là qu'une charge assez lourde pour le Trésor,
prit rang parmi les régies financières ; la taxe des lettres
produisit même au delà de toute espérance, et Sully s'en fit
affermer l'exploitation. Après la mort de Henri IV, ce ministre ayant été obligé de résigner toutes ses charges, céda,
moyennant finance, celle de général des postes et relais à
M. d'Alméras. Celui-ci substitua, en 1627, un tarif régulier
et légal aux taxes arbitrairement fixées jusque-là par les ex-
péditeurs ou par les agents des postes. Il autorisa aussi,
jusqu'à concurrence de 100 livres par individu, le transport
des articles d'argent. Ce tarif est remarquable par sa modé-

ration : le port d'une lettre de Paris à Lyon y est fixé à trois sols ; les lettres pour la Provence et le Languedoc payaient six sols.

Le cardinal de Richelieu dépouilla M. d'Alméras de sa charge, et la vendit à trois surintendants généraux 350,000 livres ; Sully l'avait cédée pour 32,000 écus seulement ! Mais les produits allaient toujours croissant, et le cardinal ne s'arrêta pas en si beau chemin.

Le 25 mai 1630 [1], il créa de nouveaux offices de postes en hérédité, qui étaient ensuite vendus au profit de l'État, et le traitement des nouveaux fonctionnaires fut assuré par une augmentation d'un quart sur le tarif. A la même époque, le privilége dont jouissait l'Université fut acheté, moitié de gré, moitié de force, et la concession du monopole de la poste, pour le service des correspondances privées reçut une constitution régulière. En 1643, un nouveau tarif accrut d'un quart les taxes fixées en 1627. Enfin, en 1672, Lazare Patin reçut de Louvois la ferme générale des postes et relais, moyennant la somme de 1,200,000 livres. En 1703, le produit était de 3,200,000 liv. En 1788, moyennant des progrès successifs, la ferme des postes était arrivée à donner 12 millions.

Nous allons reproduire quelques fixations de prix tirées de différents arrêts du Conseil antérieurs à l'établissement de la ferme générale.

(ARRÊT DU CONSEIL DU 9 AVRIL 1644.)

| De Paris pour | Distance de Paris. | Taxe des lettres. | | |
|---|---|---|---|---|
| | | simple. | double ou avec enveloppe. | pesant. au delà d'une once. |
| Clermont-Ferrand. | 96 lieues. | 4 sols. | 5 sols. | 7 sols. |
| Grenoble. . . . | 143 — | 4 — | 5 — | 7 — |
| Lyon . . . . . | 116 — | 4 — | 5 — | 7 — |
| Mâcon . . . . | 99 — | 4 — | 5 — | 7 — |

[1] Les intentions de Richelieu dans l'édit de 1630 sont appréciées ainsi qu'il suit par M. Ernouf. « Richelieu, dit-il, voulait tout à la fois l'avantage de la nation,

### (ARRÊT DU CONSEIL DU 12 MAI 1644.)

| Lettres d'Angleterre pour | Distance de Calais. | Taxe des lettres. | | |
| --- | --- | --- | --- | --- |
| | | simple | double ou avec enveloppe. | pesant au delà d'une once. |
| Dieppe . . . . | 43 lieues. | 6 sols. | 10 sols. | .18 sols. |
| Paris . . . . . | 65 — | 10 — | 18 — | 25 — |
| Rouen . . . . | 51 — | 6 — | 10 — | 18 — |

### (ARRÊT DU CONSEIL DU 27 NOVEMBRE 1668.)

| De Paris pour | Distance de Paris. | Taxe des lettres. | | |
| --- | --- | --- | --- | --- |
| | | simple. | double ou sous enveloppe | pesant au delà d'une once. |
| Douai. . . . . | 54 lieues. | 6 sols. | 7 sols. | 10 sols. |
| Dunkerque . . . | 67 — | 7 — | 8 — | 12 — |
| Fismes . . . . | 33 — | 7 — | 8 — | 12 — |
| Lille . . . . . | 57 1/2 | 6 — | 7 — | 10 — |
| Tournai . . . . | 64 — | 6 — | 7 — | 10 [1] — |

Il est probable que ces taxes ne reposaient pas sur des bases bien rationnelles, car, dans le petit nombre d'exemples que nous venons de fournir, l'on voit des différences dont l'explication serait difficile.

Ce ne fut qu'en 1676 que l'on posa les bases d'un système moins arbitraire que le mode précédent. On allégea la taxe des lettres et on la proportionna à leur poids et à la distance à parcourir. Voici quelle était l'échelle de progression des distances et du poids, déterminée à cette époque.

| Distances. | Lettres. | | |
| --- | --- | --- | --- |
| | simples. | doubles. | pesant au delà d'une once. |
| Au-dessous de 25 lieues. . . | 2 sols. | 3 sols. | 4 sols. |
| De 25 à 60 lieues . . . . | 3 — | 4 — | 5 — |
| De 60 à 80 lieues . . . . | 4 — | 5 — | 8 — |
| Au-dessus de 80 lieues. . . | 5 — | 6 — | 10 — |

celui du gouvernement et le sien propre. Peut-être conviendrait-il d'intervertir ces trois termes pour apprécier exactement leur importance dans la pensée du grand ministre, etc. », p. 84 et suiv.

[1] V. le *Dictionnaire du commerce et des marchandises*, art. POSTES, dû à la plume de M. Dubost, pour plusieurs des détails qui précèdent et qui suivent.

Un autre règlement fut publié le 8 décembre 1703, et il subsista, sauf quelques modifications apportées par un arrêt de 1721, jusqu'à la déclaration du 8 juillet 1759[1], qui elle-même resta en vigueur jusqu'à la loi des 17-22 août 1791.

Le tarif de 1703 est apprécié sévèrement par un auteur contemporain. « Il semblait, dit le baron Ernouf[2], qu'on eût voulu taxer plus lourdement à distance égale les localités les plus peuplées, celles entre lesquelles les correspondances étaient nécessairement les plus fréquentes. » Il paraît que l'arbitraire des tarifs fut accompagné d'une grande imperfection dans le service. En 1720, on mettait encore trois jours pour aller de Paris à Rouen. Le transport des articles d'argent taxé à 5 p. 100 depuis 1703, donna lieu à de si nombreux accidents qu'il dut être défendu absolument en 1726[3].

Les différents tarifs qui se sont succédé en France depuis 1627 jusqu'à la révolution de 1789, ont constamment reposé sur la double progression du poids des lettres et de la distance effective de leur parcours. Mais, de ces deux conditions, l'expérience a fait reconnaître que la seconde était illogique et onéreuse pour le public.

[1] Déclaration royale du 8 juillet 1759 :

« Louis.... La nécessité où nous sommes de pourvoir aux besoins de l'État nous a fait rechercher, pour y parvenir, les moyens qui nous ont paru être les moins onéreux à nos peuples ; dans cette vue nous nous sommes fait rendre compte de ceux de nos droits qui, en affectant le moins la fortune de nos sujets, seraient susceptibles d'une augmentation modérée ; nous avons reconnu que les ports de lettres ont continué d'être taxés sur le pied des tarifs de l'année 1703, malgré l'augmentation du prix des denrées et des dépenses de l'exploitation de cette ferme et malgré l'augmentation numéraire des espèces ; nous nous sommes portés à augmenter le tarif dans une proportion générale qui sera encore au-dessous de cette augmentation numéraire, de manière que les ports de lettres continueront de coûter moins intrinsèquement qu'en 1703, etc. Le tarif de 1759 en 140 articles est inséré dans l'*Encyclopédie méthodique* (Finances), au mot *Lettres*.

[2] *Revue contemporaine* du 15 mars 1863, p. 93.

[3] *Ibid*, p. 94

La loi des 17-22 août 1791 établit qu'un point central serait pris dans chacun des 86 départements pour évaluer les
distances, et que la lettre simple, c'est-à-dire sans enveloppe et pesant moins d'une once, payerait :

Dans l'intérieur du même département, 4 sous; — en
dehors jusqu'à 20 lieues exclusivement, 5 sous; — de 20 à
30 lieues, 6 sous ; — de 30 à 40 lieues, 7 sous; — de 40 à
50 lieues, 8 sous ; — de 50 à 60 lieues, 9 sous; — de 60 à
80 lieues, 10 sous ; — de 80 à 100 lieues, 11 sous ; — de
100 à 120 lieues, 12 sous; — de 120 à 150 lieues, 13 sous ;
— de 150 à 180 lieues, 14 sous ; — de 180 lieues et au delà,
15 sous.

La loi du 24 juillet 1793, celles des 27 nivôse, 21 prairial
et 3 thermidor an III modifièrent et transformèrent le tarif
de 1791.

La loi du 27 décembre 1795 éleva beaucoup les taxes pour
le port des lettres de l'intérieur. Elles durent payer 2 livres
10 sols; 5 livres, 7 livres 10 sols, et 10 livres, suivant les
distances.

« L'élévation insensée au prix de 2 fr. 50 c. du prix des
lettres en France par la loi du 6 nivôse an IV, nous dit
M. Rau[1], détruisit presque toute correspondance et dut être
supprimée au bout de six mois par la loi du 6 messidor
an IV.» On remplaça en effet les prix de 2 fr. 50 c. à 10 fr.
par ceux de 3, 5, 7 et 9 décimes.

La loi du 5 nivôse an V établit encore un nouveau tarif,
remplacé lui-même par celui de la loi du 18 décembre 1799
(27 frimaire an VIII) complété par les dispositions de la loi
du 24 avril 1806.

Si la révolution modifia gravement le tarif des lettres,
elle agit d'une manière plus perturbatrice et plus grave sur

---

[1] *Finanzwissenschaft*, § 207, note 2.

l'administration même des postes. Voici ce qu'écrit à cet
égard un auteur contemporain qui a mêlé certains détails
politiques curieux à des considérations d'intérêt financier[1] :

« Le monopole de la poste aux lettres lui-même, en dépit
des puissantes considérations d'ordre social et de finances
qui en imposaient le maintien, ne subsistait plus que de
nom pendant l'anarchie révolutionnaire. Dès le mois d'avril
1791, l'assemblée constituante avait dû renouveler les anciennes défenses aux messagers de se charger des correspondances privées. Bien entendu, ils ne se firent pas faute d'é-
luder cette défense. Plus tard, même, il devint non-seulement naturel, mais légitime, de la considérer comme non
avenue, quand on vit les autorités révolutionnaires pratiquer
et autoriser officiellement la violation du secret des lettres...

» On devine ce que pouvait être, sous un pareil régime,
un service qui emprunte ses principales ressources à la
classe aisée, devenue l'objet de l'animadversion du pouvoir
ultrarévolutionnaire. En 1791, époque comparativement
calme, le chiffre du bénéfice net des postes et messageries
s'était encore élevé à 11,658,000 livres ; mais l'année suivante les dépenses commencèrent à excéder les recettes, et
dès le mois d'août 1793, il fallut allouer, par deux décrets
successifs, 4 millions pour le service des postes.

» Ce service ne pouvait échapper au système de refonte
universelle du Comité de salut public. Il fut l'objet d'une
nouvelle loi organique, celle du 24 juillet 1793, l'un des
monuments les plus curieux de cette époque. Elle maintenait les trois services en régie, sous la direction de neuf
administrateurs, élus par la Convention, sur une liste de
candidats présentés par le pouvoir exécutif. Celui-ci n'avait

---

[1] Extrait de la *Revue contemporaine*, du 15 avril 1863, article intitulé : *De
l'Administration des Postes en France, son histoire, sa situation actuelle*
(2ᵉ partie), par le baron Ernouf, p. 419 et suiv.

pas le droit de les destituer, même en cas de malversation grave et flagrante, mais seulement de les dénoncer à la Convention, seule juge et investie du pouvoir de les révoquer. Ces régisseurs étaient élus pour trois ans seulement, mais rééligibles. Quant aux directeurs de bureaux particuliers de postes aux lettres, ils étaient nommés par le peuple...

» Le service de la poste aux lettres n'était pas mieux traité. Les élections des directeurs des postes, faites dans chaque localité par les énergumènes qui composaient seuls alors les assemblées populaires, avaient peuplé cette administration de patriotes ardents, plutôt que de bons comptables. Plusieurs autres causes inhérentes au régime révolutionnaire paralysaient ce service et en amortissaient le revenu. La première était l'abus croissant du droit de franchise et de contre-seing, accordé avec une folle prodigalité à toutes les autorités administratives, judiciaires, militaires et politiques. Cet abus, favorable à la vanité autant qu'à l'intérêt privé des fonctionnaires, se prolongea bien au delà du régime de la Terreur. Les choses en étaient venues à ce point, qu'en l'an V il fut officiellement constaté que les deux tiers des correspondances desservies par la poste étaient exemptes de port...

» La situation générale des trois services s'aggravait encore par suite du décret du 18 octobre 1794, qui abolissait le monopole des messageries et donnait à l'industrie des transports par terre et par eau une liberté illimitée, sans assujettissement à aucun droit. C'était aller d'un extrême à l'autre, et les entrepreneurs de messageries s'autorisèrent de cette émancipation absolue pour faire de nouveau concurrence à la poste comme au xviie siècle. Enfin, la violation du secret des lettres, toujours pratiquée ouvertement sur presque tous les points du territoire, autorisait les citoyens à employer, de préférence à la voie régulière, tout autre moyen de correspondance.

» Cet état anormal, créé par la Terreur, lui survivait et tendait encore à s'empirer. La Convention s'en occupa presque dès le début de la réaction thermidorienne. Une commission fut nommée pour épurer le service des postes, et en évincer tous les agents suspects de terrorisme.

» Dans la séance du 18 frimaire an III, Barrère parla de la violation du secret des lettres et de ses conséquences désastreuses. Tallien, plus hardi, demanda la consécration du principe d'inviolabilité, sauf à examiner s'il ne convenait pas encore d'y déroger en Vendée et sur les frontières.

» Une pareille restriction n'était guère de nature à ramener la confiance. Pour y suppléer et produire un forcement de recettes chaque jour plus urgent, on recourut à un moyen foncièrement mauvais, mais plus particulièrement détestable dans les circonstances où l'on se trouvait alors : une augmentation de tarif. D'après celui de 1791, demeuré jusque-là en vigueur, la lettre simple, pesant un quart d'once et au-dessous, payait 2 sous dans l'intérieur des villes, 3 sous dans l'arrondissement, 4 sous dans le département. »

« En dehors du département, l'augmentation s'évaluait, comme du temps de la ferme, d'après la distance parcourue, 5 sous par vingt lieues, 6 pour trente, et ainsi de suite. Par une anomalie empruntée mal à propos à l'ancien régime, les lettres doubles, c'est-à-dire avec enveloppe, payaient un sou de plus, à poids égal que les lettres simples. Le nouveau tarif du 27 nivôse an III (16 janvier 1793) porta à *cinq sous* le port de la lettre simple, dans l'intérieur de Paris et dans le ressort de chaque département. L'unique résultat de cette mesure fut de diminuer encore le nombre de lettres confiées à la poste.....

» Le dernier acte de la Convention, relativement aux postes, avait été le remplacement de la régie des Neuf, instituée en 93, par une administration générale composée de douze membres (3 août 1793), dont on n'eut pas lieu d'être beaucoup plus satisfait. Pendant l'an V, la nécessité du remaniement total du service fut agitée plusieurs fois aux Conseils sans grand résultat. On était bien d'accord sur l'étendue du mal, mais non sur les moyens d'y porter remède. On eut toutefois le bon esprit d'en revenir au tarif de 1791, et de prescrire officiellement, d'une manière absolue, le respect du secret des lettres. Les dérogations, encore malheureusement trop fréquentes, à ce principe sacré, n'eurent plus lieu, du moins, qu'en secret. Désespérant d'arriver jamais à une prompte et notable amélioration financière avec le système de régie, la majorité du Directoire inclinait à l'idée de remettre en ferme le service de la poste aux lettres, et malgré l'opposition vive et réitérée des Conseils, ce projet fut mis à exécution.

» Le coup d'État du 18 fructidor, dont nous n'avons pas à apprécier ici la moralité politique, eut du moins l'avantage de renforcer l'action du gouvernement. Le nom honorable de Gaudin (depuis duc de Gaëte), nommé commissaire près la ferme des postes, inaugura pour cette administration une ère nouvelle (27 novembre 1797). A partir de cette époque, les décisions du Directoire ne seront plus une lettre morte ; des mesures sévères, mais indispensables, mettent un terme à la ruineuse concurrence des messageries au monopole postal [1]. Le service de la poste aux chevaux est réorganisé (19 frimaire an VII); un parti décisif est pris relativement à celui des messageries, le service reste définitivement abandonné à l'industrie privée, sauf un prélèvement

---

[1] Voir notamment les arrêtés du 7 fructidor et du 2 nivôse an VI.

du dixième au profit de la régie de l'enregistrement, à laquelle il doit être donné connaissance de toutes les voitures mises en circulation (loi du 9 vendémiaire an VI, art. 68 et 69). Cette disposition fiscale, réminiscence des anciens règlements, devait survivre au régime républicain. Enfin, une mesure, vigoureusement conçue et exécutée, contribua puissamment à raffermir le monopole postal et à raviver cette source importante du revenu public : nous voulons parler de l'important décret du 27 vendémiaire an VII, qui mit fin à ce scandaleux abus des franchises et des contre-seings, contre lequel on déclamait depuis longtemps sans oser y toucher. La disposition qui prescrivait la mise au rebut des lettres non affranchies adressées aux fonctionnaires, était d'une habileté et d'un à-propos remarquable, et produisit le plus heureux effet.

» Appelé à des fonctions plus importantes encore, Gaudin avait eu pour successeur près la ferme des postes, peu de temps avant le 18 brumaire, un homme d'un caractère également honorable, M. de Laforêt. Un changement, plus considérable dans la forme qu'au fond, eut lieu, après le 18 brumaire, dans l'administration des postes. Le nouveau chef du gouvernement se sentit assez fort pour reprendre le système de régie vainement essayé par Louis XIV, par Louis XV et par l'Assemblée constituante. Il abolit donc définitivement la ferme, et ordonna que, dans un bref délai, les fermiers rendraient compte de leur gestion « de *clerc à maître*. » On reconnaît à ce trait l'ongle du lion. »

L'administration des postes fut dès lors constituée sur une base solide. Elle perfectionna beaucoup sous le premier Empire les moyens de transport et introduisit aussi sous la Restauration quelques innovations utiles relatives au service des articles d'argent et au factage rural[1].

[1] V. Ernouf, *Loco citato*, p. 430 et 431.

En vertu de la loi du 15 mars 1827, depuis laquelle l'autorité législative a été considérée comme seule compétente pour modifier les tarifs postaux [1], la taxe des lettres fut déterminée jusqu'en 1848 (24 août) par la distance existant en ligne droite et non plus, comme précédemment d'après la longueur du parcours administratif [2] entre le lieu où la lettre a été confiée à la poste et le lieu où elle doit être remise au destinataire. De l'ensemble de cette loi il résultait que la taxe moyenne des lettres en France ne dépassait guère 50 centimes. Cette loi reconnaissait deux sortes de taxes progressives : la première était celle dont la progression avait lieu en raison comparée de la distance et du poids; elle ne s'appliquait qu'aux lettres expédiées d'un bureau de poste à un autre bureau de poste; la seconde était celle dont la progression avait lieu en raison seulement du poids des lettres; cette taxe ne frappait que les lettres dont le lieu d'origine et le lieu de destination étaient compris dans l'arrondissement postal d'un même bureau.

La progression pour les distances procédait par zones, et le tarif était calculé pour onze zones successives, ainsi que le représente le tableau ci après :

| De 40 à 80 kil. | . . . . . . . | 3 décimes. |
|---|---|---|
| 80 à 150 — | . . . . . . . | 4 — |
| 150 à 220 — | . . . . . . . | 5 — |
| 220 à 300 — | . . . . . . . | 6 — |
| 300 à 400 — | . . . . . . . | 7 — |
| 400 à 500 — | . . . . . . . | 8 — |
| 500 à 600 — | . . . . . . . | 9 — |
| 600 à 750 — | . . . . . . . | 10 — |
| 750 à 900 — | . . . . . . . | 11 — |
| Au-dessus de 900 — | . . . . . . . | 12 — |

Jusqu'à 40 kilomètres (10 lieues) la taxe était seulement de 2 déc. pour les lettres simples.

---

[1] Le prix des lettres aurait été augmenté à la fin du gouvernement impérial, d'après Boislandry, p. 86.

[2] Principe adopté par la loi du 27 frimaire an VIII.

Le second élément du tarif français fixé par la loi du 15 mars 1827 était l'échelle de progression du poids des lettres. Cette loi considérait comme simple, toute lettre dont le poids n'atteignait pas 7 gr. 1/2. De 7 gr. 1/2 à 10 gr. exclusivement, la taxe était une fois et demie le port de la lettre simple. De 10 à 15 gr., deux fois le port simple ; de 15 à 20 gr., deux fois et demi le port, et ainsi de suite, en ajoutant de 5 en 5 grammes la moitié du port de la lettre simple.

Des exemples montreraient facilement à quel chiffre exagéré on arrivait, pour certains transports, par la double combinaison qui vient d'être indiquée. Il suffira de dire que, dans beaucoup de cas, le port d'une lettre devenait aussi dispendieux que l'eût été la place d'un voyageur dans une voiture publique. Une lettre renfermant un simple mandat et atteignant le poids de 8 grammes était taxée à 30 c. pour aller dans la banlieue immédiate de Paris, ce qui est le prix d'une place dans un omnibus. Pour être transportée de Dunkerque à Bayonne, une lettre lourde aurait pu atteindre une taxe de plusieurs centaines de francs.

Ces dernières combinaisons nous prouvent que l'administration des postes a longtemps été beaucoup trop effrayée du poids des lettres. Le transport proprement dit est proportionnellement peu important, si on le compare aux dépenses beaucoup plus fortes qui sont occasionnées par les frais d'administration, de loyer et par les dépenses de classification des lettres. La fixation du poids au-dessous de 7 grammes 1/2 pour la lettre simple, combinée avec l'élévation de tarif fixé par la loi de 1827, était une véritable prime donnée à la fabrication du mauvais papier ; cela forçait à employer un papier léger et incommode pour la correspondance ; et il était fâcheux d'avoir souvent ainsi sur un papier de mauvaise qualité des documents que l'on aurait voulu conserver. Le faible poids accordé aux lettres simples

était particulièrement une entrave à la correspondance commerciale, car il est rare qu'une lettre d'affaire ne renferme
pas quelques notes, quelques factures ou des lettres de
change; on a senti ces avantages, en élevant récemment le
maximum de poids de la lettre simple jusqu'à 10 grammes [1].

Deux choses, nous l'avons déjà dit, sont à considérer dans
le monopole des postes : un service public que le contribuable doit payer, un impôt qui commence où finit la rétribution de ce service, et qui, comme tous les impôts, doit
être réparti d'une manière égale entre les citoyens.

Il y a quelque chose de plus insupportable aux contribuables que l'élévation des taxes, c'est leur inégale répartition. Or, il n'existait pas de taxes plus inégalement réparties
que les droits sur le transport des lettres. Laissons ici parler
la Commission de réforme postale formée en 1844. Il est
résulté des calculs de cette commission, basés sur des documents officiels :

« Qu'il n'y a qu'une différence d'environ 5 centimes entre
la dépense occasionnée par la lettre qui parcourt la plus
grande distance et la dépense occasionnée par celle qui
parcourt la distance la plus courte, et la surtaxe dont la
première pourrait être grevée ne devait pas dépasser cette
faible différence. Quant à la surtaxe applicable aux distances
intermédiaires, elle devait consister en autant de dividendes
de 5 centimes qu'il y a de zones; en sorte que cette surtaxe,
motivée par la supposition d'une plus grande dépense, résultant d'une plus grande distance, devait être non d'un
décime, mais d'un demi-décime à peu près.

» Qu'arrive-t-il cependant aujourd'hui? La lettre qui ne
parcourt que 40 kilomètres et qui coûte 9 c. 3/4 pour sa
part, tant dans les frais généraux que dans les frais de loco-

---

[1] Art. 29 de la loi du 2 juillet 1862.

motion, acquitte une taxe de 20 c.; elle paye par conséquent un impôt de 10 c. 1/4.

» Tandis, au contraire, que la lettre qui parcourt la distance la plus longue, et pour laquelle on dépense 14 c. 3/4, paye une taxe de 1 fr. 20 c., c'est-à-dire encore un impôt onze fois plus fort que la première [1]. »

En présence d'un fait si grave et de l'imperfection d'une telle répartition, il y avait une question dont le législateur ne pouvait ajourner la solution, et on pouvait faire valoir à l'appui d'une réforme les nécessités de correspondances qui résultent de la centralisation administrative établie dans dans notre pays.

Eût-on objecté, à l'encontre de la nécessité d'une réforme, que si les habitants de Bayonne payaient 1 fr. pour leur correspondance avec Paris, ceux de Paris acquittaient le même impôt pour leurs relations avec Bayonne, et qu'ainsi le principe de l'égalité n'était pas violé? On aurait répondu que la centralisation administrative du pays force les communes et les citoyens à recourir constamment au gouvernement central; qu'une foule de décisions ne peuvent être données qu'à Paris; qu'il faut les demander, suivre l'instruction des affaires pour lesquelles on les réclame; qu'un échange de lettres devient par cela même nécessaire et qu'il y a dans ce cas injustice à rendre la correspondance plus onéreuse pour les uns que pour les autres. Était-il juste, en effet, d'imposer à l'habitant de Marseille une taxe quatre fois plus forte qu'à celui de Versailles? C'était lui faire payer plus cher la même justice. C'était faire pour le monopole de la poste ce que l'État ne fait point pour celui du tabac ou de la poudre vendus à un prix uniforme sur la surface entière du territoire.

[1] Cette opinion de la commission de 1844 est citée dans le Rapport de M. Saint-Priest (*Moniteur* du 19 août 1848, p. 206).

Toutes ces considérations conduisaient à une conclusion favorable à l'établissement d'une taxe uniforme, quelle que fût la distance parcourue.

Toutefois, en supposant que le système d'une taxe unique eût pu être repoussé en général, les faits reconnus par la Commission de 1844 auraient amené une autre conséquence et auraient conduit au dilemme suivant :

La taxe graduée des lettres étant, en moyenne, d'environ 43 centimes, dès l'instant qu'il était reconnu que la lettre la plus coûteuse pour l'État ne lui coûte, en réalité, que 5 centimes de plus que la lettre la moins coûteuse, il aurait fallu de deux choses l'une : ou porter le chiffre des lettres de 20 c. à celui de 40 c., et abaisser à 45 c. les tarifs de 1 fr. et au-dessus (c'était la conclusion logique, et qui eût osé la proposer?), ou bien on était forcément amené à une taxe uniforme assez légère.

L'injustice et l'exagération de nos tarifs était tellement évidente, que le gouvernement de 1830, peu favorable à la réforme postale, se vit conduit cependant à proposer une modification de ces tarifs.

En 1845, la proposition d'une taxe uniforme des lettres n'échoua dans la chambre des députés que par un partage égal de voix sur l'ensemble de la proposition qui contenait ce principe [1].

Le gouvernement fit présenter en 1846, un projet qui réduisait à quatre le nombre des zones, et établissait une taxe de 30, 40 et 50 c. pour maximum. Examinons ce système pour prouver qu'il n'était pas moins illogique et moins arbitraire que celui dont la raison publique demandait la réformation.

En réalité, les tarifs de lettres gradués n'étaient qu'une

[1] Voyez les détails rappelés dans le Rapport de M. Monier de la Sizeranne, du 1er mai 1854.

gradation dans l'injustice. Sur quoi reposaient-ils? Sur ce principe qu'une lettre transportée à longue distance coûte probablement plus à l'État qu'une lettre destinée à une distance plus courte; mais ici les faits étaient en contradiction avec la théorie.

Il y avait en France, avant l'établissement des chemins de fer, 1,800 entreprises de dépêches qui avaient des prix inégaux pour des dépenses inégales. Ces prix étaient calculés sur les relations commerciales, sur le nombre des voyageurs, sur les chances de gain ou de perte; et pourtant, dans le prix des lettres, on ne tenait aucun compte de ces circonstances importantes et de nature à modifier si profondément les tarifs! N'en est-il pas de même pour les transports par entreprise, en voiture à cheval, et à pied qui figurent au budget pour 6 à 7 millions de francs?

Autre fait. La compagnie de tel chemin de fer, du Nord par exemple, est tenue, aux termes de son cahier des charges, de transporter les dépêches gratuitement. Or, sur quoi repose, depuis cette époque, la différence des taxes entre les lettres pour Lille et les lettres pour Amiens; en quoi l'État dépense-t-il plus pour les premières que pour les dernières, sauf le cas de convois spéciaux? Pourquoi donc celles-ci auraient-elles continué d'être taxées seulement à 40 centimes tandis que les autres l'étaient à 50?

Pourquoi des lettres pour quatre arrondissements de la Somme auraient-elles été moins taxées que les lettres pour Lille, alors qu'elles nécessitaient un service particulier qu'il fallait payer, tandis que le transport de celles-ci n'occasionnait aucune dépense?

On voit donc qu'avec les chemins de fer devenus de jour en jour plus nombreux, la taxe graduée sur les distances n'avait plus de base, ou plutôt avait la base la plus idéale.

Le système présenté en 1846 prenait pour point de départ

la dépense occasionnée par les distances, et subitement il s'arrêtait en adoptant pour le reste de la France une taxe uniforme. Quoi de plus illogique? Nous eussions demandé aux partisans de ce projet : puisque vous faites payer à Châteauroux une lettre plus cher qu'à Orléans, par le motif que la première coûte plus à l'État, comment établir la même taxe pour Clermond-Ferrand et pour Perpignan, alors que la distance entre ces deux villes est triple de celle qui sépare les deux premières? La taxe uniforme était donc déjà aussi juste que tous les tarifs gradués imaginables, et elle a aussi des avantages qui devaient lui assurer la préférence sur tout autre système.

Pourquoi, du reste, la taxe unique eût-elle été repoussée lorsqu'elle était déjà appliquée au transport annuel de cent millions de journaux, prospectus, lettres, imprimés et lithographies, d'une extrémité de la France à l'autre? Les frais occasionnés par leur transport n'étaient-ils pas, dans les mêmes proportions, plus considérables pour les points éloignés que pour les distances rapprochées? Les envois d'argent n'étaient-ils pas soumis à un même tarif pour toute destination?

Quant à la fixation de la taxe unique, deux considérations préoccupaient : d'une part, la crainte de priver les finances publiques d'une branche productive de revenu, et d'un autre côté la nécessité d'adopter une taxe assez modérée pour qu'elle ne fût pas une augmentation de charge pour beaucoup de contribuables.

En adoptant une telle mesure, il fallait s'assurer ou favoriser au moins un développement étendu de la correspondance afin de multiplier les échanges de lettres sans causer une grande perte au Trésor et abaisser surtout les barrières qui séparaient les départements éloignés de Paris, en les rapprochant, pour ainsi dire, par d'actives et fréquentes communications ; car nous savons que la première condition de toute réduction utile en matière d'impôts, c'est d'être assez nette pour que la multiplication des unités consommées compense le dégrèvement de ces unités.

En deçà, il n'y a qu'illusion, au delà il y a danger pour les revenus publics. La réduction d'une taxe sur un objet, et par suite la diminution du prix de cet objet en augmente généralement la demande, et l'histoire financière des peuples établit ce fait, qu'un abaissement rationnel des contributions indirectes, en favorisant le commerce, se produit souvent sans diminution durable des recettes du Trésor; cette règle d'économie politique, s'applique surtout aux objets qui, sans être rigoureusement de première nécessité (car, en ce cas, tout le monde en achète, quel que soit le prix), sont néanmoins très-souvent nécessaires et toujours agréables ou utiles; or, c'est là précisément ce qu'on peut dire des lettres. En outre, un nombre de lettres plus considérable doit produire assez aisément un excédant sur les recettes antérieures perçues pendant l'application d'une taxe plus élevée, car dix mille kilogrammes ne coûtent pas beaucoup plus de frais de transport que mille kilogrammes.

S'il fallait que la nouvelle taxe unique proposée sous le gouvernement de 1830 ne fût pas trop basse, il était donc indispensable que le taux de l'impôt encourageât cependant les correspondances; il fallait enfin que le port des lettres fût maintenu à peu près au taux fixé pour la zone la plus rapprochée, c'est-à-dire à deux décimes.

En 1842, l'administration des postes avait transporté 104 millions de lettres aux prix moyen de 37 centimes. Sur ce nombre, 77 millions étaient envoyées d'un bureau à l'autre au prix moyen de 43 centimes : on en comptait 24 millions à 20 centimes, 16 millions à 30 centimes, 13 millions à 40 centimes, 8 millions à 50 centimes. Les journaux et imprimés s'élevaient au nombre de 155 mille par jour environ. Le produit net de la régie était un peu inférieur à 18 millions de francs [1].

La petite poste de Paris eut, à elle seule, dans la même année, 7,545,140 lettres à 15 c., ce qui a donné un produit de 1,131,770 fr.

Que pouvait-on attendre en présence de ces faits, d'un abaissement de tarif laissant subsister quatre taxes, comme celui qui était proposé en 1846?

Ce fut la révolution de 1848 qui, au milieu des ruines qu'elle avait faites, eut cependant le mérite de terminer la question de la réforme postale en France, comme elle termina celle de la réduction de l'impôt sur le sel.

La proposition alors faite par le gouvernement républicain ne passa pas néanmoins sans opposition. Quelques-uns pensèrent qu'elle serait trop préjudiciable au Trésor. Bastiat, membre de l'assemblée constituante, demanda une taxe unique réduite à 5 c., avec affranchissement forcé. Un autre député, M. Cordier, proposa, de son côté, de porter de 7 gr. 1/2 à 10 gr. Ces amendements furent rejetés, et le projet du gouvernement, dont M. de Saint-Priest était le rapporteur, fut adopté sans modification.

Le décret du 24 août 1848 décida qu'à dater du 1er janvier 1849, les lettres de 7 grammes 1/2 et au-dessous seraient taxées à 20 c. Un autre article du décret autorisait l'administration des postes à faire vendre des timbres dont l'apposition sur les lettres suffirait pour en opérer l'affranchissement.

La réduction de la taxe de 40 c. en moyenne, à 20 c. en 1848 pour les lettres, mesure analogue à ce qu'ont été à diverses époques certaines réductions sur les impôts de consommation, n'a causé au Trésor qu'un préjudice tempo-

---

[1] *Dictionnaire d'Économie politique,* article POSTES.

raire. Au bout de peu d'années, le produit de la poste a atteint de nouveau le chiffre au-dessous duquel la réduction de la taxe l'avait fait tomber temporairement.

Le progrès du nombre des lettres transportées depuis la réforme du tarif du 24 août 1848 n'a pas été toutefois aussi rapide qu'on aurait pu l'espérer. En 1847, avant la réforme, l'administration transportait 126 millions de lettres; en 1849, sous l'empire de la taxe à 20 c., le nombre de lettres transportées ne s'élevait qu'à 156 millions, et en 1852, sous l'empire de la taxe à 25 c., à 181 millions [1]. Nous avons atteint, en 1857, le chiffre de 252 millions, et, en 1861, le chiffre de 284 millions [2].

Enfin, dans le but de rendre au public les avantages complets résultant du décret du 24 août 1848, et pour favoriser en même temps l'affranchissement des correspondances, une loi du 20 mai 1854 a ramené la taxe des lettres du poids de 7 grammes 1/2 et au-dessous, à 20 c. pour les lettres affranchies ; mais a élevé à 30 c. la taxe des lettres non affranchies.

Les lettres pesant de 7 gr. 1/2 à 15 gr. durent payer, affranchies, 40 c.

Les mêmes, non-affranchies, 60 c.

Celles de 15 gr. à 100 gr., affranchies, 80 c.

Les mêmes non affranchies, 1 fr. 20 c.

Par chaque 100 gr. ou fraction de 100 gr. en sus, les lettres affranchies durent payer 80 c.

Les mêmes, non affranchies, 1 fr. 20 c. [3].

Comme moyen d'exécution dans le système d'une taxe uni-

---

[1] Pour compenser la perte subie par le Trésor à la suite du décret de 1848, la taxe unique fut portée de 20 à 25 centimes par la loi du Budget de 1850. Cet état de choses dura quatre années.

[2] Voyez l'article déjà cité du baron Ernouf, dans la *Revue contemporaine*, et une note que m'a fournie l'obligeance de M. Vandal.

[3] Cette loi, présentée le 4 avril 1854 (MM. de Parieu, Boinvilliers et Stourm, membres du conseil d'État, étant chargés de la soutenir), a été votée sur le rapport de M. Monier de la Sizeranne.

forme, par analogie à ce qui s'est fait en Angleterre et pour
éviter de voir s'accroître pour l'administration les non-valeurs qui résultent des lettres tombées au rebut, on proposa,
lors de la préparation de la loi du 20 mai 1854, de prescrire
l'usage du timbre-poste devant servir d'affranchissement
préalable obligatoire. L'essai en Angleterre, à cet égard, ne
paraît pas avoir réussi, et cette expérience servit sans doute
à faire abandonner cette disposition en France. L'affranchissement préalable obligatoire a l'inconvénient de laisser toujours le port à la charge de celui qui écrit, et cela seul est
une entrave aux correspondances. Avec l'affranchissement
facultatif, au contraire, les deux ports, celui de la lettre
comme celui de la réponse peuvent être facilement supportés par la personne dans l'intérêt de laquelle l'échange de
correspondance a pu avoir lieu. D'un autre côté, l'administration a plus de peine à contrôler la régularité de la distribution des lettres affranchies; avec les lettres taxées, les
distributeurs sont tenus de représenter ou les lettres qu'ils
ont reçues en compte ou l'argent du port; pour les lettres
qui ne doivent donner lieu à aucune recette, il est moins facile de s'assurer qu'elles ont été délivrées sans retard.

La loi de 1854 confondit, dans une seule catégorie sous
le nom de *lettres chargées*, deux natures de correspondances autrefois distinctes : les lettres chargées et les
lettres recommandées. Elle les réunit sous la même dénomination en réduisant à 20 centimes le taux de la surtaxe précédemment existante, qui était de 25 centimes
pour la lettre recommandée et qui consistait dans le double de la taxe normale pour la lettre chargée. La loi de
1854 établit pour ces lettres la condition d'un affranchissement obligatoire [1].

---

[1] L'affranchissement, avant la loi de 1854, était obligatoire pour les lettres chargées et facultatif pour les lettres recommandées.

Le tableau ci-après indique le nombre comparatif des lettres affranchies ou taxées dans les premières années écoulées depuis la loi de 1854 :

| Années. | Nombre des lettres | | Nombre total des lettres. | Proportion des lettres | |
|---|---|---|---|---|---|
| | affranchies. | taxées. | | affranchies. | taxées. |
| 1854. | 104,068,650 | 108,316,350 | 212,385,000 | 49 0/0 | 51 0/0 |
| 1855. | 198,489,450 | 35,027,560 | 233,517,000 | 85 0/0 | 15 0/0 |
| 1856. | 221,773,024 | 30,241,849 | 252,014,873 | 88 0/0 | 12 0/0 |
| 1857. | 227,629,710 | 25,292,232 | 252,921,942 | 90 0/0 | 10 0/0 |

Dès 1855, c'est-à-dire pendant la première année où la loi de 1854 eut tout son effet, le nombre des timbres-poste consommés fut de 148,433,000 pour un prix de 28,533,594 francs. Ce nombre s'éleva, en 1860, à 233,238,650 [1] pour 44,385,680 fr.

Les habitudes de la France d'abord contraires à l'affranchissement préalable des lettres, se sont tellement modifiées sous l'empire de la loi du 20 mai 1854, que le rapport du nombre des lettres affranchies par rapport au nombre total des lettres confiées à la poste qui, de 15 pour 100 en 1849, s'était élevé à 22 pour 100 en 1852, puis à 49 pour 100 en 1854 et à 85 pour 100 en 1855, atteint aujourd'hui 92 à 93 pour 100.

En reconnaissant le succès de la réforme dont nous venons de parler, nous ne pouvons nous empêcher de regretter que l'administration n'ait pas en même temps adopté l'emploi d'enveloppes timbrées. Ce système offre pour le public cet avantage que le timbre-poste ne court pas le risque de se détacher dans la manipulation à laquelle sont soumis tous les objets de correspondance, de sorte que la lettre qui serait régulièrement affranchie au départ ne payerait jamais,

---

[1] J'ai retranché à dessein de ce nombre 19,072,600 timbres-poste à 1 centime, vendus pendant les deux derniers mois de 1860, pour la facilité des comparaisons.

comme il arrive quelquefois, une nouvelle taxe à destination.

En outre, les timbres-poste mobiles peuvent quelquefois être enlevés par les destinataires des lettres sur lesquelles ils ont été apposés ; et, lorsque l'oblitération n'en a pas été faite avec soin, ces timbres collés sur de nouvelles enveloppes peuvent opérer de nouveau l'affranchissement aux dépens du Trésor. Ce fait se produit certainement, malgré les efforts de l'administration des postes pour surprendre la fraude en cette matière, et nonobstant le concours que lui prête à ce sujet la loi pénale du 16 octobre 1849.

La mesure en question présenterait, dans la pratique, d'autres commodités réelles, tant pour le public que pour le service de la poste ; mais dût-elle avoir seulement cet avantage moral de contribuer à empêcher le mal et de rendre plus rare l'application d'une loi pénale qui frappe quelquefois l'ignorance ainsi que la fraude, elle nous paraîtrait encore devoir être adoptée. Au point de vue des recettes, enfin, le Trésor gagnerait aussi quelque chose à la suppression de fraudes que cette innovation empêcherait.

La recherche de toute simplification compatible avec les intérêts du Trésor, recherche qui doit animer l'esprit de l'administrateur en matière d'impôt, doit surtout être le but de l'administrateur de la poste aux lettres, dont le service exige une activité considérable. Cette nécessité de service a conduit à adopter la loi du 25 juin 1856, relative à l'affranchissement des journaux et imprimés, des échantillons de marchandises et des papiers d'affaires.

Le prix du transport des imprimés a été réglé successivement en France par diverses lois du 24 juillet 1793, du 3 thermidor an III, du 27 décembre 1795, du 24 juin 1796, du 4 thermidor an IV, du 15 mars 1827 et du 14 décembre 1830.

La loi du 24 juillet 1793 avait fixé la taxe des journaux à 8 deniers par feuille pour ceux qui paraissaient tous les

jours et à 12 deniers pour les autres : les livres brochés
payaient 1 sol la feuille. La loi de 1827 fixa le port des
écrits périodiques à 5 c. par feuille hors du département et
à moitié dans le département. La loi du 14 décembre 1830
fixa à 4 centimes le port des journaux, transportés hors
du département, et à 2 centimes le port des feuilles destinées pour l'intérieur du département [1].

Après le tarif de la loi du 14 déc. 1830, la loi du 16 juillet
1850 porta que le timbre des journaux servirait d'affranchissement au profit des éditeurs ; mais cette mesure de faveur
fut rapportée par le décret du 17 février 1852, qui remit en
vigueur les tarifs existants avant la loi du 16 juillet précitée.

Le tarif *de la dimension* ainsi ramené avec la loi du 14 décembre 1830 présentait de grandes difficultés d'application.
On songea à le remplacer par un tarif *au poids*. L'article 1er de
la loi du 25 juin 1856, disposa donc qu'à dater du 1er août
suivant, le port des journaux et ouvrages périodiques, traitant de politique ou d'économie sociale, et paraissant au
moins une fois par trimestre, serait de 4 c. par chaque
exemplaire du poids de 40 gr. et au-dessous. Au-dessus de
40 gr., le port fut augmenté de 1 c. par chaque 10 gr.
ou fraction de 10 gr. excédant.

---

[1] M. le baron Ernouf a écrit, sur la taxe des imprimés, les réflexions suivantes,
qui sont pleines d'intérêt :

« La taxe spéciale des journaux, imprimés, etc., a subi de nombreuses modifications, et, par suite, d'importantes variations de produits. Ici, les considérations
d'ordre politique ont plus d'une fois primé la question financière. A la seule ins-
pection des tarifs qui se sont succédé depuis 1859 jusqu'au règlement de 1856,
actuellement en vigueur, on retrouve, et l'on devinerait au besoin le caractère de
chacune des phases gouvernementales pendant lesquelles on a tour à tour encou-
ragé, comprimé ou toléré l'expansion du journalisme.

» Ici, par une exception singulière, les années les plus agitées furent longtemps
les plus fructueuses. Pour n'en citer que l'exemple le plus récent, les années 1848 et
1849, qui ont occasionné, dans presque toutes les sections de la recette, des dé-
pressions plus ou moins fortes, élèvent tout à coup celle-là dans des proportions
considérables ; 1849 donne le résultat jusque-là inouï de 4,395,853 fr. » (*Revue
contemporaine* du 15 avril 1863.)

Par l'article 2, le port des journaux ou recueils périodiques uniquement consacrés aux lettres, aux sciences, aux arts, à l'agriculture et à l'industrie, et paraissant au moins une fois par trimestre, fut fixé à 2 c. par exemplaire du poids de 20 gr. et au-dessous, avec surtaxe de 1 c. pour chaque 10 gr. ou fraction de 10 gr. excédant.

L'article 3 de la même loi a réduit à la moitié la taxe des articles 1 et 2 en faveur des journaux destinés pour l'intérieur *du département* où ils sont publiés, ou pour les départements limitrophes, excepté toutefois, dans ce dernier cas, ceux qui sont publiés dans le département de la Seine et de Seine-et-Oise.

Enfin, la taxe des imprimés de toute nature autre que ceux qui sont spécifiés dans les articles précédents a été fixée par l'article 4 comme il suit : par chaque exemplaire du poids de 5 gr. et au-dessous, pour tout l'intérieur de l'Empire, 1 c. ; — par chaque 5 gr. ou fraction de 5 gr. excédant, jusqu'à 50 gr., 1 c. ; — de 50 gr. à 100 gr., 10 c. ; et, au-dessus de ce dernier poids, 1 c. par chaque excédant de 10 gr. ou fraction de 10 gr. Il est incontestable que le système de taxation posé par la loi du 25 juin 1856, est plus simple et plus conforme à notre régime monétaire que le tarif de la loi de 1830 ; il est, quant à l'élévation de la taxe, à peu près équivalent à ce dernier tarif pour les journaux, et inférieur pour les imprimés.

Par l'article 25 de la loi du 24 juillet 1793, les échantillons de marchandises présentés sous bande ou d'une manière indicative de leur contenu, avaient été admis à circuler par la poste, au tiers du port fixé par la même loi pour les lettres ; le port ne pouvait pas toutefois descendre au-dessous de celui de la lettre simple. Ces dispositions de faveur avaient été confirmées par l'article 7 de la loi du 15 mars 1827; mais elles disparurent au moment de la réforme postale en

France, et les échantillons de marchandises ne furent plus admis à circuler par la poste, qu'en subissant le tarif des lettres ordinaires.

La loi du 25 juin 1856 donna satisfaction sur ce point aux vœux du commerce, en appliquant à ces objets, par son article 4, le tarif réduit dont nous venons de parler. Toutefois, les échantillons qui pouvaient, dans la première application de la loi, avoir 45 centim. cubes de volume et peser 3 *kilogr*., ne sont admis maintenant qu'à la condition de ne pas dépasser un poids de 300 gr. et de n'avoir, sur aucune de leurs faces, plus de 25 centimètres [1].

Les conditions de circulation des papiers de commerce ou d'affaires, dont le transport, pour les paquets du poids de 1 kilog. et au-dessus, est exclusivement attribué à l'administration des postes par les lois qui l'ont fondée, notamment par l'art. 1er de l'arrêté du 27 prairial an IX, n'avaient été, avant 1856, l'objet d'aucune disposition spéciale, de sorte que la taxe appliquée à ces papiers était nécessairement celle des lettres, et équivalait, par suite, à un tarif prohibitif. Par son article 5, la loi du 25 juin 1856 fixa le port de ces objets à 50 c. pour chaque paquet de 500 gr. et au-dessous, avec surtaxe de 1 c. pour chaque 10 gr. ou fraction de 10 gr. excédant.

Enfin, par l'article 7 de la même loi le port des avis, imprimés ou lithographiés, de naissance, de mariage, ou de décès, expédiés sous forme de lettre ou sous enveloppe facile à vérifier, a été fixé à 10 c. par chaque avis du poids de 10 gr. et au-dessous circulant de bureau à bureau, et à 5 centimes dans la circonscription d'un bureau [2]. Au-dessus

---

[1] Arrêté ministériel du 4 mars 1858.

[2] Un arrêté ministériel, du 9 juillet 1856, a étendu le bénéfice des dispositions de cet article aux prospectus, catalogues, circulaires, prix courants, avis divers et cartes de visite, suivant la faculté laissée par la loi au ministre des finances.

de 10 gr. ou fraction de 10 gr. excédant, le port est augmenté de 10 ou 5 c. suivant l'un des deux cas ci-dessus spécifiés.

On doit remarquer que la condition indispensable imposée aux objets de correspondance par la loi de 1856 (art. 8) pour jouir du tarif réduit, est l'affranchissement préalable sans lequel la taxe appliquée est celle des lettres.

Le nombre des journaux et imprimés de toute nature transportés par la poste en 1847 s'élevait à 90 millions environ et produisait, 2,708,000 fr. Ce chiffre s'éleva à 129 et à 146 millions pendant les années exceptionnelles 1848 et 1849, dont les événements politiques donnèrent lieu à des publications de toute nature fort nombreuses, et redescendit à 94 millions et demi en 1850.

La loi du 16 juillet 1850, dont nous avons parlé, et qui réglait l'affranchissement des journaux par le timbre à partir du 1er août suivant, réduisit le nombre des imprimés taxés à 34 millions environ pour 1851; et le produit s'abaissa à environ 1 million. Le tarif de la loi de 1830, rétabli à partir du 1er mars 1852 par le décret du 17 février précédent, porta de nouveau le nombre des imprimés taxés à 94 millions et le produit à 2,800,000 fr. Ce chiffre ne fit qu'augmenter et atteignit 123 millions d'objets en 1855. Le tarif plus réduit du 25 juin 1856 pour les imprimés produisit 144 millions d'objets en 1857 pour 4 millions de francs environ. Ce nombre atteignit, en 1860, 170,140,000 objets pour 5,177,300 francs. Dans ce nombre les journaux seuls comptent pour 121,340,000 objets. Depuis le mois de novembre 1860, époque à laquelle l'administration mit en vente les timbres-poste à 1 centime, le nombre d'imprimés circulant par la poste n'est plus constaté dans la comptabilité et échappe à l'appréciation.

Ici encore on pourrait désirer, pour l'affranchissement des imprimés, des bandes timbrées à l'avance par l'ad-

ministration, comme nous avons indiqué la possibilité d'é-
mettre des enveloppes timbrées pour les lettres.

En France, un grand nombre d'objets transportés par la
poste n'acquittent pas la taxe; ce sont les objets de correspondance relatifs au service de l'État et échangés par les
fonctionnaires entre eux ou bien entre les particuliers et les
fonctionnaires sous certaines conditions de fermeture et de
contre-seing fixées par les règlements.

Dans le principe, les porteurs de messages pouvaient être
chargés des paquets qui leur étaient remis par les officiers
du chef de l'État avec une autorisation de ce dernier. Sous
Louis XI, les maîtres coureurs avaient été tenus par l'arrêt
de 1464, de transporter sans rémunération les paquets émanant des gouverneurs, lieutenants et officiers du royaume,
et relatifs au service du roi. Les lois qui régirent la poste aux
lettres maintinrent toutes ce même principe [1].

Un décret du 6 juin 1792 ne le conserva qu'au profit des
membres de l'assemblée nationale, des administrations publiques et des fonctionnaires alors en activité qui en avaient
déjà joui, et un règlement du 3 septembre suivant restrei-
gnit par un état précis la portée de ce décret.

De nouveaux abus s'étant produits, la loi de finances du
9 vendémiaire an VI (art. 64) en remettant la poste aux
lettres en ferme, supprima entièrement l'usage du contre-
seing et de la franchise à dater du 1er brumaire suivant, excepté pour l'envoi du *Bulletin des lois*, et disposa que des
indemnités seraient accordées aux fonctionnaires ainsi dé-
possédés de leur droit, pour couvrir leurs frais de correspondance.

Le bail de la poste ayant été résilié par la loi du 25 frimaire an VIII, la même loi rétablit (art. 13) l'usage des

---

[1] V. l'arrêt du 30 décembre 1777 sur les franchises, inséré dans l'*Encyclopédie
méthodique* : *Finances* au mot *Lettres*.

franchises et des contre-seings, et un règlement du 27 prairial suivant très-détaillé dénomma les fonctionnaires qui devaient jouir de ce droit.

De nombreux arrêtés sur la même matière ont étendu ou modifié cet usage : l'ensemble en a été publié dans un *Manuel des franchises*, faisant suite à l'ordonnance royale du 17 novembre 1844, qui résume les conditions dans lesquelles les paquets en franchise doivent être expédiés. Bien que de nombreux actes aient de nouveau, depuis cette époque, traité le même sujet, le document dont nous venons de parler sert encore de règle aux fonctionnaires et aux agents des postes. Pour assurer la loyale exécution de ces règlements, le décret du 24 août 1848 (art. 6) a disposé que les fonctionnaires qui abuseraient de leur contre-seing et de leur droit de franchise, en faisant transporter en fraude des correspondances non relatives au service de l'État, seraient passibles des peines portées par l'arrêté du 27 prairial an IX contre ceux qui s'immiscent dans le transport des objets confiés au monopole de la poste.

Des statistiques ont été dressées à différentes époques par l'administration pour connaître le nombre des objets circulant en exemption de taxe par son intermédiaire, ainsi que le montant des sommes que ces objets auraient payées en raison de leur poids, s'ils avaient été soumis aux droits. En 1841, le nombre a été évalué à 12,263,956 et la taxe à 48,818,017 fr. Une enquête faite en 1850 a été incomplète. Celle de 1854 a donné 30,919,704 objets pour 39,696,408 fr. Une nouvelle enquête a été faite au commencement de l'année 1862 pour servir de base à un projet de modification des franchises. Nous n'en connaissons pas les résultats en chiffres, non plus que les projets dont cette statistique peut appuyer l'émission.

Si nous voulons résumer le produit net actuel de l'ad-

ministration des postes en France, nous voyons qu'il a été
le plus habituellement depuis plusieurs années flottant entre
9 et 20 millions [1], et nous trouvons, pour 1863, une prévision
de recettes de 66,452,000 fr. et une prévision de dépenses
pour service administratif, perception et exploitation, qui
s'élève à 51 millions 118,792 fr. Reste net, 15,333,208 fr.

Après avoir retracé l'histoire et l'organisation générale
du service de la poste aux lettres et imprimés en France,
nous croyons devoir y joindre quelques détails sur certaines
spécialités accessoires du service dont nous avons expliqué
les traits principaux. Ainsi nous parlerons en peu de mots
des lettres chargées, des articles d'argent, de la poste aux
chevaux, etc.

*Lettres chargées.* — Les lettres contenant non du papier monnaie, ni des matières d'or ou d'argent, ni des bi-
joux dont l'insertion avait été défendue par les lois anté-

[1] Voici les relevés de quelques années d'après une note de M. Renduel.

| 1848. . . . | 16,400,223 | 1852. . . . | 13,489,893 |
|---|---|---|---|
| 1849. . . . | 6,444,747 | 1853. . . . | 16,566,598 |
| 1850. . . . | 9,568,400 | 1854. . . . | 19,859.314 |
| 1851. . . . | 9,675,005 | | |

Il y a une autre manière de supputer le revenu net des postes qui n'impute sur
le revenu brut que les rectifications et non-valeurs. Voici le revenu net de diverses années calculé, suivant cette méthode, dans les Comptes officiels des recettes.

| Années. | Produit brut de la taxe des lettres, des journaux, imprimés et chargements. | Produit net de la taxe des lettres. |
|---|---|---|
| 1847. . . . | 50,586,097 | 47,756,384 |
| 1849. . . . | 38,653,250 | 36,582,008 |
| 1852. . . . | 45,788,166 | 43,479,109 |
| 1857. . . . | 53,384,850 | 52,010,082 |
| 1859. . . . | 58,827,119 | 56,988,860 |
| 1860. . . . | 61,004,193 | 58,251,570 |
| 1861. . . . | 64,107,062 | 61,330,182 |

Le produit de la vente des timbres-poste donne la plus grande partie de ces
chiffres. Ainsi en 1860 ce produit s'élevait à 43,732,893 fr. Les lettres taxées donnaient 7,850,242 fr. Les affranchissements de journaux et ouvrages périodiques
ne dépassaient pas 2,393,239 fr.

rieures à celle du 5 nivôse an V et par l'article 16 de cette
dernière loi, mais contenant cependant des effets précieux
ou présentant pour leurs auteurs une importance particulière, furent admises par la déclaration royale du 8 juillet
1759, confirmée postérieurement par l'article 14 de la loi du
5 nivôse an V, à circuler sous la dénomination de *lettres
chargées*; c'est-à-dire qu'elles furent l'objet de soins de manipulation tout particuliers, moyennant le double de la taxe
fixée pour la lettre ordinaire et payée d'avance, à charge
par l'administration des postes de rembourser au déposant
ou au destinataire une indemnité de 50 livres en cas de
perte desdites lettres.

L'ordonnance du 11 janvier 1829 établit une autre catégorie de lettres dites *recommandées*, soumises au même soin
que les lettres chargées, sans affranchissement préalable de
la part du déposant, mais aussi sans responsabilité pécuniaire de la part de l'administration, et à destination de
Paris seulement. La double taxe à l'égard de ces lettres
fut supprimée par ordonnance royale du 21 juillet 1844,
en même temps qu'on étendit la faveur de cette formalité
aux lettres à destination de toute la France, de l'Algérie
et des pays servis par des bureaux de poste français.

La loi du 20 mai 1854 supprima, comme nous l'avons
dit, la catégorie des lettres recommandées. Elle disposa,
en outre, que les lettres *chargées*, au lieu de la double taxe,
ne supporteraient plus à partir du 1er juillet suivant qu'une
surtaxe fixe de 20 cent. Le tableau ci-après montre les variations de ce genre de recettes depuis 1850, époque à laquelle on commença à en constater séparément le produit
jusqu'en 1861. On remarquera sur les années 1859 et 1860
dans le nombre des lettres chargées une augmentation considérable due au nouveau mode de transport des valeurs,
dit par *valeurs déclarées* et dont nous parlerons bientôt.

*Nombre et produit des lettres chargées.*

| ANNÉES. | NOMBRE. | PRODUIT. |
|---|---|---|
| 1850. | 303,943 | 241,000 fr. |
| 1851. | 334,991 | 264,700 |
| 1852. | 437,075 | 322,900 |
| 1853. | 488,594 | 360,000 |
| 1854. | 542,103 | 356,000 |
| 1855. | 654,642 | 385,749 |
| 1856. | 751,686 | 512,912 |
| 1857. | 885,177 | 646,000 |
| 1858. | 986,400 | 697,100 |
| 1859. | 1,272,600 | 837,900 |
| 1860. | 1,729,036 | 1,060,884 |
| 1861. | 1,461,627 | 813,092 |
| (9 1ers mois de) | | |

*Articles d'argent.* — On fait remonter au règlement de M. d'Alméras l'autorisation pour la poste de transporter des articles d'argent d'abord pour une valeur n'excédant pas 100 livres [1].

Par déclaration royale du 8 décembre 1703, confirmée par l'art. 37 du décret du 23 juillet 1793, et par l'art. 15 de la loi du 5 nivôse an V, le droit du transport des articles d'argent reçus, depuis 50 cent., sans limite maximum, fut fixé à 5 pour 100 des sommes déposées.

Ce droit fut réduit à 2 pour 100 à partir du 1er janvier 1847 par la loi du 3 juillet 1846.

Dans la même séance de l'Assemblée constituante qui donna naissance à la réforme postale française, plusieurs membres proposèrent avec M. Wolowski, l'abaissement du droit sur les articles d'argent à 1 pour 100 en même temps que la faculté de faire toucher les effets de commerce à domicile, moyennant un droit de 25 cent. fixe. D'autres membres demandèrent même que le droit d'envoi des articles d'argent fût réduit à 50 cent. Ces divers amendements furent rejetés. L'opinion contraire, dont M. Léon Faucher

[1] V. *suprà*, p. 346 et 349.

était l'organe dans cette séance, fit remarquer que l'administration française recevait à peine 50 millions de francs en dépôt, et que, si considérable que pût être l'accroissement subit des dépôts résultant de l'abaissement du droit à 50 cent. pour 100, le Trésor éprouverait une perte inévitable puisque l'Angleterre à cette époque, avec un droit de 60 cent. pour 100, transportait 137 millions de francs et qu'elle perdait sur cette opération au lieu de gagner [1].

L'abaissement à 1 pour 100 demandé en 1848 vient d'être accordé par la loi de finances du 2 juillet 1862 (art. 29), à dater du 1er janvier 1863.

On a fait remarquer que le service des articles d'argent avait subsisté jusqu'en 1817 dans les conditions d'un transport matériel des fonds déposés, mais avait été depuis lors ramené aux formes d'un service de banque [2].

Le tableau ci-après donne l'indication du nombre et du produit des articles d'argent depuis 1847 jusqu'en 1861. On remarque en 1854, 1855 et 1856 des augmentations très-sensibles dues aux mouvements de troupe pendant la guerre de Crimée : l'accroissement qu'on remarque sur 1859 provient de la guerre d'Italie [3].

---

[1] L'amendement de M. Wolowski relatif aux effets de commerce fut écarté sur l'observation du ministre qu'un travail était préparé dans ce sens. Jusqu'ici aucune innovation de cette nature n'a vu le jour.

[2] Article de M. Dubost.

[3] Nous avons à peine besoin de rappeler qu'en dehors du droit sur les articles d'argent il est perçu, pour le compte de l'administration de l'enregistrement, en vertu de la loi du 13 brumaire an VII, un droit de timbre de 35 centimes fixe sur les mandats de sommes excédant 10 francs. Ce droit est maintenant de 50 centimes par suite de la loi du 2 juillet 1862, qui a modifié les divers droits de timbre.

*Nombre et produit des articles d'argent.*

| ANNÉES. | NOMBRE DES MANDATS | | | SOMMES VERSÉES | | | QUOTITÉ MOYENNE des dépôts. | DROIT DE 2 0/0. | DROIT DE TIMBRE. |
|---|---|---|---|---|---|---|---|---|---|
| | de 10 francs et au-dessous. | au-dessus de 10 francs. | TOTAUX. | de 10 francs et au-dessous. | au-dessus de 10 francs. | TOTAUX. | | | |
| 1847 ¹ | 637,871 | 717,310 | 1,355,181 | 5,102,968 » | 34,641,554 99 | 39,744,522 99 | 29 32 | 794,890 45 | 351,669 15 |
| 1848 | 904,098 | 854,014 | 1,758,112 | 7,006,759 50 | 42,860,664 99 | 49,867,464 49 | 28 36 | 997,349 18 | 299,293 05 |
| 1849 | 1,174,810 | 1,006,191 | 2,181,001 | 9,457,220 50 | 46,307,228 79 | 55,764,449 29 | 25 56 | 1,415,775 30 | 352,796 50 |
| 1850 | 1,087,383 | 1,020,883 | 2,403,266 | 8,659,064 » | 47,126,420 55 | 55,785,484 55 | 26 52 | 1,116,153 73 | 357,590 80 |
| 1851 | 1,091,961 | 1,035,555 | 2,427,516 | 8,681,089 95 | 47,202,236 57 | 55,883,326 52 | 26 26 | 1,118,054 37 | 362,846 05 |
| 1852 | 1,052,627 | 1,065,843 | 2,118,470 | 7,894,702 » | 49,473,391 32 | 57,368,093 82 | 27 07 | 1,447,698 59 | 373,246 34 |
| 1853 | 1,045,136 | 1,140,771 | 2,185,907 | 6,793,884 » | 54,414,855 74 | 61,208,739 74 | 28 » | 1,224,445 62 | 399,502 60 |
| 1854 | 1,547,805 | 1,437,665 | 2,935,470 | 9,896,088 60 | 68,461,489 29 | 78,357,577 » | 26 31 | 1,567,460 53 | 503,431 60 |
| 1855 | 1,745,629 | 1,612,593 | 3,358,222 | 11,608,432 85 | 75,494,840 14 | 87,103,272 99 | 25 93 | 1,742,424 76 | 564,646 60 |
| 1856 | 1,666,033 | 1,678,235 | 3,344,268 | 12,018,361 » | 77,419,230 51 | 89,137,591 51 | 26 65 | 1,783,420 11 | 587,606 60 |
| 1857 | 1,379,193 | 1,590,424 | 2,969,647 | 10,243,947 50 | 74,954,712 27 | 85,198,659 77 | 28 68 | 1,704,270 30 | 556,865 40 |
| 1858 | 1,358,264 | 1,543,355 | 2,901,649 | 10,051,153 60 | 73,112,836 91 | 83,163,990 51 | 28 66 | 1,663,548 44 | 540,174 25 |
| 1859 | 2,059,658 | 1,819,725 | 3,879,383 | 14,693,571 80 | 78,770,242 23 | 93,393,784 03 | 24 07 | 1,868,060 77 | 637,098 » |
| 1860 | 1,735,136 | 1,773,596 | 3,508,732 | 13,013,510 » | 74,302,893 52 | 87,316,403 52 | 24 89 | 1,746,539 92 | 620,758 60 |
| 1861 | 1,702,283 | 1,844,406 | 3,546,689 | 12,767,122 50 | 77,537,675 15 | 90,304,797 65 | 25 46 | 1,806,268 17 | 645,542 11 |

¹ En 1847, d'après M. Dubost, le nombre des mandats était seulement de 163,300 et le montant des sommes déposées était de 6,224,646 fr.

*Valeurs cotées.* — Le décret du 17-22 août 1791 a également admis à circuler par la poste, au même droit que les articles d'argent, des objets précieux de petites dimensions appelés *valeurs cotées*. Le droit est perçu sur l'estimation de la valeur qui ne peut être moindre de 30 fr. ni s'élever au-dessus de 1,000 fr. Ce droit a été abaissé en même temps et par les mêmes lois que celui qui est perçu sur les dépôts d'argent, à 2 pour 100 et à 1 pour 100 [1].

*Valeurs déclarées.* — L'insertion des valeurs au porteur dans les lettres ordinaires, prohibée par plusieurs lois fondamentales de la poste aux lettres, continuant à avoir lieu malgré les facilités même offertes à ce transport par le système des lettres chargées et recommandées et par le tarif des *articles d'argent*, on dut croire que cette insertion était devenue un besoin réel, amené par l'accroissement des valeurs industrielles et des transactions financières, et il parut convenable, au triple point de vue de l'intérêt public, de la responsabilité de l'administration, et des recettes du Trésor, de réglementer la satisfaction de ce besoin plutôt que de chercher vainement à l'étouffer.

La loi du 4 juin 1859 disposa donc que, moyennant une surtaxe de 10 cent. par 100 fr., les billets de banque, titres et autres valeurs en papiers de toute nature pourraient être insérés dans des lettres *chargées* (payant d'ailleurs comme telles la taxe ordinaire et la surtaxe fixe de 20 cent.) sous condition d'une déclaration préalable du montant du contenu jusqu'à concurrence de 2,000 fr. L'administration des postes est rendue, en cas de perte, responsable du montant des

[1] Il est également perçu en outre un droit de 35 centimes élevé aujourd'hui à 50 centimes pour le timbre apposé sur la reconnaissance remise aux déposants des valeurs cotées. Le montant du revenu de ce droit pour l'enregistrement ne figure séparément sur aucun compte de cette administration; et le droit perçu par l'administration des postes se trouve confondu dans le produit des lettres dites chargées.

valeurs insérées, bien qu'elle se soit interdit le droit de le vérifier.

En rendant à la loi du 4 juin 1859 la justice qui lui est due, sous le rapport des facilités offertes au commerce, on peut s'étonner au premier abord que l'État ait consenti à accepter, moyennant un droit très-minime, la responsabilité de valeurs que ses préposés n'encaissent pas, qu'ils ne voient même pas et dont ils acceptent seulement la déclaration. Cependant le tableau ci-dessous, en même temps qu'il fait connaître les effets financiers de la loi de 1859, montre que dans une période de dix-huit mois l'État n'a eu à rembourser que le montant de 44 *valeurs déclarées* perdues, soit 26,850 fr. dont 9,250 fr. lui ont même été restitués en vertu du recours que la même loi accorde à l'administration sur ses agents [1].

La loi du 4 juin 1859 n'a pas seulement produit de bons résultats financiers à cause de la taxe de 10 cent. par 100 fr., établie sur le montant déclaré des valeurs insérées, elle a aussi, comme nous l'avons vu précédemment, accru de beaucoup le nombre des lettres *chargées*, puisque la formalité du chargement, et par suite la surtaxe fixe de 20 cent. qui en résulte en vertu de la loi du 20 mai 1854, est exigible pour les *valeurs déclarées*. En second lieu la même loi,

---

[1] Par décision ministérielle du 6 juillet 1859, l'expéditeur d'une *valeur déclarée* peut, pour 10 centimes, recevoir de l'administration l'avis de la date de la remise de sa lettre au destinataire. Voici les premiers résultats de l'application de la loi de 1859.

| ANNÉES. | NOMBRE de lettres contenant des valeurs déclarées. | SOMMES DÉCLARÉES | DROIT PERÇU. | NOMBRE de lettres disparues. | SOMMES remboursées aux ayants droit par l'administration. | SOMMES RESTITUÉES à l'administration | |
|---|---|---|---|---|---|---|---|
| | | | | | | en exécution de décisions judiciaires. | en exécution de décisions du conseil. |
| 1859 (2e sem.). | 224,724 | 145,161,857 | 147,082 | 2 | 2,100 | » | » |
| 1860 ......... | 693,684 | 426,644,738 | 429,505 | 42 | 24,750 | 5,500 | 3,750 |
| Total... | 918,408 | 571,806,595 | 576,587 | 44 | 26,850 dont, à déduire... | | 9,250 |
| | | | | | Reste à la charge du Trésor... | 17,600 | |

à l'aide des dispositions pénales qu'elle renferme contre ceux qui insèrent, *sans les déclarer*, des valeurs dans les lettres, a fait diminuer le nombre de ces insertions aussi funestes à leurs auteurs que dangereuses par la tentation que de telles lettres offrent aux agents des postes ou aux autres personnes entre les mains desquelles ces lettres passent. Ainsi le nombre des lettres réclamées comme perdues et contenant des valeurs sans déclaration préalable, qui était de 1169 en 1858, a été de 884 en 1859 et de 218 en 1860. On doit donc reconnaître là un résultat moral aussi précieux que l'avantage fiscal que nous avons constaté.

*Transport des correspondances et des valeurs de et pour l'étranger.* — La fixation des taxes à percevoir pour le transport des objets de correspondance de toute nature partant de France pour les pays étrangers ou en sens inverse a été, dès le principe, l'objet de conventions particulières entre les nations correspondantes. Ces conventions s'étant trouvées brisées au moment de la révolution française, la loi du 5 nivôse an V (art. 8), autorisa le Directoire exécutif à passer de nouveaux traités « sur des bases également et » réciproquement avantageuses et de manière que la taxe » des lettres de et pour l'étranger soit celle des lettres de » l'intérieur, en y ajoutant le prix du remboursement, dont » l'office des postes de France pourra être chargé envers » l'office étranger. »

De nouveaux traités furent en effet conclus et renouvelés depuis cette époque, mais la disposition de la loi de l'an V, que nous venons de citer, ne paraît pas avoir été généralement observée dans la préparation de ces traités. La taxe des correspondances de la France pour l'étranger ou en sens inverse, n'est pas en effet simplement l'accumulation des deux taxes fixées l'une pour l'intérieur du territoire français, l'autre pour l'intérieur du territoire étranger (nous parlons, bien

entendu, des cas où il n'y a pas de transit intermédiaire);
elle est ordinairement plus élevée.

On comprendra que nous ne pouvons entrer ici dans
l'étude de ces divers traités. Les uns admettent pour les
deux pays la circulation de telle ou telle nature d'objets,
d'autres les excluent; les uns exigent un affranchissement
préalable, les autres le laissent à la faculté de l'envoyeur,
d'autres enfin ne l'acceptent pas du tout ou ne l'acceptent
que pour une portion du trajet. Nous renverrons le lecteur
désireux de faire une étude approfondie de ces conventions
au *tarif étranger*, publié par l'administration des postes.

Le solde de ces comptes avec l'étranger en faveur de l'office français s'élevait, pour 1860, à 2,800,000 fr. environ.

*Poste aux chevaux.* — Cette institution est liée par quelques
rapports avec la poste aux lettres.

La poste aux chevaux confondue avec celle qui était établie
pour le transport des correspondances, dans l'origine [1], a acquis une existence séparée lorsque la poste aux lettres devint
une institution spéciale, et a continué cependant aussi à
concourir à l'exploitation de la poste aux lettres en même
temps que l'industrie privée.

Il est impossible, dans cet ouvrage, d'examiner en détail
la législation relative à une institution qui a beaucoup perdu
de son importance dans notre pays ; nous citerons seulement
les modifications principales qu'elle a subies.

On a constaté particulièrement l'existence de la poste aux
chevaux dans le xvie siècle. L'un des profits les plus considérables des maîtres de poste d'alors, d'après M. Ernouf [2],
était la conduite forcée des étrangers. Sous Henri IV, il fut
ordonné au contrôleur général des postes d'établir des postes
sur les chemins qui en étaient dépourvus, *avec défense à*

---

[1] V. l'article de M. Dubost.

[2] *Revue contemporaine* du 15 mars 1863, p. 79.

toutes personnes de louer des chevaux sans sa permission sous peine d'amende. Ce monopole, établi en 1602, fut consolidé en 1670[1].

Les lois du 24 juillet 1793 et du 6 nivôse an IV, et le décret du 20 floréal an XIII, ont fixé les tarifs d'après lesquels l'administration se réservait le droit d'user des relais de poste et ceux auxquels étaient soumis les voyageurs.

La loi du 19 frimaire an VII, en établissant des gages en faveur des maîtres de poste, d'après le nombre de chevaux, et des pensions en faveur des postillons (art. 12 et 14), a conféré aux maîtres de poste le privilége exclusif du transport des voyageurs d'un relai à un autre, à peine, pour les messagers particuliers contrevenant à cette disposition, de payer aux titulaires des relais le prix des courses dont ils auraient été frustrés (art. 2).

La loi du 9 vendémiaire an VI, qui supprima la régie nationale des messageries, ayant privé les maîtres de poste des bénéfices qu'ils retiraient de cette conduite exclusive des voitures, l'État voulut les dédommager et la loi du 15 ventôse an XIII fixa l'indemnité due par les entrepreneurs particuliers aux maîtres des relais dont ils n'emploieraient pas les chevaux, à 25 centimes par poste[2] : l'ordonnance du 25 décembre 1839 la porta à 29 centimes 15 centièmes par myriamètre.

Cette indemnité a été, depuis lors, l'objet de débats assez vifs[3]. En 1842, le soutien des relais au moyen d'une subvention fut proposé et rejeté par la chambre. En 1846, dans la séance du 23 mai, la proposition de conserver les relais

---

[1] *Revue contemporaine* du 15 mars 1863, p. 81.

[2] M. de Boislandry constatait, à l'époque où il a écrit son livre, que la poste aux chevaux exigeait de la part de l'État des avances remboursées sur les bénéfices de la poste aux lettres, p. 89.

[3] V. dans l'article de M. Dubost le tableau du produit approximatif de l'indemnité de 25 centimes par cheval dans diverses classes de relais.

parallèles aux chemins de fer fut de nouveau discutée. On fit remarquer, à l'appui de cette proposition émanant de MM. Sapey, de Mornay, Vuitry, de Golbéry, Lebobe et Coste, que par le droit de 25 centimes établi au profit des relais de poste et celui du dixième du prix des places perçu au profit du Trésor, chaque voyageur en messagerie payait environ 1 centime 1/2 par kilomètre, tandis que par les chemins de fer il ne payait que 25 centièmes de centime, et on proposa en conséquence un impôt de 8 centimes par franc sur les sommes payées au chemin de fer par les voyageurs pour remplacer le droit des 25 centimes. M. Lestiboudois s'éleva contre ce principe, disant que c'était subvenir d'une manière dispendieuse à l'existence d'une industrie surannée dont on ne devait plus tirer profit, et la proposition combattue aussi par MM. Barrot et Dufaure fut ajournée. Ce fut à peu près le dernier effort tenté en faveur des relais [1].

L'institution a continué à subsister depuis cette époque, de fait dans certaines contrées de la France, et officiellement seulement dans d'autres; mais il semble reconnu que l'extension de nos lignes ferrées en rend chaque jour l'existence moins nécessaire, et si la législation de frimaire an VII continue à en régir l'organisation, les faits en diminuent successivement l'importance [2].

Dans certains États la poste n'est pas seulement chargée

---

[1] En 1855 cependant le gouvernement s'est préoccupé d'un projet de loi destiné à centraliser au Trésor le produit des 25 centimes perçus par les maîtres de poste, en donnant à ceux-ci une indemnité. Le projet n'a pas eu de suite.

[2] Le nombre des relais actuellement existants en France est, en 1863, de 1,433 (entretenus de fait ou de droit) : la dernière enquête faite par l'administration vers 1852, évaluait à un million de francs la somme prélevée annuellement par les relais sur les voitures publiques par le droit de 25 centimes. L'administration ne supprime les relais devenus inutiles qu'au fur et à mesure des vacances de charges de maîtres de poste par décès ou démissions. Il y avait 1,757 relais en 1841, époque de la publication de l'article de M. Dubost : *Dict. du commerce et des marchandises*, p. 1836.

du transport des lettres, des imprimés et de certains articles spéciaux, et de la prestation de chevaux aux voitures des particuliers; elle est chargée encore du transport des personnes et des colis : c'est cette branche de la poste que les auteurs allemands appellent *Fahrpost* ou poste des messageries, par opposition à la *Briefpost* ou poste aux lettres.

En France les *malles-postes* sont le dernier et l'unique échantillon connu de cette entreprise des transports par l'État, qui paraît avoir embrassé avant les lois du Directoire tout le service des messageries d'une manière plus ou moins exclusive et dont un auteur rattache le développement au XVIe siècle [1].

M. Rau compare en ces termes la poste des voitures et celle des lettres [2]. On peut en inférer ce que les messageries-postes sont encore dans certaines parties de l'Allemagne où elles procurent des revenus, séparés dans la comptabilité, de ceux de la poste aux lettres [3].

« La poste des messageries, dit l'auteur allemand, diffère sous plusieurs rapports de la poste aux lettres :

» 1° Le nombre des paquets confiés à la première est beaucoup moins considérable que celui des lettres; il est beaucoup plus facile de les enregistrer et d'en constater la réception.

» 2° Ils sont moins aisément perdus, et l'indemnité en cas de perte peut être réglée en vertu d'une évaluation faite d'avance.

» 3° La poste des messageries ne forme pas dans un pays un réseau aussi compliqué et multiple que la poste aux

---

[1] Voyez le baron Ernouf, *Revue contemporaine* du 15 mars 1863, p. 78 et suiv. V. aussi l'article de M. Dubost.

[2] § 212.

[3] D'après M. Rau (§ 208, note *b*), la *Fahrpost* de Bavière donne un revenu net de 34,566 fl. ou 10 pour cent du revenu brut.

Dans le grand-duché de Bade, le produit net, suivant le même auteur, est de 17,507 fl. Dans le Danemark de 11,189 rixdales.

lettres et ne comprend qu'un nombre de stations moins considérable.

» 4° Le transport des personnes s'accomplit concurremment par diverses entreprises particulières qui sont plus ou moins rapprochées de la poste elle-même suivant le degré de liberté qui leur est concédé.

» On peut même, là où l'intelligence et le goût de ces entreprises existe, concéder le transport des personnes et des colis sur quelques parcours principaux et accessoires à des sociétés particulières qui se soumettent aux prescriptions tracées par le gouvernement, sous une surveillance soigneuse et moyennant certaines redevances. Cela est arrivé dans la plupart des pays. La concurrence de ces voitures de poste s'est au moins développée sur les lignes d'une correspondance animée, et le gouvernement a pu se désister d'une affaire difficile et peu productive. Cependant l'abandon de la poste des messageries a plusieurs inconvénients. Cette poste peut être dirigée avec plus d'exactitude, d'avantage, et liée plus convenablement aux offices étrangers que les messageries du pays. Elle est aussi chargée du transport des lettres, des papiers d'État, des valeurs, etc., dont le transport intéresse l'administration, profits qu'il faut ajouter au produit net de l'entreprise, car les malles-postes étant supprimées, il faut payer aux entreprises privées le montant de ces transports. Enfin l'État peut par cette institution assurer le bienfait égal des communications à la totalité du pays, en appliquant aux contrées moins peuplées, que des entreprises particulières desserviraient mal, les excédants fournis par les lignes meilleures... »

L'auteur, tout en terminant cette dissertation par une conclusion favorable au maintien des malles-postes, reconnaît que les chemins de fer ne laissent plus à leur circulation que des parcours secondaires.

Après avoir exposé les diverses transformations que l'institution des postes en France a subies depuis Louis XI jusqu'à nos jours, et après avoir analysé les détails même
du service actuel renfermant toutes les subdivisions qu'il
est possible d'y trouver dans d'autres États, il nous reste à
jeter un coup d'œil rapide sur l'origine, les progrès et l'état
actuel des établissements du même genre qui se sont for-
més dans les autres parties du monde civilisé.

Édouard IV d'Angleterre, lors de la guerre qu'il fit en
Écosse en 1479, établit, dit-on, l'institution de la poste [1],
quoique les historiens anglais ne fassent mention de la charge
du *post-master general* qu'en 1581. En 1543, sous Henri VIII,
il paraît que les lettres étaient portées en quatre jours de
Londres à Édimbourg.

La poste fut d'abord réservée, en Angleterre comme en
France, pour les besoins des princes et des rois; d'ailleurs,
pendant plusieurs siècles, les habitants de la Grande-Bretagne ne sentirent guère la nécessité de s'écrire. Les diverses
provinces produisaient tout ce qui était nécessaire à leurs
besoins restreints; le commerce extérieur, fort peu considérable, se traitait en personne, les sciences et la littérature
habitaient exclusivement les monastères; on s'éloignait rarement du foyer domestique, et lorsque le seigneur et les
vassaux étaient forcés de se rendre à des guerres lointaines,
il est assez probable que peu d'entre eux se trouvaient en
état d'écrire à leur famille, quand bien même ils en auraient
eu le désir. Le service seul de l'État exigeait des correspondances; c'était par lettres ou *writs* que le roi convoquait ses
barons de toutes les provinces du royaume, et qu'il commu-
niquait avec ses sheriffs, soit pour assembler le parlement,
soit pour faire la revue de ses troupes, soit pour maintenir

---

[1] V. entre autres sources sur la poste en Angleterre, *The political state of the
british Empire,* by John Adolphus, t. I, p. 28 et suiv.

la paix, soit pour remplir ses coffres; aussi, les dépenses
des messagers, chargés de porter les lettres, formaient-elles
un article important dans le budget de la maison du roi.

En 1635, Charles I<sup>er</sup> [1], mit le service des postes un peu
plus en rapport avec les besoins de l'époque et ceux des
particuliers, par une ordonnance qui établit des courriers
entre Londres et Édimbourg sous la surveillance de Thomas
Witherings, maître général.

Cette ordonnance désignait les villes qui devaient être
desservies sur la route, et nommait plusieurs villes d'Irlande
qui devaient participer à la même faveur. Mais les troubles
et les guerres civiles qui agitèrent cette époque ne laissèrent
qu'une existence éphémère à cette organisation.

Sous le protectorat de Cromwell, les postes prennent une
base plus large et plus solide; le parlement déclare que désormais la charge de maître général des postes relèvera de
son autorité, et, en 1656, le monopole est définitivement
constitué au profit du gouvernement [2]. Le succès du plan
du gouvernement dit un auteur [3], excita les marchands de
Londres à établir une concurrence, mais ils en furent empê-
chés par un vote de la chambre des communes; et un document publié sous le gouvernement républicain proclama
que l'établissement d'un office général des Postes, outre le
profit du commerce et la convenance du transport des dépêches
publiques *serait le meilleur moyen pour découvrir et prévenir
plusieurs dangereux et détestables desseins contre la république.*
C'est alors que le parlement acquit sans résolution législative régulière, le droit de franchise pour sa correspondance

---

[1] Il aurait organisé le premier l'office des postes anglais d'après le baron Ernouf
(*Revue contemporaine* du 15 avril 1863). Suivant M. Rau, on établit en Angleterre une poste imparfaite, en 1635, et un établissement plus complet en 1649.

[2] D'après la *Tablet of Memory*, la généralité du service postal fut étendue à
l'Écosse, en 1695.

[3] Adolphus, t. II, p. 30.

particulière, droit qui fut à la fin du xviii° siècle l'objet de diverses restrictions [1].

Les tarifs, après avoir été réduits en 1656, furent révisés et augmentés; les distances furent calculées, et c'est la sinuosité des routes qui servit de base au calcul. Tout ce que la fiscalité put inventer de plus rigoureux fut adopté; la lettre simple fut définie; c'était une feuille de papier pesant une once; au-dessus de ce poids le port était quadruple, et lorsque la lettre simple contenait le plus petit morceau de papier, encore qu'il n'y eût pas excédant de poids, la double taxe était toujours prélevée [2]. La lettre simple taxée sous la reine Anne, d'abord à 3 deniers (30 centimes) pour le parcours de 80 milles, fut imposée ensuite à 8 deniers, et celle qui allait au delà de 400 milles vit son droit de parcours s'élever de 3 à 14 deniers. L'impôt de guerre, qui atteignit aussi la correspondance des particuliers, augmenta rapidement les produits du *post-office*. John Palmer avait perfectionné en 1783 le matériel du service. Toutefois depuis 1816, malgré l'accroissement de la fortune et de la population de la Grande-Bretagne, le revenu des postes avait été peu progressif, fait significatif qui démontrait qu'un vice radical planait sur cette administration.

D'après un recueil anglais [3] le produit brut des postes se serait élevé successivement de 500 liv. ster., en 1644, à 43,000 liv. en 1674, 111,461 liv. en 1710, 235,492 liv.

---

[1] V. les détails curieux donnés à cet égard, par Adolphus, p. 34.

[2] Rau, § 216, note *b*.

[3] *Tablet of Memory*. V. les chiffres d'autres années dans Adolphus, p. 32.

« Dès 1710, la taxe des lettres rapportait en Angleterre 2 millions, c'est-à-dire autant à elle seule que notre bail général des postes et des messageries. Cet écart s'augmenta graduellement pendant toute la durée du xviii° siècle, et s'accrut naturellement d'une façon sensible pendant la Révolution française.

» En 1815, alors que le revenu net de nos postes n'était pas de 8 millions, il atteignait chez nos voisins l'énorme chiffre de 38,932,000 fr... »

Baron Ernouf, *Revue contemporaine* du 15 avril 1863.

en 1744, 418,286 liv. en 1788 et 1,670,323 en 1807. Le produit net qui était de 276,466 liv. en 1788 aurait été de 1,277,538 livres en 1807.

M. Rau donne pour 1838, dernière année de l'ancienne législation, le chiffre de 1,601,910 liv. de produit net. Après être descendu à 410,028 en 1840, ce chiffre est remonté graduellement jusqu'à 1,328,237 liv. en 1857.

L'établissement des petites postes dans l'intérieur des grandes villes des trois royaumes, qui remonte à 1683, fut connu sous la dénomination d'abord de *penny post*, ensuite de *twopenny post* (poste à quatre sous) [1].

Ce n'est qu'après vingt-deux ans de lutte et de discussions, après avoir reconnu que le transport illicite des lettres se faisait sur une grande échelle, que le gouvernement anglais se décida à adopter la réforme proposée par M. Rowland-Hill et consistant dans une sorte d'extension de la *penny post*.

Le 5 décembre 1839, on commença par réduire à quatre deniers pour l'intérieur du royaume la taxe des lettres, dont le poids n'excédait pas une demi-once; les lettres de la petite poste de Londres furent soumises à la taxe d'un denier. Cet essai ayant parfaitement réussi, le 10 janvier 1840, la réduction définitive de la taxe fut fixée, pour l'intérieur, à un denier par lettre de demi-once (ou 15 gr. 55) affranchie avant le départ, et à deux deniers pour toutes celles du même poids qui ne seraient pas affranchies. Il y a une surtaxe d'un denier ou de deux deniers par demi-once d'excédant suivant que la lettre est ou non affranchie.

On avait calculé, dit M. Rau, qu'avant la réforme le prix moyen du port des lettres était de 7 à 7 $^{1/2}$ pence.

---

[1] En 1680, d'après Rau, § 215, note *b*. En 1683, d'après Adolphus, t. II, p. 35. Paris fut doté d'un semblable service tarifé au même prix, grâce aux soins du conseiller d'État Chamousset, en 1759.

L'administration supprima en même temps toutes les franchises. Celle qui permettait aux membres du parlement de recevoir librement par jour 15 lettres et d'en écrire 10, avait, dit M. Rau, donné lieu à d'énormes abus [1].

En 1837 et 1838, on avait constaté que le nombre de lettres mises chaque année en circulation, dans les trois royaumes, était de 80 à 84 millions; en 1840, ce chiffre s'éleva à 168 millions de lettres; en 1852, à 360 millions, et en 1857 à 504. C'était en partie le résultat du reflux des correspondances expédiées en fraude par les voitures qui avait immédiatement doublé le nombre des lettres après l'établissement du *penny postage* [2].

Bientôt, nous pouvons le croire, les recettes atteindront et dépasseront même rapidement leur ancien taux. Chaque année, l'éducation pénètre plus avant dans les masses; le nombre des personnes sachant lire augmente sans cesse; les générations nouvelles, plus instruites et plus désireuses d'étendre la sphère de leurs connaissances réclament des moyens de communication plus directs et plus faciles; la célérité des chemins de fer stimule partout ce besoin; le tempérament et les habitudes de la nation britannique semblent en avoir fait, au milieu de son commerce et de ses voyages, la nation la plus *épistolaire* de l'Europe. La réduction de la taxe est un bienfait trop signalé et trop généralement apprécié pour que les gouvernements aient jamais à regretter d'avoir entrepris une telle réforme, et surtout le gouvernement d'un peuple aussi voyageur, aussi commerçant, aussi *correspondant* que le peuple anglais [3].

---

[1] *Finanzwissenschaft*, § 216, note *b*.

[2] *Revue contemporaine* du 15 avril 1863.

[3] Cependant, d'après M. Rau, 41 pour 100 des nouveaux mariés ne savaient pas écrire dans la Grande-Bretagne de 1838-39. Le même auteur donne des détails curieux sur certaines causes accidentelles du développement de la correspondance en Écosse (§ 205, note *d*).

« En 1861, l'office anglais a transporté 593 millions de lettres, pour 31,350,000 habitants ; l'office français, 274 millions seulement, pour une population de 34,697,000 âmes, les résultats comparés donnent en France une moyenne de *huit* lettres ; dans le Royaume-Uni, de vingt et une lettres par habitant [1]. »

D'après M. Rau, le port moyen des lettres dans l'Inde anglaise s'élève à 1/4 de roupie (environ 60 centimes) ; on y fait, dit-il, peu d'usage de la poste, et en 1846 l'administration de cet établissement à coûté 5 pour 100 de plus que son revenu [2].

Les envois d'argent dans le Royaume-Uni, pour sommes inférieures à 5 livres sterling sont assujetties à une commission de 6 deniers pour le royaume et 2 schellings pour le Canada, au-dessous de 2 livres sterling le droit est de 3 deniers pour le Royaume-Uni et 1 schelling pour le Canada [3].

Aux États-Unis si féconds en expériences et en innova-

---

[1] *Revue contemporaine* du 15 avril 1863. D'après la même source, c'est 9 lettres en Irlande, 18 en Écosse, 24 en Angleterre, 47 à Londres. M. Rau donne pour la Prusse le nombre de 6 à 7 lettres, en 1857, pour la Belgique, le nombre de 4 en 1855, pour la Suisse, le nombre de 8 en 1853, pour l'Autriche, en 1855, de 1 à 2 (§ 208, note *c*).

[2] § 207, note *c*.

[3] Voici ce qui est mentionné au *verso* des bulletins servant au transport des articles d'argent en Angleterre.

The Commission on Orders issued, is as under : —

| For Sums............ | Not exceeding L 2 | | Not exceeding L 5 | | No single Order can be granted for more than L 5 |
|---|---|---|---|---|---|
| | s. | d. | s. | d. | |
| If payable in — | | | | | |
| The United Kingdom | 0 | 3 | 0 | 6 | |
| Canada............. | 1 | 0 | 2 | 0 | |

N. B. — No application can be entertained for compensation for alleged injury from the non-payment of a Money Order at the expected time. When a Money Order is applied for, it must be on the clear understanding that no such claim will be allowed, and that the Post Office is not liable, under any circumstances, to more than one payment of a Money Order, even when, notwithstanding the precautions that are taken, the Order has been paid to a person not entitled to receive the Money.

tions sociales, le monopole des postes qui est, comme en Suisse, affaire *fédérale*, tend à perdre tout caractère de fiscalité, et à réduire le produit des taxes qu'il perçoit au niveau des frais du service rendu. Le principe que les communications par lettre, ne sont pas une matière imposable y paraît définitivement admis, et l'on y abaisse la taxe à mesure que son produit dépasse le montant des frais de services qu'il impliquerait et l'idée d'un impôt. L'immense étendue des États-Unis, le défaut de routes, et la dispersion de la population rendent le service des postes particulièrement intéressant et difficile.

Le tarif d'abord médiocre, puis élevé en 1845, puis réformé et abaissé le 3 mars 1851, n'a jamais donné de résultats financiers considérables.

De 1837 à 1845, les recettes et les dépenses de la poste laissaient même à la charge de l'État un léger déficit ; de 1846 à 1850, l'excédant des recettes fut médiocre, de 300 mille dollars environ [1].

M. Rau assure qu'en 1855-56, les dépenses de la poste aux États-Unis ont excédé les recettes de plus de 4 millions de dollars.

Le tarif du 3 mars 1851 est d'une extrême modération : 3 centimes ou centièmes de dollar équivalant à 12 centimes 1/2 de France, et à 1 penny 1/2 d'Angleterre, pour toute lettre simple du poids d'une once, à ce que dit M. Rau [2], envoyée à une distance de 3,000 milles (4,827 kilomètres) ou au-dessous : 6 centimes de dollar, c'est-à-dire le double au delà de cette distance [3].

Les imprimés y sont traités moins favorablement.

En tout cas, les progrès dans le mouvement de la poste aux

---

[1] Art. Postes du *Dictionnaire de l'Économie politique.*

[2] § 216, note *b.*

[3] *Companion to the almanac,* cité par la *Revue britannique* de mars 1857, p. 25.

lettres ne peuvent manquer d'être prompts dans un pays qui ne comptait, en 1790, que 3,016 kilomètres de routes de postes, et qui en possédait 287,483 kilomètres en 1850, pays dans lequel la population, la richesse et les correspondances augmentent avec la même rapidité [1].

Le monopole postal établi en Suède en 1636, a donné dans notre époque des revenus croissants suivant une progression assez rapide. Le produit brut moyen qui était en 1830 à 1834 de 483,009 risdales banco par an, a été de 1841 à 1844 de 605,140 risdales et de 1849 à 1850 de 711,651 risdales [2].

La taxe est de 12 öres par lod 1/4 ou de 17 centimes pour 18 grammes 1/2, et de 3 öres pour Stockholm.

Dans le Danemark la taxe est depuis 1851 de 4 skillings par lod, environ 11 centimes par 15 grammes pour les lettres affranchies et de 6 skillings (17 centimes) pour celles qui ne sont pas affranchies [3].

La réforme résultant du tarif unique a été opérée en 1843 dans l'empire russe. La taxe est de 10 kopecks d'argent par loth (ou 40 cent. par 12 grammes).

Le produit des postes de Saint-Pétersbourg et de Moscou s'est élevé, pour toute l'année 1855, à 1,123,044 roubles pour Saint-Pétersbourg, et à 660,772 roubles pour Moscou. Le revenu des postes pour tout l'Empire, en dehors de ces deux capitales, ne représente guère qu'un million de roubles.

[1] D'après le *Merchants Magazine* de *Hunt*, cité par M. Rau (§ 205, note *d*), les lettres envoyées de New-York dans les États du Sud (*Southern Mail*), étaient au commencement de 1820 transférées par un seul employé (*clerk*) qui les apportait sous le bras dans l'État de Jersey. En 1857, la masse des lettres envoyées dans la même direction était du poids de 5 à 6 tonnes par jour.

[2] Rapport de M. Rathsman, p. 51.

[3] Extrait des Notes de M. Renduel et du *Companion to the almanac*, écrit plus haut cité. Le produit net des postes au Danemark était porté seulement à 22,936 risdales dans le Budget d'avril 1854 à avril 1855, sur un produit brut de 1,039,101 risdales.

Suivant une feuille périodique récente, le produit des postes dans le grand duché de Finlande, serait de 420,000 marks[1].

En Sardaigne la réforme postale opérée en 1854 par l'adoption du tarif de 20 centimes par lettre simple, a fait perdre la première année au Trésor 32 pour 100 des produits ordinaires des postes; mais au bout d'un an, la perte n'était plus que de 10 pour 100, et désormais l'ancien chiffre des recettes est dépassé. En 1850 en effet, le produit des postes était de 2,939,517 liv. 62 cent., en 1851, malgré un plus grand nombre de lettres, il descendit à 2,691,487 liv. 32 cent., en 1855, il était déjà remonté à 3,476,403 liv. 65 cent., malgré de nouvelles réductions faites en 1851 sur le port de l'argent et des imprimés [2].

Pour 1858, le produit des postes était prévu au budget piémontais pour 4,000,000 de livres.

Le produit des postes ne figure pas dans les recettes du ministère des finances d'Italie dont le détail est donné par l'Annuaire de ce ministère en 1862 [3]. Mais il doit être compris dans les recettes d'autres ministères, et probablement dans celles des travaux publics [4].

Nous trouvons au budget du gouvernement pontifical pour 1848, que le produit de la taxe des lettres était estimé à 319,101 écus [5].

L'institution de la poste est ancienne en Allemagne.

---

[1] *Le Nord* du 3 avril 1863.

[2] *Annuaire des Deux-Mondes,* année 1857.

[3] P. 381 et suiv.

[4] V. p. 377. — Les recettes du département des travaux publics y sont comptées en bloc pour 39,418,333 liv.

Le service des postes isolé en Angleterre, rattaché en France au département des finances est lié, en Bavière, Wurtemberg, Belgique et Bade au ministère du commerce et des travaux publics, en Italie, à celui des travaux publics, en Autriche, à celui du commerce, en Russie, à celui de la maison de l'Empereur, et en Portugal, comme naguère en Piémont, au ministère des affaires étrangères.

[5] *Journal des Économistes* de juin 1852, p. 140.

M. Rau mentionne la poste instituée en 1276 par les cheva-
liers teutoniques, pour l'usage exclusif de leur ordre.

François de la Tour et Taxis établit en 1516 une poste
aux lettres entre Vienne et Bruxelles avec l'autorisation de
l'empereur; la réussite de son entreprise en fit naître
d'autres. Léonard de la Tour et Taxis qui établit, en 1543,
une poste entre Bruxelles et l'Italie par Spire et par le Tyrol,
fut nommé maître général de la poste des Pays-Bas dans
la même année [1], et en 1595 il obtint le même titre relativement à tout l'Empire. Ce titre n'emportait point de privilége exclusif et n'empêchait pas des établissements postaux
particuliers. Plus tard sans être tout à fait exclusifs, les
droits de la maison de la Tour et Taxis furent étendus.

Aujourd'hui, dit M. Rau, les postes allemandes sont très-
compliquées, 15 États ont des institutions à eux propres...
La maison de Tour et Taxis administre en tout ou partie la
poste de 17 États représentant 3 millions 1/2 d'habitants [2].

En Autriche le produit net des postes, pour 1855, était
prévu sur le pied de 1,263,010 florins [3].

D'après M. Dieterici, ce même produit, en Prusse, se serait élevé en 1847 à 1,000,000 de thalers; dix ans plus tard
il s'est élevé à environ 2 millions [4].

L'établissement postal prussien s'étend aux principautés
d'Anhalt et de Waldeck, comme la poste saxonne administre aussi le duché de Saxe-Altenbourg [5].

---

[1] Schiller a mis dans son *Don Carlos* un Raymond de Taxis qui y figure
comme *Oberpostmeister*.

[2] Plusieurs États allemands ont racheté le privilége de la maison de la Tour et
Taxis, soit par des sommes une fois payées, soit par des redevances annuelles
(Rau, § 209, note *b*).

[3] Budget de 1855; Vienne, 1854.

[4] Rau, § 205, note *c*.

[5] Rau, 205, note *b*. Quant à diverses particularités des tarifs allemands, voyez
le même auteur, § 216 (notes), et pour le grand-duché de Bade l'ouvrage de
M. Regenauer, 28ᵉ chapitre, § 386 et suiv.

En Prusse, la taxe est la même pour les lettres affranchies et pour celles qui ne le sont pas. Elle est fixée, depuis 1861, à 1 silbergros ou 12 centimes 1/2 par lettre de 16 grammes 1/2, et au double pour toute lettre plus pesante [1].

Une convention postale entre l'Autriche, la Prusse et les divers États de la Confédération germanique, à l'exception du Holstein, fixe le tarif des lettres à destination réciproque. La taxe est de 3 kreuzers par lettre simple de moins d'un loth du poids de 16 grammes 2/3 dans un rayon de dix milles, 6 kreuzers de 10 à 20 milles, 9 kreuzers au delà de 20 milles. Les lettres non affranchies supportent une surtaxe de 3 kreuzers, le port d'une lettre simple en sus est perçu par tout excédant de poids d'un loth ou au-dessous.

Dans l'intérieur du grand-duché de Bade, il y avait, en 1859, 3 taxes à 1 kreuzer, 3 kreuzers et 6 kreuzers par lettre simple d'un loth de 15 5/8 grammes et suivant les distances. Le 20 septembre 1862, le principe de la taxe unique à 3 kreuzers a prévalu. Depuis 1856 le produit de la poste badoise, net de toutes dépenses, flotte entre 300,000 et 400,000 florins. Il était par exemple, en 1859, de 365,905 florins [2].

En Bavière et en Hanovre la taxe varie de 10 à 20 centimes environ [3].

M. Leconte rapporte, pour l'époque où il a étudié la Grèce moderne [4], que dans ce pays les recettes de la poste aux lettres se composent du produit de la taxe perçue, sur les lettres et sur les journaux, d'après les tarifs publiés en 1836 et 1837.

---

[1] Notes de M. Renduel.
[2] Regenauer, p. 648.
[3] *Companion to the Almanac*, déjà cité.
[4] *Étude économique sur la Grèce*, p. 74.

La taxe des lettres est fixée d'après le poids et la distance à parcourir ; la taxe varie pour les lettres simples, du poids de 7 grammes 1/2, de 10 à 40 leptos. Elle est proportionnellement augmentée pour les lettres d'un plus grand poids.

Les recettes de la poste ont été évaluées, pour l'exercice et la gestion de 1845, à 125,800 drachmes. Les droits constatés en 1844 s'élevaient à 129,406 drachmes 84 leptos, ils ont servi de base aux évaluations de l'année suivante.

Ce service n'offrait à cette époque aucune ressource au budget, puisque les recettes de 1846 ne figuraient que pour 178,800 drachmes, tandis que les dépenses se seraient élevées à 266,697 drachmes 96 leptos. Il est toutefois à observer que le budget des postes supportait les dépenses du bateau à vapeur *l'Othon*, moins le traitement du personnel, et que ces dépenses ne s'élevaient pas à moins de 124,080 drachmes, bien que l'*Othon* ne bornât pas ses voyages à ceux qui étaient nécessités pour le service des postes.

Ferdinand et Isabelle établirent la poste dans leurs États après la prise de Grenade. De nos jours les postes (*correos*) rapportaient, en Espagne, environ 33 millions de réaux à la date de 1852, mais moins du tiers seulement ou environ 10 millions 1/2 de réaux sont considérés comme le produit net de l'institution par M. Conte. Encore en déduit-il une somme assez considérable pour la correspondance officielle portée fictivement en recette.

« En France, la poste, dit-il, produit 52 millions de francs ou 209 millions de réaux. En Belgique, 3 millions de francs ou 12 millions de réaux, et en Angleterre 2,400,000 livres sterling ou 240 millions de réaux. »

« Ainsi en Espagne le produit total de la poste est par rapport aux revenus généraux, dans la proportion de 2,41 pour 100, en France dans celle de 4 pour 100, en Belgique de 2,65 pour 100, et en Angleterre de 4,60 pour 100. »

« Chaque Espagnol paie 2,36 réaux pour la poste, chaque Français 5,97 ; chaque Belge 2,66 et chaque Anglais 8,92. »

« Le nombre des lettres qui circulent en Espagne, est de 1,57 par tête [1]. »

La taxe uniforme d'un réal est en vigueur en Espagne depuis 1849 [2].

Dans le budget portugais de 1854-1855, le *Correio Geral* figurait pour un produit de 196,338 milreis, c'est-à-dire pour un revenu à peu près égal à celui de l'impôt sur l'industrie, *decima industrial*, dont on attendait 193,138 milreis. La taxe y varie comme au Brésil, dit-on, de 10 à 20 centimes [3].

En Belgique le produit de la poste avait été prévu pour 1860 au chiffre de 4,580,000 fr., et il a été réduit, pour 1861, à celui de 2,840,000 fr. à cause de l'attribution faite aux communes de 40 pour 100, sur ce produit, en compensation des octrois abolis [4]. Les lettres affranchies payent 10 centimes par lettre simple de 10 grammes, pour un rayon de 30 kil., et 20 centimes au delà. Les lettres non affranchies supportent une surtaxe fixe de 10 centimes. La proportion des lettres affranchies atteint à peu près 92 pour 100 [5].

Dans les Pays-Bas sous le régime de la taxe, abaissée pour les lettres affranchies ou non affranchies, à 5 et 10 cents de florin par lettre simple (environ 10 c. 1/2 et 20 c. 1/2 par 15 grammes), pour les distances de 30 kilomètres ou au delà, les lettres affranchies ont atteint, en 1861, la proportion de

---

[1] T. II, p. 82 à 85.

[2] Rau, § 216 *a*, note *c*.

[3] *Companion to the Almanac*, déjà cité.

[4] Art. 2 de la loi belge du 18 juillet 1860, attribuant aux communes 40 pour 100 dans le produit brut des recettes de toute nature du service des postes, 75 pour 100 dans le produit du droit d'entrée sur le café, etc.

[5] Notes de M. Renduel.

60 pour 100 ; la moyenne par habitant serait de 6 lettres environ par an [1].

M. Rau donne le produit net de l'impôt de la poste en divers pays ainsi qu'il suit [2], pour la totalité de chaque pays, et aussi par tête d'habitant en fractions de florins.

|  | Années. | Produit net. | Par tête. |
|---|---|---|---|
| Saxe. . . . . . . | 1858-1860. | 320,000 th. | 0,28 |
| Bade. . . . . . . | 1858-1859. | 285,781 fl. | 0,216 |
| Bavière. . . . . . | 1855-1861. | 300,000 fl. | 0,066 |
| Belgique. . . . . | 1851-1855. | 2,311,481 fl. | 0,238 |
| France. . . . . . | 1859. | 14,531,000 fr. | 0,25 |
| Grande-Bretagne. . . | 1856-1857. | 1,322,237 l. | 0,54 |
| Hanovre [3] . . . . . | 1854-1855. | 136,000 fl. | 0,13 |
| Autriche. . . . . . | 1857. | 2,106,086 fl. | 0,064 |
| Prusse. . . . . . | 1858. | 1,927,425 th. | 0,196 |
| Suisse. . . . . . | 1852. | 1,481,957 th. | 0,28 |
| Wurtemberg . . . . | 1858. | 131,339 fl. | 0,077 |

Les idées qui ont inspiré la réforme postale dans divers États de l'Europe, sont tellement en rapport avec le mouvement de communication réciproque qui tend à rapprocher les peuples modernes par la vapeur, les télégraphes, etc., que l'avenir semble leur appartenir. Cependant divers pays de l'Allemagne, en particulier, semblent encore préférer un tarif à un petit nombre d'échelons [4].

On peut se demander même, en présence de ce courant des idées modernes, si le transport des lettres offre une juste basé à l'impôt, et s'il ne conviendrait pas, au contraire, dans un intérêt de civilisation et à l'exemple des États-Unis, de faciliter le plus possible toutes les communications et tous les moyens d'échange pour les idées, en renonçant à tirer

---

[1] *Ibid.*

[2] § 205.

[3] M. de Reden rapporte que dans ce pays les frais d'exploitation qui étaient d'environ 21 pour 100 du produit brut, se sont élevés après la réforme postale à 93 pour 100 environ, 1 p. 796.

[4] V. Rau, § 216, et les notes qui y sont annexées.

un bénéfice d'un monopole qui n'est mis dans les mains du gouvernement que dans un intérêt de sécurité pour tous.

Lorsque le prix du transport des lettres est très-modéré, et qu'il ne dépasse guère ce que demanderait une compagnie sous un régime de libre concurrence, on hésite à le considérer comme un impôt; il ressemble presque à un profit de commerce. Tout ce qui dans les produits excède alors les dépenses ordinaires, est le résultat régulier de l'économie obtenue au moyen d'une administration dont les procédés sont uniformes dans tout le pays, au lieu de plusieurs administrations rivales. Ce service étant un de ceux qui peuvent être faits d'après des règles fixes, est du petit nombre de ceux qu'un gouvernement peut faire sans inconvénients. La concession du privilége à l'État a pour motifs, outre un intérêt fiscal, la satisfaction des besoins d'ordre et de sécurité que réclame un semblable service, et elle est donnée surtout pour obtenir la garantie qu'aucune partie du territoire national ne sera privée des avantages dont on veut faire jouir le pays tout entier. Ces conditions étant accomplies et le prix étant maintenu dans de sages limites, ce serait tout à fait à tort, selon nous, que l'on se plaindrait de voir les finances publiques continuer à retirer un certain profit de l'exploitation du privilége. Mais, si le tarif dépassait beaucoup ce que pourrait demander une entreprise particulière sous un régime de liberté, ce serait alors un impôt susceptible de quelque défaveur ou du moins d'une critique attentive.

M. Hofmann [1] pense que la rétribution du service rendu par la poste pourrait être combinée de manière à ne donner à l'État aucun revenu net, et il ajoute qu'en fût-il même ainsi, l'État ne devrait pas s'en dessaisir, ce service étant l'objet d'un droit régulier indépendant de tout intérêt fiscal.

[1] *Die Lehre von den Steuern*, p. 26-27.

C'est l'opinion que partagent également M. de Jacob [1] et Schmalz [2], se fondant sur la raison que des entreprises particulières ne pourraient pas facilement, avec sûreté et efficacité, établir des communications postales sur toute la surface d'un royaume, et même hors de ses frontières, comme est en état de le faire un gouvernement.

Si nous étudions cette question au point de vue français en particulier, nous ne pouvons éluder ni l'examen de la question du monopole comme moyen ni celle de l'impôt comme but, deux idées acceptées par les pouvoirs qui votent l'impôt dans des termes modérés, il est vrai, mais d'une signification incontestable.

A cause de ce double caractère que revêt la poste, on peut se demander si le monopole a été institué dans le but d'assurer mieux la perception de l'impôt ou bien si l'impôt n'a été au contraire que la conséquence indirecte du monopole. Je crois, comme je l'ai déjà dit au commencement même de cette section, que cette dernière opinion doit prévaloir, c'est-à-dire que la poste dans l'origine n'a pas été créée comme source d'impôt, et qu'elle n'est devenue telle qu'à la suite des temps et des circonstances.

Lorsqu'elle fut établie, en effet, dans l'antiquité et plus tard sous Louis XI, elle n'avait pas d'autre but, comme nous l'avons vu, que le transport de la correspondance du chef de l'État. Si, par occasion, les coureurs au service du prince se chargeaient de quelques missives particulières, c'était avec l'autorisation de leur maître, mais on ne peut même pas dire qu'à cette époque ils le fissent en vertu d'un privilége.

L'état de la civilisation ne rendait pas alors nécessaire l'institution de courriers autres que ceux du prince qui suf-

[1] *Science des finances*, § 493.
[2] *Staatswirtschaftslehre*, traduction française, t. II, p. 40.

fisaient largement à tous les besoins, et l'industrie privée
ne pouvant trouver dans la concurrence une alimentation
suffisante, il n'y avait pas lieu de la comprimer avec l'arme
du monopole.

Sous Louis XI, en particulier, le prix que les coureurs
percevaient des particuliers autorisés par le roi ou par son
grand-maître, était destiné à couvrir en partie les frais
que cette institution imposait à la cassette royale, mais ce
n'était encore ni un privilége ni un impôt. Si l'arrêt de 1464
défendait aux coureurs, sous peine de mort, de fournir des
chevaux aux particuliers sans autorisation royale, c'était
une mesure de politique bien plutôt que l'effet d'un monopole; enfin le prix de 10 sous pour une course de cheval
pendant 4 lieues, alors perçu, ne peut guère être considéré
avec certitude comme un impôt : c'était probablement la
rémunération du service rendu.

C'est en 1681 seulement que le monopole apparaît pour
la première fois. Un arrêt du conseil d'État du 18 juin,
confirmé par un autre arrêt du 29 novembre de la même
année, protégea le droit du fermier des postes en punissant
d'une amende de 300 fr. le transport frauduleux des lettres.
Une ordonnance du 28 mai 1725 et une déclaration du 29
octobre 1726 maintinrent ces dispositions prohibitives : l'article 4 (§ 5) du décret du 26-29 août 1790 (3ᵉ partie), l'article 6 (titre II) du décret du 24 juillet 1793, l'article 4 du
décret du 27 nivôse an III, enfin les arrêtés du 2 nivôse an VI
(articles 1 à 3) et du 7 fructidor de la même année, sont con-
çus dans le même sens et précisent davantage la défense
contenue dans les arrêts de 1681, soit en désignant, par
exemple, parmi les objets dont le transport était monopolisé,
les journaux et feuilles périodiques (arrêté de nivôse an VI),
soit en limitant à 2 livres le poids de ces objets (arrêté de
fructidor, art. 2); enfin ces dernières dispositions furent

rappelées par l'arrêté du Directoire du 26 ventôse an VII qui ordonna en même temps la publication des arrêts du Conseil d'État de 1681 [1]. Dans chacun des actes précités, la même peine de 300 fr. d'amende est portée contre chaque contravention.

Un arrêté du 27 prairial an IX, qui forme aujourd'hui la base de l'organisation postale, confirme cette législation et établit le monopole de la poste pour le transport des lettres, journaux, feuilles à la main et ouvrages périodiques, paquets et papiers du poids de 1 kilogr. et au-dessous (art. 1er). Sont exceptés de cette prohibition (art. 2) les sacs de procédure, les papiers uniquement relatifs au service personnel des entrepreneurs de voitures, et les paquets au-dessus du poids de 2 livres.

Une question se présente tout d'abord : ce monopole est-il nécessaire ? Si le public paraît s'en inquiéter peu, tant il est habitué à cet état de choses, les économistes doivent se le demander. « Il n'est pas douteux, dit M. Courcelle-Seneuil [2], que les particuliers ne pussent facilement faire ce service aussi bien et à aussi bon marché que l'État, soit par une compagnie unique, soit, mieux encore, par des compagnies locales correspondant entre elles... En France, outre que le monopole était autrefois la ferme générale de l'industrie, on estimait que le roi devait veiller à ce qu'on ne transportât aucune correspondance nuisible à son service et au bien de l'État. Louis XI ordonnait l'ouverture des correspondances transportées par ses courriers, et Richelieu établit ce qu'on appela le cabinet noir... L'inviolabilité du secret des lettres est écrite aujourd'hui dans les lois et plus encore dans l'opinion publique ; ce serait un mauvais argu-

---

[1] Ces arrêts sont imprimés à la suite de l'arrêté du 26 ventôse an VII.
[2] Voyez *Dict. d'économie polit. Postes.*

ment en faveur du monopole que celui qui serait tiré du
besoin d'ouvrir les correspondances. »

Aussi ne pensons-nous pas qu'on songe à appuyer le monopole sur de semblables arguments. Mais nous ne partageons
pas, pour d'autres motifs, l'avis de l'écrivain que nous venons
de citer, sur la facilité qu'on aurait à substituer à l'administration privilégiée de la poste aux lettres une libre concurrence qui se terminerait, en définitive, soit par l'établissement d'une entreprise unique, soit par le régime des compagnies locales correspondant entre elles. D'abord une
compagnie *unique* ne pourrait demeurer telle qu'en vertu
d'un privilége analogue à celui dont jouit dans plusieurs
États allemands une maison princière ; et si nous trouvons
le privilége mauvais pour une administration régie par l'État,
nous ne devons pas le trouver meilleur pour une société de
particuliers. Il faudrait alors en venir probablement à admettre plusieurs compagnies locales, se distribuant peut-être la
France par grandes sections et correspondant entre elles
comme font aujourd'hui les compagnies de chemin de fer
pour le transport des voyageurs et des marchandises. Or, si
ces sociétés ainsi établies venaient à se diviser ou tardaient à
s'entendre sur quelque point, la correspondance entre elles
ne s'effectuerait que mal ou serait interrompue, ne fût-ce
que momentanément, comme il arrive encore aujourd'hui à
la jonction des divers réseaux des compagnies de chemins de
fer, et des régions entières pourraient être privées de l'avantage d'échanger leurs pensées aussi rapidement qu'il est
désirable en même temps que possible.

D'ailleurs il n'y a pas de raison pour que la concurrence, si on la laisse s'exercer sur cette matière, soit limitée
à un nombre plus ou moins grand de compagnies ou
de sociétés postales. Dans chaque province, dans chaque
département, dans chaque ville même, il pourrait s'établir

des entrepreneurs pour le transport des correspondances échangeant les dépêches celui-ci avec celui-là, un tel avec tel autre, puis deux ensemble avec un troisième, etc. Dans ce dédale, le public ne saurait à qui s'adresser avec une entière confiance, et la division des responsabilités rendant moins lourde la responsabilité de chaque compagnie, ne laisserait plus de garantie sérieuse contre la violation ou le détournement des lettres.

On ne saurait nier que l'État et les particuliers sont gravement intéressés à ce que le transport de leurs correspondances se fasse d'une manière continue, sans la moindre interruption et avec une entière fidélité. Or laisser la concurrence des entreprises privées se charger de ce soin, c'est mettre en présence un grand nombre d'intérêts et d'individus indépendants les uns des autres, c'est par conséquent multiplier les chances de division, de désaccord et d'infidélité.

Une seule entreprise doit donc être chargée de la poste. Si le monopole de l'État n'était pas suffisamment justifié par les observations que nous venons de faire, il le serait au moins par l'histoire, puisque partout l'unité de direction en pareille matière est adoptée. Que si l'État est ordinairement revêtu de ce monopole, c'est qu'il a paru qu'aucune compagnie de particuliers ne pouvait présenter de meilleures garanties pour la continuité d'action, la régularité et la discrétion.

Dans son rapport à la chambre des pairs sur la loi du 15-27 mars 1827, M. le marquis d'Herbouville disait : « Le montant de la rétribution (de la poste) se divise en deux parties. L'une est destinée à couvrir les frais du service. L'autre est versée au Trésor pour y former un des éléments dont l'ensemble compose le revenu public... Le transport régulier des lettres est un besoin pour la société; le soin de le lui

procurer est un devoir pour le gouvernement. Cette vérité
est tellement à la portée de tout le monde, qu'on pourrait
dire sans exagération que, le transport des lettres ne
produisît-il aucun revenu, l'État devrait, comme à l'origine de cet établissement, en supporter seul tous les frais
afin d'empêcher l'ordre social de rétrograder... »

Ces quelques lignes ne justifient pas directement l'impôt
sur les correspondances; mais elles expliquent comment
de grands intérêts ont fait établir un mécanisme qui rendait pour les gouvernements l'établissement de l'impôt naturel et facile.

En effet, le monopole est par-dessus tout aujourd'hui le
moyen d'assurer la perception de l'impôt, et les raisons qui
permettent le maintien de l'impôt tournent aussi au profit
du monopole. L'évidence parfois invoquée, peut-être avec
quelque exagération, pour le lien à établir entre le principe
de l'impôt et le moyen du monopole en matière de tabac,
nous semble ici absolument irréfragable, et nous ne pouvons comprendre comment sans cette sanction un impôt
quelconque pourrait être assis sur le transport des lettres.

Mais M. Courcelle-Seneuil, que nous avons cité plus haut
et que nous citerons encore, s'est trouvé cependant conduit
à parler de la poste, comme impôt, dans les termes qui
suivent :

«... L'impôt établi sur les ports de lettres, dit-il, ne
porte-t-il pas sur une des forces vives de la production?...
Bien que cet impôt ne soit pas odieux et impopulaire comme
quelques autres, il n'en est pas moins fondé, au témoignage
de tous les hommes éclairés, sur une consommation de première nécessité... Le monopole se justifie par l'impôt, mais
l'impôt lui-même est difficile à justifier. »

Nous devons convenir en effet, avec M. Courcelle-Seneuil, que l'impôt qui atteint le transport des lettres frappe

sur une consommation de première nécessité dans certains cas ; mais il faut aussi reconnaître qu'un grand nombre de lettres sont écrites pour la recherche du gain, de l'ambition, de la distraction et du plaisir. L'impôt sur les lettres est donc au fond plus proportionnel encore à l'aisance que ne le sont certains autres.

L'échange des pensées est de toute nécessité dans certains cas, et ne doit pas subir d'entraves considérables ; mais il se produit aussi sous des conditions facultatives et presque de luxe ; et comme d'autre part on doit assurer dans tous les cas la rémunération du service rendu, si cette rémunération excède, il est vrai, le service, mais l'excède d'assez peu pour que le contribuable n'en éprouve aucune gêne sensible, l'impôt se trouve par cela même justifié.

En fait, quels sont d'ailleurs les caractères de l'impôt de la poste comparés aux principes adoptés comme *criteriums* du mérite des taxes ? 1° L'impôt, suivant les règles de Smith, ne doit d'abord réclamer du contribuable qu'une somme proportionnée à ses revenus : la taxe des lettres remplit aussi bien cette condition que les impôts sur les objets de consommation même facultative, puisque chacun est le plus souvent libre d'écrire ou de ne pas écrire et se fait ainsi juge lui-même de la question de savoir si cette dépense est ou n'est pas en rapport avec son revenu ; 2° la quotité de l'impôt doit être bien réglée afin d'éviter les interprétations arbitraires : or il ne peut pas y avoir de doute sur l'application de la taxe des lettres ; 3° cet impôt est perçu à la convenance du contribuable, puisqu'il le verse soit quand il écrit, soit quand il s'approvisionne de timbres-poste.

Quant aux frais de recouvrement ils peuvent paraître considérables, mais c'est qu'il ne s'agit pas là de la simple perception d'un revenu public. La poste, à dire vrai, n'est pas une contribution publique ; c'est avant tout l'exploitation d'un service général : l'impôt ne vient qu'à la suite et se trouve représenté par ce qui reste au Trésor après tous les frais de cette exploitation payés.

En somme, la perception d'une taxe modérée sur le transport des lettres n'est pas une brèche faite aux principes d'une saine économie politique appliquée aux intérêts des États, et cet impôt, s'il est modéré et n'entrave pas les correspondances épistolaires, présente au contraire l'avantage d'une perception facile, et permet d'éviter pour le montant de ce qu'il rapporte, l'établissement d'autres impôts qui pourraient être moins bien acceptés des contribuables.

FIN DU TOME TROISIÈME.

# TABLE DES MATIÈRES

## DU TOME TROISIÈME.

FIN DE LA TABLE DU TOME TROISIÈME.

Saint-Denis. — Typographie de A. MOULIN.

# LIBRAIRIE DE GUILLAUMIN ET Cᴵᴱ

## ÉCONOMISTES ET PUBLICISTES CONTEMPORAINS

FORMAT IN-8° ORDINAIRE.

### *OUVRAGES PUBLIÉS.*

**Histoire de l'Économie politique**, par BLANQUI, de l'Institut, suivie d'une Bibliographie raisonnée de l'Économie politique. 3ᵉ édition. 2 vol. in-8°. (Epuisée.)

**Principes d'Économie politique**, suivis de quelques recherches relatives à leur application, et d'un tableau de l'origine et des progrès de la science, par MAC CULLOCH. Traduits par M. *Aug. Planche*. 2 vol. in-8°. (Épuisés.)

**Principes d'Économie politique** avec quelques-unes de leurs applications à l'économie sociale, par M. J.-ST. MILL; trad. par MM. *H. Dussard* et *Courcelle-Seneuil* et précédés d'un Introduction par M. COURCELLE-SENEUIL. 2ᵉ édit. 2 forts vol. in-8°. 15 fr.

**Le Gouvernement représentatif**, par LE MÊME. Traduit par M. *Dupont-White*. 1 vol. in-8°. . . . . . . . . . . . . . . . . . . . . . . . . . . 5 fr.

**Cours d'Économie politique** fait au Collége de France, par P. ROSSI, membre de l'Institut. 3ᵉ édition. 4 vol. in-8°. . . . . . . . . . . . . . 30 fr.

**Mélanges d'Économie politique**, d'histoire et de législation, par LE MÊME. 2 vol. in-8°. . . . . . . . . . . . . . . . . . . . . . . . . 15 fr.

**Traité de Droit pénal**, par LE MÊME, 3ᵉ édition, revue et précédée d'une introduction, par M. *Faustin-Hélie*, membre de l'Institut. 2 vol. in-8°. . . . 14 fr.

**Œuvres complètes de F. Bastiat**, publiées sur les manuscrits de l'auteur et précédées d'une Notice biographique, par MM. *R. de Fontenay* et *Paillotet*; 2ᵉ édition. 6 vol. in-8°. . . . . . . . . . . . . . . . . . . . 30 fr.

**Etudes sur l'Angleterre**, par L. FAUCHER, de l'Institut. 2ᵉ édition considérablement augmentée. 2 forts vol. . . . . . . . . . . . . . . . . 12 fr.

**Mélanges d'Économie politique et de finances**, par LE MÊME. 2 forts vol. in-8°. . . . . . . . . . . . . . . . . . . . . . . . . . . . 12 fr.

**De la liberté du travail**, par CH. DUNOYER, de l'Institut. 3 forts vol. in-8°. (Épuisés.)

**Organisation de l'Industrie**, par M. BANFIELD, traduit et annoté par M. *Émile Thomas*. 1 vol. in-8°. . . . . . . . . . . . . . . . . . . . . 6 fr.

**Observations sur l'état des classes ouvrières**, par M. FIX. Nouvelle édition. 1 beau vol. in-8°. . . . . . . . . . . . . . . . . . . . . . 5 fr.

**Examen du Système commercial connu sous le nom de système protecteur**, par Michel CHEVALIER, de l'Institut, sénateur. 2ᵉ édition revue et augmentée. 1 vol. in-8°. . . . . . . . . . . . . . . . . . . . . 7 fr. 50

**Principes d'Économie politique**, par M. G. ROSCHER, traduits, annotés et précédés d'une Introduction par M. WOLOWSKI, membre de l'Institut, 2 vol. in-8°. . . 15 fr.

**Précis du Droit des Gens moderne de l'Europe**, par G.-F. DE MARTENS. Nouvelle édition, revue et accompagnée des notes de tous les commentateurs, précédée d'une Introduction et complétée par l'exposition des doctrines des publicistes contemporains, par CH. VERGÉ, avocat. 2 forts vol. in-8°. . . . . . . . 14 fr.

**Économie politique au moyen âge**, par M. L. CIBRARIO, sénateur, ancien ministre, traduit de l'italien sur la 4ᵉ édition, par A. BARNEAUD, et précédé d'une Introduction par M. WOLOWSKI, de l'Institut. 2 vol. in-8°, suivis d'une table alphabétique des matières. . . . . . . . . . . . . . . . . . . . 12 fr.

**Des Droits et des Devoirs des nations neutres en temps de guerre maritime**, par M. HAUTEFEUILLE, avocat. 2ᵉ édition entièrement refondue. 3 forts vol. in-8°. . . . . . . . . . . . . . . . . . . . . . . . . . 22 fr. 50

**Droit des Gens moderne de l'Europe**, par KLÜBER, nouv. édit., revue, annotée et complétée par M. A. OTT. 1 seul volume in-8°. . . . . . . . 7 fr. 50

**Cours de Politique constitutionnelle**, par BENJAMIN CONSTANT. Nouvelle édition, revue, annotée et précédée d'une Introduction par M. *Ed. Laboulaye*, membre de l'Institut. 2 forts vol. in-8°. . . . . . . . . . . . . . . . 15 fr.

**Principes de la Science sociale**, par M. H.-C. CAREY (de Philadelphie), traduits par MM. SAINT-GERMAIN LEDUC et PLANCHE. 3 vol. in-8°. . . . 22 fr. 50

**Le Droit des Gens**, par VATTEL, nouvelle édition, revue et augmentée des notes de tous les commentateurs, de nouvelles notes par M. *Pradier-Fodéré*. 3 forts vol. in-8°. . . . . . . . . . . . . . . . . . . . . . . . . 25 fr.

**Des Rapports de l'Économie publique avec la morale et le droit**, par M. MINGHETTI, ministre des finances d'Italie, président du Conseil, traduit par M. *Saint-Germain-Leduc*, avec une introduction par M. *H. Passy*, membre de l'Institut. 1 beau et fort vol. in-8°. . . . . . . . . . . . . . . 7 fr. 50

SAINT-DENIS. — TYPOGRAPHIE DE A. MOULIN.

www.ingramcontent.com/pod-product-compliance
Lightning Source LLC
Chambersburg PA
CBHW061001220326
41599CB00023B/3785